21世纪金融学系列教材

投资学

史建平 杜惠芬 主编

Investment

WUHAN UNIVERSITY PRESS
武汉大学出版社

图书在版编目(CIP)数据

投资学/史建平,杜惠芬主编.—武汉:武汉大学出版社,2005.7
(2014.7 重印)
(21 世纪金融学系列教材)
ISBN 978-7-307-04568-2

Ⅰ.投…　Ⅱ.①史…　②杜…　Ⅲ.投资学—高等学校—教材
Ⅳ.F830.59

中国版本图书馆 CIP 数据核字(2005)第 030072 号

责任编辑:路小静　　责任校对:黄添生　　版式设计:支　笛

出版发行:**武汉大学出版社**　(430072　武昌　珞珈山)
(电子邮件:cbs22@whu.edu.cn　网址:www.wdp.com.cn)
印刷:荆州市鸿盛印务有限公司
开本:720×1000　1/16　印张:25.625　字数:468 千字
版次:2005 年 7 月第 1 版　　2014 年 7 月第 5 次印刷
ISBN 978-7-307-04568-2/F·909　　定价:35.00 元

目　录

前言

投资是为了获取预期的收益和资产价值的增值。投资学就是研究投资工具、投资关系和投资技术并进行投资管理，从而实现投资利益最大化的一门学科。投资的根本目的是为了获利。在竞争的市场体系中，资本生利是有条件的，资本收益是一定风险条件下的利益，投资者需要在风险与回报之间作出替代选择。资产组合理论、技术及其应用为投资者提供了广泛获利的机会；诸多资产定价理论和模型提供了一系列对投资项目估价或确定预期收益水平的方法；金融衍生工具的发展又为原生金融工具的使用提供了极好的套期保值屏障，并以此改善资产组合的性质和质量。

本书适合金融学本科层次的教学和学生使用。该书系统介绍了投资学所涉及的基本概念、投资理论、投资方法和模型，其最突出的特点体现在两个方面：第一，十分注意方法和模型的推导及其经济学含义的分析；第二，书中引用和编写了大量例题、数据和图表，以求直观、实证和充分。在信息社会，数据等信息资源就是生产力，因此，在理论分析的基础上借助现代数量模型、计算技术和计算工具对数据进行处理，从而获得对经济分析的有价值的支持，成为最重要的金融学研究手段和研究理念。本书试图将读者引入这一领地。

全书共分十二章。第一章投资要素，概述了投资工具、投资组织、金融市场和未来投资环境的演变。第二章投资的收益与风险，试图确立投资的收益-风险观，利用统计方法进行风险度量，并从理论上描述了投资者的风险偏好和效用，在此基础上考察收益与收益率。第三章投资组合分析，在上一章的基础上，进一步考察资产组合的收益和风险，从理论上引介了马科维兹的资产组合理论并进行理论推导。第四章资本资产定价理论，讨论了资本资产定价模型（CAPM）的主要思想及其定价公式，并从理论上解释资产均衡价格的形成机制。第五章因素模型，讨论因素模型的建立、特征和估计方法，介绍如何应用因素模型确定证券投资组合的有效集。第六章套利定价理论，研究套利的基本原则、思路和方法，论证在资本市场均衡条件下，证券预期收益率的决定因素，并指出如何应用套利定价模型确定证券的均衡价格。第七章固定收益证券，阐述了固定收益证券的要素特征、分类、定价原理、债券价格波动的性质与规律及债券投资的管理。

第八章权益证券，介绍了股票的特性、影响股票价值的因素和各种股票的价值评估模型，讨论了与股票相关的优先认股权、可转换证券和认股权证的含义和价值。第九章投资基金，介绍投资基金的含义、功能和类型，考察投资基金的价值、收益和风险，探讨基金投资策略的选择问题。第十章证券投资分析，从宏观、行业和企业三个层面探讨了各层面因素对证券投资的影响，最后介绍了证券投资选择的技术方法。第十一章衍生金融工具，阐述了期货、期权和互换等金融交易的原理和操作技术。第十二章投资管理及业绩评价，阐述投资管理的基本思想，介绍投资绩效的评价体系。

本书编写的具体分工如下：史建平撰写导论，史建平和李永健撰写第一章；邓祥康和钟阳撰写第二章；黄辉撰写第三、四章；郭建光和商有光撰写第五、六章；李国重撰写第八章；杜惠芬和袁军撰写第九章；商有光撰写第十章；李磊宁撰写第七、十一章；杜惠芬撰写第十二章。

本书在体系和内容上可能存在一定缺陷，恳请读者批评指正，我们将会不断对本书进行修订。

编 者

导　论

投资学是研究投资主体在投资环境中，选择投资工具进行投资活动，以获得收益的一门经济学科。在国内，投资学一般被分为宏观和微观两部分，且对投资学的研究偏重宏观，主要是以投资领域为客体，研究投资运动规律；而在国外，投资学以资产定价理论（Asset Pricing）为核心内容，主要研究微观领域，即企业、个人在市场经济条件下，用金融工具进行投资活动赚取利润。投资学是金融学的重要组成部分，其内容与金融学也存在许多交叉，它的发展对金融学产生重大影响。

投资学的主要内容包括三个方面——投资理论、投资工具、投资环境。投资理论包括基础资产定价理论（如均值方差分析，两基金分离定理，CAPM 模型，APT 模型，期货定价理论，以及砝码的有效市场假说）；投资工具包括传统的证券、国际证券、金融衍生工具及资产组合等；投资环境指证券投资环境、投资风险和特性分析、市场分析与投资管理、国际证券市场，还要研究投资过程、各种投资工具的投资价值等。

西方投资学的发展经历了三个阶段：投机化阶段、职业化阶段和科学化阶段。1933 年以前，西方资本主义社会的证券投资有浓厚的投机色彩。在自由资本主义条件下，市场完全处于无序状态，交易者靠观察和亲身体验来确定投资方向，依赖雄厚的资金基础，提高价格，牟取暴利。投机化操作的终结是 1933 年罗斯福政府的新政，政府开始对金融、投资领域实行控制，使证券交易标准化，整个投资业开始重视提高职业道德标准，一直到 1952 年，投资均处于职业化阶段。在此阶段，投资法规逐步完善，针对投资实践操作的教科书开始涌现，结合经济理论和数理统计知识的投资学理论逐渐成形。1952 年哈里·马柯维茨（Harry Markowitz）在 *Journal of Finance* 上发表了题为 *Portfolio Selection* 的论文，以此为标志，投资学进入了科学发展阶段。

近 50 年来，投资学理论得到了迅速发展，主要代表人物及其观点和贡献有：

(1)哈里·马柯维茨对投资学的主要贡献是提出了均值方差分析方法，在他的论文中，论述了寻找有效边界（Efficient Portfolio Frontier），即在给定风险水平下，所有收益最高的资产组合的集合，或在给定收益水平下，风险最小的资产组合集合的思想，也就是利用所有资产的方差-协方差矩阵和初始财富约束，确定一个达到效用最大化的边界，即有效边界，投资者的最优投资组合必在该有效边界上。

马柯维茨的模型没做任何假设，计算结果十分精确，它把投资者投资选择的问题系统阐述为不确定性条件下投资者效用最大化的问题，导致了现代资产定价理论的形成，奠定了现代投资组合理论的基础。但是，这一方法涉及计算所有资产的协方差矩阵，面对上百种可选择资产，其计算量是相当可观的，在当时的技术条件下难以应用。尽管如此，由于马柯维茨对现代投资组合理论作出的杰出贡献，他被授予1990年诺贝尔经济学奖，瑞典皇家科学院对他的获奖评述为："哈里·马柯维茨是第一个在金融经济学领域作出杰出贡献的人。"

1958年，托宾(J. Tobin)提出了著名的"两基金分离定理"，指任何可行的风险资产组合可由处于有效边界上的任意风险组合及其零方差组合表示出来，且效用不会下降。马柯维茨在托宾的帮助下曾验证了马柯维茨模型，并出版了以*Portfolio Selection*为题的专著，系统说明了其理论。尽管托宾的理论同马柯维茨的模型一样没有太多的实践意义，但仍成为资本资产定价、套利定价和期权定价三理论的理论基础，而且对于企业进行多角化投资、分散风险、提高投资收益具有重要指导作用。

(2)1963年，马柯维茨的学生威廉·夏普(William F. Sharpe)、却诺(Treyno)、林特纳(John Lintner)和莫辛(Mossin)将实证经济学的分析法和马柯维茨的规范分析模型结合起来，分别创立了一个决定资产价格的实证理论，其最简化形式就是资本资产定价模型(Capital Asset Pricing Model, CAPM)。

夏普对理论界的另一个贡献是单因素模型，他认为马柯维茨模型的计算方法过于复杂，只需计算一种证券对证券指数的相互离差，就可以大大简化马柯维茨模型，他将风险分为系统风险和非系统风险，并利用单一指数模型，即β系数分析法来衡量证券的风险特性。系统风险又称为不可避免风险，不能通过分散投资消除，而非系统风险可通过分散投资消除，又称为可避免风险，消除非系统风险的关键是进行证券的有效投资组合。夏普也因此获得了1990年的诺贝尔经济学奖，并被认为是20世纪60年代对金融经济学作出第二大贡献的人。

林特纳提出公司股利分配行为的理论模型，认为通过将资产在低相关或负相关的资产项目内进行分配，可以有效地提高整体投资组合的收益率，降低风险，特别是在目前全球股票市场均处于大幅波动之际，有效利用期货基金可以达到提高组合资产收益率的目的。其最新研究表明，投资者最佳的资产组合是45%的股票，35%的债券和20%的管理期货。他们分别导出了CAPM模型，由于股票等资本资产未来收益的不确定性，CAPM的实质是讨论资本风险与收益的关系。CAPM 模型十分简明地表达了这一关系，即高风险伴随着高收益。其一般公式为：$R_j = R_f + (R_m - R_f)\beta$。由于收益的方差是风险大小的量度，可以说，与市场风险不相关的单个风险，在股票的定价中不起作用，起作用的是有规律的市场风险，这是 CAPM 的中心思想。

CAPM 模型通过建立资产组合可行化区域，得出有效边界，资产投资最优组合必在有效边界上；还得出了资本市场线，在均值-标准差平面上，所有有效组合刚好构成联结无风险资产 F 与市场组合 M 的射线 FM。其经济含义是，有效组合期望收益率由两部分构成：

(1)无风险利率 R_f——由时间创造，是对放弃即期消费的补偿；

(2)风险溢价 $\frac{[(E(R_m) - R_f)/S_m]}{S_p}$，是对承担风险 σ_p 的补偿，与承担的风险的大小成正比，其中的系数 $[(E(R_m) - R_f)/S_m]$ 代表了对单位风险的补偿，通常称之为风险价格。

CAPM 模型被广泛用于预测债券的风险与期望收益率的关系，是测量风险、估价证券的基准和衡量投资绩效的标准，对分散风险和达到收益最大化实用性很强；但是，CAPM 模型的假设过于严格，在现实中很难达到。

(3)道格拉斯(Douglas Hodgson)首先对资产定价模型的经验检验提出批评，并于 1969 年在两个方面找到证据。此后，理查德·罗尔(Richard Roll)的研究在实务界也引起轰动，他声称，既然真实的市场组合永不可察，那么资本资产定价模型(CAPM 模型)永远不可检验，因此资本资产定价模型不应被视为用于证券定价的完美模型。1976 年，斯蒂芬·罗斯(Stephen A. Ross)在 *Journal of Economic Theory* 上发表了 *The Arbitrage Theory of Capital Asset Pricing*，针对 CAPM 模型存在许多假设在现实中不成立的缺陷，从影响证券报酬率的各个因素出发，建立了套利定价模型(Arbitrage Pricing Theory, APT)，套利定价理论用套利概念定义均衡，不需要市场组合的存在性，而且所需的假设比资本资产定价模型少、更合理。套利定价理论也假设投资者有相同的投资理念，投资者是回避风险的，并要求效用最大化，市场是完全的。套利定价理论以收益率形成过程的多因子模型为基础，认为证券收益率与一组因子线性相关，这组因子代表证券收益率的一些基本因素。事实上，当收益率通过单一因子(市场组合)形成时，将会发现套利定价理论形成了一种与资本资产定价模型相同的关系。因此，套利定价理论可以被认为是一种广义的资本资产定价模型，为投资者提供了一种替代性的方法，来理解市场中的风险与收益率间的均衡关系。套利定价理论为实践中的证券投资决策提供了良好的理论参考。

(4)1973 年，罗伯特·墨顿(Robert Merton)提出了“跨期资本资产定价模型”(ICAPM),它以消费者为基础对象扩展了 CAPM 模型。同年,布莱克(Fisher Black)、麦伦·休尔斯(Myron Scholes)和墨顿三人在继承 CAPM 模型的基础上,建立了 Black-Scholes 模型,对标的资产的价格服从正态分布的期权进行定价,开创了衍生金融商品定价模型,成为期权定价理论基础。这是西方财务理论发展史上的一个里程碑。理论界认为,期权估价模型将同资本资产定价模型一样,在企业的财务决策中起着越来越大的作用。此外,期权定价理论的提出早于期权市场的建立,这是经济学产生以来惟一一次理论领先于经济事实的发现。

瑞典皇家科学院是这样评价的:“这是过去半个世纪以来在经济学领域里最重要的新学说之一,他们所提出的方法,已经开创了许多新的研究领域,影响范畴不仅限于财务经济学。”

(5)1984 年,罗伯特·希勒(Robert Shiller)认为,投资者和企业行为目的不一定是风险回报最大化或公司价值最大化,也就是说,在有效市场理论中提出的以资本成本为基础的投资学研究模式离现实有一段距离。同时,投资者行为不理性成分高,宏观政策环境不确定性大,说明存在研究投资者行为的必要。希勒将其他领域,特别是心理学研究的前沿学术成果,应用到经济学中,以解释投机泡沫的出现和持续。他的《非理性繁荣》一书分析了自 1982 年以来的股票市场的泡沫现象。

(6)尤金·法玛(Eugene Fama)是芝加哥大学金融学教授、美国艺术与科学学院院士、计量经济学会会员、美国金融学会会员。1995 年,比利时鲁文大学授予法玛荣誉博士学位。法玛的研究兴趣十分广泛,包括投资学理论与经验分析、资本市场中的价格形成、公司金融、组织形式生存的经济学(The Economics of the Survival of Organizational Forms)等。

法玛最主要的贡献是提出了著名的“有效市场假说”。该假说认为,相关的信息如果不受扭曲,且在证券价格中得到充分反映,市场就是有效的。有效市场假说的一个最主要的推论就是,任何战胜市场的企图都是徒劳的。因为股票的价格已经充分反映了所有可能的信息,包括所有公开的公共信息和未公开的私人信息,在股票价格对信息的迅速反应下,不可能存在任何高出正常收益的机会。1970 年,法玛将有效资本市场的公允对策模型划分为三类——弱式有效市场(Weak-form Market Efficiency)、次强式有效市场(Semi-strong-form Market Efficiency)、强式有效市场(Strong-form Market Efficiency)。弱式有效市场指当前的证券价格完全反映了已蕴含在证券历史价格中的全部信息,意味着任何一个投资者按照历史的价格或赢利信息进行交易,均不能获得额外赢利。次强式有效市场指证券价格完全反映了所有公开的可用信息,这样,根据一切尽可能公开的信息,如公司的年度报告、证券交易所行情或公开的投资咨询报告等,投资者均不可能获得额外的赢利。强式有效市场指证券价格完全反映一切公开的或非公开的信息。这种划分极有价值,它是以用于决策的不同类型的一系列信息为基础的。

在公司金融理论方面,法玛在 20 世纪 70 年代末提出"经理市场竞争"作为激励机制的开创性想法。法玛认为,即使没有企业内部的激励,经理们出于今后职业前途的考虑以及迫于外部市场的压力,也会同样努力工作。目前,经理的职业生涯考虑和经理市场竞争这一课题,已成为公司金融理论的热门课题。

其他对投资学造成影响的理论还有莫迪利安尼与米勒所提出的 MM 资本结构理论。

第一章　投资要素

【学习目标】

在本章，我们探讨各种投资要素。同学们需要了解投资工具的特征、各种投资组织及其运行。一般来说，金融市场被分为货币市场和资本市场，这里，我们根据投资工具类别将其划分为货币市场、固定收益市场、股权证券市场。最后，我们介绍金融市场的最新发展趋势，要求同学们结合我国实际进行深入思考。

第一节　投资工具

一、货币市场工具

（一）货币市场工具的种类和特性

货币市场工具是指期限在一年以内的金融工具，即在货币市场进行交易的短期资金融通工具，主要有三个特点：交易期限短；交易的目的是解决短期资金周转的需要；具有较强的货币性。主要的货币市场信用工具包括：国库券（TB）、可转让大额定期存单（CD）、商业票据（CP）、银行承兑汇票（BA）、回购协议（PR）等。

国库券是由国家财政部发行的一种短期债券，其目的是解决国库的临时不足或国家季节性的财政需要。国库券在西方特别是美国的发行量很大，是短期证券市场上的主要信用工具。国库券的优点是安全性强、流动性高、起购点低及享受免税。

商业票据是由企业签发的以商品交易为基础的短期无担保债务凭证，主要有本票和汇票两种。商业票据的开立可以有两种方法：

（1）由买方（付款人）主动开出，承诺在一定时间支付一定金额给收款人，票据由收款人审查后保管，到期凭此向付款人收款；

（2）由收款人出票，命令付款人在一定时间向他支付一定金额，然后由付款人签章，保证兑付。一般来说，短期商业票据的利率比银行优惠利率低，但略高于国库券的利率。

银行承兑汇票是由出票人签发的，由银行承兑的，委托付款人在指定日期无条件支付确定的金额给收款人或者持票人的票据。由于一般商业票据的承兑人是企业或个人，其信誉不能被市场熟悉，故无法广泛流通。如果商业汇票经过银行承兑，则银行成为主要债务人，负有到期无条件付款的责任，则其信用大大增强，会为更多的投资者所信赖。作为货币市场主要短期信用工具之一，银行承兑汇票具有安全可靠、灵活性强、成本低的优点。

回购协议是商业银行进行短期融资的一种方式，其含义是指出售证券等金融资产时签订协议，约定在一定的期限后按原定价格或约定价格购回所卖证券，从而获得即时可用资金。回购协议通常只有一个交易日，回购协议所涉及的证券主要是国债。在我国，参与回购的市场成员主要有：中资商业银行及其授权分行、在华外资银行分行、中外资保险公司、证券公司、基金公司、农村信用社联社等。按照交易规则，债券回购的最长期限可为1年。

大额可转让定期存单是一种固定面额、固定期限、可以转让的大额存款定期储蓄。发行对象既可以是个人，也可以是企事业单位。存单期限共分为3个月、6个月、9个月和12个月四种。大额可转让定期存单是美国花旗银行于1960年创立的一种融资工具，它在美国的流通额仅次于国库券，最短期限为1个月，最长可达1年以上，一般为3～6个月。这种存单一般金额较大，在美国，最低起点为10万美元，多数在100万美元以上；英国最低起点为5万英镑，最高可达到50万英镑。发行方式有两种：一是批发式，即把发行总额、利率、期限、面额预先公布，让投资者自由认购；二是零售式，即不公布发行，而是以商定的利率，按投资者的需要随时发行。大额可转让定期存单具有不记名、金额固定、面额大和可以转让四个特点。对于银行，大额可转让定期存单为一定期存单，可以获得稳定长期的可用资金；对于投资者，大额可转让定期存单可以随时在二级市场上变现，有良好的流动性。

（二）我国货币市场工具的现状

货币市场工具因其具有良好的流动性，能有效解决短期融资问题，是重要的短期投资工具，但是目前我国货币市场的工具存在着许多缺陷。首先，交易工具少。一般意义上的货币市场工具主要由政府短期债券、商业票据、同业拆借、债券回购等。在我国，真正有一定规模和影响的货币交易工具只有同业拆借和债券回购两种。其次，规模小。以票据市场为例，商业票据作为历史最悠久的工具，在我国是惟一具有立法保障的工具，但是发展也极其缓慢。因此，在现阶段有必要积极发展新的货币市场工具，如允许资产质量较高、信誉较好的企业发行短期商业票据，增加银行承兑票据的发行量，发行一部分大额可转让存单、长期国库券、政策性金融债券以及住房贷款的证券化等，增加金融机构的投资工具。

同时要突出重点，在继续完善同业拆借市场的同时，逐步提高票据融资所占社会融资总量的比重，从完善票据市场组织体系和运行机制入手，重点发展商业票据，支持商业银行建立票据专营机构，使票据业务逐步成为商业银行重要资产经营和流动性管理的手段。

二、固定收益证券

“固定收益”是指其中多数证券按规定可提供一固定的收入流，或以一特定公式计算收入。收益由证券发行机构或由代表其利益的银行代理机构来支付。只要证券发行机构不破产，这些证券的收益就是固定的、有保障的。固定收益证券的收益水平往往在证券发行时就已确定，不论发行者在证券发行以后经营状况的好坏，均到期还本付息，因此固定收益证券的风险较小。固定受益证券主要为各种债券。

债券是一种有价证券，是社会各类经济主体（包括政府、金融机构、各类工商企业）为筹措资金向债券投资者出具的、并且承诺以一定的利率定期支付利息和到期偿还本金的债权债务凭证。债券的定义包含四个方面的内容：债券发行人、债券投资者、利用他人资金的条件、债权债务法律关系。

债券是一种很好的投资工具，由于债券收益稳定、风险较小、变现能力强、到期偿还，对于风险规避者来说，他们投贸债券既可以有效地规避风险，又可获得稳定的收入。债券是中央银行宏观调控的重要手段。公开市场业务是中央银行实行货币政策进行宏观调控的重要手段之一，债券流通是优化资源配置的有效杠杆。效益好的企业，其债券通常受到投资者的追捧，筹资成本较低；效益差的企业筹资成本则较高。债券的流通可以使有限的资金从经济效益差的部门流向经济效益好的部门，从而促进产业结构的调整，促进资源的优化配置。

三、权益证券

股票是一种有价证券，它是股份公司发行的、用以证明投资者股东身份权益，并据以获得股息和红利的权利凭证。股票一经发行，持有者即为发行股票公司的股东，有权参与公司的决策，分享公司的利润，同时也要分担公司的责任和经营风险。股票一经认购，持有者不得以任何理由要求退换股本，只能通过证券市场变现股票。作为交易对象和抵押品，股票也已成为金融市场上主要的、长期的信用工具，但是实质上，股票只是代表股份所有权的证书，它本身没有任何的价值，不是真实的资本，而是独立与实际资本之外的虚拟资本。

权益证券按其所代表的股东权利有普通股和优先股之分，普通股和优先股是最基本的权益证券。普通股是股份有限公司发行的一种基本股票。普通股的股东有权选举公司董事,并在股东大会上对需由股东决定的重要事项进行表决;在董事会宣布支付普通股股利时,有权分享公司赢利;在公司增加股本时,有权按持有股份的比例,优先认购新股;当公司结束清算时,在债权人和优先股股东的要求满足后,有权参加公司财产的分配。如果公司财产不够清偿债务和优先股时,也不再承担超过其已投入资本的经济责任。与优先股比较,普通股股东承担的风险较大,但在公司赢利较多的情况下,可望得到比优先股更为优厚的股利。从投资的角度看,普通股有两个最重要的特点:一是剩余请求权(Residual Claim),它是指股票持有者拥有在一定条件下,如公司破产清算时对公司剩余财产的要求权。普通股持有人对公司资产与收益的要求权是排在最后一位的。在公司清算资产时,普通股股东只有在其他索赔人,如税务机构、公司职员、供应商、债券持有人与其他债权人都得到赔偿后,才能就剩余资产请求索赔。不在清算范围的公司,在收入扣除利息与税收后,普通股股东才拥有对运营收入的要求权。管理层在支付公司剩余时,或者以红利的形式给予股东现金,或将赢利再投资,以增加股东持有股票的价值。二是有限责任(Limited Liability),其意味着在股份公司经营失败并破产时,股份公司的股东仅负有限的债务责任,无需以个人资产清缴公司债务。

优先股股票(Preferred Stock)是指由股份公司发行的,再分配公司收益和剩余资产方面比普通股具有优先权的股票。优先股股票拥有股权与债务的双重特征。它与债券的相同点是:承诺每年付给持有人一笔固定的收入。在这个意义上,优先股与无限期债券,即永久年期的债券相同;此外,在公司的管理权限方面,优先股的持有者与债券持有者一样都无表决权。但优先股仍然是一种股权投资,公司有向优先股持有者分红的决定权,但并无合约义务必须支付这些红利。优先股股利通常具有累积性,这也就是说,未付的红利可以累积起来,在支付普通股的红利之前,必须支付所有优先股的未付红利。优先股股票与债券在税收方面有区别。优先股的红利支付不能作为利息费用,因此对公司没有减免税收的作用,这种劣势可以被公司在计算应税收入时部分地抵消。在美国,企业红利中,来自国内公司的部分有70%可以从应税收入中扣除。某些公司在固定收益投资中,偏爱优先股,即使优先股股票在公司破产时的资产要求权排在债券之后,优先股仍然以低于公司债券收益率的价格出售。从一定程度上,它反映了免税红利的价值,因为如果仅考虑风险的话,优先股应能提供高于债券的收益率。对于个人投资者而言,因为不享受70%的免税优惠,与其他可供选择的相关资产相比,优先股的收益率并无太大的吸引力。

优先股的多种发行方式与公司债券极为类似。它可由发行公司赎回,在这种情况下被称为可赎回优先股,也可以按照一定的转换比例将优先股转换成普通股。市场中一项新的金融工具是可调整利率的优先股,它与可调整利率的抵押贷款很类似,使红利与现行的市场利率结合起来。按照股票具体包含的权利不同,优先股可分为不同的类别:①累计优先股和非累积优先股。累积优先股指的是可以将以往年度内未支付的股息累加,由以后营业年度的赢利一起支付的优先股股票;非累积优先股指的是对于未足额的股息不予补付的优先股股票。②参加优先股和非参加优先股。参加优先股指的是那种不仅可以按照规定分的当年的定额股息,而且还有权与普通股股东一起参加公司利润分配的优先股股票;不参加优先股指的是那种只获得固定股息不参加公司利润分配的优先股。③可转换优先股和不可转换优先股。可转换优先股指在特定条件下,优先股股票可以转换成普通股股票的优先股;不可转换优先股是指不能转换成普通股股票的优先股。④可赎回优先股和不可赎回优先股。可赎回优先股指股票发行公司可以按照一定的价格收回的优先股股票,大多数优先股股票是可赎回的;不可赎回优先股指的是股票发行公司无权从股票持有者手中赎回的优先股股票。

四、金融衍生工具

(一)金融衍生工具的定义

金融衍生工具(Derivative)是以基础金融工具的存在为前提,以杠杆或信用交易为特征,确定交易双方在未来某个时间对某项金融现货所拥有的权利和所承担义务的合同,在交易成立时,它即形成某个企业的一项金融资产,也同时形成另一个企业的一项金融负债。主要的衍生工具有以下几种。

1. 远期合约

远期合约的全称为金融远期合约,是指交易双方达成的、在未来某一特定日期以某种特定方式以及预先商定价格(如利率、汇率、股票或债券价格等)买卖、交割特定的某种(或一揽子)金融资产的协议或合约,如远期外汇合约、远期利率协议、远期股票合约、远期债券合约等。

2. 金融期货

其全称为金融期货合约,是指买卖双方在有组织的交易所内以公开竞价的形式达成的、在将来某一特定日期交割标准数量的特定金融工具的协议,主要包括货币期货、利率期货、股票指数期货等合约。

3. 金融期权

其也称选择权合约,是指合约双方中支付选择权(期权)购买费的一方有权在合约有效期内按照敲定价格与规定数量向选择权(期权)卖出方买入或卖出某种或一揽子金融工具的合约。这里的所谓选择权并不是一种义务,即选择权的购得者根据未来价格的变动可以行使,也可以放弃,但当行使选择权时,无论价格的变动对自己是否有利，卖出选择权的一方必须履约。

4. 金融互换(Financial Swaps)

其全称为金融互换合约，是指两个或两个以上的交易当事人按照商定的条件，在约定的时间内交换一系列支付款项的金融交易合约，主要包括货币互换与利率互换两类。

(二) 金融衍生工具形成和发展的原因

(1) 金融自由化浪潮迫使西方各国金融管制的法律环境变得宽松起来，英文称之为"Deregulation"，其含义是放松外汇管制和利率限制、取消存贷款最高利率限制、对国外金融机构开放国内金融市场及削减税收等。

(2)巴塞尔协议和金融监管机构对金融机构资本比率适宜度的要求和注重，促使了银行经营活动转向了对资本要求不太严格的交易之中，即尽量多做不在资产负债表上反映的"表外业务"，加速了资产、负债和中间业务的创新以及与业务经营密切有关的技术操作手段创新、市场营销创新和组织结构创新，金融衍生工具正是这些创新的结果和必然反映。

(3) 先进的科学技术和电信条件为金融衍生工具和创新工具提供了可能。全球性信息电子网络的形成，电脑与创新工具紧密结合，国际支付系统和交易处理中先进的计算机技术的广泛应用，大大降低了交易成本，并引发了银行和证券公司之间的一场支付方式大革命，自动出纳机 ATM、商店零售点终端 POS、家庭银行网络 HOME-BANKING、电子支付清算系统(Chips)、电子电信系统(如SWIFT)等相继问世，极大地促进了金融衍生工具的创新与发展。

(三) 金融衍生工具的特点

第一，金融衍生工具的价值受制于基础工具价值的变动。金融衍生工具的价值主要受基础工具价值的影响，这是衍生工具最为独特之处，也是具有避险作用的原因所在。第二，相对于原生性金融工具，金融衍生工具特性复杂。一方面，衍生工具如期权，互换的理解和运作不易；另一方面，采用多种组合技术使得衍生产品特性更加复杂。第三，财务杠杆作用。衍生产品在运作时多采用交纳保证金的方式，市场的参与者只要动用少量的资金即可以控制资金量巨大的交易合约，正因为有此特点使得衍生产品成为投机的重要工具。第四，产品设计灵活。衍生工具通过各种组合，可根据要求的时间、金额、杠杆比例、价格、风险等级等参数进行设计，更能适应不同市场参与者的需要。第五，交易活动比较特殊。从交易机构看，主要集中在大型投资银行等机构，从市场分布看，大量的衍生工具交易主要通过场外市场进行。

(四) 衍生工具的风险与监管

金融衍生工具的杠杆效应及其规避风险与投机谋利功能的两重性决定了衍

生工具交易的高风险性。20世纪90年代以来,全球几乎每一场金融风暴与金融衍生工具有关。在巴林银行风波前后,国际上曾发生过多起因金融衍生工具交易造成巨额损失的事件。1994年,美国奥兰治县政府由于从事金融衍生工具交易失败,造成20多亿美元的巨额亏损,宣布破产;美国大卫阿斯金投资银行,由于预测利率走势失误,损失了6亿美元;由于衍生工具交易,日本东京证券公司损失了32亿美元,德国冶金公司损失18亿美元。仅1987～1995年,见诸于各大报纸的这类重大损失多达113则,总计亏损162亿美元,其中80%的事件是1994年以来发生的。金融衍生工具主要涉及五类风险:市场风险,信用风险,流动性风险,操作风险和法律风险。市场风险,即衍生工具市场价值的变化对交易者产生不利影响的风险。在衍生工具被用做对冲手段时,衍生工具的价格变动可以抵消其基础金融工具的逆向价格变动,两相抵消可减少市场风险,但是在实践中,完全的风险对冲是不易做到的。当二者价格的变动不完全成比例时,就会导致对冲缺口,基础金融工具价格变动过大,缺口问题引起的市场风险就会增大。信用风险,即交易对手无力履行合约义务的风险。通常场内交易的衍生工具的信用风险较小。因为交易对手是交易所,交易所在具体操作中要求初始保证金和追加保证金,严格管理的交易所中衍生工具的信用风险可以忽略不计,但是在柜台交易市场交易的衍生工具的信用风险就要高得多。操作风险,指由于工作人员的错误、欺诈行为和缺乏内部控制引起损失的风险。巴林银行的倒闭在很大程度上是操作风险引起的。法律风险,指合约内容在法律上有缺陷或无法履行的风险。法律风险问题值得引起特别注意。由于衍生工具是新金融工具,产生纠纷时,有时会出现无法可依和无先例可循的情况。流动性风险,包括两方面内容:一是市场流动性风险,指市场业务量不足或不大幅度降低价格就不能卖出其头寸的风险,也即衍生工具用户不能轧平或冲销其头寸,无法平仓的风险。这种风险常常发生在新产品上,由于其市场宽度和深度都不够,市场一出现剧烈波动,就很难找到交易对手。其次是资金的流动性风险,即用户流动资金不足,出现合约到期时无法履行支付义务,或无法按合约的要求追加保证金的风险。这种风险与用户的整体经营水平及资金的来源与运用密切相关。一旦经营不善或资金来源短缺,不能及时履行合约义务或追加保证金,其结果往往是灾难性的。

鉴于衍生工具的高风险性,各国和国际监管组织积极作出反应,努力致力于培育健全的市场竞争环境,以市场纪律促使金融机构实现有效的风险管理,并在机构倒闭时及时隔断或消除其连锁反应。

五、投资基金

投资基金是资本市场的一个新的形态,它本质上是股票、债券及其他证券投资的机构化和集中化，它不仅有利于克服个人分散投资的种种不足，而且成为个人投资者分散投资风险、求得满意回报的最佳选择，从而极大地推动了资本市场的发展。

投资基金是通过发行基金股份（或受益凭证），将投资者分散的资金集中成一定规模、定向投资的周转资金，由专业管理人员分别投资于股票、债券或其他金融资产，并将投资收益分配给基金持有者的一种金融工具。投资基金具有规模经营（低成本）、分散投资（低风险）、专家管理（更多的投资机会）和服务专业化（方便）的优势。

通常，基金由基金管理公司或下设基金管理部的投资银行作为发起人，在基金设立后往往成为基金的管理人。设立基金的另一个重要当事人是保管人，即基金保管公司，一般由投资银行、商业银行或保险公司等金融机构充当，担任保管公司也是投资银行基金管理的重要业务之一。

投资基金的一个重要特征是分散投资，通过有效的组合来降低风险。不同种类的投资基金根据各自的投资对象及目标确定和构建不同的"证券组合"。我国规定基金投资与股票债券的比例不低于基金资产总值的80%，投于一家公司的股票不得超过基金净值的10%，持有一家公司的股票不得超过该公司证券的10%，投于国债的比例不低于该基金净值的20%；同时，还规定基金之间不得相互投资，不得将基金用于抵押、担保、贷款及投向房地产。

第二节 投资组织

一、金融中介机构及其功能

（一）金融中介机构

金融中介机构是指从资金的盈余单位吸收资金提供给资金赤字单位以及提供各种金融服务的经济体。它不同于一般的服务中介和信息中介，是一种资金的中介，是为金融市场的金融资源能有效配置而设立的机构。金融中介机构的功能主要有信用创造、清算支付、资源配置、信息提供和风险管理等几个方面。在传统的金融机构中，商业银行是这些功能的主要载体。近年来，非银行金融机构的迅猛发展削弱了银行传统的主体地位。商业银行和非银行金融机构已经成为现阶段金融中介的主体。现阶段主要的金融中介机构有银行、投资公司和保险公司。它们的产品包括支票账户、贷款、住房抵押以及广泛的保险合约。

银行是现在所有金融中介机构中最大的和最古老的。最早的银行诞生于文艺复兴时期的意大利，它们发挥着两个主要功能：吸收存款和发放贷款。在某些国家，银行实际上是全能的金融中介机构，不仅为客户提供交易服务和贷款，同时还提供投资服务和各类保险。

保险公司是中介机构,它的主要功能是使家庭或企业可以通过购买一种名为保单的合约规避特定风险,在特定事件发生时,依合约赔付现金。客户支付保费,保险公司可以运用这部分资金,期限可以从一年到长达几十年,可以将所获得的保费投资于股票、债券和房地产等,以获得收益。

基金是股票、债券或其他资产的组合,它以投资者集体的名义购买,由专业投资公司或其他金融机构管理。管理基金的公司保有每个投资者的份额,除了分配、记录保存和收入的再投资,基金提供了一种分散化的有效方式。

投资银行的主要职能是帮助企业、政府以及其他实体通过发行证券筹集资金,为其经营活动融资。投资银行还为公司的兼并或公司收购提供便利,有时充当发起人。投资银行经常承销企业、政府和其他实体发行的证券。

（二）金融中介机构的功能

1. 信用创造功能

在传统的金融结构中商业银行通过吸收存款、发放贷款实现其信用创造的功能。银行的特殊性在于其货币创造,即银行仅仅依靠增加其负债就能够达到创造多倍存款货币的目的。银行不仅仅是资金从储蓄者向使用者转移的中介,而且是货币的生产者,是提高杠杆性的融资机构。而非银行金融中介不接受活期存款,因而不具有创造货币的能力。它们的职能只是进行储蓄的转移,影响货币供给,然而金融创新和金融业务综合化的发展使非银行金融中介侵蚀了银行的传统业务,其活动对社会信用创造产生了重要影响。尽管非银行金融中介机构不能像银行金融中介机构那样创造货币,但其创造的高流动性的可以作为货币近似替代品的间接金融资产,能够影响货币信贷资金的总量,因此不同的金融中介机构都具有信用创造功能。

2. 支付清算功能

支付清算功能是金融中介机构另一个最基本的功能。在市场经济条件下需要一个体系为全社会的交易活动提供支付清算的服务,进而提高整个社会的经济运行效率。金融中介机构通过其网络为商品、劳务和资产的交易以及资本的转移提供各种清算支付手段,但在金融体系内部由哪个部门来承担这个功能,随着金融体系的演变,或许存在差异。在传统的金融结构下主要由商业银行来承担全社会的支付清算活动,因此清算支付功能是商业银行最基本的功能之一。

随着金融结构的趋势性转变,支付清算功能已经开始从银行金融机构向非银行金融机构转移。非银行金融机构的发展使交易支付更加方便快捷。例如许多共同基金提供的交易账户和个人的工资账户、支票账户、货币市场账户一体化,这些账户既具有代理工资发放业务,能够使个人的薪水自动转化为储蓄存款的功能，又具有通过支票和电话支付日常开支、交易以及自动取款的功能。

信用卡是各国最主要的支付清算工具，过去银行金融机构几乎占据了信用卡市场的全部市场份额，由于非银行金融机构的工具创新和高质量的金融服务，使得信用卡市场发生了逆转，银行金融机构失去了大部分的市场份额，而非银行金融中介机构的市场份额大幅度上升。

3. 资源配置功能

资源配置功能是指金融中介机构提供储蓄-投资转化机制，降低交易成本，实现稀缺储蓄的有效配置。资源配置功能是金融中介的主要功能，在传统的金融结构下银行是实现储蓄向投资转化的主要渠道。银行通过吸收存款、发放贷款，将资金等金融资源从资源的盈余者向资源的稀缺者手中转移；而现今金融中介结构的趋势性转变使储蓄向投资转化的渠道增加。由单纯的银行金融中介转变为银行和非银行中介并存，而且非银行金融中介已经成为储蓄向投资转化的主要渠道。

4. 信息提供功能

贷款者和借款者之间存在着信息的不对称性，借款者比贷款者具有信息优势，而且借款者为了自身的利益有可能制造虚假信息。在这种信息不对称的情况下，市场机制会受到严重损害。贷款者由于缺乏全面的信息，只能根据借款者过去平均的信息来设定贷款条件，那就会对其他高于平均条件的优良的借款者不利，后者就会退出借贷市场。这一过程的不断重复，借贷市场上借款者整体素质就会下降，市场机制不能正常发挥作用，这就是通常所谓的逆向选择问题。由于信息具有准公共产品的性质，存在着定价等多种困难，收集、整理后的信息产品不容易买卖，但是金融中介机构可以买卖基于信息而制造的金融资产。换言之，金融中介机构在代替贷款者生产信息的同时，通过间接证券购买借款者所发行的本源证券。

能够获得和利用信息并有效地配置资源是金融中介机构的重要功能之一。在金融市场中要求较高的信息暴露与透明，非银行金融机构如共同基金、养老基金以及其他非银行金融中介机构是金融市场中的主要机构投资者，它们专门设有信息部门，有专业的信息收集人员从事信息的收集、处理和分析工作，能够为投资者提供更加准确有效的信息。另一方面，银行金融中介机构对公司的财务状况等信息的公开程度要求较低，因此相对来讲，从银行中介机构那里获得有关公司的公共信息是有限的，在市场型金融体制的国家例如美国等，非银行金融机构是信息的主要提供者。

5. 风险管理职能

首先，与银行金融机构相比，非银行金融中介机构种类多，而且是金融创新的主体，能够提供多样性和高流动性的金融资产。例如美国的共同基金有几十个品种，上百种投资组合，投资者以多样化的投资分散风险。其次，非银行金融机构是政府参与社会风险管理的主要渠道。在现代社会中，对于持有股票、债券或其他金融资产的家庭，他们不仅面临金融风险，而且面临越来越多的社会风险，如失业风险、疾病、婚姻解体、意外等。为了减少风险、保持社会稳定，各国的普遍做法是，建立一系列专门的金融机构进行风险管理，如公共养老保险基金、各种保险基金、社会保障基金等。这些金融机构通过金融创新，为家庭提供大量规避社会风险的金融工具，成为政府社会风险管理的主要渠道。

金融中介机构的组成和形式不断发展变化。一般情况下，金融市场的发展决定了金融中介机构的组成和形式。在我国，银行目前仍然是主要的金融中介部门，但是随着我国各种非银行金融部门的发展，它们作为金融中介所占的比例正在快速增大。

二、金融市场服务机构

1. 金融信息咨询类公司

金融信息咨询是建立在信息咨询系统之上的、根据委托方的要求提供金融信息等相关服务的统称。一般来说，咨询不是提供现成的信息，而是需要根据客户的要求去调查研究收集资料、分析整理并提出可行性分析报告或方案。金融信息咨询类公司是进行金融信息咨询业务的有限责任公司。金融信息咨询类公司通过收集、分析、整理金融类信息，为信息的需求者，如投资者、商业银行、企业等提供信息流。

2.各类评估机构

最早的信息服务公司是评级机构，比如为证券业评级的穆迪和标准普尔，以及为保险行业评级的阿尔弗雷德·贝斯特(A. M. Best)。信用评级机构作为独立于政府与有关金融机构的私营企业需要有信誉、有知名度，作为独立于证券发行者与投资者的企业，它才有可能公正、客观地进行评估工作。需要指出的是，信用评级机构对其所做出的结论只负有道义上的义务，并不负有法律上的责任。一方面，市场情况瞬息万变，许多事态无法事先准确预测，产品的风险和信用机构的结论不一致的情况可能出现，评级机构难以确保不出现偏差；另一方面，评级机构作为私人企业，有竞争的压力和赢利的冲动，这是评级机构提供客观、公正的评估结果的最核心动力。

3. 律师事务所

律师事务所是律师执行职务的工作机构。目前在我国有属于国家事业单位的律师事务所，也有律师个人合作开办的合作制律师事务所。前者与法律顾问处的性质相同，只是名称不同而已；后者是在改革、开放中新出现的，实行自负盈亏，独立核算。它们从事的法律服务内容没有什么区别。

我国律师事务所的业务范围包括刑事辩护、民事代理、法律顾问，以及代理产权交易、国内外企业股份制改造、境内外投资项目咨询、企业破产清算等，同时，律师事务所在金融证券方面正在起着越来越重要的作用。律师事务所能够为股份公司股票的发行与上市，债券的发行、转让与兑现，以及证券承销商投资银行业务提供各种相关法律服务；担任发行人或承销团法律顾问，起草有关法律文件，提供法律咨询意见，出具法律意见书或验证笔录；代表银行、金融机构以及其他经纪人的利益，尤其为客户提供证券发行及国际贷款方面的服务；提供对于国际贷款、项目融资、融资担保法律问题以及信用证、商业票据的法律纠纷；代理金融案件的诉讼、仲裁、调解；参与谈判，起草和审查合同，出具法律意见书等法律服务。此外，律师事务所还在涉外法律事务、海事海商、公司财务税收和保险、知识产权和贸易投资、不动产物业和公司兼并重组等方面发挥着越来越重要的作用。

4. 会计师事务所

会计师事务所是由注册会计师合伙设立的作为会计师履行责任的工作机构。会计师事务所在我国的社会主义现代化建设过程中发挥着越来越重要的作用。我国法律规定，由合伙设立的会计师事务所的债务，由合伙人按照出资比例或者协议的约定，以各自的财产承担责任。合伙人对会计师事务所的债务承担连带责任。会计师事务所符合下列条件的，可以是负有限责任的法人：不少于30万元的注册资本；有一定数量的专职从业人员，其中至少有五名注册会计师；国务院财政部门规定的业务范围和其他条件。负有限责任的会计师事务所以其全部资产对其债务承担责任。

会计师事务所可以接受委托人的委托，审计企业会计报表，向委托人出具审计报告，经审计的会计报表就具有了可信性和可靠性。会计师事务所能够通过其服务，使企业自身了解其不足，获取企业赢利能力、现金保障等企业经营情况，有效地协助企业降低经营管理中的风险。会计师事务所还可以从事检验资本，出具验资报告；办理企业合并、分立、清算的审计，出具审计报告以证实企业资产负债表、财产清单、债权、债务等方面的真实性。此外，会计师事务所也为投资者进行会计咨询和相关的服务业务。

三、金融服务对象

金融服务的对象包括家庭个人、工商企业、政府部门以及国外投资者，它们构成了金融市场的主体。

(一)家庭个人

家庭个人一般是金融市场上的主要资金供应者。家庭为了存积资金购买大件商品,如住房、汽车等,或是留存资金以备急需、养老等,经常要进行工作、职业培训和退休计划等经济活动的决策,这都有将手里的资金投资以使其保值增值的要求。家庭个人通过在金融市场上合理购买各种有价证券来进行组合投资,既满足日常的流通性需要,又能获得资金的增值。家庭的投资可以是直接购买债券或股票,也可以是通过金融中介机构进行间接投资,如购买共同基金份额、投入保险等,最终都是向金融市场提供资金。同时,家庭个人有时也是资金的需求者,但数量一般较小,常常是用于耐用消费品的购买和住房消费等。大多数家庭对范围广泛的各种金融资产抱有潜在的兴趣,这些资产的吸引力在很大程度上取决于家庭的经济状况,即便仅从税收与风险偏好这样一个有限的角度考虑,也能导致对金融资产需求的很大变化,对各种金融资产的这种需求源自金融创新。

税收会改变人们对金融资产的需求,不同的纳税阶层产生了“税收客户”,他们处于不同的纳税阶层,对不同的金融资产产生需求。投资者的这种需求鼓励了商家提供相应的资产组合。

对风险的考虑也形成不同的投资需求,在一个显著的水平上,风险忍耐程度的不同,产生了对有不同风险-收益组合的金融资产的需求,个人也有特定的套期保值要求,以适应分散投资的需求。风险动机也导致投资者对金融资产多样化及避险工具的需求。

(二)工商企业

在许多国家,国有或私营工商企业是很重要的资金需求者,它们通过市场筹集短期资金从事经营,以提高企业财务杠杆比例和增加赢利;通过发行股票或中长期债券等方式筹措资金,用于扩大再生产或扩大经营规模;工商企业是金融市场的资金供应者之一,它们在生产经营过程中暂时闲置的资金,为了保值和增值,企业将其暂时让渡出去,使资金运作发挥更大效益。此外,工商企业还是套期保值的主体。

概括地说,企业有两种筹集资金的方法:一种是借款,向银行借款,或者是通过发行债券直接向家庭借款;另一种是通过发行股票吸引新的合伙人。企业向公众发行证券有两个目标:第一,希望发行的证券能以尽可能好的价格售出;第二,希望通过金融市场以尽可能低的成本向公众发行,这也就是说,企业一方面可能将它们的证券交给证券发行的专门机构;另一方面,公司偏好发行那些不需要太多的分析,相应的准备成本也不昂贵的证券。

(三)政府部门

在各国的金融市场上,通常该国的中央政府与地方政府都是资金的需求者,它们主要通过发行财政部债券或是地方政府债券筹措资金。政府部门在一定时间也可能是资金的供应者，如税款集中收进还没有支出时。不少国家政府也是国际金融市场上的积极参加者，如中东的主要石油出口国就是金融市场上资金供应的大户，一些发展中国家则是金融市场上的主要资金需求者。不论是发展中国家还是发达国家，政府部门都是金融市场服务的主要对象之一。

与企业一样，政府也常常需要借钱来满足它的支出，但是政府不能像企业那样出卖股份，当政府的税收不能满足政府的支出时，政府的借款会受到严格限制。当然，政府也可以增印钞票，但这会导致通货膨胀的发生，因此，绝大多数政府避免过多地印制钞票。政府在借款方面有特别的优势，政府的税收能力使政府具有很强的信用，可以以最低的成本借到资金；另外，政府在规范金融环境方面还担当着特殊的角色，如证券与交易委员会负责制定的财务信息披露的法规，用来规范各种金融交易的真实性。

第三节 金融市场

一、货币市场及其交易

货币市场是一年期以内的短期金融工具交易所形成的供求关系及其运行机制的总和。货币市场兼顾资金的流动性和货币的易得性，一方面，满足资金需求者的短期资金需要；另一方面，为资金盈余者的暂时盈余资金提供获利机会。货币市场是高度自由竞争的市场，其交易量和利率的不断变化反映着货币供求关系的变化，为信用资金供求和货币政策效应提供及时的信号；通过市场运作，货币市场为企业、政府、银行及居民的流动性管理提供重要手段，成为连接各单位资金供求的桥梁，为参与者提供安全的短期投融资中介，优化资金的配置和使用。

在货币市场中，最重要的工具是短期金融工具，如商业票据、汇票、大额可转让存单等，它们是货币市场发展的基础。短期金融工具将资金供应者和资金需求者联系起来，为中央银行实施货币政策提供操纵手段。在货币市场上交易的短期金融工具，一般期限较短，最短的只有1天，最长的也不超过1年，较为普遍的是3～6个月。这些短期金融工具具有很强的货币性，有"准货币"之称。一个有效率的货币市场应该是一个具有广度、深度和弹性的市场，市场参与者要求多样化，交易活跃且持续，能够自如地应对突发事件及大手笔成交以后价格的迅速调整，交易成本低廉，拥有众多的投资者和投机者参与。货币市场就其结构而言，可分为同业拆借市场、商业票据市场、银行承兑汇票市场、大额可转让定期存单市场、回购市场、短期政府债券市场及货币市场基金市场等若干个子市场。

同业拆借市场主要是银行等金融机构之间相互借贷在中央银行存款账户上的准备金余额,用以调剂准备金头寸的市场。在银行的实际经营过程中,资金的流出和流入是经常化和不确定的。银行在中央银行准备金账户上的余额大于法定存款准备金余额时,就拥有了超额存款准备金,那么就意味着银行有资金闲置,也就产生了相应的利息收入损失。有些银行会出现资金短缺,无法利用有利的投资机会。为了解决上述矛盾,在多余存款准备金的银行和存在准备金缺口的银行之间就出现了准备金的借贷。这种准备金余额的买卖活动就构成了传统的银行同业拆借市场。这个市场的主要参与者是商业银行,它既是资金的主要需求者也是资金的主要供应者。非银行金融机构也是金融市场上的主要参与者。在西方,非银行金融机构包括证券商、互助储蓄银行、储蓄贷款协会等参与同业拆借市场的资金拆借。同业拆借市场的拆借利率成为"拆息率",有代表性的同业拆借利率一般有三种,即伦敦银行同业拆放利率(LIBOR)、新加坡银行同业拆放利率(SIBOR)和香港银行同业拆放利率(HIBOR)。

回购市场是指通过回购协议进行短期资金融通交易的市场。从本质上讲,回购协议是一种抵押贷款,其抵押品为证券。回购协议的期限从一日至数月不等。当协议签订后,资金获得者统一向资金供应者出售政府债券和政府代理机构债券以及其他债券以换取及时可用的资金。一般来说,回购协议中所交易的证券主要是政府债券。回购协议期满时,再用及时可用资金做相反的交易。回购协议的使用者一般都是非金融机构的行业、政府机构和证券公司等,它们的目的是避免对放款的管制。回购协议市场是没有集中的有形场所,交易一般是以电信的方式进行。大银行和政府证券交易商是回购协议市场的重要资金需求者。回购交易还可以帮助中央银行实行公开市场操作,所以也称为其实施货币政策的重要场所。回购市场中的利率是不统一的,它取决于用于回购证券的质地、回购期限的长短、交割条件和货币市场其他子市场的利率水平等因素。

商业票据市场就是信誉卓著的大公司所发行的商业票据交易的市场。商业票据市场的发行者包括金融性和非金融性公司,面额大多在 100 000 美元之上,期限较短,一般不超过 270 天。商业票据的销售渠道有两种:一是发行者通过自己的销售力量直接出售;二是通过商业票据交易商间接销售。商业票据需要信用评级机构的信用评估,美国主要的四个信用评级机构为穆迪投资服务公司、标准普尔公司、德莱菲尔普斯信用评级公司和费奇投资公司,商业票据的发行者至少需要 1~2 个机构进行信用评级。商业票据的投资者包括中央银行、非金融性企业、投资公司、政府部门、私人抚恤基金、基金组织和个人。

银行承兑汇票市场是以银行承兑汇票作为交易对象的市场。银行承兑汇票是为方便商业交易活动而创造的一种工具，在对外贸易中运用较多。在国际贸易中运用银行承兑汇票至少具有如下三个优点：首先出口商可以立即获得货款进行生产，避免由货物装运引起的时间耽搁；其次，由于对方国银行以本国货币支付给出口商，避免了国际贸易中的不同货币结算上的麻烦及汇率风险；最后，由于有财力雄厚、信用卓著的银行对贷款的支付做担保，出口商无需花费财力和时间去调查进口商的信用状况。银行承兑汇票的交易分为初级市场交易和二级市场交易。在二级市场上，银行承兑汇票的参与者主要是创造承兑汇票的承兑银行、市场交易商及投资者。同其他货币市场信用工具相比，银行承兑汇票在某些方面更能吸引投资者、银行和储蓄者。从借款人的角度看，借款人利用银行承兑汇票，较传统银行贷款的利息成本及非利息成本之和低，借款者运用银行承兑汇票比发行商业票据筹资有利。从银行的角度看，银行运用承兑汇票可以增加经济效益，可以增加其信用能力，在银行信用紧缩时期，银行可以利用承兑汇票引导资金从非银行部门流向银行。从投资者的角度看，投资银行承兑汇票的收益同投资其他货币市场信用工具的收益不相上下，且安全性更高，流动性更好。

大额可转让定期存单的发明者是美国花旗银行。大额可转让定期存单主要由较大的商业银行发行，按照发行者不同，大额可转让定期存单可分为国内存单、欧洲美元存单、扬基存单、储蓄机构存单四种，一般都采用固定利率，期限在3个月以下。对于投资者而言，可转让存单的风险有两种：一是信用风险，二是市场风险。存单的收益取决于三个因素：发行银行的信用评级、存单的期限及存单的供应量。存单的最大买主是大企业，金融机构也是积极的投资者。大额可转让定期存单对许多投资者来说，既有定期存款的较高利息收益特征，又有活期存款的可随时获得兑现的优点，是追求稳定收益的投资者的一种较好选择。

短期政府债券市场主要指的是国库券市场。政府短期债券以贴现方式发行，投资者的收益是证券的购买价与证券面额之间的差额。它的发行是满足政府部门短期资金周转的需要，并且为中央银行的公开市场业务提供可操作的工具。政府短期债券具有违约风险小、流动性强、面额小、收入免税的投资特征，而其收益率一般以贴现方式表示。它的真实收益率和贴现收益率之间的差额随期限愈长和利率水平愈高而愈大。

货币市场基金是以货币市场的金融工具为投资组合对象的基金，最早出现在20世纪70年代的美国，它是为避开金融管制的金融工具创新的结果。货币市场基金一般投资于短期商业票据、可转让定期存单、银行承兑汇票以及政府短期债务、银行间同业拆借市场。与股票基金和债券基金相比，货币市场基金的收益较低，但其具有风险低、收益较稳定、流动性高等特征，更为重要的是货币市场基金的最低认购金额较低，中小投资者也有实力购买。这些便利条件使得投资者在不冒很大风险的情况下便能够获取高于银行利率的回报。

二、固定收益证券市场及其交易

固定收益市场主要是指债券市场。债券市场是资本市场的一个基本形态，是发行和买卖债券的场所。债券市场是金融市场的一个重要组成部分、是发行和买卖债券的场所。根据不同的分类标准，债券市场可分为不同的类别。最常见的分类有以下几种。

1. 根据债券的发行过程和市场的基本功能，可将债券市场分为发行市场和流通市场

债券发行市场，又称一级市场，是发行单位初次出售新债券的市场。债券发行市场的作用是将政府、金融机构以及工商企业等为筹集资金向社会发行的债券，分散发行到投资者手中。债券流通市场，又称二级市场，指已发行债券买卖转让的市场。债券一经认购，即确立了一定期限的债权债务关系，但通过债券流通市场，投资者可以转让债权，把债券变现。债券发行市场和流通市场相辅相成，是互相依存的整体。发行市场是整个债券市场的源头，是债券流通市场的前提和基础。发达的流通市场是发行市场的重要支撑，流通市场的发达是发行市场扩大的必要条件。

2. 根据市场组织形式，债券流通市场也可进一步分为场内交易市场和场外交易市场

证券交易所是专门进行证券买卖的场所，如我国的上海证券交易所和深圳证券交易所。在证券交易所内买卖债券所形成的市场，就是场内交易市场。在证券交易所内部，其交易程序都要经证券交易所立法规定，其具体步骤明确而严格。场外交易市场是在证券交易所以外进行证券交易的市场，柜台市场为场外交易市场的主体。许多证券经营机构都设有专门的证券柜台，通过柜台进行债券买卖。场外交易又包括自营买卖和代理买卖两种。场外自营买卖债券就是由投资者个人作为债券买卖的一方，由证券公司作为债券买卖的一方，其交易价格由证券公司自己挂牌。场外代理买卖就是投资者个人委托证券公司代其买卖债券，证券公司仅作为中介而不参与买卖业务，其交易价格由委托买卖双方分别挂牌，达成一致后形成。在柜台交易市场中，证券经营机构既是交易的组织者，又是交易的参与者，此外，场外交易市场还包括银行间交易市场，一些机构投资者通过电话、电脑等通信手段形成的市场等。目前，我国债券流通市场由三部分组成，即沪深证券交易所市场、银行间交易市场和证券经营机构柜台交易市场。

三、股权证券市场及其交易

股票市场是指股票发行和交易的场所，因而从这个角度看，股票市场可以分为发行市场（一级市场）和流通市场（二级市场）。发行市场是通过发行股票进行筹资活动的市场，一方面，为资本的需求者提供筹集资金的渠道；另一方面，为资本的供应者提供投资场所。发行市场是实现资本职能转化的场所，通过发行股票，把社会闲散资金转化为生产资本，由于发行活动是股市一切活动的源头和起始点，故又称发行市场为“一级市场”。“一级市场”主要的参与者包括上市公司（资金需求者）、投资者（资金的供给者）以及包括证券公司、会计师事务所、律师事务所等在内的中介机构。流通市场是已发行股票进行转让的市场，又称“二级市场”，一方面为股票持有者提供随时变现的机会；另一方面为新的投资者提供投资机会。与发行市场的一次性行为不同，在流通市场上股票可以不断地进行交易。

发行市场是流通市场的基础和前提，流通市场又是发行市场得以存在和发展的条件。发行市场的规模决定了流通市场的规模，影响着流通市场的交易价格，没有发行市场，流通市场就成为无源之水、无本之木。在一定时期内，发行市场规模过小，容易使流通市场供需脱节，造成过度投机，股价飙升；若发行节奏过快，股票供过于求，对流通市场形成压力，股价低落，市场低迷，反过来又影响发行市场的筹资，所以，发行市场和流通市场是相互依存、互为补充的整体。

根据市场的组织形式划分，股票市场可分为场内交易市场和场外交易市场。股票场内交易市场是股票集中交易的场所，即股票交易所。有些国家最初的股票交易所是自发产生的，有些则是根据国家的有关法规注册登记设立或经批准设立的。今天的股票交易所有严密的组织、严格的管理，并有进行集中交易的固定场所，在许多国家，交易所是股票交易的惟一合法场所。在我国，1990 年底，上海证券交易所正式成立，深圳证券交易所也开始试营业。

股票场外交易市场是在股票交易所以外的各证券交易机构柜台上进行的股票交易市场，所以也叫做柜台交易市场。随着通信技术的发展，一些国家出现了有组织的并通过现代化通信与电脑网络进行交易的场外交易市场，如美国的全美证券商协会自动报价系统（NASDAQ）。由于我国的证券市场还不成熟，目前还不具备发展场外交易市场的条件。

此外，现在还出现了具有混合性质的第三市场和第四市场。第三市场是指原来在证交所上市的股票移到场外进行交易而形成的市场。以美国为例，在 20 世纪 70 年代以前，要求纽约证券交易所的会员将所有在纽约证券交易所上市的证券交易都放在交易所进行，并实行固定佣金制，固定佣金制对大量交易者很不利,影响了他们大量交易的规模经济效益;而非纽约证券交易所会员的经纪人公司则可摆脱这一规定的约束,在场外市场进行纽约证券交易所上市公司证券的交易。1972年,纽约证券交易所允许对30万美元以上的订单实行协议佣金制,这样,第三市场开始迅速地成长起来。

第四市场是指投资者之间直接进行在交易所上市的证券交易的市场,中间没有经纪人的介入,渴望避免向经纪人付费的大机构都可能加入这种直接交易。由于大机构投资者已开始利用电子交易网络而避开了经纪人环节,第四市场在最近几年成长显著。像Instinet或Posit这样的网络,可以使交易者在完全没有经纪人或交易所的参与下进行直接交易。Posit既支持单只股票又支持股票组合的交易,与交易所相比,两种网络都允许保有更多的隐私。在有些时候,Instinet网络的交易额累计高达在纳斯达克上市股票总交易额的20%。

根据投资者范围不同,我国股票市场还可分为境内投资者参与的A股市场和专供境外投资者参与的B股市场。这一区分主要依据股票的上市地点和所面对的投资者而定。A股的正式名称是人民币普通股票,它是由我国境内的公司发行,供境内机构、组织或个人(不含我国台湾、香港、澳门地区投资者)以人民币认购和交易的普通股票。B股的正式名称是人民币特种股票,它是以人民币标明面值,以外币认购和买卖,在境内(上海、深圳)证券交易所上市交易的。它的投资人限于:外国的自然人、法人和其他组织,我国香港、澳门、台湾地区的自然人、法人和其他组织,定居在国外的中国公民,中国证监会规定的其他投资人。现阶段B股的投资人,主要是上述几类中的机构投资者。B股公司的注册地和上市地都在境内,只不过投资者在境外或在中国香港、澳门及台湾。

股票市场主要有筹集资金、优化资源配置、转换企业机制、分散风险的四点功能。股票市场对推动我国国民经济迅速发展和世界经济一体化产生巨大的影响。

四、衍生市场及其交易

伴随着银行、证券、保险和信托业务的创新,在衍生市场将会产生各种各样的衍生工具及组合性衍生产品。与此相适应,场外金融衍生工具市场也迅猛发展起来。目前国内对衍生金融工具的研究中,一般集中在交易所内交易的产品上,对于衍生金融工具的场外交易品种,从研究到实践相对较少。场外交易则以其量身定做的灵活性和低廉的交易成本广泛存在于国际金融市场之中。如利率互换与货币互换,其交易量的增长幅度已经超过了有组织的场内交易的增长幅度。金融衍生市场的经济功能包括风险转移、价格发现、增强资本流动性。

为了提高国债现货市场的流动性,解决国债发行压力,我国曾在1992年推出了国债期货交易，并于1993年向个人投资者开放，1994年出现火暴的交易行情，先后有15家证券期货交易所开展国债期货交易。当时由于利率价格行政管制，交易所无序竞争，风险控制措施不当，投资主体风险意识不强等原因，在1995年发生了重大的"3·27国债事件"，暂停交易至今。经过近几年的规范整顿和市场培育，我国证券期货市场的整体环境已经发生了根本性变化。一是现货市场发育更加成熟，特别是股票市场和国债市场的市场化程度提高，规模扩大，市场参与面广泛，交易活跃，具备了深度开发的条件。二是基础设施建设得到改善和提高，普遍采用了先进的电子化集中竞价交易，期货市场正在进一步加强信息系统建设，制定统一行业技术标准，加强信息技术的完全管理，对现有系统进行升级换代。三是制定并逐步完善了有关的交易制度与交易规则，在总结十余年商品期货经验和国债期货教训的基础上，积极修订和完善适应金融衍生品期货需要的规章制度，为金融衍生品的交易及其风险控制预先进行制度安排。四是监管能力得以增强，形成了统一的法规与监管体系和合理的市场布局，有了严密的风险管理等制度，通过商品期货交易积累了大量的风险管理和处理突发事件的经验，监管能力显著提高。2004年初，在国务院发布的《国务院关于推进资本市场改革开放和稳定发展的若干意见》中提出："建立以市场为主导的品种创新机制，研究开发与股票和债券相关的新品种及其衍生产品"，这为我国建立金融衍生市场奠定了基调。

第四节　投资环境的演进趋势

一、全球化

（一）经济全球化

20世纪以来，尤其是第二次世界大战后全球贸易和金融投资的迅速发展，世界各国之间经济相互依存和多边贸易体制不断取得新的进展，推动了世界经济全球化的迅速发展。而今，世界经济全球化已成为世界经济发展的一个显著趋势并广泛而深刻地影响着世界经济的各个方面。全球化（Globalization）是指世界各国的经济结成一个相互依存、共同运行的整体，是各国在政治意义上的主权和地理意义上的疆界不变的情况下，作为经济意义上的国家界限的淡化。贸易自由化、金融国际化和生产一体化三个方面是经济全球化最基本的特征和表现。

贸易自由化是世界经济全球化的先导。在20世纪世界经济一体化的过程中，国际贸易的发展更快于其他领域的发展。世界贸易组织的成立标志着世界市场一体化达到更高的水平，也表明世界贸易在更大范围内实现了自由化。

金融国际化是世界经济全球化的重要内容。国际资本市场首先以证券形式出现，到了第二次世界大战以后，国际货币体系的重建为国际资本市场的发展确立了决定性的条件。世界货币自由兑换的体制有效而成功地连接了各国业已发展起来的国内金融市场，并不断创造出新的形式，构成了高度一体化的国际金融市场。各国的国内金融市场通过对外金融联系相互联结，并同境外金融市场汇成一体，而外汇市场则通过货币互换为这种连接提供了基础。国际银行作为国际金融的中介成了金融国际化的主角，跨国银行的发展更使金融相关的各项业务的国际化大大加强。另外，国际范围内的金融创新大大增强了全球范围内的资金融通，使全球范围的资金配置更加高效。

生产一体化是世界经济全球化的深刻表现。在世界经济全球化进程中跨国公司的崛起为生产的全球化奠定了微观基础。它以交易内部化的方式实行了与国家间组织形式一体化不同的一体化，其重要性首先在于它打破了国家的经济疆界而从另一种不同于国家意义上作为世界经济活动的主体而存在；其次在于它造成了当代世界经济生产经营的全球化。它依靠其雄厚的经济实力以全球战略目标将生产、技术开发、销售在全世界范围内进行总体规划和布局，实现最佳的分工组合和资源配置。由于跨国公司的发展，当代世界生产的一体化程度越来越高，到目前为止跨国公司生产总值占世界生产总值的2/3，其贸易总量占世界贸易总量的3/4。由此可见跨国公司已成为世界经济发展的主体力量。

(二)金融全球化

在经济全球化和信息网络技术推动下，金融全球化和自由化得到了迅速的发展，并正在成为一种国际趋势。金融全球化主要是指国际金融市场的全球化和一体化，即国际金融的发展趋势将以金融网络化、货币一体化、金融服务现代化和金融风险扩大化为主要特征的金融全球化。金融全球化过程中金融活动的风险不可避免，且与风险联系机制会日益紧密。金融全球化少不了若干发达国家和国际经济组织的参与，但主要是由无数私人通过市场的逐步一体化推动的，这使得金融全球化的过程同时也成为一个逐步削弱民族国家经济权利的过程，同时它还是一个不断深化的过程，在范围上是逐渐扩展的，在程度上是不断加深的。

金融全球化的主要特点表现在以下三个方面：第一，国际资本规模增长迅速。1992年，全球的流动金融资产大约为32兆美元，是当时经济合作开发组织(OECD)成员国GDP的2倍；2001年全球流动金融资产超过100兆美元，是OECD成员国GDP总和的3倍还多。第二，金融业务与金融机构跨境发展，并出现混业经营的趋势。第三，国际金融市场蓬勃发展，外汇市场最为活跃。20

世纪 90 年代以来，外汇市场已成为世界上最具有流动性的市场，也是全天候全球性市场。据国际清算银行(BIS)统计，10 多年来，国际外汇交易增长近 10 倍。

近几年金融全球化的发展又呈现新的特点和趋势：首先，随着世界经济周期的调整，经济增长缓慢，世界经济发展陷入低潮，使资本流动受到很大的冲击，国际资本的流动有所下降。据联合国贸易和发展统计显示，自 2000 年全球外国直接投资流入总量达到 13 000 亿美元的高峰后，由于经济衰退以及发达国家之间跨境并购交易额急剧减少，连续三年大幅下跌，2003 年全球 FDI 流入总量跌至 5 800 亿美元，这是 1994 年以来的最低水平，达到创纪录。其次，随着互联网的迅速发展，金融创新层出不穷，特别是电子金融的发展对金融业的影响越来越明显。它不仅可以大幅度地提高交易量和交易速度、降低交易成本，而且使交易变得更加容易。最后，金融监管迈向国际化的趋势。随着各国金融市场联系的不断加强，各种金融风险在国家之间的相互转移、扩散在所难免，1997 年 7 月东南亚爆发的危机绵延了许多国家，使整个世界经济受到了强烈震动。金融全球化必然要求金融监管本身的国际化，如果各国在监管措施上松紧不一，不仅各国自身的利益无法保证，而且还会导致国际资本大规模的投机性转移，这样将会影响国际金融的稳定，因此各国国际监管组织纷纷成立，并保持合作交流。巴塞尔监管委员会通过了新资本协议，统一国际银行资本率的标准。

金融全球化促进了资本流动的合理化，打破了国际金融市场的隔离局面，对于提高资源在全球配置的效率，促进国际贸易的增长和各国经济的发展，产生了积极的作用；但是，金融全球化也带来了严峻的挑战和风险，使那些经济实力不强、金融监督不力、抵御风险能力弱的国家经常处于金融危机的阴影之下。

一是金融全球化加剧了全球金融动荡。伴随金融全球化的发展，国际金融的动荡已经成为常态，使得各国都生活在一个不确定的世界之中。这是金融全球化最不利的影响。国际金融的动荡，还将因资本流动的变动而产生巨大的波及效应和放大效应。一国的经济和金融形势的不稳定，通常都会通过日渐畅通的金融渠道迅速传递给所有关联国家。20 世纪 90 年代以来爆发的欧洲货币体系危机、墨西哥金融危机以及亚洲金融危机，一次比一次更深刻地打上金融全球化的烙印。更为严重的是，国际金融动荡及其迅速产生的波及效应，使得任何单个国家，甚至国际经济组织，在与市场力量相抗衡中均处于弱势地位。同时，由于各国金融体系的成熟程度不同，其金融调控经验以及居民对金融动荡的熟悉程度和心理承受能力存在很大的差别，金融全球化的不利后果在发展中国家可能表现得更为充分，影响也可能更大。

二是金融全球化加剧了金融风险。在经济全球化和金融国际化的过程中，为争取到更多的外国资本，各国会放松汇率，实行宽松的外汇管制，导致国内市场秩序紊乱，市场价格自动调节机能被破坏，发生经济危机的风险加大。同时，一旦开放金融服务市场，必须正视国际游资的冲击，国际游资在客观上能起到培育和繁荣金融市场的效果，但也增加了国内金融市场的不稳定性。国际游资进入一国，纯以谋利为目的，并非进行实质性投资，即使参与实质性投资，也都含有投机成分和潜伏动机，因而会给国内经济带来潜伏性危机，加大了金融经营的风险，特别是巨额游资借助于现代电信技术、金融衍生工具及投机技巧的运用，更是大大增加了市场风险。金融全球化中的任一环节一旦发生金融危机，将直接对全球经济、全球金融形成极大冲击，从而加剧了金融风险。

三是金融全球化增加了政府调控本国经济的复杂性。随着金融全球化的发展，全球金融资本越来越集中在处于绝对支配地位的发达国家垄断资本集团手中，并为少数巨头金融机构所操纵控制。这些机构投资者一旦抓住机会就会在发展中国家的金融市场上猛烈炒作。金融全球化还迫使政府在考虑本国的利率、汇率、失业率等经济指标的同时，考虑他国经济指标，以期望使经济政策定位更加精确，与此同时，各国金融市场的联系使国家间经济政策趋于一致，各国政府难以完全从本国立场出发制定经济政策。

由此可见，金融全球化在促进全球配置效益提高的同时，也对正在参与或融入这一进程的国家，特别是发展中国家提出了实质性的挑战，这种挑战主要是由于发展中国家与发达国家在金融制度建设方面存在的差距所导致的，虽然大多数发展中国家是20世纪70年代起推行的金融自由化，拆除旧的金融体制，但并没有建立起具有约束力的金融体制构架和形成有效的市场机制。国内的金融竞争力不强，监管水平不高，不仅导致国内金融交易活动出现无续的扩张和资源的抵消配置，而且为金融危机的发生留下了隐患。

随着中国加入世贸组织、金融服务开发的步伐加快，中国金融业面临着前所未有的挑战，如何在金融全球化的进程中积极稳妥地改革我国的金融体制，更好地与国际金融接轨，对保持我国的经济和金融持续发展具有十分重要的意义。

二、金融深化

（一）金融深化理论的内涵

1973年美国斯坦福大学经济学教授罗纳德·麦金农出版了《经济发展中的贸易与资本》，其同事爱德华·肖也同时出版了《经济发展中的金融深化》一书，从一个全新角度对金融与经济进行了开创性的研究，提出了金融深化理论，且首次指出发展中国家经济落后的症结在于金融抑制，深刻分析了如何在发展中国家建立一个以金融化促进经济发展的金融体制。

金融抑制的典型表现为政府过度控制金融操作，硬性限制利率和外汇的汇率水平，将它们人为地压低，造成有实质现金余额的收益率太低，从而在通货难以控制的局面下压制了储蓄，造成了金融市场供不应求的情况。同时，金融体系又采取配给的方式来分配信贷资金和外汇资金，在限制了企业以市场化方式来融通资金和外汇的途径及能力的同时，也刺激了民间高利贷等黑市活动的二元金融结构的出现。这种对于金融市场体制功能的限制在导致整个经济发展停滞不前的同时也造成了发展中国家金融制度的落后和低效率。

与此相对应，金融深化理论则提出应使一国的利率和汇率能真正反映社会上对于信贷与外汇资金的供求水平。而这就需要政府放弃对金融市场发展的过分控制，通过发挥金融市场对资金和外汇供求的调节作用来有效地推动经济的增长，同时使金融体系本身也获得发展。其具体内容是：政府放弃对金融市场和金融体系的过度干预，放松对利率和汇率的严格管制，使利率和汇率成为反映资金供求和外汇供求对比变化的信号，从而有利于增加储蓄和投资，促进经济增长。他们认为，发展中国家的经济成长，国外资金的流入固然重要，但国内储蓄是一个更应引起重视的因素。一旦放松了金融抑制，人们持有货币资产的意愿会增加，自愿持有的实际货币余额会增加。这不仅直接刺激了储蓄，而且在收入开始增长后，还会经过金融活动过程导致更多的储蓄。金融深化理论是对传统货币理论的一种发展，为发展中国家促进资本形成、带动经济发展提供了创新视角和思路，不仅弥补了一般货币理论忽略发展中国家货币理论的缺陷，而且克服了传统发展理论忽略货币金融因素的不足理论，突出了金融理论和金融政策在经济发展中的核心地位，提出了经济自由化的渐进计划，进而为发展中国家制定货币金融政策、推进金融体制改革产生深远的影响。

（二）金融深化理论和国际金融危机

当今世界，具有全球化趋势的金融自由化进程，不时伴随着金融风险，乃至震动世界的金融危机，金融深化理论的政策主张和目标对于一些国家并不一定是美好的结果。从20世纪80年代开始，在将近20年的时间内，全世界发生了五次大的金融危机，其中有三次是发生在发展中国家。纵观多次金融危机，其共同的特征是爆发的因素中大多涉及金融自由化改革和金融深化的内容。

1. 钉住汇率制度与开放资本市场之间孕育着风险

20世纪90年代以来的金融危机大多与国际资本在各国资本市场之间的移动有关。国际游资进出一国资本市场的难易程度取决于该国汇率管制的严格程度和资本市场对外开放的程度。在外汇方面，发展中国家在金融自由化的改革中，无不在一定程度上放开汇率管制。如墨西哥、泰国均实现经常项目下和资本项目下的货币自由兑换，但出于多方面考虑，这些国家多采用与美元挂钩的汇率制度。钉住美元汇率政策要求政府将本国货币对美元的汇率保持在一个相对窄的范围内变动。当出现外部冲击时，政府必须运用外汇储备以维持汇率稳定。在资本市场方面，发展中国家为了加快国内经济的发展，设法吸引外资，包括提高资本市场对外开放程度，减少对国际资本流动的限制。泰国和墨西哥的金融自由化改革几乎排除了资本流动障碍，使大宗国际资本可以自由进出这些国家的资本市场。由此而来的问题是，一旦由于某种原因国际游资大规模撤离，将会给政府维持钉住汇率制度带来很大困难，会严重冲击外汇储备量。在这种时候，政府或者放弃钉住的汇率制度，任其自由浮动，或者采取强力措施，限制外国资本自由进出本国资本市场。无论哪种方法，均会给本国经济的稳定增长及其吸引外资企业的能力带来一定时期的不良影响。泰国宣布放弃与美元挂钩的汇率制度，实行自由浮动，消息传出后，泰铢立即贬值20%，以后又下挫50%。泰铢大幅度贬值不仅导致本国的金融恐慌，而且迅速殃及东南亚各国。

2. 银行资产质量状况是一个在实现金融自由化时必须充分估计可能带来负面影响的问题

发展中国家，其实有些发达国家也如此，由于长期实行政府对银行信贷业务的行政干预，形成大量不良贷款。但在政府保护的措施下，对银行流动性的威胁只是潜在的。一旦实行银行私有化，问题暴露，潜在的金融风险很容易突然转化成为现实的金融风波，乃至金融危机。

3. 在政府长期干预银行贷款，形成较大规模的银行呆账后，消除呆账实际上是一件十分艰巨的事情

20世纪90年代初，日本经济增长速度减慢，经济泡沫破灭，银行呆账问题日益明显，紧随其后，1997年韩国银行的呆账问题也受到世人关注。当东南亚金融危机袭来并翻转北上之际，日本、韩国无不为脆弱的银行体系所累，纷纷出现大银行倒闭的金融危机，对国内经济产生了巨大的冲击。

（三）金融深化理论对我国的指引

金融深化理论虽然是以经济欠发达国家为研究对象的，但撇开一些具体的国情不论，对于市场经济尚欠发达的中国，其思想和论点有借鉴的价值。就总体经济背景而言，我国是从集中计划经济模式向市场经济模式转轨，这决定了我国金融体制改革必然具有持续性“深化”的特征，在改革上是全方位的。这包括金融机构多元化；金融业务多样化；金融市场的培育和发展；推动利率市场化；建立起以市场供求为基础、单一的有管理的浮动汇率制及全国统一的外汇交易市场；构建符合市场机制要求的信贷资金管理机制；构建金融宏观调控机制，更多地运用间接货币政策工具调节金融变量；金融立法建设以及建立起广泛的、多层次的国际金融联系，顺应全球金融一体化的趋势。

三、金融证券化

(一) 资产证券化的内涵及运作程序

资产证券化 (Securitization)是指将某一单位(通常是银行或非银行金融机构)流动性较差但具有相对稳定的可预期现金收入流量的资产,通过一定的资产结构安排,对资产中风险与收益要素进行分离与重组,进而转换为在金融市场上可以出售和流通的证券据以融资的过程,该单位为此资产证券的发起人。具体来说,资产证券化就是发起人把其持有的各种流动性较差的资产,分类整理为一批批资产组合出售给特设载体(SPV),再由特设载体把买下的金融资产作为担保发行资产支持证券(ABS),收回购买资金。

资产证券化的基本运作程序是证券化资产的原始权益人将资产出售给为证券化目的而成立的特设信托机构,然后由特设信托机构以此资产所产生的现金流作为抵押向投资者发行可以在二级市场上流通的资产支持证券,投资者通过购买将资金提供给特设信托机构,特设信托机构再将所融资金用于购买原始权益人所转让的资产。最后特设信托机构的受托人以其所托管的资产产生的现金流支付投资者的本息(如图 1-1 所示)。

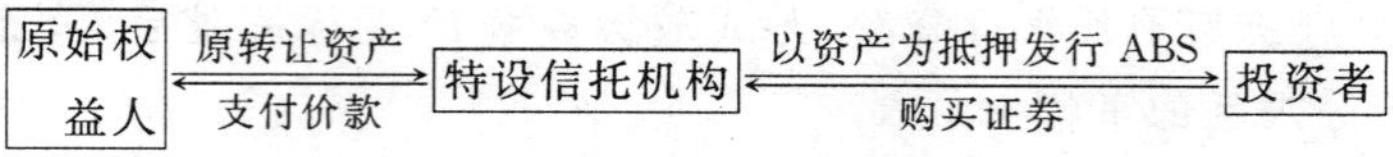

图 1-1 资产证券化基本交易结构图

(二) 资产证券化的条件

进行证券化的资产必须满足一定的条件。一般而言,这些条件包括:第一,证券化资产能在现在和未来产生可预测的现金收入流且预期现金收入流应大于预期还本付息额;第二,资产的原始权益人在出售证券化资产前必须对该资产拥有符合法律要求的完整的所有权,能够对该资产进行全权处置;第三,证券化资产有较高的变现价值或对原始权益人的效用很高,能够在证券化资产的现金收入流不足时保证本息支付的需要;第四,证券化资产应具有相对的独立性以便于真实销售和破产隔离原则的实现;第五,证券化资产在市场中尤其是在投资者中应当具有一定的认知度。

从欧美各国资产证券化的实践来看,到目前为止,已经有多种资产被成功地证券化,这些资产大致可以分成以下几大类:一是抵押担保贷款,如居民住宅抵押贷款等;二是各种应收账款,如信用卡应收账款、转账卡应收账款,设备租赁包括计算机租赁、办公设备租赁、汽车租赁、飞机租赁、小型商业设备租赁等应收账款;三是各种有固定收入的贷款,如航空机票收入、收费公路或桥梁和其他公用设施收入、航空或铁路客货运收入、税收或财政收入、出口收入、石油与天然气及矿藏储备和林地收入等;四是各种商业贷款,如商业房地产贷款、各类工商企业贷款、汽车贷款等。

(三) 资产证券化在我国有广泛的发展前景

1. 推行资产证券化的必要性

首先,推进资产证券化是加快处置不良资产证券化的需要。如果依靠传统的方法处置1.4万亿元的不良资产,其结果必然是周期长、效果差;而采用资产证券化的方法,可以变单户处置为批量处置,促进资产处置的大规模开展,最大限度地加快处置速度、降低处置成本。其次,推进资产证券化是实现国有金融资产管理公司向投资银行业务转型的需要。我们需要建立自己的投资银行体系。目前,我国四大金融资产管理公司都致力于向投资银行发展,在其业务转型的过程中,资产证券化是一个能够运作的切入点。再次,推进资产证券化是打开国际和国内两个筹资市场的需要。如果我们通过资产证券化这个工具在80 000亿元储蓄和14 000亿元不良资产之间建起沟通的桥梁,那么不仅可以满足广大投资者的需要,而且有助于加快储蓄向投资的转化。更重要的是能够通过市场化的方法闯出一条不良资产处置的新路。采用资产证券化,通过特设信托机构提高信用等级,为我国在国际高档证券市场开展大规模融资活动,不仅有利于利用国际金融资源解决我国的不良金融资产问题,而且可以为我国大型项目的建设开辟新的外资融资渠道。最后,在加入WTO以后,五年的宽限期内,国有商业银行如何处理巨大的不良资产,早已成为管理层高度重视的问题之一。2002年底的资料显示,中国建设银行的不良资产率最低为15.16%,其他三大银行均为20%以上,给我国国有商业银行提出的2005年国内银行整体上市的目标增添了障碍。采用不良资产证券化,无疑是开辟一条新的渠道。

2. 推行资产证券化的可行性

不良资产通过证券化途径来解决是可行的,这首先体现在我国经济的市场化程度与金融深化程度均有了一定的基础。资产证券化实际上是间接融资和直接融资的融合,需要商业银行等多个主体的共同参与。商业银行逐步成为独立自主、自负盈亏的实体,对消除不良资产有强烈的愿望和动力。国内的高额储蓄资金为资产证券化提供了充足的资金来源。资产证券化所创造出来的新型投资工具,只要设计合理,收益性、流动性和安全性可以做到较好的统一。

我国商业银行在加入WTO的压力与挑战面前,正逐步向国际惯例标准靠拢,贷款的发放、分类、催收、记录等均越来越多与国际接轨。一些银行建立了严格的程序,实现了对国有资产的监控。这为资产证券化提供了较好的资产选择基础，也为特殊目的资产证券化提供了人才和技术设备资源。

随着我国经济增长率的逐步回升，利率的逐步市场化，存贷款、国债等利率水平将更准确地反映市场供求情况，利率也将更趋于合理，存贷款之间的利差足够支持证券化参与各方的利润要求。

国有企业已认识到建立现代企业制度的重要性，并且正在逐渐地通过市场融资接受市场竞争考验的观念。中国人民银行、中国保监会、中国银监会等监管部门已具备了较强的监管国内金融业的能力、信用重建能力和对资产证券化市场的监管能力，我国推动资产证券化的强大合力已经形成。

【本章小结】

1. 本章主要介绍投资过程中所涵盖的四大要素：投资工具、投资组织、金融市场和投资环境。

2. 投资工具指金融市场中充当资金融通手段的工具，包括货币市场工具、固定收益工具和权益工具、衍生工具、投资基金五类。

3. 投资组织主要涉及各种金融中介机构和金融服务机构。

4. 与各种投资工具相对应，货币市场、固定收益市场、股权资本市场、衍生金融市场、投资公司与共同基金构成了金融市场的主体框架。

5. 投资环境主要以其不断的变化和发展左右着投资主体的行为，当今世界投资环境的发展趋势，尤以金融全球化、金融深化和资产证券化的影响最为宽广和深远。

【思考与练习】

1. 简述主要的金融衍生工具，以及衍生市场的经济功能。
2. 简述投资基金的主要特点。
3. 货币市场有哪些主要投资工具？其主要特征是什么？
4. 比较固定收益证券与权益证券的异同。
5. 金融中介机构都有哪些组成部分？功能有哪些？
6. 联系实际简述股票市场在我国国民经济发展中的作用？
7. 如何理解当今世界投资环境的三大渐进趋势？

第二章　投资收益与风险

【学习目标】

风险和收益是投资活动中必须考虑的两个基本因素，这一章，同学们需要了解风险的各种类型，掌握风险的统计度量、收益率的概念和不同收益率的区分与计算。深入领会风险的偏好与效用理论。通过这一章的学习，希望同学们对这些基本概念以及它们的相互关系有一个初步的认识和掌握，为后面的学习奠定基础。

第一节　风险与风险统计

一、风险与风险类型

（一）风险的定义

风险指的是未来收益的不确定性，通常以实际结果与其期望值的离差来表示。一项资产未来收益的不确定性程度越高，其风险越大。在现实世界中，不同的金融资产有不同的风险。从风险的定义看，它包含两个方面：一是未来收益的可能性，即一项资产的最终收益是某一可能值的概率。可能值可以高于期望值，也可以低于期望值。从这里可以看出，风险不一定就意味着亏损，它是中性的，既包含对资产持有人有利的一面，也包含对其不利的一面。二是未来收益偏离期望值的大小，偏离期望值的幅度越大，意味着获利或损失越大。人们在投资决策时需要知道风险大小，一是为了选择有相同收益而风险小的投资机会；二是确定投资可能带来的损失，以便做好相应的风险预防准备。

（二）风险类别

1. 按风险来源分类

按风险来源可以分为信用风险（Credit risk）、流动性风险（Liquidity risk）、利率风险（Interest Rate Risk）、汇率风险（Foreign Exchange Risk）、营运风险（Operation Risk）、法律风险（Legal Risk）、通货膨胀风险（Inflation Risk）、政策风险（Policy Risk）和国家风险（Nation Risk）。

（1）信用风险。信用风险又称为违约风险，指的是债务人由于经济出现不可预料的损失或道德问题不能按时按规定交付使用金融工具的费用，致使投资者蒙受损失。在商业银行的信贷业务中，信用风险作为最重要的风险因素加以考虑，根据信用风险的大小决定贷款利率。

（2）流动性风险。流动性风险是指由于金融资产的变现能力不同而给其持有者造成损失的可能性。不同金融资产的流动性是不同的，在债券市场中，由于国债的发行者是政府，信用程度高，其流动性十分强；而在房地产市场中，由于房产的投资期长，其流动性就相对弱得多。

（3）利率风险。利率风险是指由于市场利率水平的变动给金融资产带来价值损失的风险。一般来说，利率的上升会导致证券市场中各类金融工具的价格下降，利率的下降则会导致其价格的上升。

（4）汇率风险。其又称为货币风险，是指两国货币汇率变动给经济主体带来的风险。汇率风险又可细分为交易风险和折算风险，前者指因汇率的变动影响日常交易的收入，后者指因汇率的变动影响资产负债表中资产的价值和负债的成本。

（5）营运风险。营运风险指企业或投资个人在投资过程中对未来预期的偏差，导致决策不当或操作失误，使投资收益下降的可能性。营运风险主要表现有：一是由于可供决策使用的信息不足导致决策不当。二是由于信息传输过程中出现的不可避免的延迟和偏差导致政策执行不当。在现代企业组织体系中，决策职能和执行职能往往是由不同的部门执行的，一项决策决定之后，经过多层的传递，到达最终的操作人员手中，可能已经失去了适时性或者准确性，从而导致损失。三是不可避免的操作失误，指的是源于操作人员的业务技能不精或偶然原因带来的操作失误。

（6）市场风险。市场风险指的是因市场各种因素（如利率、汇率、通货膨胀等）的变化而导致投资收益变化的可能性。它是一种综合性的风险，包含了各种市场因素风险。当市场各种因素变化加大或较频繁时，投资者遭受损失的可能性或数额也会变大。

（7）法律风险。法律风险指经济主体在经济活动中因法律方面的问题而造成的风险。它的表现形式为经济合约不能受到法律保护或合约的某些条款不周密而导致无法履行或经济主体违反法律运营而面临法律制裁的可能性。

（8）通货膨胀风险。通货膨胀风险是由于一国通货膨胀率的变动而带来的风险。当通货膨胀率上升，未来的收益就会贬值。一般说来，一项金融资产的投资期限越长，它面临的通货膨胀风险越大。

（9）政策风险指的是源于国家政策变化给投资者带来的风险，例如，一个国家的货币政策、税收政策、产业政策的改变，会使得相关的投资项目收益增大或减少。

(10) 国家风险是指一个国家政治、经济、社会等领域内发生根本性的变革导致的风险。跨国投资机构在进行跨国投资时会面临国家风险，这种风险所造成的损失往往都是巨大、致命的，应尽量避免。

2. 按风险能否消除分类

按风险是否能够通过投资组合的方法加以消除可分为系统性风险和非系统性风险。

(1) 系统风险是源于某种全局性因素引起的投资收益下降的可能性，这些因素包括政治、经济周期、市场因素、货币政策和财政政策的变化等。这种风险影响所有投资的收益，是一种无法回避的风险。在证券投资组合中，投资者无法通过分散投资来规避系统风险。

(2) 非系统风险是相对系统风险来说的，指的是仅影响个别公司或个别行业投资收益的风险。可以通过分散投资的方法来规避，即"将鸡蛋放在多个篮子中"的道理。

二、收益风险的方差估计

在作出投资决策之前，投资者必须考虑一个问题——这项投资的风险有多大？为了回答这个问题，人们通常罗列出投资收益的各种可能情况，并指明每种情况发生的概率以及收益率的大小。这种方法被称为场景分析(Scenario Analysis)。例如，假定一个投资者投资一只股票，这只股票的持有期收益随着经济环境的变化而变化。由于投资到期时的宏观经济形势无法准确预测，他便假设它处于繁荣时期、正常时期、衰退时期三种情况下的概率与持有期收益，如表2-1所示。

表 2-1　**股票持有期收益率的概率分布**

经济环境	场景，s	概率，$p(s)$	持有期收益率，$r(s)$
繁荣时期	1	0.25	40%
正常时期	2	0.50	10%
衰退时期	3	0.25	−20%

这样一来，投资收益的不确定性就被分解成有限的各个场景下的确定收益集合。但是，这种场景分析给出的表格并不能让人们直观地看出投资项目所面

临的不确定性程度有多大，即风险大小，因此，人们设立许多指标来衡量投资风险，如 Var 模型的 Var 指标，分析模型的 Hurst 指标等。目前应用最为广泛的指标是方差(Variance)，它沿用了概率理论中相应的概念，指的是各种场景下的持有期收益偏离预期收益率的偏差平方和。为了计算方差，首先需计算出收益的预期值，用符号 $E(r)$ 表示。

$$E(r) = \sum_{s} p(s)r(s) = 0.25 \times 40\% + 0.50 \times 10\% + 0.25 \times (-20\%) = 10\% \tag{2.1}$$

则衡量这项股票的风险大小的方差为：

$$\begin{aligned} \mathrm{Var}(r) \equiv \sigma^2 &= \sum_{s} p(s)[r(s) - E(r)]^2 \\ &= 0.25 \times (40\% - 10\%)^2 + 0.50 \times (10\% - 10\%)^2 \\ &\quad + 0.25 \times (-20\% - 10\%)^2 \\ &= 0.045 \end{aligned} \tag{2.2}$$

为了使风险的衡量指标的单位与预期收益率相同，我们可以对方差进行平方根运算，这样可以得到另一个衡量风险的指标 —— 标准差(Standard Deviation)：

$$SD(r) \equiv \sigma = \sqrt{\mathrm{Var}(r)} = \sqrt{0.045} \approx 0.21 \tag{2.3}$$

从以上的计算中，我们分别得到了投资的期望收益率和标准差，前者是预期的收益，后者是预期收益的风险，但是，方差或标准差是否能够精确地衡量投资的风险呢?理论已证明，只要未来收益服从正态分布，方差可以精确地测度风险。

上面的例子仅仅计算了单项金融资产风险，如果投资者投资多项金融资产，他又应该如何估计整个投资组合面临的风险程度呢?假设 $x_i(i = 1,2,\cdots,n)$ 代表投资于第 i 项资产的金额占总投资额的比重，满足条件 $\sum_{i=1}^{n} x_i = 1$；$r_i(i = 1,2,\cdots,n)$ 为第 i 项资产的期望收益率；$\sigma_{ij}(i,j = 1,2,\cdots,n)$ 为第 i 项资产与第 j 项资产的协方差，如果 $i = j$，σ_{ij} 就是第 i 项资产的方差。则衡量总体风险大小的方差计算公式为：

$$\sigma_p^2 = \sum_{i=1}^{n} \sum_{j=1}^{n} x_i x_j \sigma_{ij} \tag{2.4}$$

举个简单的例子来说明投资组合的方差计算过程。假设有一个投资组合包含等权重的股票和债券，未来的经济状况等几率的可能处于衰退、正常增长、繁荣三种状况。股票在三种经济状况下的收益率分别为 -7%、12%、28%。由于经济衰退时，利率下降，债券价格上升，资本利得增大。债券的收益率分别为 17%，7%，-3%。它们各自预期收益和方差可以根据公式(2.1)和公式(2.2)计算出来，结果如表 2-2 所示：

表 2-2 **投资组合的收益率与方差**

场景	概率	股票(%)	债券(%)
经济衰退	1/3	−7	17
正常增长	1/3	12	7
经济繁荣	1/3	28	−3
预期收益率(%)		11	7
方差		204.7	66.7

现在，我们已经得到了投资组合中每种证券的方差，从概率理论，我们知道两个变量的协方差计算公式为：

$$\begin{aligned}\mathrm{Cov}(r_1 r_2) &= E\{[r_1 - E(r_1)][r_2 - E(r_2)]\} \\ &= \sum_s p(s)[r_1(s) - E(r_1)][r_2(s) - E(r_2)] \qquad (2.5)\end{aligned}$$

将表 2-2 的数据代入的股票和债券的协方差为(为了读者的阅读方便，下面的计算将省去有关的百分号)：

$$\begin{aligned}\sigma_{12} = \sigma_{21} &= \frac{1}{3}\times(-7-11)\times(17-7)+\frac{1}{3}\times(12-11) \\ &\times(7-7)+\frac{1}{3}\times(28-11)\times(-3-7)=-116.7\end{aligned}$$

所以组合的方差等于：

$$\begin{aligned}\sigma_P^2 &= x_1x_1\sigma_{11}+x_1x_2\sigma_{12}+x_2x_1\sigma_{21}+x_2x_2\sigma_{22} \\ &= 0.5\times0.5\times204.7+2\times0.5\times0.5\times(-116.7)+0.5\times0.5\times66.7 \\ &= 9.5\end{aligned}$$

组合的方差远远小于股票或债券的方差，说明这个组合是可以规避投资者面临的部分非系统风险。

在金融市场中，风险广泛存在，流动性很强的短期国库券也不例外，但由于其收益率固定，政府违约的风险很小，被视为无风险资产，作为度量风险的一个基准。而资本市场中的股票，其收益率往往无法事先确定，投资者只能根据一定信息估计出它的期望收益率。这种期望收益率与无风险收益率的差值被称为风险溢价(Risk Premium)。风险溢价是对投资者承当风险的一种补偿，一般说来，风险越大，风险溢价也越高，两者成正相关的关系。有人统计了美国证券市场中各类资产在 1926～1998 年间的收益率(如表 2-3 所示)，该表清楚地表现了风险与收益之间的正相关性。

表 2-3 **1926～1998年间美国各类资产的收益率与风险关系**①

资产类型	收益率的几何平均值(%)	收益率的算术平均值(%)	标准差(%)
小公司股票	12.46	18.77	39.95
大公司股票	11.01	13.00	20.33
长期国家基金	5.26	5.54	7.99
美国国库券	3.75	3.80	3.31

表中的第一列反映了各种资产的历史收益率的几何平均值，就是这些资产投资价值增长的复利率；第二列是用来预测这些资产未来持有期收益率的算术平均值；最后一列是用标准差衡量的资产收益率的波动性，即风险大小。以上统计数据反映了风险与收益的均衡关系，风险程度越高的资产所提供的预期收益率越大，吸引人们购买它们。

三、分布不确定条件下的风险统计

上面介绍的测量风险的方差模型的前提条件是未来的收益率分布是确定的，但在实际中，由于投资者可得到的相关信息有限，或者获取这些信息的成本过高，获得投资的收益率分布往往是不可能的。在这种情况下，一种比较可行的方法是根据历史数据来测算其方差，尤其在股票市场上，上市股票的历史数据容易获得，使得预期收益率和风险的计量变得十分简单。其预期收益率与方差的计算公式为：

$$E(r)=\frac{1}{n}\sum_{1}^{n}r(i) \tag{2.6}$$

$$\sigma^2=\frac{n}{n-1}\sum_{i=1}^{n}\frac{1}{n}(r(i)-E(r))^2=\frac{1}{n-1}\sum_{i=1}^{n}(r(i)-E(r))^2 \tag{2.7}$$

其中，n 是历史收益率的个数，$r(i)$ 是第 i 期的收益率。上述公式视每个历史收益率的再现机会是相等的，概率都为$\frac{1}{n}$，因此，将概率$\frac{1}{n}$代入公式(2.1)便得到式(2.6)，但将概率$\frac{1}{n}$代入式(2.2)，结果是$\frac{1}{n}\sum_{i=1}^{n}(r(i)-E(r))^2$，与式(2.7)

① 滋维·博迪.投资学精要.北京：北京大学出版社，2000：95

相比，两者的前端系数不同，一个是$\frac{1}{n}$，一个是$\frac{1}{n-1}$，这是由于统计学家为了解决自由度丧失问题而规定的，使得其是方差真实值的无偏估计。下面用一个例子来说明股票的预期收益率和方差的计算过程。

假设在上海交易所交易的股票 ABC 在过去的 10 年里的收益率如表 2-4 所示，将表中的数据代入式(2.6)和式(2.7)，可以算出股票 ABC 的预期收益率和方差为：

表 2-4　　**ABC 的历史收益率**

年份	收益率(r_i)
1994	15.13%
1995	14.01%
1996	12.00%
1997	13.97%
1998	18.91%
1999	16.30%
2000	10.10%
2001	9.25%
2002	20.32%
2003	18.54%

$$E(r)=\frac{1}{10}(15.13\%+14.01\%+\cdots+18.54\%)=14.85\%$$

$$\sigma^2=\frac{1}{10-1}\{(15.13\%-14.85\%)^2+(14.01\%-14.85\%)^2+\cdots+(18.54\%-14.85\%)^2\}=0.0013$$

这种根据历史数据计算风险的方法在证券投资中得到广泛应用，具有一定的科学性。但是，这并不意味着它是完全正确的，在一些情况下，方差的大小并不能准确地指明证券的风险大小，至少对于无风险资产而言是这样的。例如，一个投资者投资一年期的国库券，他的持有期是一年，在政府不违约的情况下这种投资可视为无风险投资；然而，每年发行的一年期国库券收益率各不相同，从历史数据计算出的方差也就不会等于零，因此，投资者在某些情况下不应对这种简易的风险测量方法得出的结果盲目信任，而应该加上自己的判断力，或寻求其他的风险测量方法加以验证。

第二节　风险偏好与效用理论

一、风险厌恶

风险厌恶指的是投资者对风险的态度是躲避的。在现代投资理论中，通常假定理性投资者是风险厌恶的(Risk Aversion)，即在相同预期收益率的情况下，他会选择方差小的投资机会。在图 2-1 中，A、B 两个投资机会有相同的期望收益率 $R_A = R_B$，标准差 $\sigma_A < \sigma_B$，风险厌恶的投资者将会投资 A。一个投资者的具体风险厌恶程度可以根据他对风险溢价的要求看出，越厌恶风险，要求的风险溢价就越高。与风险厌恶的投资者相比，风险中性(Risk-neutral) 的投资者则不关心风险大小，而只关注收益率的高低，相同收益率、不同方差的投资机会在他们眼中是没有区别的。而风险爱好者(Risk Lover) 则完全与风险厌恶投资者相反，他们在相同预期收益率的投资机会中优先选择方差大的，视风险为一种“乐趣”。同时，一个理性投资者在面临相同风险时，总会选择预期收益率高的投资机会，这被称为投资者的收益偏好，也被称为收益不满足性。在图 2-1 中，如果在 A 与 C 之间做投资决策的话，由于 $R_A > R_C$，$\sigma_A = \sigma_C$，投资者将毫不犹豫地选 A。

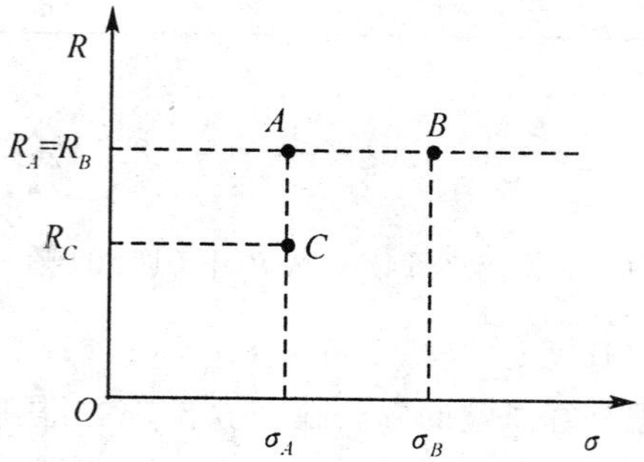

图 2-1　风险厌恶投资者的投资决策

二、风险厌恶与效用价值

我们知道，通常如果拥有的某种商品的数量越多，一位消费者渴望多拥有一单位这种商品的欲望越弱，愿意付出的价格也就会相应地递减。这是因为商品带给消费者的边际效用随着商品数量的增多而减少，这就是边际效用递减规律，它是先验的。同样的道理，在投资领域内，一个人投资风险资产时，获利和损失等量的资金而导致的效用价值增减量是不同的。如图 2-2 所示，假设投资者初始的财富是 w_0，财富的效用函数为 $U = u(w_0)$，为财富的增函数，某风险资产的收益有两种情况：一是获利 Δ，一是损失 Δ，若两者发生的几率相同，各为 50%，则有：

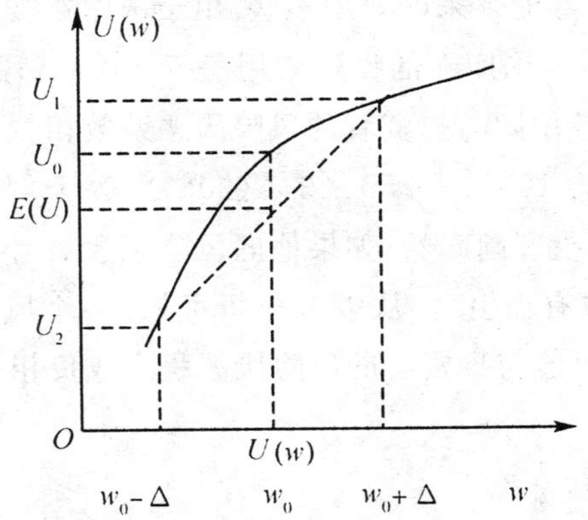

图 2-2　财富效用

初始的财富效用：$U_0 = u(w_0)$；

盈利后的财富效用：$U_1 = u(w_0 + \Delta)$；

损失后的财富效用：$U_2 = u(w_0 - \Delta)$；

投资的期望效用：$E(U(w)) = 0.5 \times u(w_0 + \Delta) + 0.5 \times u(w_0 - \Delta)$。

由于效用函数是增函数，故有 $U_1 > U_0 > U_2$，又根据边际效用递减规律可知，$(U_1 - U_0) < (U_0 - U_2)$，该不等式说明了损失 Δ 金额的财富造成的效用改变超过了获利 Δ 金额的财富造成的效用改变。

这个风险资产的期望收益等于零，似乎是一个公平的游戏，但一个风险厌恶的投资者是不愿意投资这样的风险资产的，因为他投资后的期望效用比不投资时的期望效用要小，即 $E(U) < U_0$。一般说来，风险资产只有向投资者提供了足够高的预期收益率，提高投资者的预期效用之后，投资者才愿意投资它，因为投资者的目标是获取最大的财富效用。

对于一个风险厌恶投资者，在相同的风险程度下，预期收益率高的资产的效用价值大；在相同的预期收益率下，风险小的资产的效用价值大。这里有一个在金融界广泛使用的经验投资效用计算公式：

$$U = E(r) - 0.5A\sigma^2 \tag{2.8}$$

其中：$E(r)$ 是资产的预期收益率；σ^2 是收益的方差；A 为投资者的风险厌恶指数，风险厌恶程度不同的投资者有不同的指数值，A 值越大，表明投资者对风险的厌恶程度越强烈，其投资效用对他来说就越小。

假设一位投资者目前想投资国库券和一只股票，国库券的收益率为 6%，股票的预期收益率为 10%，标准差为 20%，虽然股票提供了 4% 的风险溢价，但他无法确定投资哪项证券能带来的效用多些。由于国库券被当成无风险资产，方差为零，根据式(2.8) 可知国库券的投资效用等于 6%，不管他的风险厌恶系数是多少。而股票的投资效用则与投资者的风险厌恶系数相关，如果他的厌恶系数 A 为 3，则股票的效用为 $10\% - 0.50 \times 3 \times (20\%)^2$ 等于 4%，小于国库券的投资效用，因此，他会选择投资国库券；如果他的风险系数 A 小于 2，则股票的效用将大于 6%，股票对他更有吸引力。从以上分析可知，一个风险资产的预期收益和方差固定，它的效用价值与投资者的风险厌恶程度成负相关，投资效用左右着投资决策。

三、无差异曲线

根据效用理论，投资者的投资目标是使投资效用最大化，即投资带来最大的满足，而投资效用取决于预期收益率和风险，其中预期收益率与投资效用成正相关关系，而风险与投资效用成负相关关系。在两个预期收益率与风险都不相同的投资机会之间进行取舍时，投资者将会选择对他来说效用高的投资机会。必须指出，效用指人们对于一项行为的满意程度，是一种主观心理感受，因此，用效用函数来指导投资时，具有很大的主观随意性，同一个投资机会对不同的投资者来说效用各不相同。

在效用理论里，人们通常借助所谓的“无差异曲线”(Indifference Curve) 作为研究工具。一条无差异曲线代表给投资者带来同样满足程度的所有投资机会的集合。由于风险给投资者带来负效用，而收益带给投资者正效用，因此为了使投资者的满足程度相同，高风险的投资必须有高的预期收益率。因此，无差异曲线的斜率是正的，这是无差异曲线的第一个特征(如图 2-3 所示)。

无差异曲线的第二个特征是同一个投资者在同一时期的任何两条无差异曲线永远不可能相交。如果不是这样的话，假设两条无差异曲线相交于 S 点(如图 2-4 所示)，根据无差异曲线的定义，无差异曲线上的各点效用等同，在曲线 I_1 上点 A 处的效用等于点 S 处的效用，在曲线 I_2 上点 B 处的效用等于点 S 处的效用，故可以推出点 A 处的效用等于点 B 处的效用。然而，从图 2-4 中可以清楚看

出点 A 代表的投资机会的预期收益率高于点 B 代表的投资机会的预期收益率，两者的风险相同，根据收益不满足的假设，A 的效用应该高于 B 的效用，这就与上面的推理产生了矛盾，所以两条无差异曲线不可能相交。

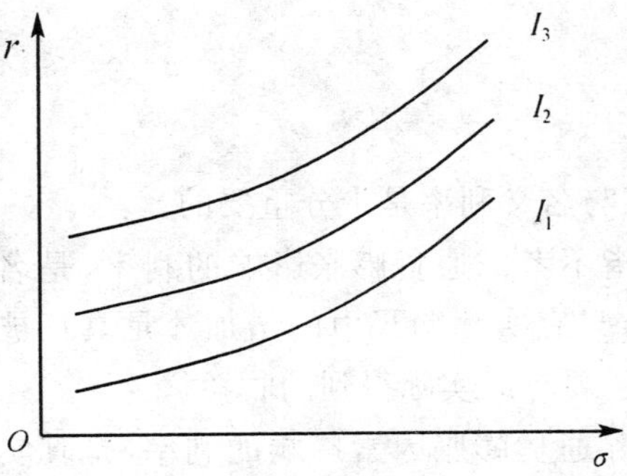

图 2-3 投资者的无差异曲线

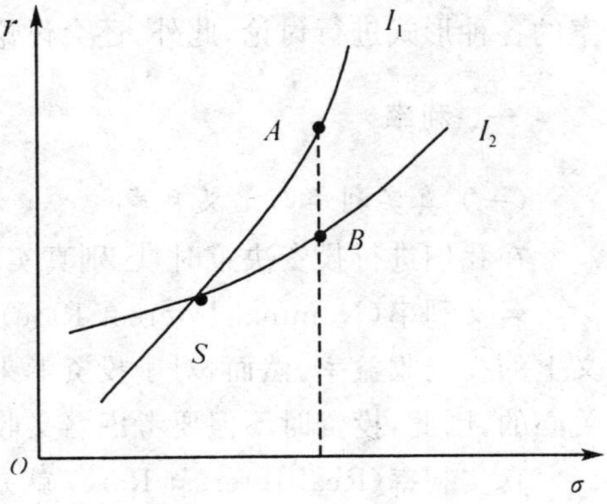

图 2-4 无差异曲线相交

无差异曲线的斜率表示投资者的风险厌恶程度。斜率越大，表明为了让投资者多冒等量的风险，必须提供更高的风险溢价才能满足他的投资意愿，说明该投资者风险厌恶倾向越重；斜率越小，说明该投资者的风险厌恶倾向越轻。如果斜率小到等于零，说明对待风险的态度是风险中性；如果斜率为负值，则说明该投资者有风险偏好倾向。图 2-5(a)、(b)、(c) 分别表示了风险厌恶、风险中性、风险偏好的无差异曲线。

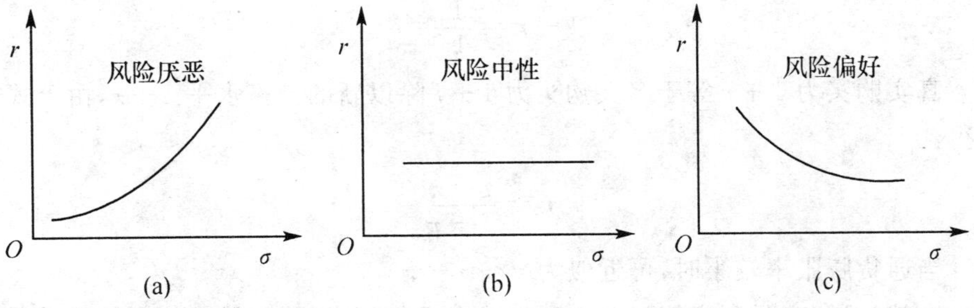

图 2-5 不同类型投资者的无差异曲线

第三节 收益与收益率

我们知道投资者之所以愿意推迟现在的消费进行投资，是因为投资具有收益，使其未来可以消费更多。利率是衡量这种收益水平的重要工具，本节将对利率的各种形式进行讨论，此外，还会讨论各种收益的计算。

一、利率

（一）真实利率与名义利率

在我们进行投资决策时，区别真实利率与名义利率是十分重要的。

名义利率(Nominal Interest Rate)是指不考虑通货膨胀影响的利率，是名义上的投资收益率。然而，对于投资者来说，只有实际购买力的增加才是真正被关心的，因此，投资时不但要考虑名义收益还要考虑实际得到的收益。

真实利率(Real Interest Rate)就是扣除通货膨胀因素影响的利率，是真实的收益。通货膨胀是指社会商品和服务的货币价格总水平的持续上涨。由于社会价格总水平难以度量，通常用消费者物价指数(CPI)来替代，即城镇家庭购买一篮子商品与服务的平均价格指标。

在存在通货膨胀的情况下，名义收益受到了通货膨胀的侵蚀。假定上一年的通货膨胀率(CPI的变化率，记做π)是5%，也就是说资金持有者手中货币的购买力在过去的一年降低了5%，一块钱所能购买的商品与服务减少了5%。利息收益将有一部分用来弥补由于通货膨胀率的存在而导致的购买力下降。利率若为8%，则减去5%的购买力损失，最终仅得到3%的购买力增加，即其真实利率仅为3%。

设名义利率为i，真实利率为r，通货膨胀率为π，则有下式成立：

$$1+r=\frac{1+i}{1+\pi}$$

真实购买力$1+r$等于名义购买力$1+i$除以新的价格水平$1+\pi$，由上式推导得：

$$r=\frac{i-\pi}{1+\pi}$$

当通货膨胀率较小时，可近似为$r\approx i-\pi$。

也就是说，实际利率等于名义利率减去通货膨胀率，这就是著名的费雪关系式，最早由美国著名经济学家欧文·费雪(Irving Fisher)提出的。显然可以看出$r\approx i-\pi$近似值高估了实际利率$(1+\pi)$倍。

对于连续复利，当年名义利率为 i，因为 $\lim_{n\to+\infty}\left(1+\frac{i}{n}\right)^n = e^i$

则有关系 $e^r = e^i/e^\pi = e^{i-\pi}$

两边取自然对数，有 $r = i - \pi$

真实利率 = 名义利率 − 通货膨胀率

那么，如果按连续复利计算的话，年名义利率为 8%，年通货膨胀率为 4%，每年的连续复利的真实利率就是 8% − 4% = 4%。

（二）即期利率与远期利率

对于投资者来说，往往需要知道债券的期限长短与利率水平的关系，即利率的期限结构。一年期的利率称为短期利率（Short Interest Rate）。下面我们假定有一年期的零息票债券，不同时点的利率水平如表 2-5 所示。

表 2-5 一年期零息票债券在不同时点的利率水平表

时点	利率(%)
当日	5
一年后	6
二年后	7
三年后	8

这完全是一种假定，事实上，我们得不到确切的一年后或几年后的利率水平，因为以后各个不同时点的利率水平是由当时的市场条件所决定的，事先是无法确定的。

一般情况下，n 年后面值 1 000 元的零息票债券的现值（即该债券价格）为：

$$P = 1\,000/(1+r_1)(1+r_2)\cdots(1+r_n) \quad (2.9)$$

其中：r_i 是第 i 年的一年期利率。

例如，两年后面值 1 000 元的零息票债券的当前价格 P 为：

$$1\,000/(1+0.05)\times(1+0.06) = 898.47(\text{元})$$

有了债券价格 P，通过下式：

$$P = 1\,000/(1+y_n)^n \quad (2.10)$$

我们就可求得 n 期的到期收益率 y_n。

例如，两年期的零息票债券的到期收益率为：

$$898.47 = 1\ 000/(1+y_2)^2$$
$$y_2 = 5.5\%$$

把各期到期收益率连成一条曲线，这条曲线被称为收益率曲线(Yield Curve)。

给定期限的到期收益率也称做即期利率(Spot Rate)，由表2-6可知，一年期零息票债券的即期利率为5%，两年期零息票债券的即期利率是5.5%。它不同于短期利率，通过式(2.9)和式(2.10)，可得出短期利率与即期利率的关系。

$$1\ 000/(1+r_1)(1+r_2)\cdots(1+r_n) = 1\ 000/(1+y_n)^n$$

即 $$(1+r_1)(1+r_2)\cdots(1+r_n) = (1+y_n)^n$$

由此可见，即期利率实际上是其期限内每个时期短期利率的几何平均值。

表2-6　　不同期限的零息票债券的价格和到期收益率

到期时间(年)	价格(P)	到期收益率 y_n(%)
1	952.38	5
2	898.47	5.5
3	839.69	6
4	777.49	6.5

上面我们已经说过，我们无法得知未来年份的短期利率，但市场上给出了我们需要的不同期限债券到期价格和即期利率，即我们已知的是 y_n，而不是 $r_i(i=1,2,\cdots,n)$，那么，我们是否可以利用已知的即期利率 y_n 得到未来的短期利率呢?显然是可以的，假定市场上的利率如表2-6所示，若我们想得到第三年的短期利率，投资者准备投资1 000元，可比较两种投资方案。

(1) 直接投资三年期零息票债券；

(2) 投资于两年期零息票债券，两年后本利和再投资于一年期债券；

方案(1)：三年之后本利和为 $1\ 000\times1.06^3 = 1\ 191.02$

方案(2)：三年之后本利和为 $1\ 000\times1.055^2\times(1+r_3)$

由于套利的存在，两者的最终结果应是相同的，即 $1\ 191.02 = 1\ 000\times1.055^2\times(1+r_3)$，可得 $r_3 = 1\ 191.02/(1\ 000\times1.055^2)-1 = 7\%$。

一般来说，在未来利率确定的情况下，可从零息票收益曲线推出未来的短期利率，我们称这种方式推导出来的利率为远期利率。

如果 n 期的远期利率为 f_n，有如下公式：

$$f_n = (1+y_n)^n/(1+y_{n-1})^{n-1}-1$$

其含义为投资于n期的零息票债券获得的总收益与投资$(n-1)$期零息票债券后再在第n期投资1年期债券所得的总收益相等。

由于这只是根据目前已有的资料而得出的，并不必然等于未来的实际利率，只有在未来利率完全确定的情况下，远期利率才会等于未来的短期利率。

（三）利率与通货膨胀

表2-7向我们显示了通货膨胀对名义收益的侵蚀，假设债券价格386.1元，面值1 000元的10年债券，到期一次还本付息，则年名义利率为10%（$386.1\times1.1^{10}=1\,000$）。

表2-7　**通货膨胀对收益率的影响**

年名义收益率（%）	通货膨胀率（%）	购买今日1元物品10年后所需花费	1 000元10年后的购买力	年实际收益率（%）
10	4	1.48	675.68	5.77
10	6	1.79	558.66	3.77
10	8	2.16	462.96	1.85
10	10	2.59	386.10	0.00

在年通货膨胀率为10%时，表2-7显示10年后1 000元的购买力等同于今天的386.1元，即投资者购买债券的价格，该债券的实际收益率为零。在年通货膨胀率为4%时，10年后1 000元的购买力等同于今天的675.68元，也就是说初始投资386.1元，10年后得到675.68元（按今天的购买力来衡量），年实际收益率为5.77%。从表2-7中，我们还可以看到，当通货膨胀率上升至8%时，年实际收益率仅为1.85%。由此可见，真实收益率受通货膨胀很大影响。然而，通常对未来通货膨胀率的预测是十分困难的，这种通货膨胀率的不确定性导致具有名义利率的资产存在风险。

现实中，我们听到的利率通常是指名义利率，但投资者关心的是真实的收益率，所以，我们可以认为当通货膨胀率增加时，投资者会要求更高的名义收益率来保证自己的真实收益率。欧文·费雪认为名义利率应伴随预期通货膨胀率的增加而增加。如果假设预期通货膨胀率是$E(\pi)$，那么有费雪等式为：

$$i=r+E(\pi)$$

上式表明如果真实利率r是稳定的，则名义利率的上涨意味着预期有更高的通货膨胀率，然而在实证研究中并不支持这个结论。事实上，真实利率受到供方——居民的财产储蓄和需方——投资项目的预期收益率以及政府财政政策和货币政策等因素的影响，此外，由于利率随着债券的期限结构不同而变化，长期债券的期望收益还应包括风险溢价，所以不同期限债券的真实收益率也是不同的。

二、收益率与收益率的期望值

持有期收益率是指投资者在持有一项金融资产期间所获得的收益率。简单地说，就是一元钱的投资带来了多少收益，这里的收益是广义的概念，既包括了期间的现金流又包括了资产增值，不同的金融投资有着不同的收益形式。存款的收益就是利息；投资股票的总收益是股利加资本利得；债券的总收益就是息票或已支付的利息加资本利得。通常可按如下公式计算：

收益率 ＝（期末价值 － 期初价值 ＋ 期间的收入）/ 期初价值

例如，投资者若期初在银行储蓄 1 000 元，期末获得本息 1 100，期间没有其他现金流入，那么你的收益率为(1 100 － 1 000 ＋ 0)/1 000 ＝ 10％。

再考虑一个股票例子。假设一只股票年初以 100 元购入，年末以 104 元卖出，期间分得股利 2 元，那么，投资者的收益率等于(104 － 100 ＋ 2)/100 ＝ 6％。

这种计算方法没有考虑持有金融资产的时间跨度，不是以统一的年收益率形式出现，这样我们便无法将不同期限的金融资产的收益率进行比较，而且若投资交易较为复杂的话，测算就会变得困难。

另一种计算收益率的方法是，将投资问题看做现金流贴现问题，它可以解决一些较复杂的例子，即令最初投资所带来的未来所有现金流的现值等于期初投入。

在上述例子中，设年收益率为 r，则：

$$100 = (104 + 2)/(1 + r)r = 6\%$$

继续上面股票例子，假设第二年继续持有股票并再购入该股票同样数目，购入价为 104 元，每年股利仍为 2 元，第二年末所有股票以 106 元卖出，现金流如表 2-8 所示。

表 2-8 **该股票投资的现金流量表**

时期	现金流出	现金流入
0	100	
1	104	2
2	0	212 ＋ 4

用贴现现金流的方法，两年的平均收益率是使现金流入等于流出时的收益率。

$$100 + 104/(1+r) = 2/(1+r) + (212+4)/(1+r)^2$$

$$r = 4.57\%$$

这个 r 被称为内部收益率，即资金加权收益率(Dollar-weighted Rate of Return)，考虑了不同时期的资金数量对收益率的影响。

另外，与之相对应的是时间加权收益率(Time-weighted Return)，这种收益率是每一时期的收益率的算术平均，如上一例中，第一期的收益率是6%，第二期的收益率为 $(106-104+2)/104 = 3.85\%$，则两者算术平均是 $(6\% + 3.85\%)/2 = 4.925\%$。

还有一种方法是基于复利考虑，采用了几何平均，即：

$$(1+r)^2 = (1+6\%) \times (1+3.85\%)$$

$$r = 4.92\%$$

一般情况下，对于 n 期投资，有如下公式求得几何平均收益率：

$$(1+r_1)(1+r_2)\cdots(1+r_n) = (1+r)^n$$

显然，几何平均收益率一定小于算术平均收益率，因为它考虑了复利、现金流入的再投资。

在上述内容中，收益率的计算都是假设收益在确定性的情况下进行的，这在利用历史数据计算过去的收益率是可以的。当我们在做投资决策时，面对的是未来可能的收益，往往是不确定的，对此，我们采用期望收益。

假定未来各种收益状况出现的概率是 $p(s)$，其相应的收益率是 $r(s)$，则期望收益率为：

$$E(r) = \sum p(s)r(s)$$

根据表2-9可得该项投资的期望收益率：

$$E(r) = 0.25 \times 0.15 + 0.5 \times 0.08 + 0.25 \times (-0.04) = 6.75\%$$

表2-9 **不同情况下的收益率概率分布**

经济环境	概率	收益率
繁荣	0.25	15%
正常	0.50	8%
萧条	0.25	−4%

一旦采用了期望收益，则意味着该收益存在不确定性，伴随而来的便是风险。从表2-9中我们可以看到，当经济环境繁荣时，收益高于期望收益；当经济环

境萧条时，收益低于期望收益。未来的收益具有不确定性，那么有没有一种收益我们认为是无风险的呢？确定无风险收益率也是我们进一步评估风险收益的基础。

三、无风险收益率

我们知道，投资公司股票，公司可能由于经营亏损，无法发放股利、股价下跌甚至破产，导致投资者无法实现其期望的收益。投资于债券，也有可能由于债务人的破产使得债权人收益受损。

无风险收益率(Risk-free Rate)通常是指国家的短期债券收益。政府通过发行债券来筹集资金，公众持有这些政府债券获得收益。政府可以通过征税来偿还债务，短期内政府信用不会发生变化，这种债券实际上可以被认为没有违约风险；由于期限短，可预见的通货膨胀风险也极小，避免了通货膨胀对收益率的侵蚀。所以，一般将国家的短期债券的收益率视为无风险收益率。由于其收益无风险，故其收益率是较低的，因为当存在无风险的高收益率债券时，众多投资者会争先追逐这种债券，抬高该债券的价格，使得收益率立即下降。

四、风险溢价

前面我们已经知道，大部分的投资存在风险，假定投资者都是风险厌恶者，若令投资者投资，则必须提供高于无风险收益率的期望收益，才不会使投资者全部投资于无风险资产，高出部分称为风险溢价(Risk Premium)。如果无风险收益率是每年5%，股票收益率是每年11%，那么股票的风险溢价就是6%。我们可以通过分析历史数据来估计不同资产类型的收益率和无风险收益率之间的差别。

【本章小结】

1. 风险指的是未来收益的不确定性，通常以实际结果与其期望值的离差来度量。

2. 风险按来源可以分为信用风险、流动性风险、利率风险、汇率风险、营运风险、法律风险、通货膨胀风险、政策风险和国家风险。

3. 按风险能否被分散投资所消除可分为系统性风险和非系统性风险。

4. 方差或标准差是度量风险的指标。

5. 风险厌恶是指投资者对风险的态度是躲避的，假定理性投资者是风险厌恶的。

6. 无差异曲线代表给投资者带来同样满足程度的所有投资组合。

7. 名义利率是指不考虑通货膨胀影响的利率，真实利率是指扣除通货膨胀因素的利率。

8. 即期利率是指给定期限的到期收益率，从利率的期限结构中推断出的未来利率称为远期利率。

9. 持有期收益率是指投资者在持有一项金融资产期间所获得的收益率。

10. 无风险收益率通常用国家的短期债券收益率来替代。风险溢价是指高出无风险收益率的那部分期望收益。

【思考与练习】

1. 为什么短期国库券的收益率可以作为无风险收益率？它的波动意味着什么？

2. 你认为对人们是风险厌恶的假设是否合理？与你平时的观察是否一致？

3. 经济的繁荣与衰退如何影响利率？

4. 如何区分系统风险与非系统风险？非系统风险是否有风险溢价？

5. 短期利率、即期利率、远期利率的区别与联系。

6. 在未来是不确定的情况下，远期利率是否等于未来的短期利率？为什么？

第三章　投资组合分析

【学习目标】

本章介绍马柯维茨理论的基本内容，论证组合化分散投资的重要意义。通过这一章的学习，应当了解资产组合的收益和风险的衡量方法，理解投资分析和投资决策的主要思路，理解各种情形下有效边界的含义及其推导，对市场指数模型有所掌握。

1952年，哈里·马柯维茨发表了一篇里程碑式的论文，被认为是现代资产组合理论的开端，从此，投资组合分析便成为金融投资和金融市场理论体系中最重要的内容之一。

第一节　资产组合的收益和风险

投资者同时买卖不同种类或不同收益的资产，这样便构成一个资产组合。为什么金融投资要采取组合投资的方式？西方有句谚语是：不能把所有的鸡蛋放到一个篮子里。在投资实践中，人们发现，绝大多数投资者不愿意将全部资金投入个别资产，因为这样会面临极大的投资风险。投资者进行投资决策时，总是在收益和风险的权衡中选择或调整自己的资产或资产组合，力图以最小的成本实现最大的效益。毫无疑问，理性的投资者所追求的目标是投资收益的最大化或者投资风险的最小化。那么如何来评价投资的收益和风险？在马柯维茨的体系里，资产或资产组合的收益和风险通常用预期收益率和收益的标准差（或方差）来衡量。

一、资产组合的预期收益率

资产的预期收益率（亦称期望收益率）是资产所有可能的不同收益结果的加权平均值。若以 $\bar{r}_i$ 表示资产 i 的预期收益率，r_{ij} 为资产 i 的第 j（$j=1,2,\cdots,n$）个可能的收益率，P_{ij} 为 r_{ij} 发生的概率，则资产 i 的预期收益率是：

$$\bar{r}_i = E(r_i) = \sum_{j=1}^{n} P_{ij} \cdot r_{ij} \tag{3.1}$$

资产组合是由两个或两个以上的资产按照一定比例结合在一起而构成的一个“资产篮子”，具有与单个资产不同的收益特征。这里，首先考察两种资产构成的资产组合。

（一）两种资产构成的组合

假设资产组合 P 含有两种资产 Z_1 和 Z_2，其预期收益率分别为 $\bar{r}_1$ 和 $\bar{r}_2$，x_1 和 x_2 分别表示 Z_1 和 Z_2 在资产组合中所占的投资比重，r_{1j} 和 r_{2j} 分别表示 Z_1 和 Z_2 的第 j 个可能的收益率，r_{Pj} 表示资产组合 P 的第 j 个可能的收益率，那么资产组合 P 的预期收益率为：

$$\begin{aligned}\bar{r}_P &= E(r_{Pj}) = E(x_1 r_{1j} + x_2 r_{2j}) = E(x_1 r_{1j}) + E(x_2 r_{2j}) \\ &= x_1 E(r_{1j}) + x_2 E(r_{2j}) = x_1 \bar{r}_1 + x_2 \bar{r}_2 \end{aligned} \tag{3.2}$$

可见，两种资产构成之组合的预期收益率等于这两种资产各自预期收益率的加权平均值，其权重为各资产在组合中所占的投资比例，通常情况下，$0 < x_1, x_2 < 1$。

由于资产组合仅由两种资产组成，显然，$x_2 = 1 - x_1$ 或 $x_1 = 1 - x_2$，所以，$\bar{r}_P = x_1 \bar{r}_1 + (1 - x_1)\bar{r}_2 = (1 - x_2)\bar{r}_1 + x_2 \bar{r}_2$。

例如，投资者持有的资产组合包含股票A和股票B，股票A和股票B分别有20％和10％的预期收益率，若投资资金的分配比例是40％和60％，则组合的预期收益率为：

$$\bar{r}_P = (0.2 \times 0.4) + (0.1 \times 0.6) = 14\%$$

另外，如果允许卖空的话，则投资组合中资产的投资比例可能取负值，也可能大于1。又如投资者拥有10 000元资金并卖空5 000元股票B，用其所得加上自有资金买入15 000元股票A，这种投资方式亦可视为构成一个资产组合，其投资比例是：$x_1 = 1.5$，$x_2 = -0.5$，于是，组合的预期收益率为：

$$\bar{r}_P = (0.2 \times 1.5) - (0.1 \times 0.5) = 25\%$$

总而言之，假如不存在卖空行为，那么投资组合的预期收益总是处于两种资产的预期收益之间，其大小依赖于对两种资产的购买比例；若卖空其中一种资产，则组合的预期收益就没有上限和下限。因此，通过卖空大量低收益资产可以达到投资组合的高收益率。但是，投资者必须明白，在增加组合收益的同时，通常也在增加组合的风险。

（二）两种以上资产的组合

对于三种资产构成的投资组合，若每一种资产所占的投资比例分别是 x_1、x_2、x_3，则其预期收益率为：

$$\begin{aligned}\bar{r}_P &= E(r_{Pj}) = E(x_1 r_{1j} + x_2 r_{2j} + x_3 r_{3j}) \\ &= x_1 E(r_{1j}) + x_2 E(r_{2j}) + x_3 E(r_{3j}) \\ &= x_1 r_1 + x_2 r_2 + x_3 r_3 \end{aligned} \tag{3.3}$$

其中：r_{ij} 仍表示资产 i 的第 j 个可能的收益结果，在允许卖空的情形下，x_1、x_2、x_3 的取值可以是正、负或零。

例如，投资者持有的资产组合包含 A、B、C 三种股票，A、B 和 C 的预期收益率分别是 20%、10% 和 15%；假设投资者通过卖空股票 B 而形成的投资比例是 120%、−50% 和 30%，那么，这个组合的预期收益率为：

$$\bar{r}_P = (0.2 \times 1.2) - (0.1 \times 0.5) + (0.15 \times 0.3) = 23.5\%$$

一般来说，假设投资组合 P 包含 n 种资产，其中，资产 i 的预期收益率是 $\bar{r}_i$，投资比例是 x_i，则组合 P 的预期收益率为：

$$\bar{r}_P = x_1\bar{r}_1 + x_2\bar{r}_2 + \cdots + x_i\bar{r}_i + \cdots + x_n\bar{r}_n = \sum_{i=1}^{n} x_i\bar{r}_i \tag{3.4}$$

且
$$\sum_{i=1}^{n} x_i = 1$$

总之，无论投资组合由多少种资产构成，组合的预期收益率始终等于各个资产预期收益率的加权平均和，权重是各个资产在组合中所占的投资比例。

二、资产组合的收益标准差(或方差)

对于风险投资决策而言，只考虑资产或资产组合的预期收益率是不够的，因为预期收益并不等同于实际收益。实际收益与预期收益的不一致往往导致投资者按预期收益率进行投资，却按实际收益率获得回报。两者之间的不一致程度越大，投资者不能实现预期收益的可能性越大，从而意味着投资风险就越大。所以说，资产收益率的实际值与期望值之间的不一致性，是衡量资产或资产组合风险大小的尺度。统计学上常常采用收益方差或标准差来度量实际收益率与预期收益率之间的偏离程度，方差愈大，表明投资风险愈大。所谓收益方差，指的是实际收益与期望收益之间离差平方的加权平均值，其数学表达式为：

$$\sigma_i^2 = \sum_{j=1}^{n} P_{ij}(r_{ij} - \bar{r}_i)^2 \tag{3.5}$$

其中：σ_i^2 表示资产 i 的收益方差；$(r_{ij} - \bar{r}_i)$ 为实际收益率与预期收益率间的离差；P_{ij} 为第 j 个实际收益率发生的概率。

人们在进行投资分析时，亦常用收益标准差代替方差来度量资产的风险。标准差定义为方差的正平方根，以符号 σ_i 表示：

$$\sigma_i = \Big[\sum_{j=1}^{n} P_{ij}(r_{ij} - \bar{r}_i)^2\Big]^{1/2} \tag{3.6}$$

衡量资产组合风险的统计指标同样是标准差或方差。这里仍然分两步予以讨论。

（一）两种资产构成的组合

假设投资组合 P 含有两种资产 Z_1 和 Z_2，投资比例分别是 x_1 和 x_2；Z_1、Z_2 的标准差分别是 σ_1 和 σ_2，以 σ_P 表示资产组合的标准差。根据定义，资产组合 P 的方差为：

$$\begin{aligned}
\sigma_P^2 &= E(r_{Pj} - \bar{r}_P)^2 \\
&= E[(x_1 r_{1j} + x_2 r_{2j}) - (x_1 \bar{r}_1 + x_2 \bar{r}_2)]^2 \\
&= E[x_1(r_{1j} - \bar{r}_1) + x_2(r_{2j} - \bar{r}_2)]^2 \\
&= E[x_1^2(r_{1j} - \bar{r}_1)^2 + x_2^2(r_{2j} - \bar{r}_2)^2 \\
&\quad + 2x_1 x_2 (r_{1j} - \bar{r}_1)(r_{2j} - \bar{r}_2)] \\
&= x_1^2 E(r_{1j} - \bar{r}_1)^2 + x_2^2 E(r_{2j} - \bar{r}_2)^2 \\
&\quad + 2x_1 x_2 E[(r_{1j} - \bar{r}_1)(r_{2j} - \bar{r}_2)] \\
&= x_1^2\sigma_1^2 + x_2^2\sigma_2^2 + 2x_1 x_2 E[(r_{1j} - \bar{r}_1)(r_{2j} - \bar{r}_2)]
\end{aligned}$$

其中：$E[(r_{1j}-\bar{r}_1)(r_{2j}-\bar{r}_2)]$ 是两个资产收益离差乘积的期望值，称之为资产收益的协方差，以 $\mathrm{Cov}(r_1, r_2)$ 表示，简记为 σ_{12}，于是：

$$\sigma_P^2 = x_1^2\sigma_1^2 + x_2^2\sigma_2^2 + 2x_1 x_2 \sigma_{12} \tag{3.7}$$

取其正平方根得资产组合 P 的收益标准差为：

$$\sigma_P = (x_1^2\sigma_1^2 + x_2^2\sigma_2^2 + 2x_1 x_2 \sigma_{12})^{1/2} \tag{3.8}$$

协方差是衡量两种资产收益结果互动性（或相关性）的一个统计概念。当两种资产的离差同时大于零或者同时小于零时，表明两种资产的收益率倾向于同方向变动，即两种资产要么同时呈现超过预期收益率的收益结果，要么同时呈现低于预期收益率的收益结果；当两种资产的离差符号相异时，协方差为负，表明两种资产的收益率趋于反向变动，一种资产高于预期收益率的收益结果伴随着另一种资产低于预期收益率的收益结果。显然，零值的协方差表明两种资产之间不存在任何互动关系。

对于投资组合而言，资产间正值的协方差导致较大的组合收益标准差，这样的组合蕴藏着较大的投资风险；反之，负值的协方差意味着组合的风险较小。

同协方差相联系的另一统计指标是相关系数，两个随机变量 i 和 j 的相关系数记为 ρ_{ij}。假如 σ_i 和 σ_j 分别是资产 i 和 j 的收益标准差，σ_{ij} 是资产 i 和 j 之间的收益协方差，则：

$$\sigma_{ij} = \rho_{ij}\sigma_i\sigma_j \quad 或 \quad \rho_{ij} = \sigma_{ij}/(\sigma_i\sigma_j) \tag{3.9}$$

相关系数等于协方差除以标准差之积所得的商。

相关系数保持了协方差的性质，但取值范围仅局限于区间[0,1]。若 $\rho_{12}=+1$，则两种资产完全正相关，其收益的变化完全相同；反之，两种完全负相关的资产的相关系数 $\rho_{12}=-1$。若 $\rho_{12}=0$，则称两种资产不相关，说明两种资产收益的变化是相互独立的。

以相关系数代替协方差后，投资组合 P 的标准差为：

$$\sigma_P=(x_1^2\sigma_1^2+x_2^2\sigma_2^2+2x_1x_2\sigma_1\sigma_2\rho_{12})^{1/2} \tag{3.10}$$

当 $\rho_{12}=1$ 时，$\sigma_P=x_1\sigma_1+x_2\sigma_2$，投资组合 P 的标准差等于两种资产标准差的加权平均值；当 $\rho_{12}=-1$ 时，$\sigma_P=|x_1\sigma_1-x_2\sigma_2|$，两种资产的风险部分抵消，投资风险大大减小。归结起来，有：

$$|x_1\sigma_1-x_2\sigma_2|\leqslant\sigma_P\leqslant x_1\sigma_1+x_2\sigma_2$$

只要两种资产不存在完全的正相关关系，资产组合的风险总低于两种资产风险的平均水平，至于风险降低的程度，则取决于资产间的相关系数及其在组合里的投资比例。实际上，投资者通过调整组合中资产的投资比例，可以使投资组合的风险达到最小。这是一个十分重要的结论，是现代投资组合理论的基石。

例如，投资者持有一个股票组合：股票 A 的预期收益率是 20%，标准差是 15%；股票 B 的预期收益率是 10%，标准差是 10%；两股票收益率之间的相关系数为 0.1。设投资者平均分配其资金，那么投资组合的预期收益率和标准差为：

$$\bar{r}_P=(0.2\times0.5)+(0.1\times0.5)=15\%$$

$$\begin{aligned}\sigma_P&=(0.5^2\times0.15^2+0.5^2\times0.1^2+2\times0.5\times0.5\times0.15\times0.1\times0.1)^{1/2}\\&=9.4\%\end{aligned}$$

值得注意的是，原来两种股票的收益标准差分别为 15% 和 10%，通过组合化投资，标准差变为 9.4%，投资风险有所下降。进一步假设两种股票之间的相关系数是 -0.4，则收益标准差变为 7.1%，投资风险大幅度减小。

（二）两种以上资产构成的组合

方差或标准差的计算方法可以推广到多种资产构成的投资组合。考虑一个由三种资产 Z_1、Z_2 和 Z_3 构成的投资组合 P，投资比例分别是 x_1、x_2 和 x_3，从定义出发，有：

$$\begin{aligned}\sigma_P^2&=E(r_{Pj}-\bar{r}_P)^2\\&=E[(x_1r_{1j}+x_2r_{2j}+x_3r_{3j})-(x_1\bar{r}_1+x_2\bar{r}_2+x_3\bar{r}_3)]^2\\&=E[x_1(r_{1j}-\bar{r}_1)+x_2(r_{2j}-\bar{r}_2)+x_3(r_{3j}-\bar{r}_3)]^2\\&=x_1^2\sigma_1^2+x_2^2\sigma_2^2+x_3^3\sigma_3^3+2x_1x_2\sigma_{12}+2x_1x_3\sigma_{13}+2x_2x_3\sigma_{23}\\&=\sum_{i=1}^{3}x_i^2\sigma_i^2+\sum_{i=1}^{3}\sum_{k\neq i}^{3}x_ix_k\sigma_{ik}\end{aligned} \tag{3.11}$$

又因 $\sigma_i^2=\sigma_{ii}$，故：

$$\sigma_p^2 = \sum_{i=1}^{3}\sum_{k=1}^{3} x_i x_k \sigma_{ik} = \sum_{i=1}^{3}\sum_{k=1}^{3} x_i x_k \sigma_i \sigma_k \rho_{ik} \tag{3.12}$$

实际运算中，应用矩阵代数知识，可以很方便地估算资产组合的方差或标准差，定义投资组合里资产之间的协方差矩阵 Φ：

$$\begin{array}{cc} & \begin{array}{ccc} Z_1 & Z_2 & Z_3 \end{array} \\ \begin{array}{c} Z_1 \\ Z_2 \\ Z_3 \end{array} & \begin{bmatrix} \sigma_{11} & \sigma_{12} & \sigma_{13} \\ \sigma_{21} & \sigma_{22} & \sigma_{23} \\ \sigma_{31} & \sigma_{32} & \sigma_{33} \end{bmatrix} \end{array}$$

每一资产与自身的协方差等于资产的方差，因而从西北到东南的矩阵对角线所列出的其实就是组合里各资产的收益方差 σ_1^2、σ_2^2 和 σ_3^2；同时，$\sigma_{12} = \sigma_{21}$，$\sigma_{13} = \sigma_{31}$，$\sigma_{23} = \sigma_{32}$，所以矩阵 Φ 是一个对称矩阵。

令列向量 $X = (x_1, x_2, x_3)'$ 表示资产组合的投资比例，通过简单的矩阵计算可知：

$$\sigma_P^2 = X'\Phi X \tag{3.13}$$

其中：X' 为 X 的转置向量。

此外，定义列向量 $\bar{R} = (\bar{r}_1, \bar{r}_2, \bar{r}_3)'$，用来表示组合内各资产的预期收益率，则投资组合的预期收益率也可以写成向量形式：

$$\bar{r}_P = X'\bar{R} = \bar{R}'X \tag{3.14}$$

依此类推，如果投资组合 P 包含 n 种资产，那么：

$$\sigma_P^2 = \sum_{i=1}^{n}\sum_{k=1}^{n} x_i x_k \sigma_{ik} = \sum_{i=1}^{n}\sum_{k=1}^{n} x_i x_k \sigma_i \sigma_k \rho_{ik} \tag{3.15}$$

以矩阵或向量表示，有：$\bar{r}_P = \bar{R}'X$，$\sigma_P^2 = X'\Phi X$

其中：$X = (x_1, x_2, \cdots, x_i, \cdots, x_n)'$，$\bar{R} = (\bar{r}_1, \bar{r}_2, \cdots, \bar{r}_i, \cdots, \bar{r}_n)'$

$$\Phi = \begin{bmatrix} \sigma_1^2 & \sigma_{12} \cdots \sigma_{1k} \cdots \sigma_{1i} \cdots \sigma_{1n} \\ \sigma_{21} & \sigma_2^2 \cdots \sigma_{2k} \cdots \sigma_{2i} \cdots \sigma_{2n} \\ & \vdots \qquad\qquad \vdots \\ \sigma_{k1} & \sigma_{k2} \cdots \sigma_k^2 \cdots \sigma_{ki} \cdots \sigma_{kn} \\ & \vdots \qquad\qquad \vdots \\ \sigma_{i1} & \sigma_{i2} \cdots \sigma_{ik} \cdots \sigma_i^2 \cdots \sigma_{in} \\ & \vdots \qquad\qquad \vdots \\ \sigma_{n1} & \sigma_{n2} \cdots \sigma_{nk} \cdots \sigma_{ni} \cdots \sigma_n^2 \end{bmatrix}$$

对于协方差矩阵 Φ 有几点补充说明：

(1) 协方差矩阵是一个方阵，n 种资产所构成的协方差矩阵含有 n^2 个元素；

(2) 协方差矩阵是一个对称矩阵且假定为非奇异的；

(3) 方差总是出现在对角线上，因方差值大于零，故协方差矩阵是一个正定矩阵，其行列式 $|\Phi|>0$。

预期收益率 $\bar{r}$ 和收益标准差 σ 这两个统计变量为现代投资分析提供了最基本的工具，是人们评估资产或资产组合投资价值的核心指标。一般来说，$\bar{r}$ 度量投资收益，σ 度量投资风险，二者的结合便形成投资的总体绩效。当标准差一定时，资产组合的预期收益率越高，投资绩效越好；反之亦然。

三、市场组合

市场组合是一个典型而又具有特殊意义的资产组合，是由资产市场上全部资产按照各自尚未清偿的价值占总市值的比重相结合而形成的投资组合。假定市场上共流通 n 种资产，价格分别为 $P_1,P_2,\cdots,P_i,\cdots,P_n$，流通量为 $Q_1,Q_2,\cdots,Q_i,\cdots,Q_n$，那么，资产 i 在市场组合中所占的比例是：

$$x_i^m=(P_iQ_i)\Big/\left(\sum_{j=1}^{n}P_jQ_j\right),i,j=1,2,\cdots,n \tag{3.16}$$

市场组合的预期收益率是：

$$\bar{r}_m=\sum_{i=1}^{n}x_i^m\bar{r}_i$$

市场组合的收益方差是：

$$\sigma_m^2=\sum_{i=1}^{n}\sum_{j=1}^{n}x_i^mx_j^m\sigma_{ij}=\sum_{i=1}^{n}\sum_{j=1}^{n}x_i^mx_j^m\sigma_i\sigma_j\rho_{ij}$$

又因资产 i 与市场组合的协方差可以表示为每一种资产与 i 的协方差的加权平均值，即

$$\begin{aligned}\sigma_{im}&=\mathrm{Cov}(r_i,r_m)\\&=\mathrm{Cov}(r_i,x_1^mr_1+x_2^mr_2+\cdots+x_n^mr_n)\\&=x_1^m\sigma_{i1}+x_2^m\sigma_{i2}+\cdots+x_n^m\sigma_{in}\\&=\sum_{j=1}^{n}x_j^m\sigma_{ij}\end{aligned} \tag{3.17}$$

故 σ_m^2 可进一步表示为：

$$\begin{aligned}\sigma_m^2&=x_1^m\sum_{j=1}^{n}x_j^m\sigma_{1j}+x_2^m\sum_{j=1}^{n}x_j^m\sigma_{2j}+\cdots+x_n^m\sum_{j=1}^{n}x_j^m\sigma_{nj}\\&=x_1^m\sigma_{1m}+x_2^m\sigma_{2m}+\cdots+x_n^m\sigma_{nm}\end{aligned} \tag{3.18}$$

简而言之，市场组合的收益方差等于所有资产与市场组合之间协方差的加权平均值。

如果投资者将其资金按 x_i^m 的份额投向市场上全部资产，由此而来的投资组

合便是市场组合，它与整个市场的变化相一致。从理论上讲，市场组合是风险资产的一个理想组合，"具有高度理性"的投资者均倾向于按一定的比例持有。譬如，股票市场上流通两种股票，股票 A 的均衡市场价格是 3 亿元，股票 B 的均衡市场价格是 7 亿元，那么理性的投资者都愿意按 3 : 7 的比例向 A、B 两种股票投资。当然，在实际经济生活中，不会出现如此精确的市场组合，一般认为，诸如标准普尔指数等股市综合指数可近似看成是市场组合的指数。

四、$\bar{r}-\sigma$ 坐标系：可行集

如果 n 种资产的预期收益率向量 $\bar{R}$ 和协方差矩阵 Φ 已知，那么对于一个给定的投资比例向量 X，构成一个相应的资产组合，组合的预期收益率和标准差可记为 $\bar{r}_P$ 和 σ_P。当 X 发生变化时，相应地形成一系列不同的资产组合，由此得到一系列不同的 $\bar{r}_P$ 和 σ_P。以 σ 为横轴、$\bar{r}$ 为纵轴建立一个平面坐标系，则所有这些不同的资产组合形成坐标系上一系列的点，无数的这类点就可以构成一条曲线或者一个区域，我们称之为投资组合的可行集（也叫投资组合线或投资组合区）。

（一）两种资产形成的可行集：投资组合线

假设两种资产的预期收益率是 $\bar{r}_1$ 和 $\bar{r}_2$，标准差是 σ_1 和 σ_2，资产收益之间的相关系数是 ρ；又设第一种资产的投资比例是 x，第二种资产的投资比例是 $(1-x)$。对于这样一个投资组合 P，预期收益率和方差为：

$$\bar{r}_P = x\bar{r}_1 + (1-x)\bar{r}_2 \tag{3.19}$$

$$\sigma_P^2 = x^2\sigma_1^2 + (1-x)^2\sigma_2^2 + 2x(1-x)\sigma_1\sigma_2\rho \tag{3.20}$$

由式(3.19)解出：

$$x = (\bar{r}_P - \bar{r}_2)/(\bar{r}_1 - \bar{r}_2),$$

代入式(3.20)可得：

$$\sigma_P^2 = [(\bar{r}_P - \bar{r}_2)/(\bar{r}_1 - \bar{r}_2)]^2\sigma_1^2 + [(\bar{r}_P - \bar{r}_1)/(\bar{r}_1 - \bar{r}_2)]^2\sigma_2^2 + 2\sigma_1\sigma_2\rho[(\bar{r}_P - \bar{r}_1)(\bar{r}_P - \bar{r}_2)]/(\bar{r}_1 - \bar{r}_2)^2$$

显而易见，两项资产形成的可行集通常场合下是二次曲线。

几种特殊情形值得注意：

(1) $\rho = 1$，经简单计算得：

$$\sigma_P = | x\sigma_1 + (1-x)\sigma_2 | = | [(\bar{r}_P - \bar{r}_2)/(\bar{r}_1 - \bar{r}_2)](\sigma_1 - \sigma_2) + \sigma_2 |$$

两种资产完全正相关时，不难看出 $\bar{r}_P$ 与 σ_P 的线性关系。

(2) $\rho = -1$，同样可得：

$$\sigma_P = | x\sigma_1 - (1-x)\sigma_2 | = | [(\bar{r}_P - \bar{r}_2)/(\bar{r}_1 - \bar{r}_2)](\sigma_1 + \sigma_2) - \sigma_2 |$$

两种资产完全负相关时，投资组合线也是直线。

(3) $\rho = 0$，两种资产不相关，此时：

$$\sigma_P = \sqrt{[(\bar{r}_P - \bar{r}_2)/(\bar{r}_1 - \bar{r}_2)]^2\sigma_1^2 + [(\bar{r}_P - \bar{r}_2)/(\bar{r}_1 - \bar{r}_2)]^2\sigma_2^2}$$

在 $\bar{r}-\sigma$ 坐标系里，这是双曲线的一部分。

为了直观地分析投资组合线的特征，下面给出一个具体例子。

假设有一个两股票组合，其收益和风险状况如下（单位：%）：股票 A：$\bar{r}_1=14$，$\sigma_1=6$；股票 B：$\bar{r}_2=8$，$\sigma_2=3$。又设股票 A 的投资比例为 x，且不存在卖空行为，即 $0\leqslant x\leqslant 1$。如图 3-1 所示，在 $\bar{r}-\sigma$ 坐标平面上标出这两种股票，分别以 A(6,14) 和 B(3,8) 两点表示，然后区别四种情况讨论：

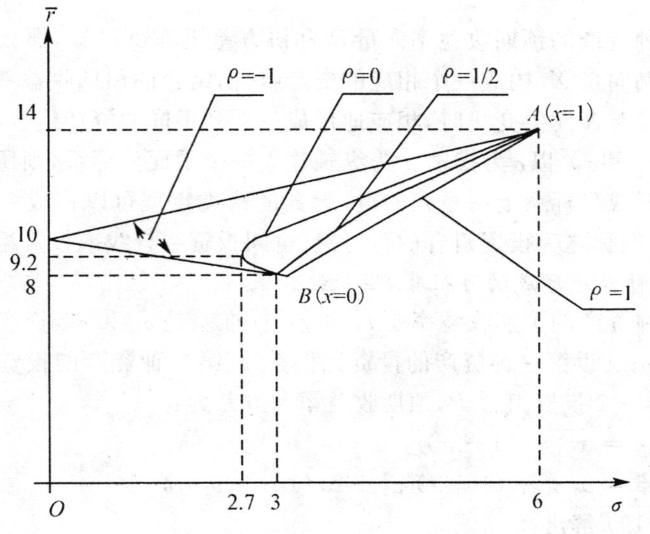

图 3-1

（1）$\rho=1$，代入相关数据，$\bar{r}_P=2\sigma_P+2$，一次方程表明投资组合线是一条连接 A、B 的直线。

（2）$\rho=-1$，代入相关数据，$\bar{r}_P=(2/3)\sigma_P+10(x>1/3)$ 或 $\bar{r}_P=-(2/3)\sigma_P+10(x<1/3)$，两个方程意味着投资组合线是两条相交于点 C(0,10) 的直线，交点表示标准差为零的组合，因此，将 1/3 的资金投向 A，而 2/3 的资金投向 B，可以彻底消除组合的风险。

（3）$\rho=0$，代入数据得：$2\sigma_P=\sqrt{5\bar{r}_P^2-92\bar{r}_P+452}$，这是一段 σ_P 取正值的双曲线。

（4）$\rho=1/2$，类似可得方程：$2\sigma_P=\sqrt{3\bar{r}_P^2-48\bar{r}_P+228}$，这仍然是双曲线的一部分。

对于双曲线来说，很明显，在其顶点处组合风险最小。利用代数方法可以求出顶点的组合。考察方程：

$$\sigma_P^2 = x^2\sigma_1^2 + (1-x)^2\sigma_2^2 + 2x(1-x)\sigma_1\sigma_2\rho$$

根据求解极值的数学原理，令其一阶条件为零，$\partial\sigma_P/\partial x = 0$，解之，得：

$$x = (\sigma_2^2 - \sigma_1\sigma_2\rho)/(\sigma_1^2 + \sigma_2^2 - 2\sigma_1\sigma_2\rho) \tag{3.21}$$

以例中的数据代入，当 $\rho = 0$ 时，在双曲线的顶点 D 处，$x = 0.2$，$\bar{r}_P = 9.2$，$\sigma_P = 2.7$，故最小风险组合由 20% 的股票 A 和 80% 的股票 B 构成，组合的预期收益率为 9.2%，收益标准差为 2.7%；当 $\rho = 1/2$ 时，$x = 0$，双曲线的顶点就是 B，此时，若资金全部投向股票 B，则投资组合的风险达到最小。

综上所述，投资组合线的特征可以归纳如下：

(1) 所有投资组合线均通过 A、B 两点，在 A、B 之间，$0 < x < 1$；而 A 之右上的点表示卖空股票 B，$x > 1$，B 之左下的点表示卖空股票 A，$x < 0$。

(2) 随着相关系数从 1 向 -1 逐渐变小，投资组合线越来越靠近左侧，表明组合投资所起的降低风险的作用越来越明显。

(3) 无论相关系数如何，投资组合线永远都落在直线 AB 的左边，且夹在 AC 与 BC 之间，构成一个三角形，这是投资组合线的上、下界限。

(4) 一般情况下，投资组合线凸向 $\bar{r}$ 轴，而且相关系数越小，弯曲程度越大。

另外，人们有时候也用 $\bar{r}-\sigma^2$ 坐标系替代 $\bar{r}-\sigma$ 坐标系，在 $\bar{r}-\sigma^2$ 坐标平面上，可以证明投资组合线通常呈抛物线状。

(二) 两种以上资产形成的可行集

当投资组合涉及三种或三种以上的资产时，仍可以在 $\bar{r}-\sigma$ 坐标系中描绘组合的分布状况，但资产组合的轨迹不再是曲线，而是一个区域。

为说明这个道理，考察一个三种资产构成的组合，已知：资产的预期收益率向量 $\bar{R} = (\bar{r}_1, \bar{r}_2, \bar{r}_3)'$，协方差矩阵为：

$$\Phi = \begin{bmatrix} \sigma_1^2 & \sigma_{12} & \sigma_{13} \\ \sigma_{21} & \sigma_2^2 & \sigma_{23} \\ \sigma_{31} & \sigma_{32} & \sigma_3^2 \end{bmatrix}$$

且三种资产的投资比例分别是 x_1、x_2 和 $(1 - x_1 - x_2)$。

给定投资组合一个预期收益率水平 r。在两种资产组合中，存在惟一的投资比例 x 与之对应，也就存在惟一的标准差 σ_p，从而在 $\bar{r}-\sigma$ 平面上对应着惟一的一个点。然而在三种资产组合的情形下，根据方程 $r = x_1\bar{r}_1 + x_2\bar{r}_2 + (1 - x_1 - x_2)\bar{r}_3$，有：$x_2 = (\bar{r}_3 - r)/(\bar{r}_3 - \bar{r}_2) + [(\bar{r}_1 - \bar{r}_3)/(\bar{r}_3 - \bar{r}_2)]x_1$。显然，对于一个既定的 r，投资比例向量 $(x_1, x_2, 1 - x_1 - x_2)$ 不是惟一的，因而 σ_p 也不惟一，反映在 $\bar{r}-\sigma$ 坐标平面上，预期收益率为 r 的组合对应着无穷个点。这些点形成一条如图 3-2 所示的从 E 点开始向右平行延伸的射线，其中 E 点代表的组合是所有预

期收益水平为 r 的组合中标准差最小的资产组合。

再设定另两个预期收益率 r' 和 r''，同样的方法可得到两条分别以 G 和 T 为起点的水平射线。如果令 r 连续地上下取值，则在坐标图上形成一个具有左边缘的阴影区域，这个区域便是三种资产组合的可行集，它囊括了由三种资产所构成的所有投资组合。

当投资组合包含 n 种资产时，$\bar{r}-\sigma$ 坐标系中显示出来的可行集依然是图 3-2 所示的一个区域，区域里的每一点都代表一个可能的由这 n 种资产构成的组合。

我们知道，两资产组合的可行集在其双曲线的顶点风险达到最小，那么由三种以上资产形成的可行集是否也存在风险最小的投资组合？从图 3-2 可以看出，E 点位于阴影区域的最左侧，因而标准差最小。下面求解 E 所代表的组合。

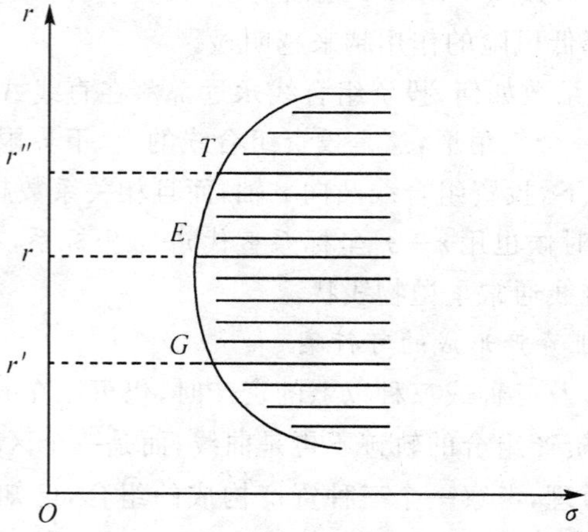

图 3-2

已知协方差矩阵 Φ 并假定其可逆，对于任一投资比例向量 $X=(x_1,x_2,\cdots,x_n)'$，资产组合的方差是 $\sigma_p^2 = X'\Phi X$，限制条件是 $x_1+x_2+\cdots+x_n=1$。为了便于矩阵运算，不妨构造 n 维单位列向量 $I=(1,1,\cdots,1)'$，于是上述限制条件可简化为 $I'X=1$。因此，求最小风险组合的过程实际上就是解决以下优化问题：

$$\mathrm{Min}(1/2)X'\Phi X \tag{3.22}$$

$$\mathrm{s.t.}\ I'X = 1 \tag{3.23}$$

目标函数前乘以(1/2) 纯粹是出于运算上的方便，无实质意义。这是一个条件极值问题，定义拉格朗日函数：

$$L = (1/2)X'\Phi X + \lambda(I'X-1) \tag{3.24}$$

根据拉格朗日极值定理，有

$$\partial L/\partial X = (1/2)[\partial(X'\Phi X)/\partial X] + \lambda[\partial(I'X - 1)/\partial X]$$
$$= \Phi X + \lambda I = 0 \tag{3.25}$$
$$\partial L/\partial \lambda = I'X - 1 = 0 \tag{3.26}$$

解式(3.25)得：

$$X = -\lambda \Phi^{-1} I$$

其中 Φ^{-1} 表示 Φ 的逆矩阵。上式代入式(3.26)：

$$\lambda I'\Phi^{-1} I + 1 = 0$$

解之，得：

$$\lambda = -1/(I'\Phi^{-1} I)$$

故最小方差组合的投资比例向量为：

$$X = (\Phi^{-1} I)/(I'\Phi^{-1} I)$$

将其代入目标函数，并注意 Φ 是对称矩阵，$\Phi^{-1} = (\Phi^{-1})'$，因此，最小的方差是：

$$\begin{aligned}\text{Min } \sigma_P^2 &= X'\Phi X \\ &= [(\Phi^{-1} I)/(I'\Phi^{-1} I)]'\Phi[(\Phi^{-1} I)/(I'\Phi^{-1} I)] \\ &= (I'\Phi^{-1}\Phi\Phi^{-1} I)/(I'\Phi^{-1} I)^2 \\ &= 1/(I'\Phi^{-1} I)\end{aligned}$$

可见，如果按照 $X = (\Phi^{-1} I)/(I'\Phi^{-1} I)$ 的比例向这 n 项资产投资，则由此而来的组合的风险最小，其方差值为 $1/(I'\Phi^{-1} I)$，对应的预期收益率为 $[(I'\Phi^{-1})/(I'\Phi^{-1} I)]\overline{R}$。由于不论预期收益水平如何，该组合都是所有可行组合中风险最小者，故称之为绝对最小方差组合。

关于矩阵微分，这里补充一些说明：

(1) $\partial(I'X)/\partial x_i = \partial\left(\sum_{j=1}^{n} x_j\right)/\partial x_i = 1$，即：$\partial(I'X)/\partial X = I$。

(2) $\partial(X'\Phi X)/\partial x_i = \partial\left(\sum_{i=1}^{n}\sum_{j=1}^{n} x_i x_j \sigma_{ij}\right)/\partial x_i = \sum_{j=1}^{n}(\sigma_{ij} + \sigma_{ji})x_j$，即 $\partial(X'\Phi X)/\partial X = (\Phi + \Phi')X$，特别地，$\Phi$ 是对称矩阵，$\Phi = \Phi'$，故 $\partial(X'\Phi X)/\partial X = 2\Phi X$。

需要指出的是，对于理性的投资者来说，风险最小组合并不一定就是最佳投资组合，因为尚未将收益纳入分析的范围。事实上，人们总是在收益与风险的不断权衡中确定自己的投资方案。

第二节　资产组合理论

投资的问题究其实质就是一个选择的问题。面对市场上数量众多、特性各异的金融资产，投资者必须充分研究市场，不失时机地作出投资决策，期望在既定的资源约束下以最高的效率实现最大的收益；另外，投资是要承担风险的，如何正确地协调收益与风险的矛盾是投资决策的难点所在。马科维茨为人们提供了解决问题的方法和工具，其朴素而有创见的学术思想为现代的资产组合理论奠定了坚实的基础。

一、资产组合的选择

投资分析和投资决策的过程，一般都包括具有内在逻辑性的三项程序：第一，界定可供投资者选择的资产范围，或确定投资者面临的可行的投资机会；第二，分析投资者的行为偏好，以此作为评价投资机会的尺度；第三，选择与投资者偏好相一致的资产组合，实现投资者效用的最大化。假定投资者面对的是一个单期投资问题，且先不涉及无风险资产。

（一）可行集与有效边界

对于存在多个风险资产的金融市场而言，可以构成无限多个资产的组合（单个资产本身亦可视为一个特殊的组合）。所有这些资产组合的集合，代表了投资者全部的投资机会，其专门的称谓是可行集。在二维 $\bar{r}-\sigma$ 的坐标系中，可行集覆盖了图 3-3 所呈现的阴影区域。这只是一个粗略的示意图，但并不妨碍我们对问题的分析。投资者只能在此区域范围内挑选其可能得到的资产或资产组合，除此以外，没有别的选择余地。

假如投资者必须对所有这些可行的组合进行评价和比较，那无疑是一件令人不安的事情。实际上，投资者只需要考虑可行集的一个子集合即可。先列出几个有特殊意义的点：S 点代表预期收益率最高的组合；E 点代表投资风险最小的组合；而 G 和 H 分别代表预期收益率最低及风险最大的资产组合。从整体上讲，理性的投资者通常遵循以下两个准则：

(1) 相对于同等的风险水平，预期收益率要求最大；

(2) 相对于同等的收益水平，风险要求最小。显然，可行集里满足要求的资产组合仅仅局限于区域“西北”边界上的一段曲线 ES。比如，在曲线段 ES 上任取一点 T，考察 T 所代表的资产组合，不难发现，对应于既定的预期收益率 $\bar{r}_{pt}$，可行集里不可能找到风险小于 σ_{pt} 的组合；对应于既定的收益标准差 σ_{pt}，可行集里也找不到收益水平高于 $\bar{r}_{pt}$ 的组合。所以，位于可行集“西北”边界上的曲线 ES

称为有效边界(又称马科维茨有效集)。有效边界上的每一点都代表一个不仅可行而且有效的资产组合,明智的投资者将会在有效边界上发现并选择最佳投资组合,所有其他的组合均为无效组合,投资者尽可以不予考虑。

然而问题还没有结束,有效边界依旧是由无数的投资组合构成,纯粹从投资机会的角度看,这些组合都是有效的,难以甄别相互之间的优劣。譬如,S 点的预期收益水平高于 T 点,但其风险也大,因而没有理由认为 S 好于 T,所以,投资者仍面临进一步选择的问题,而这又与投资者的行为偏好有关。

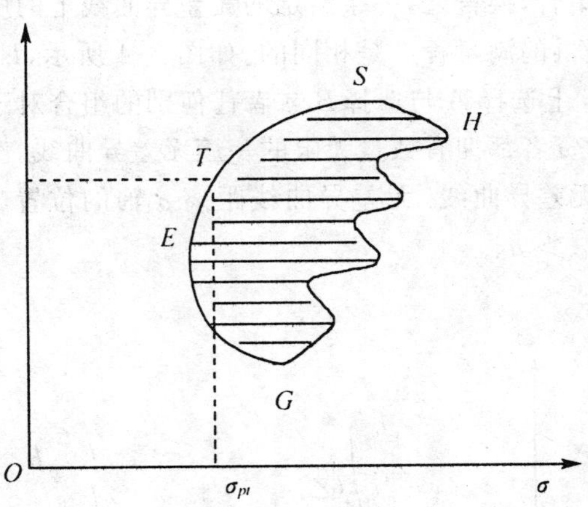

图 3-3

(二) 无差异曲线

在 $\bar{r}-\sigma$ 坐标图上,有效边界从绝对最小风险组合向右上方伸展,意味着收益和风险要么同时增加,要么同时减小。若投资者欲取得较高收益,则必须冒较大的风险;反过来,若投资者承担了较大的风险,则必须提供较高的收益作为补偿。概括起来说,投资者应当根据其行为偏好在收益与风险之间进行取舍。关于投资者偏好,众所周知的一个笼统的描述是:投资者大都是收益最大化者,同时又都是风险厌恶者。

风险厌恶是与投资者效用函数相关联的一个概念。假如效用函数以 u 表示,考察一个很常见的赌博。设该赌博仅产生两种可能的收益结果:或者以 P 的概率获得收益 h_1,或者以 $(1-P)$ 的概率获得收益 h_2。如果 $Ph_1+(1-P)h_2=0$,即赌博的收益均值为零,那么称这个赌博为所谓的"公平赌博"。对于拥有初始财富 W_0 的投资者,若不参与赌博,本分地消费已有财富,则其效用值是 $u(W_0)$;若投资者冒险参与赌博,则导致其财富发生变化,从而投资者效用值变成:$Pu(W_0+$

$h_1)+(1-P)u(W_0+h_2)$。当投资者讨厌任何这类“公平赌博”时，$u(W_0)>Pu(W_0+h_1)+(1-P)u(W_0+h_2)$，称投资者是风险厌恶的；反之，当 $u(W_0)\leqslant Pu(W_0+h_1)+(1-P)u(W_0+h_2)$ 时，投资者被认为是风险爱好或风险中立的。

既然假定所有理性的投资者都是风险厌恶者，那么是否可以断言他们的偏好完全一致？客观地讲，虽然投资者都厌恶风险，但一般在风险厌恶的程度上有所差别，具体到每一个投资者，他们都有着各自行为偏好的特点，这里采用无差异曲线（或称等效用曲线）来刻画投资者的偏好。

在 $\bar{r}-\sigma$ 坐标平面上，一条无差异曲线代表所有能提供给投资者同一效用水平的资产组合的集合，换言之，一条给定的无差异曲线上的所有组合对特定的投资者来说，所能提供的满意程度是相同的。如图 3-4 所示，I_0 是投资者甲的一条无差异曲线，在 I_0 上选择 A 与选择 B 或者任何别的组合对于投资者甲不存在任何差别，每一个投资者都拥有数量无限的一簇无差异曲线。例如，除了 I_0 之外，I_1 也是投资者甲的无差异曲线。无差异曲线距离 σ 轴的位置越高，效用水平就越高，即 $u_C>u_A$，$u_C>u_B$。

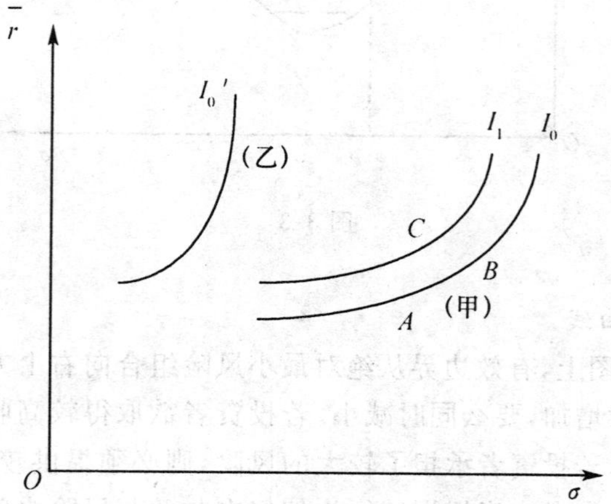

图 3-4

关于无差异曲线，需特别说明几点：

(1) 同一投资者的无差异曲线不能相交。显然，如果 I_0 与 I_1 存在交点，那么二者均代表了交点处所呈现的效用水平，因而这两条无差异曲线是重合的。

(2) 无差异曲线向右上倾斜，曲线具有正斜率。其原因在于，投资者只愿在低风险的情况下接受低收益，放弃低风险就一定要有高收益作为补偿。

(3) 无差异曲线凸向 σ 轴，沿着曲线向右上移动，斜率越来越大。这是因为风险厌恶的投资者在风险上升时，要求越来越高的边际收益作为补偿，换句话说，投资者愈来愈不能承受高风险的压力。

尽管无差异曲线有上述共同点，但是每一位投资者的个人无差异曲线的形状却可能有所区别。例如，投资者乙的无差异曲线 I_0' 比 I_0 更陡，这意味着同甲相比，随着风险的增大，乙要求获得更高的收益作为回报，乙对风险的厌恶程度要强于甲，因而属于相对保守的投资者。

（三）投资组合的最优化

投资者总是试图选择能够满足其较高效用水平的资产组合，而这又必须是资产市场上可以得到的组合，因此，寻求最佳的投资组合必然要通过求解无差异曲线与有效边界的切点来实现，这个切点也是投资分析和投资决策的最终落脚点。

一般来说，无差异曲线凸向 σ 轴，而有效边界凹向 σ 轴，故二者有且仅有一个切点。如图 3-5 所示，有效边界 ES 以我们熟悉的形状出现于可行集的“西北”边缘，I_0、I_1 和 I_2 是投资者任意的三条无差异曲线。其中 I_0 与 ES 有两个交点，表明有效边界上还存在着更高满足程度的组合尚未被投资者所利用，两个交点组合都不是投资者最理想的选择；I_2 代表了更高的效用水平，但 I_2 与 ES 不相交，表明市场上不存在这样的投资机会。只有 I_1 与 ES 的切点 T 才是市场上现实存在的并且能使投资者获得最大效用的惟一的资产组合，即投资者的最佳投资组合。

切点 T 的位置视投资者的偏好而定。风险厌恶程度大的投资者选择的组合更靠近 E，而有冒险性格的投资者的切点更靠近 S。这个结论很容易证明：有效边界通常上凸，从 E 至 S，曲线斜率逐渐减小；另一方面，相比较而言，保守的投资者的无差异曲线的斜率更大，相互匹配的结果导致前者的切点处于后者切点的下方。

二、有效边界的推导

投资决策或资产选择的要点之一是确定有效边界，有效边界所代表的有效资产组合包括同等风险条件下预期收益率最高的组合以及同等收益条件下风险最低的组合。沿着这条思路，不难推导有效边界的数学形式及其几何特征。

如果投资组合仅由两种资产构成，那么可行集就是双曲线状的投资组合线，因而有效边界在 $\bar{r}-\sigma$ 坐标系里是双曲线的一部分。

如果投资组合涉及 n 种资产($n>2$)，则可行集表现为如图 3-6 中所示曲线 GES 右侧的一个区域，其“西北”边界即为有效边界。我们可以通过两个途径求解有效边界：

(1) 针对每一个风险水平，求相应的预期收益率的最大值。如给定 σ_1，最大

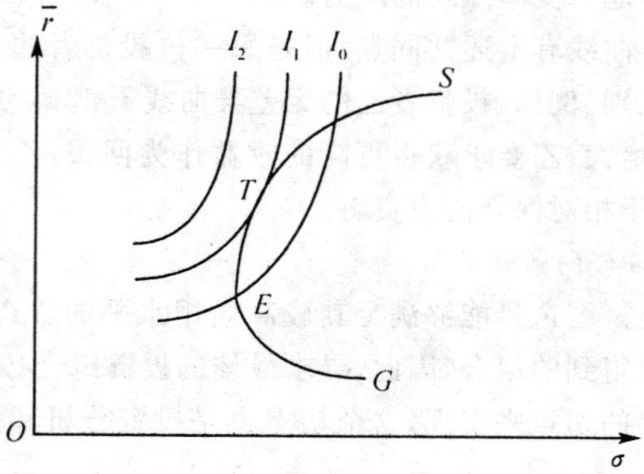

图 3-5

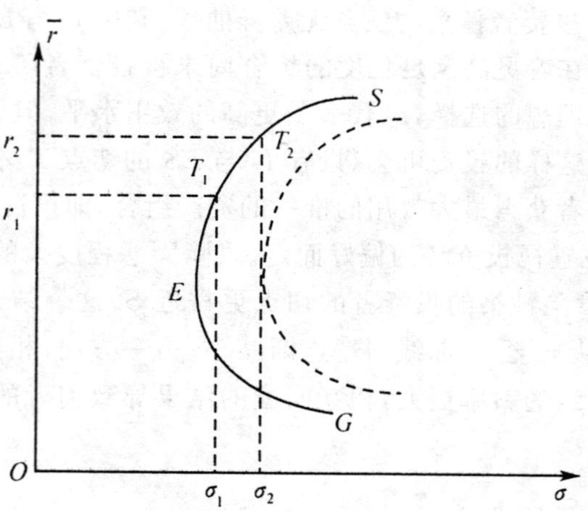

图 3-6

化 $\bar{r}$ 而得到 r_1，由此构成一个组合 $T_1(\sigma_1, r_1)$，这个组合是有效组合；然后给定 σ_2，类似地得到另一个有效组合 $T_2(\sigma_2, r_2)$，依此类推，所有这类组合的轨迹便形成有效边界 ES。

(2) 针对每一个预期收益水平，求相应的风险的最小值。同样给定 r_1，可得组合 T_1，给定 r_2，可得组合 T_2…… 但要注意的是，如此形成的曲线并不完全符合有效边界的定义，因为在这条曲线上，一个既定的风险水平可能对应着两个高低不同的预期收益率。于是，这条曲线 GS 的下半部分 GE 应当被排除在有效边界的范围之外。

通过第二种方法求得的曲线 GS 虽然不是真正意义上的有效边界，但也有其特定的经济学含义，人们称之为最小方差集。

（一）最小方差集

从方差最小化这个思路出发，不难建立最小方差集的数学模型。

设有 n 种风险资产，预期收益率向量为 $\bar{R}$，协方差矩阵为 Φ，投资比例向量是 X，给定资产组合的一个预期收益率 r，求解下列规划问题：

$$\text{Min}(1/2)X'\Phi X$$
$$\text{s.t. } \bar{R}'X = r$$
$$I'X = 1$$

因为模型未规定 X 的符号，意味着不限制卖空。构造拉格朗日函数：

$$L = (1/2)X'\Phi X + \lambda_1(\bar{R}'X - r) + \lambda_2(I'X - 1)$$

列出一阶条件得方程组：

$$\partial L/\partial X = \Phi X + \lambda_1 \bar{R} + \lambda_2 I = 0 \qquad (3.27)$$
$$\partial L/\partial \lambda_1 = \bar{R}'X - r = 0 \qquad (3.28)$$
$$\partial L/\partial \lambda_2 = I'X - 1 = 0 \qquad (3.29)$$

由式(3.27) 解得：$X = -(\lambda_1 \Phi^{-1}\bar{R} + \lambda_2 \Phi^{-1} I)$，将其代入式(3.28) 和式(3.29)：

$$\lambda_1 \bar{R}'\Phi^{-1}\bar{R} + \lambda_2 \bar{R}'\Phi^{-1} I + r = 0$$
$$\lambda_1 I'\Phi^{-1}\bar{R} + \lambda_2 I'\Phi^{-1} I + 1 = 0$$

因 Φ^{-1} 仍是对称正定矩阵，故可令 $U = \bar{R}'\Phi^{-1}\bar{R}$，$V = I'\Phi^{-1}I$，$W = \bar{R}'\Phi^{-1}I = I'\Phi^{-1}\bar{R}$，于是：

$$\lambda_1 U + \lambda_2 W + r = 0$$
$$\lambda_1 W + \lambda_2 V + 1 = 0$$

解方程组可得：

$$\lambda_1 = (Vr - W)/(W^2 - UV),\ \lambda_2 = (U - Wr)/(W^2 - UV)$$

代入并整理，有：

$$X = [(V\Phi^{-1}\bar{R} - W\Phi^{-1}I)/(UV - W^2)]r + (U\Phi^{-1}I - W\Phi^{-1}\bar{R})/(UV - W^2)$$

这就是当预期收益率为 r 时最小风险组合所要求的投资比例，它是 r 的一次函数，将其代入目标函数 $\sigma^2 = X'\Phi X$，很容易看出 σ^2 是 r 的二次方程。由 r 的任意性可知，风险组合的最小方差集是二次曲线。

为了避免矩阵运算的复杂性，使推导过程更加直观、明了，下面再采用解线性方程组的方法进行讨论，这个方法在后面的内容里还会用到。将拉格朗日函数的一阶条件写成$(n+2)$元线性方程组的形式：

$$
\begin{aligned}
&\sigma_{11}x_1+\sigma_{12}x_2+\cdots+\sigma_{1n}x_n+\bar{r}_1\lambda_1+\lambda_2=0\\
&\sigma_{21}x_1+\sigma_{22}x_2+\cdots+\sigma_{2n}x_n+\bar{r}_2\lambda_1+\lambda_2=0\\
&\qquad\vdots\qquad\qquad\qquad\qquad\vdots\\
&\sigma_{n1}x_1+\sigma_{n2}x_2+\cdots+\sigma_{nn}x_n+\bar{r}_n\lambda_1+\lambda_2=0\\
&\bar{r}_1x_1+\bar{r}_2x_2+\cdots+\bar{r}_nx_n-r=0\\
&x_1+x_2+\cdots+x_n-1=0
\end{aligned}
$$

令行列式：

$$
D=\begin{vmatrix}
\sigma_{11} & \sigma_{12} & \cdots & \sigma_{1n} & \bar{r}_1 & 1\\
\sigma_{21} & \sigma_{22} & \cdots & \sigma_{2n} & \bar{r}_2 & 1\\
 & \vdots & & \vdots & & \\
\sigma_{n1} & \sigma_{n2} & \cdots & \sigma_{nn} & \bar{r}_n & 1\\
\bar{r}_1 & \bar{r}_2 & \cdots & \bar{r}_n & 0 & 0\\
1 & 1 & \cdots & 1 & 0 & 0
\end{vmatrix}
$$

$$
D_i=\begin{vmatrix}
\sigma_{11} & \sigma_{12} & \cdots & \sigma_{1,i-1} & 0 & \sigma_{1,i+1} & \cdots & \sigma_{1n} & \bar{r}_1 & 1\\
\sigma_{21} & \sigma_{22} & \cdots & \sigma_{2,i-1} & 0 & \sigma_{2,i+1} & \cdots & \sigma_{2n} & \bar{r}_2 & 1\\
 & & & \vdots & & & & & \vdots & \\
\sigma_{n1} & \sigma_{n2} & \cdots & \sigma_{n,i-1} & 0 & \sigma_{n,i+1} & \cdots & \sigma_{nn} & \bar{r}_n & 1\\
\bar{r}_1 & \bar{r}_2 & \cdots & \bar{r}_{i-1} & r & \bar{r}_{i+1} & \cdots & \bar{r}_n & 0 & 0\\
1 & 1 & \cdots & 1 & 1 & 1 & \cdots & 1 & 0 & 0
\end{vmatrix}
$$

假设协方差矩阵Φ非奇异，$D\neq 0$。根据克莱姆法则解方程组得：

$$x_i=D_i/D$$

$$X=(1/D)(D_1,D_2,\cdots,D_i,\cdots,D_n)' \tag{3.30}$$

由于行列式D_i中均含有r，因而每一个x_i都是r的一次函数，于是存在n维列向量J_1和J_2，使$X=J_1+J_2r$，代入目标函数并考虑到Φ的对称性，求得最小方差集的方程为：

$$
\begin{aligned}
\text{Min }\sigma^2&=X'\Phi X=(J_1+J_2r)'\Phi(J_1+J_2r)\\
&=(J_1'+J_2'r)\Phi(J_1+J_2r)\\
&=J_1'\Phi J_1+2(J_1'\Phi J_2)r+(J_2'\Phi J_2)r^2
\end{aligned}
$$

令r在$\bar{r}$轴上连续地上下任意取值，则上述方程描画出一条二次曲线。设$a=J_2'\Phi J_2$，$b=2J_1'\Phi J_2$，$c=J_1'\Phi J_1$，并且注意到r的任意性，方程可简化为：

$$\sigma^2=a\bar{r}^2+b\bar{r}+c \tag{3.31}$$

这是最小方差集的标准数学形式。又因Φ正定，$a>0$，所以最小方差集在

$\bar{r}-\sigma$ 坐标系中是双曲线，而在 $\bar{r}-\sigma^2$ 坐标系中是抛物线。

显而易见的是，方差最小者标准差也最小，因此没有必要区分最小方差集与最小标准差集。

看以下例子：A、B、C 三种股票构成投资组合，预期收益率向量是 $\bar{R}=(5\%, 10\%, 15\%)'$，协方差矩阵是：

$$\Phi=\begin{bmatrix}0.25 & 0.15 & 0.17\\ 0.15 & 0.21 & 0.09\\ 0.17 & 0.09 & 0.28\end{bmatrix}$$

行列式 D 和 $D_i(i=1,2,3)$ 分别为：

$$D=\begin{vmatrix}0.25 & 0.15 & 0.17 & 0.05 & 1\\ 0.15 & 0.21 & 0.09 & 0.10 & 1\\ 0.17 & 0.09 & 0.28 & 0.15 & 1\\ 0.05 & 0.10 & 0.15 & 0 & 0\\ 1 & 1 & 1 & 0 & 0\end{vmatrix}$$

$$D_1=\begin{vmatrix}0 & 0.15 & 0.17 & 0.05 & 1\\ 0 & 0.21 & 0.09 & 0.10 & 1\\ 0 & 0.09 & 0.28 & 0.15 & 1\\ r & 0.10 & 0.15 & 0 & 0\\ 1 & 1 & 1 & 0 & 0\end{vmatrix}$$

$$D_2=\begin{vmatrix}0.25 & 0 & 0.17 & 0.05 & 1\\ 0.15 & 0 & 0.09 & 0.10 & 1\\ 0.17 & 0 & 0.28 & 0.15 & 1\\ 0.05 & r & 0.15 & 0 & 0\\ 1 & 1 & 1 & 0 & 0\end{vmatrix}$$

$$D_3=\begin{vmatrix}0.25 & 0.15 & 0 & 0.05 & 1\\ 0.15 & 0.21 & 0 & 0.10 & 1\\ 0.17 & 0.09 & 0 & 0.15 & 1\\ 0.05 & 0.10 & r & 0 & 0\\ 1 & 1 & 1 & 0 & 0\end{vmatrix}$$

利用克莱姆法则解得：$x_1=1.44-12r$；$x_2=0.12+4r$；$x_3=-0.56+8r$。最小方差集方程为：$\text{Min}\ \sigma^2=0.37-3.68r+16r^2$，根据 r 的任意性，写成标准形式：$\sigma^2=16\bar{r}^2-3.68\bar{r}+0.37$，这是一条双曲线。

另外，假如不允许卖空，那么，求解最小方差集的数学模型是：

$$\text{Min}(1/2)X'\Phi X$$

$$\text{s.t. } \bar{R}'X = r$$
$$I'X = 1$$
$$X \geqslant 0$$

其中 0 是 n 维零向量，具体求解过程这里不予详述。从直观上讲，对于相同的预期收益率向量 $\bar{R}$ 和协方差矩阵 Φ，限制卖空时所得到的最小方差一般要大于不限制卖空时的最小方差，如图 3-6 的虚线所示，前者的最小方差集位于后者的右侧。

（二）有效边界

对于最小方差集，我们已有较为清楚的印象，再回到有效边界的探讨。从一定意义上讲，有效边界的推导与最小方差集的推导其实是同一个问题。对由多种风险资产构成的投资组合，有效边界不过是最小方差集里绝对最小方差组合 E 以上的部分，通常情况下表现为双曲线的一段。如图 3-7 所示，最小方差集 GES 以 E 点为界，上半部分的实线 ES 为有效边界，而下方的虚线 GE 是无效的。

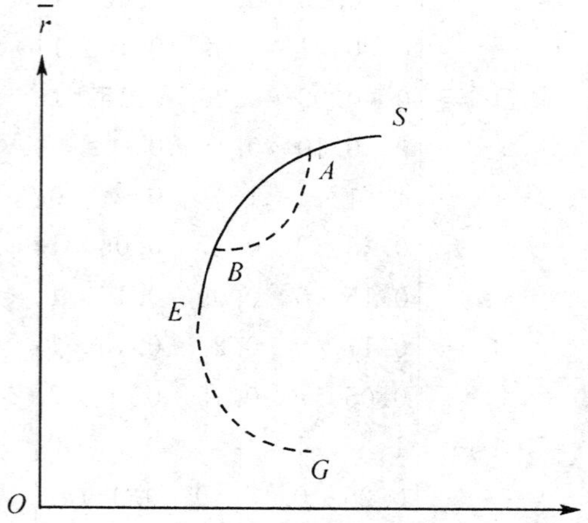

图 3-7

根据最小方差集方程：

$$\sigma^2 = a\bar{r}^2 + b\bar{r} + c$$

解出 $\bar{r}$ 的表达式：

$$\bar{r} = \{-b \pm [b^2 - 4a(c - \sigma^2)]^{1/2}\}/2a$$

可见，对于除 E 点外任一个给定的 σ^2 值，存在两个不同的 $\bar{r}$ 值与之对应，但按照有效边界的含义，只有数值较大的 $\bar{r}$ 值所对应的资产组合才是有效组合。很明显，因 $a > 0$，$\{-b+[b^2-4a(c-\sigma^2)]^{1/2}\}/2a > \{-b-[b^2-4a(c-\sigma^2)]^{1/2}\}/2a$，所以，有效边界的方程是：

$$\bar{r} = \{-b+[b^2-4a(c-\sigma^2)]^{1/2}\}/2a \tag{3.32}$$

继续上面的例子，将有关数据代入式(3.32)，得到由 A、B、C 三种股票构成的投资组合的有效边界为：

$$\begin{aligned}\bar{r} &= \{3.68+[(-3.68)^2-4\times 16\times(0.37-\sigma^2)]^{1/2}\}/(2\times 16)\\ &= 0.115+0.25(\sigma^2-0.158)^{1/2}\end{aligned}$$

最后请注意有效边界的一个重要性质：一般情形下，有效边界是凸集，不可能出现图 3-7 点线所示的"凹陷"。例如，A、B 是任意两个有效组合，根据投资组合线的有关结论，由 A、B 结合而成的所有组合的下限是连接 A 和 B 的直线，因此，有效组合不可能出现在连线的右侧，再由 A、B 的任意性可知，有效组合只能位于光滑的凸边上。

三、两基金分离

风险资产组合的最小方差集是双曲线，而有效边界是此双曲线的上半支。有效边界上所有的点都代表了能满足投资者理性要求的、有效的投资组合。接下来的问题是，这些有效组合之间存在何种联系？两基金分离揭示了其中的逻辑关系。

两基金分离的含义可概括为：在风险资产组合的有效边界上，若任意选定两个不同的(或称分离的)有效组合，那么有效边界上其他任意一个组合都可以由这两个组合的线性组合而成。简言之，有效边界上的任一点均可用给定两点的线性组合表示出来。

两基金分离是现代投资分析中常用的规律之一，其数学证明如下：

假设在有效边界上任取不相同的两点 A 和 B，这两个组合显然又都在最小方差集里，二者的预期收益率分别是 $\bar{r}_A$ 和 $\bar{r}_B$。通过解下列两个规划问题可以求出组合 A 和 B 的投资比例向量 X_A 和 X_B。

$$\begin{array}{lcl}\text{Min}(1/2)X'\Phi X & & \text{Min}(1/2)X'\Phi X\\ \text{s.t.}\ \bar{R}'X=\bar{r}_A & \text{和} & \text{s.t.}\ \bar{R}'X=\bar{r}_B\\ I'X=1 & & I'X=1\end{array}$$

令行列式 D、D_{Ai}、D_{Bi} 分别为：

$$D=\begin{vmatrix}\sigma_{11} & \sigma_{12} & \cdots & \sigma_{1n} & \bar{r}_1 & 1\\ \sigma_{21} & \sigma_{22} & \cdots & \sigma_{2n} & \bar{r}_2 & 1\\ & \vdots & & \vdots & & \\ \sigma_{n1} & \sigma_{n2} & \cdots & \sigma_{nn} & \bar{r}_n & 1\\ \bar{r}_1 & \bar{r}_2 & \cdots & \bar{r}_n & 0 & 0\\ 1 & 1 & \cdots & 1 & 0 & 0\end{vmatrix}$$

$$D_{Ai}=\begin{vmatrix}\sigma_{11} & \sigma_{12} & \cdots & 0 & \cdots & \sigma_{1n} & \bar{r}_1 & 1\\ \sigma_{21} & \sigma_{22} & \cdots & 0 & \cdots & \sigma_{2n} & \bar{r}_2 & 1\\ & \vdots & & & & \vdots & & \\ \sigma_{n1} & \sigma_{n2} & \cdots & 0 & \cdots & \sigma_{nn} & \bar{r}_n & 1\\ \bar{r}_1 & \bar{r}_2 & \cdots & \bar{r}_A & \cdots & \bar{r}_n & 0 & 0\\ 1 & 1 & \cdots & 1 & \cdots & 1 & 0 & 0\end{vmatrix}$$

$$D_{Bi}=\begin{vmatrix}\sigma_{11} & \sigma_{12} & \cdots & 0 & \cdots & \sigma_{1n} & \bar{r}_1 & 1\\ \sigma_{21} & \sigma_{22} & \cdots & 0 & \cdots & \sigma_{2n} & \bar{r}_2 & 1\\ & \vdots & & & & \vdots & & \\ \sigma_{n1} & \sigma_{n2} & \cdots & 0 & \cdots & \sigma_{nn} & \bar{r}_n & 1\\ \bar{r}_1 & \bar{r}_2 & \cdots & \bar{r}_B & \cdots & \bar{r}_n & 0 & 0\\ 1 & 1 & \cdots & 1 & \cdots & 1 & 0 & 0\end{vmatrix}$$

根据式(3.30)的结论，有：

$$X_A=(1/D)(D_{A1},D_{A2},\cdots,D_{Ai},\cdots,D_{An})'$$
$$X_B=(1/D)(D_{B1},D_{B2},\cdots,D_{Bi},\cdots,D_{Bn})'$$

X_A 和 X_B 分别是 $\bar{r}_A$ 和 $\bar{r}_B$ 的线性函数。

由于 $\bar{r}_A\neq\bar{r}_B$，因而对于有效边界上的任意一个组合 P，必然存在一个实数 α，使得组合 P 的预期收益率 $\bar{r}_P$ 可表示为 $\alpha\bar{r}_A+(1-\alpha)\bar{r}_B$。此时，如果对于这个实数 α，组合 P 的投资比例向量 X_P 可以表示为 $\alpha X_A+(1-\alpha)X_B$，即可认定组合 P 是 A 和 B 的一个线性组合。

又因组合 P 也位于最小方差集上，故 X_P 可由下列规划模型求解：

$$\text{Min}(1/2)X'_P\Phi X_P$$
$$\text{s.t.}\ \bar{R}'X_P=\alpha\bar{r}_A+(1-\alpha)\bar{r}_B$$
$$I'X_P=1$$

令行列式：

$$D_{Pi}=\begin{vmatrix}\sigma_{11} & \sigma_{12} & \cdots & 0 & \cdots & \sigma_{1n} & \bar{r}_1 & 1\\ \sigma_{21} & \sigma_{22} & \cdots & 0 & \cdots & \sigma_{2n} & \bar{r}_2 & 1\\ & \vdots & & & & \vdots & & \\ \sigma_{n1} & \sigma_{n2} & \cdots & 0 & \cdots & \sigma_{nn} & \bar{r}_n & 1\\ \bar{r}_1 & \bar{r}_2 & \cdots & \alpha\bar{r}_A+(1-\alpha)\bar{r}_B & \cdots & \bar{r}_n & 0 & 0\\ 1 & 1 & \cdots & \alpha+(1-\alpha) & \cdots & 1 & 0 & 0\end{vmatrix}$$

$$=\alpha D_{Ai}+(1-\alpha)D_{Bi}$$

由克莱姆法则求得：

$$\begin{aligned}X_P&=(1/D)(D_{P1},D_{P2},\cdots,D_{Pi},\cdots,D_{Pn})'\\&=(1/D)[\alpha D_{A1}+(1-\alpha)D_{B1},\alpha D_{A2}+(1-\alpha)D_{B2},\cdots,\alpha D_{Ai}+\\&\quad(1-\alpha)D_{Bi},\cdots,\alpha D_{An}+(1-\alpha)D_{Bn}]'\\&=\alpha(1/D)(D_{A1},D_{A2},\cdots,D_{Ai},\cdots,D_{An})'+\\&\quad(1-\alpha)(1/D)(D_{B1},D_{B2},\cdots,D_{Bi},\cdots,D_{Bn})'\\&=\alpha X_A+(1-\alpha)X_B\end{aligned}$$

两基金分离是有效边界的一个极其重要的性质，对于金融投资来说具有不同寻常的意义。譬如，有两个不同的投资基金，均持有风险资产组合，且业绩甚佳。良好的投资业绩意味着两者持有的组合都是有效边界上的组合。两基金分离现象表明，任何其他的投资于风险资产的投资基金，若业绩良好的话，其投资组合必定与原来两个基金所持有组合的某一线性组合等同。因此，投资者只要寻找两个这类“典型”的投资基金，将资金按一定比例投资于这两个基金，便可获得任何市场上所能提供的、能被投资者认同的投资效果。

四、市场指数模型

通过合理、有效地选择资产，投资者能够获得满足其收益和风险要求的投资组合。在资产组合的选择和决策过程中，风险无疑是人们必须加以斟酌的主要因素之一，而决定风险大小的关键性指标是资产之间的协方差 σ_{ij} 或相关系数 ρ_{ij}。根据资产组合收益方差的计算公式：$\sigma_P^2=\sum_{i=1}^{n}\sum_{j=1}^{n}x_ix_j\sigma_{ij}$，随着投资组合中包含的资产数目不断增加，运算量将会大得惊人，单是协方差矩阵 Φ 的估算，就已经是一项让人难以忍受的工作。因此，如果能够寻求一种方法只涉及各资产与某个共同指标的关系而不是一一估算各个资产之间的协方差，则会大大减轻投资分析的任务。在这种思路的引导下，人们自然而然地想起了所谓的“市场组合”。

市场指数模型不直接考察资产与资产之间的相关关系，而只考虑资产与市场组合之间的相关关系。通过对股票市场的观察不难发现，当股市指数上扬时，绝大多数股票的价格趋于上涨；反之，当股市行情下降时，单个股票的价格很可能随之下跌。这种现象表明资产之间之所以存在互动性，是因为大多数资产对整个市场的变化有着共同的反应，所以用每一种资产与市场组合的关系来替代各种资产相互之间的关系有其理论和实践上的合理性。一种资产 i 与市场组合之间的相关关系常用该资产的贝塔值来衡量，记为 β_i。

假设资产 i 的收益来源于两部分：一是与市场相关部分，二是与市场无关部分，那么，资产 i 的收益率可以表述为：

$$r_i = V_i + \beta_i r_m$$

其中：r_m 是市场组合的收益率，通常以市场指数衡量；β_i 是一个常数，是测度资产 i 的收益率对市场指数收益率的敏感性的指标，当 $\beta_i > 0$ 时，资产 i 与市场同向变动；$\beta_i < 0$ 时，i 与市场反向变动，β_i 的绝对值越大，资产 i 对市场变化越敏感。V_i 表示与市场不相关的收益来源，亦可分解为两部分：$V_i = \alpha_i + \varepsilon_i$，$\alpha_i$ 是 V_i 的期望值，即 $\alpha_i = E(V_i)$，ε_i 是随机误差项。关于 ε_i，假定(1)$E(\varepsilon_i) = 0$，ε_i 的均值为零；(2)$E[\varepsilon_i(r_m - \bar{r}_m)] = 0$，表明 ε_i 与市场指数无关；(3)$E(\varepsilon_i\varepsilon_j) = 0$，表明资产 i 与 j 的随机误差项不相关。

令 $\sigma_{\varepsilon i}^2$ 表示 ε_i 的方差，$\sigma_m^2 = E(r_m - \bar{r}_m)^2$ 表示市场组合的收益方差，则资产 i 的预期收益率为：

$$\bar{r}_i = E(r_i) = E(\alpha_i + \beta_i r_m + \varepsilon_i) = \alpha_i + \beta_i \bar{r}_m \tag{3.33}$$

资产 i 的收益方差为：

$$\begin{aligned}
\sigma_i^2 &= E(r_i - \bar{r}_i)^2 \\
&= E[(\alpha_i + \beta_i r_m + \varepsilon_i) - (\alpha_i + \beta_i \bar{r}_m)]^2 \\
&= E[\beta_i(r_m - \bar{r}_m) + \varepsilon_i]^2 \\
&= \beta_i^2 E(r_m - \bar{r}_m)^2 + 2\beta_i E[\varepsilon_i(r_m - \bar{r}_m)] + E(\varepsilon_i)^2 \\
&= \beta_i^2\sigma_m^2 + \sigma_{\varepsilon i}^2
\end{aligned} \tag{3.34}$$

可见，任意资产 i 的风险可以由两部分来解释，其一是 $\beta_i^2\sigma_m^2$，代表 i 的系统风险(又称市场风险)；其二是 $\sigma_{\varepsilon i}^2$，代表 i 的非系统风险(又称个别风险)。

资产 i 与市场组合的协方差为：

$$\begin{aligned}
\sigma_{im} &= E[(r_i - \bar{r}_i)(r_m - \bar{r}_m)] \\
&= E\{[\beta_i(r_m - \bar{r}_m) + \varepsilon_i](r_m - \bar{r}_m)\} \\
&= \beta_i E(r_m - \bar{r}_m)^2 + E[\varepsilon_i(r_m - \bar{r}_m)] \\
&= \beta_i\sigma_m^2
\end{aligned} \tag{3.35}$$

即：
$$\beta_i = \sigma_{im}/\sigma_m^2$$

当 $\beta_i = 1$ 时，资产 i 的收益与市场指数收益具有相同的易变性；当 $\beta_i > 1$ 时，资产 i 的收益比市场指数收益更易变，称之为进攻型资产；当 $\beta_i < 1$ 时，资产 i 具

有较市场指数弱的易变性，常称为防御性资产。

此外，利用β值作为媒介，可以计算资产i与j之间的协方差：

$$\begin{aligned}\sigma_{ij} &= E[(r_i-\bar{r}_i)(r_j-\bar{r}_j)]\\ &= E\{[\beta_i(r_m-\bar{r}_m)+\varepsilon_i][\beta_j(r_m-\bar{r}_m)+\varepsilon_j]\}\\ &= \beta_i\beta_j E(r_m-\bar{r}_m)^2+\beta_i E[\varepsilon_j(r_m-\bar{r}_m)]+\\ &\quad \beta_j E[\varepsilon_i(r_m-\bar{r}_m)]+E(\varepsilon_i\varepsilon_j)\\ &= \beta_i\beta_j\sigma_m^2 \end{aligned} \tag{3.36}$$

因此，资产i和j之间的相关关系可通过它们分别与市场组合的相关关系体现出来。

以下应用市场指数模型分析资产组合。考察一个由n种风险资产构成的投资组合P，各资产的投资比例分别是$x_1,x_2,\cdots,x_n$。

资产组合P的预期收益率为：

$$\bar{r}_P=\sum_{i=1}^{n}x_1\bar{r}_1=\sum_{i=1}^{n}x_1(\alpha_1+\beta_1\bar{r}_m)=\sum_{i=1}^{n}x_1\alpha_1+\Big(\sum_{i=1}^{n}x_1\beta_1\Big)\bar{r}_m$$

令$\alpha_P=\sum_{i=1}^{n}x_1\alpha_1$，$\beta_P=\sum_{i=1}^{n}x_1\beta_1$，则：

$$\bar{r}_P=\alpha_P+\beta_P\bar{r}_m \tag{3.37}$$

其中：α_P是组合P的与市场无关的收益均值；β_P是组合P的贝塔值，它等于各资产贝塔值的加权平均值，以它们的投资比例作为权重。

资产组合P的收益方差为：

$$\begin{aligned}\sigma_P^2 &= \sum_{i=1}^{n}x_i^2\sigma_i^2+\sum_{i=1}^{n}\sum_{j\neq i}^{n}x_ix_j\sigma_{ij}\\ &= \sum_{i=1}^{n}x_i^2\sigma_i^2+2\sum_{i>}^{n}\sum_{j}^{n}x_ix_j\sigma_{ij}\\ &= \sum_{i=1}^{n}x_i^2(\beta_i^2\sigma_m^2+\sigma_{\varepsilon i}^2)+2\sum_{i>}^{n}\sum_{j}^{n}x_ix_j\beta_i\beta_j\sigma_m^2\\ &= \Big[\sum_{i=1}^{n}(x_i\beta_i)^2+2\sum_{i>}^{n}\sum_{j}^{n}x_ix_j\beta_i\beta_j\Big]\sigma_m^2+\sum_{i=1}^{n}x_i^2\sigma_{\varepsilon i}^2\\ &= \Big(\sum_{i=1}^{n}x_i\beta_i\Big)^2\sigma_m^2+\sum_{i=1}^{n}x_i^2\sigma_{\varepsilon i}^2\end{aligned}$$

又令$\sigma_{\varepsilon p}^2=\sum_{i=1}^{n}x_i^2\sigma_{\varepsilon i}^2$，则有：

$$\sigma_P^2=\beta_P^2\sigma_m^2+\sigma_{\varepsilon P}^2 \tag{3.38}$$

与单个资产的情况相仿，任意一个投资组合的风险同样可以看成由两个部分组成：一是系统风险($\beta_P^2\sigma_m^2$)，一是非系统风险($\sigma_{\varepsilon P}^2$)。

关于 $\sigma_{\varepsilon p}^2$ 再进行一些讨论，按照方差的计算公式，有：

$$\begin{aligned}\sigma_{\varepsilon p}^2 &= \sum_{i=1}^{n} x_i x_j \mathrm{Cov}(\varepsilon_i, \varepsilon_j) \\ &= \sum_{i=1}^{n} x_i^2 \sigma_{\varepsilon i}^2 + \sum_{i=1}^{n} \sum_{j\neq i}^{n} x_i x_j \mathrm{Cov}(\varepsilon_i, \varepsilon_j)\end{aligned}$$

根据假定条件，随机误差项的协方差矩阵是：

$$\begin{Bmatrix} \sigma_{\varepsilon 1}^2 & 0 & \cdots & 0 \\ 0 & \sigma_{\varepsilon 2}^2 & \cdots & 0 \\ \vdots & \vdots & & \vdots \\ 0 & 0 & \cdots & \sigma_{\varepsilon n}^2 \end{Bmatrix}$$

除了对角线上元素为 $\sigma_{\varepsilon i}^2$ 外，其他均为零，即：$\sum_{i=1}^{n} \sum_{j\neq i}^{n} x_i x_j \mathrm{Cov}(\varepsilon_i, \varepsilon_j) = 0$，所以，$\sigma_{\varepsilon P}^2 = \sum_{i=1}^{n} x_i^2 \sigma_{\varepsilon i}^2$。

五、分散化投资

在限制卖空的条件下，对于由两种风险资产构成的投资组合，有：$|x_1\sigma_1 - x_2\sigma_2| \leqslant \sigma_p \leqslant x_1\sigma_1 + x_2\sigma_2$。这就是说，如果两种资产不完全正相关，那么组合化投资能够降低风险。

事实上，这个结论适用于任意多种资产的组合。根据方差计算式：

$$\sigma_P^2 = \sum_{i=1}^{n} \sum_{j=1}^{n} x_i x_j \sigma_i \sigma_j \rho_{ij}$$

因 $x_i \geqslant 0, \rho_{ij} \leqslant 1$，故：

$$\sigma_P^2 \leqslant \sum_{i=1}^{n} \sum_{j=1}^{n} x_i x_j \sigma_i \sigma_j = \left(\sum_{i=1}^{n} x_i \sigma_i\right)^2$$

$$\sigma_P \leqslant \sum_{i=1}^{n} x_i \sigma_i$$

即投资组合的收益标准差小于或等于各资产标准差的加权平均值，投资的分散化可以降低风险。

市场指数模型将投资风险区分为系统风险和非系统风险，分散化对这两部分风险的影响是不同的。

(1) 系统风险：根据市场指数模型，β 值是衡量资产或资产组合系统风险的尺度。由于投资组合的 β 值等于各资产 β 值的加权平均值，所以投资的分散化导致系统风险平均化。换言之，系统风险不能通过资产的组合而加以分散，当然也不会因此而增大。

(2) 非系统风险：分散化投资对非系统风险的意义十分重大。为说明问题，

考虑一个由 n 种资产构成的等比例投资组合，各资产的投资比例均为 $1/n$，那么，组合的非系统风险是 $\sigma_{\varepsilon p}^2=\sum_{i=1}^{n}(1/n)^2\sigma_{\varepsilon i}^2=(1/n)\sum_{i=1}^{n}(1/n)\sigma_{\varepsilon i}^2$，其中，$\sum_{i=1}^{n}(1/n)\sigma_{\varepsilon i}^2$ 可以看成是各资产非系统风险的平均值，而组合的非系统风险只有这个平均水平的 $1/n$，因此，只要投资足够的分散化（组合里包含足够种类的资产），组合的非系统风险会变得很小。当 $n\to\infty$ 时，$\lim(1/n)^2\sigma_{\varepsilon i}^2=0$，非系统风险得以消除或可忽略不计。

总而言之，凡是能够通过分散投资的方法予以消除的风险是非系统风险，相反，系统风险不能被分散化所消除或减小。随着投资组合内资产数量的增加，组合的风险逐渐下降，但是下降的程度越来越小。

在投资实践中，人们经常采取增加组合内资产种类的方式降低乃至消除非系统风险。例如，设市场上存在多种个别风险（$\sigma_{\varepsilon i}^2$）都是10％的股票，如果仅以等比例向其中两种股票投资，那么组合的非系统风险为：

$$\sigma_{\varepsilon P}^2=2\times[(1/2)^2\times0.1]=5\%$$

若以等比例向其中的三种股票投资，则其非系统风险为：

$$\sigma_{\varepsilon P}^2=3\times[(1/3)^2\times0.1]=3.33\%$$

毫无疑问，随着资产种数的增多，$\sigma_{\varepsilon P}^2$ 越来越小，投资组合的总风险不断减小。然而，分散化的作用并不是无限的，当组合的资产数目达到一定水平之后，继续增加资产种类，组合的总风险不再下降，这是因为，在分散化的过程中，非系统风险逐渐被消除，组合的总风险仅仅等于系统风险，而系统风险是分散化所无能为力的。如图3-8所示，横轴度量资产种类，纵轴度量组合的风险，向右下方倾斜

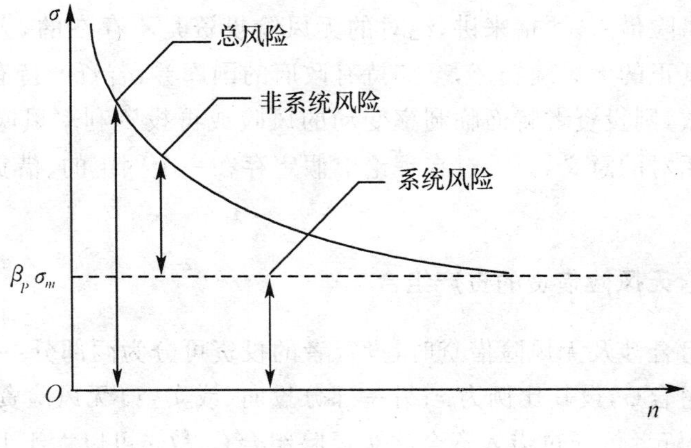

图3-8

的曲线描画了投资组合的风险随组合中资产种数变化的轨迹。当 n 不断增大时，曲线趋近于水平渐近线 $\sigma_p=\beta_p\sigma_m$。在此过程中，非系统风险减小乃至消失，余下的只是系统风险。

有研究表明，随机地选取10种资产相组合，投资的风险就可以减小到能够接受的水平。当投资组合包含随机选择的30种资产时，组合的非系统风险已非常微小，即可认为这是一个"相当分散"的资产组合。更高程度的分散化相应地会带来更大的资产选择方面的成本。

第三节　无风险借贷情形下的投资组合

到目前为止，我们眼里的投资组合尚未包括无风险资产，意味着不容许投资者使用金融杠杆。然而，在实际投资活动中，采用无风险资产与风险资产相组合来进行投资的现象并不少见。比如，为安全起见，人们在向那些高收益且高风险的股票投资的同时，常常也购买国库券之类的政府债券，有些政府债券可近似看成是无风险资产；又如，人们投资股票时，往往还从银行借钱以增加投资的资金，这种借款在某种程度上亦被认为是无风险的。因此，通过引入无风险借贷，投资组合分析的范畴将大大扩展，这不仅是理论研究的需要，而且与实际相符。

所谓无风险借贷，指的是市场上存在一个固定的收益率(无风险利率) r_f，投资者既可以按利率 r_f 无限制地投资于无风险资产，也可以无限制地借入资金并支付相同的利率 r_f。对于无风险资产(借款可视为卖空无风险资产) F，预期收益率等于无风险利率 r_f，收益标准差 $\sigma_f=0$，F 与风险资产 i 间的协方差 $\sigma_{if}=\sigma_i\sigma_f\rho_{if}=0$。通常，按无风险利率投资无风险资产称为无风险贷出，而借进无风险资金称为无风险借入。严格来讲，绝对的无风险投资是不存在的，大多数政府债券并不属于真正的无风险资产，譬如持有政府的国库券，若资产持有期与国库券到期日不一致，则投资者将面临利率变动的风险或再投资利率风险，所以说，无风险只具有相对的意义，只不过在理论上假定存在一个固定的、借贷相同的无风险利率。

一、包含无风险借贷的资产组合

当资产组合涉及无风险借贷时，投资者的投资可分为两部分：一部分投向一个风险资产组合 G，设其比例为 x；另一部分投向(或卖空)无风险资产 F，比例为 $(1-x)$。因投资者可通过借入资金购买风险组合 G，故 x 可以大于1，而投资于无风险资产 F 的比重可以是负值。此外，一般假定无风险利率小于有效风险组合的预期收益率。

对于由 F 和 G 构成的组合 P，预期收益率为：

$$\bar{r}_P = (1-x)r_f + x\bar{r}_g \tag{3.39}$$

其中：$\bar{r}_g$ 是风险组合 G 的预期收益率。

组合 P 的收益标准差为：

$$\sigma_P = [(1-x)^2\sigma_f^2 + x^2\sigma_g^2 + 2x(1-x)\sigma_f\sigma_g\rho_{fg}]^{1/2} = x\sigma_g \tag{3.40}$$

其中：σ_g 是风险组合 G 的标准差；ρ_{fg} 是 F 与 G 之间的相关系数。

整理式(3.39)和式(3.40)，得方程：

$$\bar{r}_P = r_f + [(\bar{r}_g - r_f)/\sigma_g]\sigma_P \tag{3.41}$$

在 $\bar{r}-\sigma$ 坐标平面上，这是一条向上倾斜且与 $\bar{r}$ 轴相交的直线，截距为 r_f，斜率为$(\bar{r}_g - r_f)/\sigma_g$。如图 3-9 所示，此直线可看成由两段组成：一段是 G 点的左下部分，$x<1$，表示既投资风险组合 G 又投资无风险资产 F；另一段是 G 点的右上部分，$x>1$，表示借入资金再加上本金全部投向风险组合 G。总之，含有无风险借贷的投资组合具有线性的可行集。

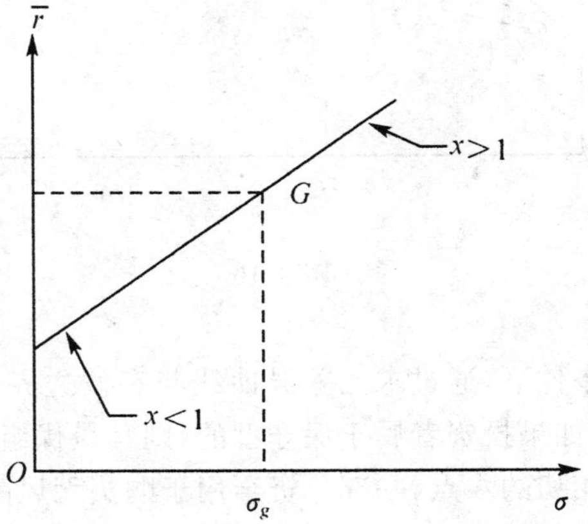

图 3-9

二、无风险借贷情形下的有效边界

包含无风险借贷的投资组合的可行集是直线，那么接下来的问题是确定投资组合的有效边界。这里区别两种情况加以分析。

(一) 只存在无风险贷出

如图 3-10 所示，曲线 ES 是 n 种风险资产的组合的有效边界，曲线上任意一点都代表一个有效的风险组合，r_f 是无风险贷出利率。显然，无风险资产与曲线

ES 上的任意一个有效组合都可以结合成一个新的投资组合，相应地形成一系列从 r_f 出发并经过 ES 上各点的可行集，如 r_fE、r_fH 和 r_fT 等。根据有效边界的含义，只有与 ES 相切的直线才符合有效性要求，切点 $T(\sigma_t, \bar{r}_t)$ 是所有风险组合里具有特殊意义的一个资产组合，它决定了投资者对风险资产的选择。因此，当允许无风险贷出时，投资组合的有效边界由直线段 r_fT 和曲线段 TS 构成，原有效边界下方的 ET 部分失效。

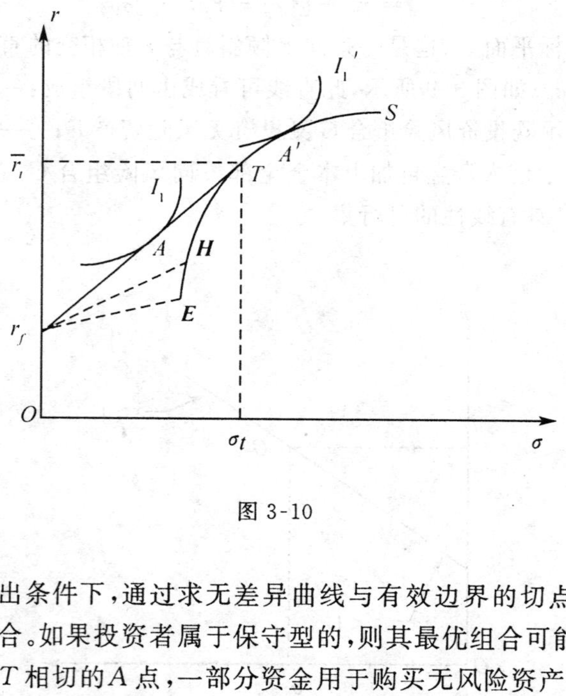

图 3-10

在无风险贷出条件下，通过求无差异曲线与有效边界的切点即可决定投资者的最佳投资组合。如果投资者属于保守型的，则其最优组合可能位于无差异曲线 I_1 与直线段 r_fT 相切的 A 点，一部分资金用于购买无风险资产，一部分资金投向风险组合 T；投资者风险厌恶程度越大，切点越靠近 r_f，投资于无风险资产的比例就越大。相反，若投资者倾向于冒险，那么最优组合可能位于无差异曲线 I_1' 与曲线段 TS 相切的 A' 点，此时，无风险资产根本不在投资者的考虑范围之内，投资者只选择其合意的风险资产。

（二）同时存在无风险贷出和借入

由于允许投资者使用财务杠杆手段，因而投资者不再受投资资金量的局限。投资组合的有效边界完全变成一条始发于 r_f 且与曲线 ES 相切于 T 点的直线，除切点 $T(\sigma_t, \bar{r}_t)$ 以外，原有效边界上的其他所有组合均告无效（如图 3-11 所示）。

与曲线段 ET 一样，曲线段 TS 亦失效，直线 r_fT' 成为新的有效边界，其方程是：

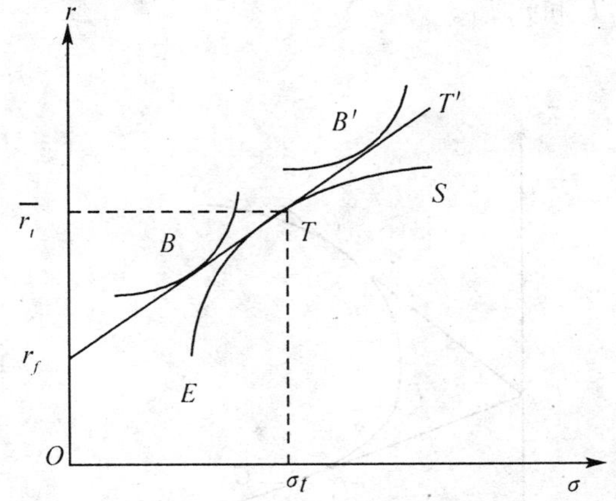

图 3-11

$$\bar{r} = r_f + [(\bar{r}_t - r_f)/\sigma_t]\sigma$$

当投资者较为保守时，他可能在 T 点的左下部分选择其最优组合，如 B 点，该投资组合由一定比例的无风险资产与相应比例的风险组合 T 结合而来。当投资者较为冒险时，便可能在 T 点的右上部分选择最优组合，如 B' 点，表示投资者借入一定比例的无风险资金连同本金一起投向风险组合 T，B' 距离 T 越远，所借资金数额越大，投资者对风险的厌恶程度就越小。

有效边界 r_fT' 包含无限多个有效组合，但投资者真正关心的只有其中两个组合：其一是可视为一个特殊组合的无风险资产 F；其二是切点处风险组合 T。实际上，其他所有的有效组合都可以经由这两个组合的线性组合而得到，这也是两基金分离在无风险借贷情形下的体现。

三、无风险借贷情形下有效边界的推导

只要投资者拥有无风险借入和贷出的机会，则其面临的有效边界总是线性的，且为原风险投资有效边界的一条切线。假如能求出切点 $T(\sigma_t, \bar{r}_t)$ 的具体位置，确定 $\bar{r}_t$ 和 σ_t 的取值，自然就可以给出有效边界的确切的数学形式。

首先分析存在无风险借贷的最小方差集。已知风险组合由 n 种资产构成，预期收益率向量是 $\bar{R}$，协方差矩阵是 Φ；又知无风险利率为 r_f。如图 3-12 所示，风险资产组合的最小方差集是一支双曲线，E 为绝对最小方差组合。现于投资组合里加入无风险资产，构成一个$(n+1)$维组合。若以 X 表示风险组合的投资比例向量，I 表示 n 维单位列向量，则无风险资产的投资比例是$(1 - I'X)$。可以证明：对

于这个包含无风险资产的投资组合，最小方差集是从 r_f 出发且与原最小方差集相切的两条切线 r_fT 和 r_fT_1。

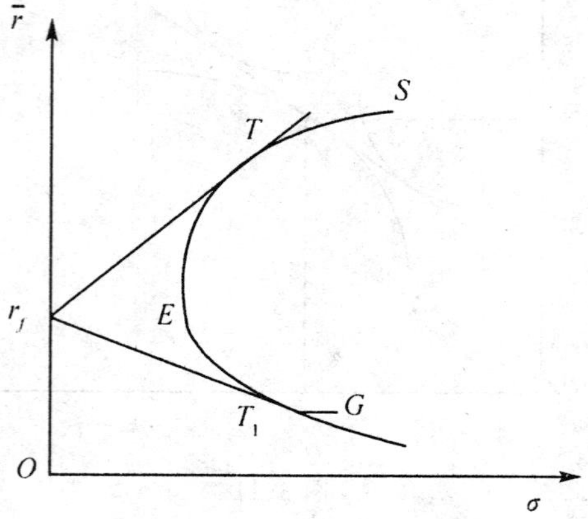

图 3-12

事实上，包含无风险资产的组合的最小方差集是下列规划问题的解：

$$\text{Min}(1/2)X'\Phi X$$

$$\text{s.t.}\ \bar{r} = \bar{R}'X + (1 - I'X)r_f$$

具体证明过程从略，但我们可以利用有关的结论。

从有效边界的定义可知，在两条代表最小方差集的切线中，只有上边的 r_fT 才是有效的。根据式(3.31)，原风险组合的最小方差集的方程为：

$$\sigma^2 = a\bar{r}^2 + b\bar{r} + c$$

方程两边对 $\bar{r}$ 求导并整理得：

$$\mathrm{d}\sigma/\mathrm{d}\bar{r} = (2a\bar{r} + b)/2\sigma$$

在 $T(\sigma_t, \bar{r}_t)$ 点，有：

$$(\mathrm{d}\bar{r}/\mathrm{d}\sigma)\mid_T = 2\sigma_t/(2a\bar{r}_t + b)$$

曲线方程在 T 点的导数就等于其切线的斜率，同时切线斜率又可以表述为 $(\bar{r}_t - r_f)/\sigma_t$，故：

$$(\bar{r}_t - r_f)/\sigma_t = 2\sigma_t/(2a\bar{r}_t + b)$$

又因 T 点位于原有效边界上，根据式(3.32)，可得：

$$\bar{r}_t = \{-b + [b^2 - 4a(c - \sigma^2)]^{1/2}\}/2a$$

解下列方程组：

$$\begin{cases}(\bar{r}_t - r_f)/\sigma_t = 2\sigma_t/(2a\bar{r}_t + b) \\ \bar{r}_t = \{-b + [b^2 - 4a(c - \sigma^2)]^{1/2}\}/2a\end{cases}$$

得 T 的坐标值为：

$$\bar{r}_t = -(br_f + 2c)/(2ar_f + b) \quad (3.42)$$

$$\sigma_t = (a\bar{r}_t^2 + b\bar{r}_t + c)^{1/2} \quad (3.43)$$

将切点 T 的坐标代入 $\bar{r} = r_f + [(\bar{r}_t - r_f)/\sigma_t]\sigma$，便得到有效边界的数学表达式。

沿用上一个例子：股票 A、B、C 的预期收益率向量是(5%，10%，15%)′，协方差矩阵是：

$$\begin{bmatrix} 0.25 & 0.15 & 0.17 \\ 0.15 & 0.21 & 0.09 \\ 0.17 & 0.09 & 0.28 \end{bmatrix}$$

现加入无风险资产 F，设无风险利率为3%，我们来估计新组合的有效边界。根据前面计算的结果：$a = 16$，$b = -3.68$，$c = 0.37$，且 $r_f = 0.03$，代入式(3.42)和式(3.43)可得：

$$\bar{r}_t = 0.23, \sigma_t = 0.61$$

最终求出投资组合的有效边界方程是：

$$\bar{r} = 0.03 + 0.33\sigma$$

四、特殊形状的有效边界

人们分析投资组合时，通常假定无风险贷出和借入存在一个统一的无风险利率。这里再介绍两种特殊情形的有效边界，并画出其粗略的示意图。

(一) 无风险贷出与借入的利率不一致

假设投资无风险资产的收益率是 r_f，而从市场上借入无风险资金的利率是 r_f'，且 $r_f < r_f'$。在如图 3-13 所示的 $\bar{r}-\sigma$ 坐标平面上，ES 是风险组合的有效边界。在 $\bar{r}$ 轴上分别标出无风险贷出利率 r_f 和借入利率 r_f'，并以 r_f 和 r_f' 为起始点引曲线 ES 的切线 r_fD 和 $r_f'D'$，切点为 A 和 B。若仅考虑无风险贷出，有效边界为 r_fABS；而只考虑无风险借入，有效边界为 $EABD'$。综合起来，当无风险借贷利率不一致且借入利率高于贷出利率时，有效边界呈现 r_fABD' 的形状。

(二) 存在两个不同的借入利率

进一步讨论投资者具有不同融资能力的情况。其中有些投资者因拥有金融市场资源和便利而获得优惠的借入利率 r_f'，另一些投资者需支付相对较高的借入利率 r_f''。可供投资者选择的无风险资产的收益率是 r_f，且 $r_f < r_f' < r_f''$。图 3-14 比较了这两部分投资者的组合的有效边界。在 $\bar{r}-\sigma$ 坐标系中，同曲线 ES 相切的三条直线 r_fD、$r_f'D'$、$r_f''D''$ 分别确定了三个切点 A、B 和 C。对于能以优惠利率借入

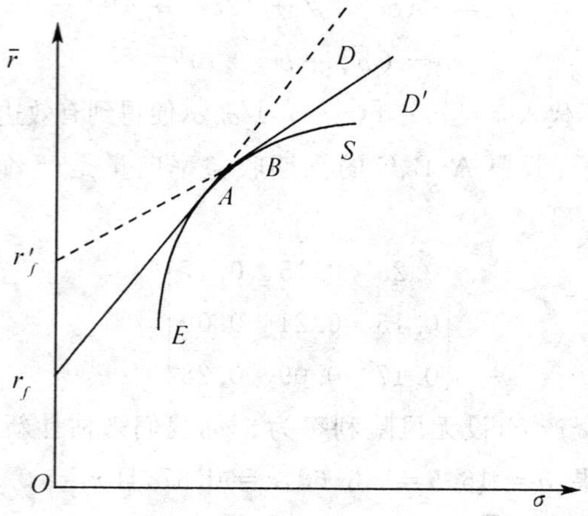

图 3-13

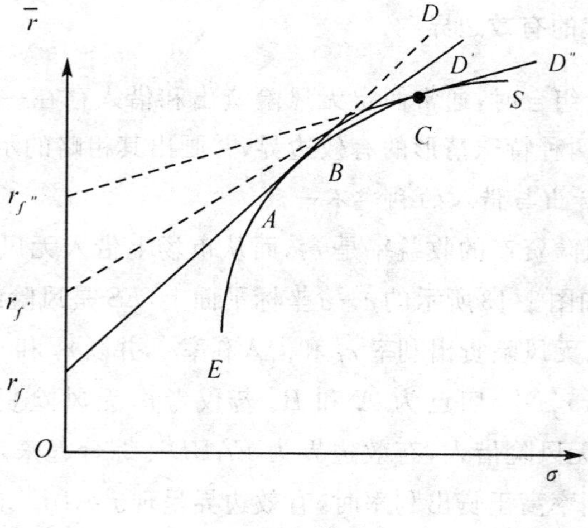

图 3-14

资金的投资者而言，有效边界是 r_fABD'，而不享受优惠待遇的投资者所面临的有效边界是 r_fABCD''。

【本章小结】

1. 投资组合理论认为，理性的投资者遵循的行为准则是：同等的预期收益率下风险最小或同等的风险水平下预期收益率最大。

2. 对由 n 种风险资产构成的投资组合，若预期收益率向量为 $\bar{R}$，协方差矩阵为 Φ，投资比例向量是 X，则资产组合的预期收益率是 $X'\bar{R}$，收益方差是 $X'\Phi X$，且 $I'X = 1$，I 表示 n 维单位向量。

3. 市场组合是由市场上全部资产按各自的市场价值占总市值的比重结合而成的投资组合。

4. 在 $\bar{r}-\sigma$ 坐标系中，两种资产构成的投资组合线是一条曲线，三种以上资产的组合形成一个区域，这是投资者面临的可行集。

5. 有效边界是可行集的一个子集且位于可行集的"西北"边缘；无差异曲线用来衡量投资者的偏好；有效边界与无差异曲线的切点决定了投资者的最佳资产组合。

6. 最小方差集指的是针对每一个预期收益水平的风险最小的组合所形成的轨迹，通常的最小方差集呈现双曲线的形状，而有效边界是最小方差集的上半部分。

7. 两基金分离的含义是：有效边界上任意一个组合均可用两个不同的有效组合的线性组合的形式表示出来。

8. 在市场指数模型里，β 值决定了资产或资产组合系统风险的大小；分散化投资可以降低投资的非系统风险。

【思考与练习】

1. 从数学上解释：为什么分散化投资导致非系统风险减小而不导致系统风险减小？

2. 与风险厌恶程度低的投资者相比，为什么风险厌恶程度高的投资者的无差异曲线的斜率更大？

3. 存在无风险借贷时，可行集如何变化？有效边界又如何变化？利用图形加以说明。

4. 如果两种股票完全正相关，那么是否有可能形成一个标准差为零的投资组合？请给出解释。

5. 试比较最小方差集与有效边界。

6. 假定 A、B、C、D 四种股票提供的信息如表 3-1 所示：

表 3-1

股票	预期收益率	标准差	相关系数
A	5%	20%	$\rho_{AB}=-0.2$　$\rho_{AC}=0.3$
B	10%	10%	$\rho_{AD}=0.5$　$\rho_{BC}=0.2$
C	20%	15%	$\rho_{BD}=-0.5$
D	15%	30%	$\rho_{CD}=0$

投资组合的构成：卖空 2 000 元股票 A，购买 3 000 元股票 B、2 000 元股票 C 及 3 000 元股票 D。其中投资本金 2 000 元，其余为借入利率 5% 的无风险资金。

(1) 列出股票组合的协方差矩阵；

(2) 计算投资组合的投资比例；

(3) 计算投资组合的预期收益率；

(4) 计算投资组合的标准差。

7. 对于 A、B、C 三种资产，已知(如表 3-2 所示)：

表 3-2

资产	预期收益率(%)	标准差(%)	相关系数
A	14	6	$\rho_{AB}=0.5$
B	8	3	$\rho_{AC}=0.2$
C	20	15	$\rho_{BC}=0.4$

试求解投资组合的有效边界的方程并在 $\bar{r}-\sigma$ 坐标系中画出其图形。

第四章　资本资产定价理论

【学习目标】

本章讨论资本资产定价模型(CAPM)的主要思想及其基本的定价公式。通过这一章的学习，应当领会均衡定价的含义，掌握资本市场线和证券市场线的概念、数学形式以及模型的推导过程，对零β资本资产定价模型有一定的了解。

马柯维茨以资产收益的均值一方差形式提出了投资者的资产选择问题，阐释了投资者个体如何通过评价资产组合的收益和风险而寻求适合自己的最佳组合。现在，我们以整个资产市场为背景，分析投资者集体行为的结果。资本资产定价理论，顾名思义，主要是用来解释资产均衡价格形成机制的，即探讨当市场达到均衡时，资产怎样表现其合理的价格。鉴于资本资产定价模型简洁的数学表示和缜密的逻辑推理，使之在理论研究和实际生活中受到广泛的关注和应用，模型的主要倡导者夏普也因此而荣获诺贝尔经济学奖。

第一节　市场均衡和理论假设

资产定价的核心问题在于确定当市场处于均衡时资产的竞争性均衡价格。在经济学里，均衡是决定价格形成的起点，金融市场亦不例外。在金融资产市场上，每一位投资者都按理性原则以及个人偏好作出投资决策并采取相应的行动，而所有投资者的个体投资行为的集合就形成市场上全部投资者的集体行为。所有投资者的购买形成对金融资产的需求，投资者的出售形成金融资产的供给。当总供给等于总需求时，资产市场便实现了均衡。市场的一个均衡状态一旦形成，就具有内在的稳定性，而非均衡状态则存在变化的压力。资产市场的均衡与该时间人们的财富、偏好及预期相一致。如果这些方面的因素发生变化，资产供求就会失衡，促使市场从一个均衡状态向另一个均衡状态演变，价格随之向另一个均衡水平变动。有趣的是，均衡价格是市场上大量个体投资者相互竞争的产物，但市场的均衡又会最终产生与个体投资者的偏好无关的结果。

资本资产定价理论试图回答的问题是:(1)市场均衡时资产组合的预期收益与风险之间的关系;(2)市场均衡时单个资产的预期收益与风险之间的关系。在分析这些问题之前,人们对异常复杂的市场现实进行了抽象化处理,设置了一系列看起来似乎有点苛刻的假定条件。

一、资本资产定价理论的假设

归纳起来,资本资产定价理论的假定条件涉及两个方面:一是投资者的行为;二是市场的环境。具体包括:

(1)所有投资者均属于马柯维茨投资分散化者,投资者仅仅依据预期收益率和标准差或方差来评价投资组合并进行投资决策;同时,投资者又遵守理性原则,同一风险水平下选择预期收益较高的组合,或在同一收益水平下选择风险较低的组合。

(2)不存在交易成本,市场完全竞争,不存在操纵价格的任何可能性。

(3)所有投资者具有相同的信息来源,他们分析和处理信息的方式也相同,且获取信息不需要支付费用,资产市场是一个完全市场。

(4)投资者具有一致性预期,他们对资产的预期收益、标准差和协方差看法相同。

(5)资产无限可分割,投资者可任意地按任何比例买卖或持有资产,而且,投资者可以无限制地按照同一无风险利率贷出或借入资金。

(6)投资者具有同一单期投资期限,且不考虑投资期内任何的个人税赋,因而投资的收益形式对投资者的决策不发生任何影响。

这些假设将复杂的现实环境简化成一种极端的情形:资产市场是完全市场,没有任何摩擦性因素阻碍投资;人们拥有相同的信息,对资产的前景持一致的观点。在这样一个经高度提炼的市场上,通过考察投资者的集体行为,便可以寻求资产的风险与收益间的均衡关系,从而理解资产价格的决定模式。

关于假设(1),有必要进行一些深入的讨论。应该说,均值－方差框架被认为是马科维茨理论体系的逻辑基础,也是整个现代投资理论的思维起点。那么,这个假设在现实中有多大程度的可信性?该假设意味着,如果必须在两个投资组合之间进行选择的话,投资者必须知道的惟一事情就是组合的预期收益率和标准差。

一般认为,只要具备以下两个条件之一,投资者便能够根据预期收益率和标准差做出决定。

(1)投资收益的概率分布均为正态分布。正态分布仅有两个参数:预期收益率和方差。如果知道了期望值和方差以及分布是正态的,那么就能精确地描绘这一分布所需知道的其他任何方面。正态分布可以完全被其均值和方差所确定,除了均值和方差外,所有正态分布的其他方面都是相同的。

在现实世界里,大多数随机变量服从或近似服从正态分布。研究证实,一个变量若受到大量随机因素的影响而各因素所起的作用又很有限的时候,这样的变量通常服从正态分布。因此,假定投资收益呈正态分布,有其统计学上的依据和可信度,至少在一个较长的观察期内,投资组合的收益可看成是近似正态的。

(2)效用函数是二次函数。可以证明,如果投资者具有二次效用函数,那么,从投资组合里获得的效用仅仅与组合的期望值和方差有关。

二、分离定理

如果投资组合里包含无风险资产或允许借入无风险资金,那么存在直线型的有效边界,该线性有效边界与原风险资产的双曲形有效边界相切。我们将会看到,这个切点组合对于资产的均衡定价有着特殊的重要性。

由于假定所有投资者对资产的预期收益率、标准差、协方差以及无风险利率的估计完全一致,因此所有投资者都面临完全相同的线性有效边界。也就是说,不管投资者各自的偏好如何,可供选择的投资机会对所有理性的投资者都是一样的。既然如此,为什么不同的投资者常常会选择不同的投资组合?惟一的原因就在于投资者具有不同的无差异曲线。对风险与收益的不同权衡导致投资者从同一有效边界上选择不同的资产组合。

尽管投资者选中的投资组合可能不同,但其中的风险组合却是相同的,均为切点的组合(称之为最佳风险资产组合),所不同的只是风险资产组合与无风险资产的相对投资比例,正是这个投资比例的差异反映了投资者对风险和收益的不同偏好。由此导出结论:一个投资者的最佳风险资产组合与其偏好无关。换句话讲,无论投资者的偏好如何,他们所选择的投资组合里风险资产部分是相同的,其偏好上的差别是通过选择不同比例的无风险借贷来体现,这就是资本资产定价模型中所谓的分离定理。其实,分离定理不过是前述两基金分离在均衡条件下的一种具体表现。

在均衡的市场环境里,切点组合还有其特定的含义:只要资本资产定价模型所列出的假设成立,最佳风险组合就只能是市场组合。这一点看似令人诧异,却是市场均衡导致的必然结论。

市场组合包含市场上全部风险资产且每一资产所占比例等于其市价占总市值的比重。为什么当资产市场达到均衡时切点组合一定是市场组合?这应当从两方面予以说明。

首先,假如在投资者持有的切点组合里不包括市场上的某一资产,根据理性原则和有效边界的定义,这种资产就会面临无人投资的局面,然而市场上这种资产的供给未曾改变,于是资产供求失衡的压力驱使该资产价格下跌,收益率上升,从而引起资产调整,最终这种资产会以一个非零的比例进入投资者的组合以恢复市场的均衡。

其次,当市场处于均衡时,任何一种资产都不存在过度的需求或过度的供给,所有投资者选择的风险资产的比例都应当与切点组合里的比例相同;而切点组合包含了市场上的所有资产,故各风险资产的市值在全部风险资产的市场总价值中占的比重应当与切点组合的比重相同。

总之,当所有的资产价格调整完成时,市场进入均衡状态:每一位投资者都持有一定数量的每一种资产;每一种资产的均衡价格使得对其需求量等于供给量;均衡的无风险利率使得借入资金量等于贷出资金量。由此看来,投资者持有的、符合均衡条件的最佳风险组合必定是市场组合。

第二节 资本资产定价模型

一、资本市场线(CML)

根据分离定理,若市场条件满足我们的假设,则所有投资者手里持有的投资组合只能由两个既定的部分组成:其一是市场组合;其二是无风险资产(或无风险借入资金)。于是,所有投资者将面对同一个特殊的有效边界,该有效边界被称为资本市场线(CML)。如图 4-1 所示,在 $\bar{r}$—σ 坐标系中,如果以 M 代表市场

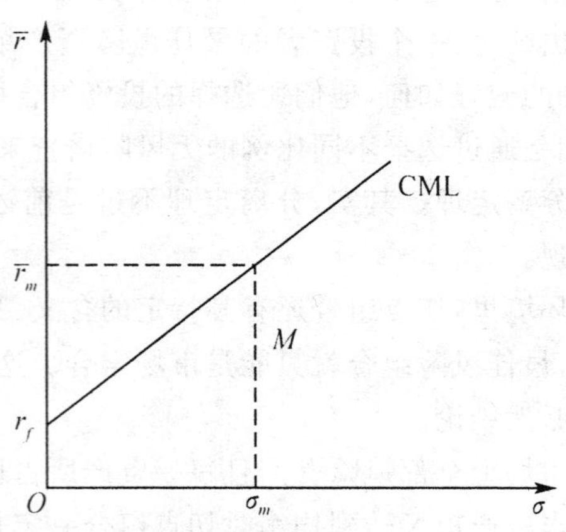

图 4-1

组合，r_f 度量无风险利率，那么资本市场线呈现的是从 r_f 出发并经过 M 点的直线。显然，市场均衡时，投资者选择的组合都位于资本市场线上，而任何以其他方式构造的组合将位于资本市场线的右下方。

令市场组合 M 的预期收益率为 $\bar{r}_m$，标准差为 σ_m，则资本市场线方程是：

$$\bar{r}=r_f+[(\bar{r}_m-r_f)/\sigma_m]\sigma \tag{4.1}$$

资本市场线的截距反映了投资的时间价值，即投资者延迟消费应当得到的补偿；斜率用来衡量投资风险的市场价值，即相对于市场组合而言，投资者每增加承受一个单位标准差的风险所应当获得的相应补偿。可见，有效资产组合的预期收益率是投资的时间价值和风险价值的线性函数。资产市场为人们提供了一个时间价值与风险价值相互交换的场所。

资本市场线刻画了有效资产组合的预期收益率与标准差之间的均衡关系，但它并未涉及具体一个资产的收益和风险状况。实际上，资产的定价问题很大程度上在于确定单个资产收益与风险之间的均衡关系。由于单个风险资产本身不是一个有效组合，因而单个资产始终位于资本市场线的下方，于是不能直接利用资本市场线来解释单个风险资产的均衡特性。在资本资产定价模型里，所谓的证券市场线有效地解决了这个问题。

二、证券市场线(SML)

根据市场的完全性假设，对于同一资产的预期收益率和标准差，所有投资者均有相同的估计，这就意味着，任何一种资产的预期收益跟投资者个体无关而只取决于资产本身的风险及其同市场的关系。

衡量资产与市场之间关系的统计指标是资产 i 与市场组合 M 的协方差 σ_{im}，也可用 β 值来表示这种关系，$\beta_i=\sigma_{im}/\sigma_m^2$。根据式(3.10)，市场组合的方差等于所有资产与市场组合的协方差的加权平均值，因此，人们发现，σ_{im} 或 β_i 的值越大，资产 i 对市场组合的风险的影响力越强，在市场均衡时，资产 i 理应获取的风险补偿也越大。

由此可以合乎情理地认为，具有较大 σ_{im}（或 β_i）的资产应当按比例提供较大的预期收益 r_i。若不然，市场均衡便无法实现。假如某种资产按照其 β 值或协方差的大小给市场组合"贡献"风险，却没有按照相应的份额向市场组合提供预期收益率，那么，若将这种资产从市场组合中删除，就会导致组合的预期收益率相对其风险上升，于是市场组合将不再是最佳风险组合，资产价格也就偏离了均衡。

如果以资产的预期收益率为纵轴、以 β 值为横轴构造二维坐标系，则当市场处于均衡状态时，资产预期收益随 β 值按比例变动的特点预示着市场上所有资产均会位于同一直线上。预期收益率与 β 值的这种线性函数关系即形成资本资产定价模型的证券市场线。如图 4-2 所示，证券市场线 SML 向右上倾斜，反映了资产的预期收益率与 β 值之间的正向比例关系。处于均衡状态的所有资产都位于证券市场线上，那么由这些资产构成的组合也一定位于这条直线上。

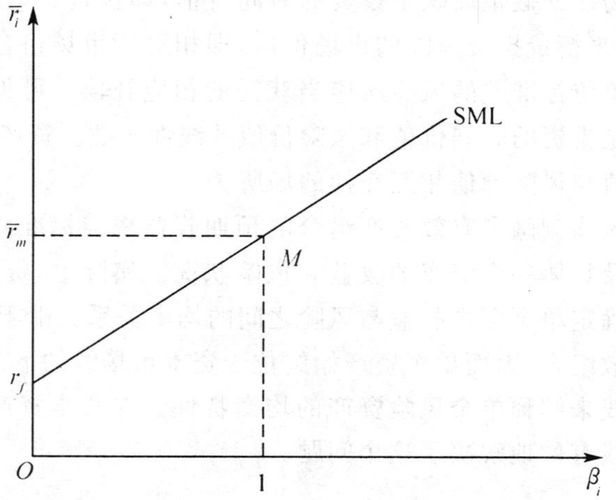

图 4-2

设证券市场线的线性方程式为：$\bar{r}_i = a + b\beta_i$，因无风险资产 $(0, r_f)$ 在直线上，代入方程得：$a = r_f$；又市场组合 $M(1, \bar{r}_m)$ 也在直线上，则有：$b = \bar{r}_m - r_f$。所以，证券市场线的标准数学表达式为：

$$\bar{r}_i = r_f + (\bar{r}_m - r_f)\beta_i \tag{4.2}$$

直线的截距是 r_f，斜率是 $(\bar{r}_m - r_f)$。

证券市场线对资产的价格具有制约作用。当市场处于均衡时，只要能估算出资产或资产组合的 β 值，证券市场线就可以决定单个资产或资产组合的预期收益率，当然也可以决定其价格。另外，证券市场线表明，资产的均衡预期收益仅同其 β 值有关，而 β 值是测度系统风险的指标，因此，只有系统风险才是决定资产预期收益的因素，投资者是因为承受了资产的系统风险而获得报酬。非系统风险可以通过组合化投资被分散，所以没有理由认为投资者因承担资产的非系统风险而应获得相应的回报。归根结底，不同资产之所以有不同的预期收益，是因为它们具有不同的 β 值。

再根据 β 值与协方差的关系，可以导出证券市场线的另一线性方程式：

$$\bar{r}_i = r_f + [(\bar{r}_m - r_f)/\sigma_m^2] \cdot \sigma_{im} \tag{4.3}$$

在 $\bar{r}-\sigma_{im}$ 坐标平面上，这是以 r_f 为截距、以$[(\bar{r}_m-r_f)/\sigma_m^2]$为斜率的直线，如图 4-3 所示。

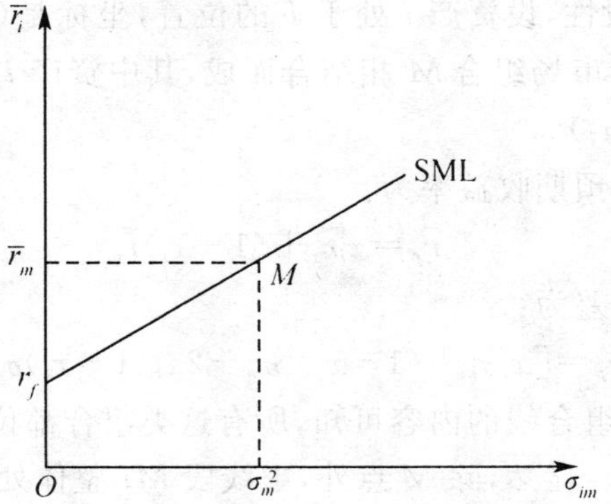

图 4-3

我们知道，投资组合的预期收益率是组合内单个资产预期收益率的加权平均值(或线性组合)，投资组合的 β 值也是单个资产 β 值的线性组合，故以下结论是显而易见的：有效资产组合既在资本市场线上又在证券市场线上；而单个资产位于证券市场线上，但位于资本市场线的下方。

下面给出证券市场线的数学推导。

在图 4-4 所示的 $\bar{r}-\sigma$ 坐标系中，画出马柯维茨可行集及其资本市场线 CML。

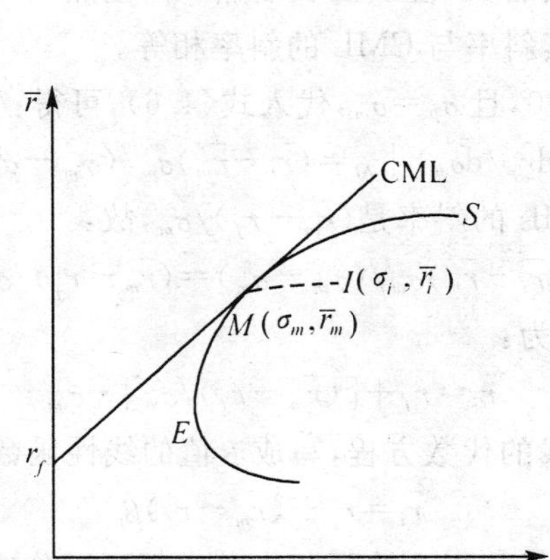

图 4-4

曲线 ES 是风险资产组合的有效边界，r_f 为无风险利率，切点 $M(\sigma_m,\bar{r}_m)$ 代表市场组合。

在可行集里任选一个资产 i，因单个资产通常不是有效的，故 i 位于有效边界的右侧，不失一般性，设资产 i 处于 I 的位置，坐标是 $(\sigma_i,\bar{r}_i)$。构造一个投资组合 P，由资产 i 和市场组合 M 相结合而成，其中资产 i 的投资比例是 x_i，市场组合的比例是 $(1-x_i)$。

投资组合 P 的预期收益率为：

$$\bar{r}_p=x_i\bar{r}_i+(1-x_i)\bar{r}_m \tag{4.4}$$

组合 P 的标准差为：

$$\sigma_p=[x_i^2\sigma_i^2+(1-x_i)^2\sigma_m^2+2x_i(1-x_i)\sigma_{im}]^{1/2} \tag{4.5}$$

回顾有关投资组合线的内容可知，所有这类组合都位于连接点 I 与 M 的曲线（如虚线所示）上。显然，除 M 点外，虚线段 MI 整体处于有效边界的右侧。

求解曲线段 MI 的斜率值。

式(4.4)对 x_i 求导：

$$\mathrm{d}\bar{r}_p/\mathrm{d}x_i=\bar{r}_i-\bar{r}_m$$

式(4.5)对 x_i 求导：

$$\mathrm{d}\sigma_p/\mathrm{d}x_i=(x_i\sigma_i^2+x_i\sigma_m^2-\sigma_m^2+\sigma_{im}-2x_i\sigma_{im})/\sigma_p$$

于是 MI 的斜率为：

$$\begin{aligned}\mathrm{d}\bar{r}_p/\mathrm{d}\sigma_p &=(\mathrm{d}\bar{r}_p/\mathrm{d}x_i)/(\mathrm{d}\sigma_p/\mathrm{d}x_i)\\ &=(\bar{r}_i-\bar{r}_m)\sigma_p/(x_i\sigma_i^2+x_i\sigma_m^2-\sigma_m^2+\sigma_{im}-2x_i\sigma_{im})\end{aligned} \tag{4.6}$$

考虑到市场均衡的含义，虚线段从端点 I 向端点 M 移动的过程中斜率不断增大，并最终在 M 处其斜率与 CML 的斜率相等。

在端点 M 处，$x_i=0$，且 $\sigma_p=\sigma_m$，代入式(4.6)，可得：

$$(\mathrm{d}\bar{r}_p/\mathrm{d}\sigma_p)\mid_M=(\bar{r}_i-\bar{r}_m)\sigma_m/(\sigma_{im}-\sigma_m^2)$$

而资本市场线 CML 的斜率是 $(\bar{r}_m-r_f)/\sigma_m$，故：

$$(\bar{r}_i-\bar{r}_m)\sigma_m/(\sigma_{im}-\sigma_m^2)=(\bar{r}_m-r_f)/\sigma_m \tag{4.7}$$

等式(4.7)可简化为：

$$\bar{r}_i=r_f+[(\bar{r}_m-r_f)/\sigma_m^2]\cdot\sigma_{im}$$

这就是证券市场线的代数方程，写成 β 值的线性函数，则有：

$$\bar{r}_i=r_f+(\bar{r}_m-r_f)\beta_i$$

证券市场线揭示，任一资产的预期收益率都可以分成两部分：一是无风险利率 r_f；一是因存在风险而提供的补偿 $(\bar{r}_m-r_f)\beta_i$。风险愈大，风险补偿就愈多，资产的预期收益也愈大。这与现实的生活常识是相符合的。

对于资产的风险补偿 $[(\bar{r}_m-r_f)/\sigma_m^2]\sigma_{im}$，令 $\sigma_{im}=\sigma_i\sigma_m\rho_{im}$，$\rho_{im}$ 表示资产 i 与市

场组合 M 之间的相关系数，则风险补偿可写成：$[(\bar{r}_m-r_f)/\sigma_m]\rho_{im}\sigma_i$，对此可以这样来解释：由于整个市场存在风险 σ_m，相应给予的风险补偿应当是 $(\bar{r}_m-r_f)$，$(\bar{r}_m-r_f)/\sigma_m$ 即可理解为承担“平均单位市场风险”而获得的补偿；另一方面，资产 i 的风险是 σ_i，以 ρ_{im} 为系数将其折算成“市场风险值”$\rho_{im}\sigma_i$。“单位市场风险”补偿与资产的“市场风险值”相乘，二者的乘积 $[(\bar{r}_m-r_f)/\sigma_m]\rho_{im}\sigma_i$ 当然是资产 i 的风险补偿。

仍然引用上一章的例子。设 A、B、C 三种股票构成市场组合 M，股票 A、B 和 C 的预期收益率向量是(5%，10%，15%)′，协方差矩阵是：

$$\begin{bmatrix} 0.25 & 0.15 & 0.17 \\ 0.15 & 0.21 & 0.09 \\ 0.17 & 0.09 & 0.28 \end{bmatrix}$$

均衡的无风险利率是 3%。

利用已有的结论：$\bar{r}_m=0.23$，$\sigma_m=0.61$，$r_f=0.03$。

简单的运算可得，资本市场线方程为：

$$\begin{aligned} \bar{r} &= r_f+[(\bar{r}_m-r_f)/\sigma_m]\sigma \\ &= 0.03+[(0.23-0.03)/0.61]\sigma \\ &= 0.03+0.33\sigma \end{aligned}$$

证券市场线方程为：

$$\begin{aligned} \bar{r}_i &= r_f+[(\bar{r}_m-r_f)/\sigma_m^2]\sigma_{im} \\ &= 0.03+[(0.23-0.03)/0.61^2]\sigma_{im} \\ &= 0.03+0.54\sigma_{im} \end{aligned}$$

或者：

$$\begin{aligned} \bar{r}_i &= r_f+(\bar{r}_m-r_f)\beta_i \\ &= 0.03+(0.23-0.03)\beta_i \\ &= 0.03+0.2\beta_i \end{aligned}$$

如果还能估计股票 A 的 β 值是 0.65，那么股票 A 的均衡预期收益率是：

$$\bar{r}_A=0.03+0.2\times0.65=0.16$$

至此，我们介绍了一个标准的资本资产定价模型的内容。应当肯定，资本资产定价模型是现代投资分析中具有里程碑意义的成果，有其十分重要的理论和实践价值。正因为如此，后人对资本资产定价模型进行了大量的实证检验工作，试图证明模型的可靠性，但实证研究的结果也引起了不少争议，模型本身亦遭到一些质疑和批评。尽管如此，资本资产定价模型无疑给投资行业的大量具体活动提供了理性的基础。

三、资产的均衡价格

已经知道资产的预期收益与风险之间的均衡关系，就不难导出资产的均衡价格。下面将以收益率形式表示的均衡模型转换成以价格形式表示的均衡模型，从而给出资产价格的直观表现形式。

设 P 是资产 i 的均衡价格，V_i 为资产 i 的投资期末价值（期末市值加上持有期收入），这是一个随机变量；r_i 和 r_m 分别表示资产 i 和市场组合的收益率。

$$r_i=(V_i-P)/P=V_i/P-1$$
$$\bar{r}_i=E(r_i)=(1/P)E(V_i)-1=\bar{V}_i/P-1$$

$\bar{V}_i$ 为 V_i 的期望值，上式代入证券市场线方程，有：

$\bar{V}_i/P-1=r_f+[(\bar{r}_m-r_f)/\sigma_m^2]\sigma_{im}$，有

$$\begin{aligned}\sigma_{im}&=\mathrm{Cov}(r_i,r_m)\\&=E\{[(V_i-P)/P-(\bar{V}_i-P)/P](r_m-\bar{r}_m)\}\\&=(1/P)E[(V_i-\bar{V}_i)(r_m-\bar{r}_m)]\\&=(1/P)\mathrm{Cov}(V_i,r_m)\end{aligned}$$

其中，$\mathrm{Cov}(V_i,r_m)$ 表示 V_i 与 r_m 的协方差，所以：

$$\bar{V}_i/P-1=r_f+(1/P)(\bar{r}_m-r_f)\mathrm{Cov}(V_i,r_m)/\sigma_m^2$$

解之，可得：

$$P=[1/(1+r_f)][\bar{V}_i-(\bar{r}_m-r_f)\mathrm{Cov}(V_i,r_m)/\sigma_m^2]$$

可见，资产的均衡价格应当等于资产期末价值减去风险补偿后的净值的贴现值。在这里，无风险利率 r_f 被视为贴现率。

四、资本资产定价模型的应用

由于资本资产定价模型具有简洁的数学形式和深刻的经济含义，因此无论是在理论研究还是在投资业务中，均有广泛的应用。最明显不过的用途是对资产（如股票）预期收益的估测，按照证券市场线公式，只要知道资产的 β 值、市场风险补偿以及无风险利率，人们就可以简便地估计资产的均衡收益率。除此之外，以下再择其一二粗略地予以介绍。

（一）资产的选择

投资的目的是赢利，而赢利的关键在于资产的选择。人们支付价款购买资产，总是指望能以更高的价格售出，取得投资收益。于是对资产价格的判断就显得异乎寻常的重要。一旦资产的价格偏离其均衡的（或合理的）水平，这种资产便会引起投资者的极大关注。

假设资产 i 的市场价格是 P_0，投资期末的价格是 P_1，$\bar{r}_m$ 表示市场组合的预

期收益率，σ_m 表示市场组合的标准差，这里不考虑资产在持有期内孳生的收入（如股息、红利等）。现在，投资者关心的问题是，资产 i 的市场定价 P_0 是否合理，资产 i 是否具有投资价值？

又设资产 i 的均衡价格是 P，资产 i 的实际收益率和均衡收益率分别是 r_i' 和 r_i，收益率的预期值 $\bar{r}_i'=E[(P_1-P_0)/P_0]$，$\bar{r}_i=E[(P_1-P)/P]$。根据资本资产定价模型，有：

$$\begin{aligned}\bar{r}_i'&=E\{[(P_1-P)/P+1](P/P_0)\}-1\\&=(\bar{r}_i+1)(P/P_0)-1\\&=[r_f+(\bar{r}_m-r_f)\mathrm{Cov}(r_i,r_m)/\sigma_m^2+1](P/P_0)-1\\&=(r_f+1)(P/P_0)+[(\bar{r}_m-r_f)\mathrm{Cov}(r_i,r_m)/\sigma_m^2](P/P_0)-1\end{aligned}$$

因 $\mathrm{Cov}(r_i,r_m)=\mathrm{Cov}[(P_1-P)/P,r_m]=\mathrm{Cov}(P_1/P,r_m)$，故

$$\bar{r}_i'-r_f=(r_f+1)(P/P_0-1)+[\mathrm{Cov}(P_1/P_0,r_m)/\sigma_m^2](\bar{r}_m-r_f)$$

定义 $\alpha_i=(r_f+1)(P/P_0-1)$，$\beta_i'=\mathrm{Cov}(P_1/P_0,r_m)/\sigma_m^2$，于是，有：

$$\bar{r}_i'-r_f=\alpha_i+(\bar{r}_m-r_f)\beta'_i$$

当 $\alpha_i=0$ 时，$P_0=P$，表明资产的市场价位合理；

当 $\alpha_i>0$ 时，$P_0>P$，表明资产的市场价值被高估；

当 $\alpha_i<0$ 时，$P_0<P$，表明资产的市场价值被低估。

价值低估的资产可以考虑买入；反之，价值高估的资产应当卖出，那么在实践中甄别市场价格与均衡价格有差异的资产运用以下方法。

选取过去某个适当的时期作为样本期，利用样本期历史数据观测的（$r_{it}'-r_f$）对（$r_{mt}-r_f$）进行线性回归：

$$r'_{it}-r_f=\alpha_i+(r_{mt}-r_f)\beta_i'+\varepsilon_{it},t=1,2,T$$

其中：ε_{it} 表示随机误差项；T 为样本容量。

由此估计参数 α_i 和 β_i' 的预测值 $\overleftrightarrow{\alpha}_i$ 和 $\overleftrightarrow{\beta}'_i$。若 $\overleftrightarrow{\alpha}_i$ 显著不等于零，说明资产的市场定价不当，一旦发现市价偏离均衡的资产，投资者就可采取行动，对其持有的资产做出调整或者重新选择资产。

（二）MM 定理的证明

MM 定理是由莫迪利安尼和米勒提出的关于企业资本结构的一个著名命题。定理的基本思想可归纳为：企业的无税或税前价值与资本结构无关。

从财务角度看，企业的市场价值是指企业资产能够创造的未来收入流用企业的加权平均资本成本贴现后的现值，它是由企业负债和权益在金融市场上的价值来度量的，是金融市场上的均衡价格所反映的价值。

企业的资本结构是指企业负债与权益的比例关系。MM 定理揭示，在一定

的假定条件下，企业的资本结构与企业的市场价值无关。由此引申出来的结论是：通过调整企业资本结构的金融活动本质上并不创造价值。

令 D 和 E 分别为企业负债和权益的市场价值，V 表示企业的总价值，$V=D+E$；假定企业无违约风险，则企业的负债收益率等于无风险利率 r_f，以 r_e 表示企业的股权收益率，r_v 表示企业的总资本收益率，且 $r_v=(D/V)r_f+(E/V)r_e$，$\bar{r}$ 表示由市场均衡所决定的均衡资本预期收益率。定义企业的加权平均资本成本是：

$$\mathrm{WACC}=(D/V)r_f+(E/V)\bar{r}_e \tag{4.8}$$

根据资本资产定价模型，股权资本的均衡的预期收益率为：

$$\bar{r}_e=r_f+(\bar{r}_m-r_f)\mathrm{Cov}(r_e,r_m)/\sigma_m^2$$

因 $\mathrm{Cov}(r_v,r_m)=(E/V)\mathrm{Cov}(r_e,r_m)$，所以，

$$\begin{aligned}\bar{r}_e &=r_f+(V/E)[(\bar{r}_m-r_f)\mathrm{Cov}(r_v,r_m)/\sigma_m^2]\\ &=[r_f+(\bar{r}_m-r_f)\mathrm{Cov}(r_v,r_m)/\sigma_m^2]+\\ &\quad (D/E)[(\bar{r}_m-r_f)\mathrm{Cov}(r_v,r_m)/\sigma_m^2]\end{aligned}$$

再由资本资产定价模型：$\bar{r}=r_f+(\bar{r}_m-r_f)\mathrm{Cov}(r_v,r_m)/\sigma_m^2$，有：

$$\bar{r}_e=\bar{r}+(D/E)(\bar{r}-r_f)$$

最终可得企业的加权平均资本成本是：

$$\begin{aligned}\mathrm{WACC} &=(D/V)r_f+(E/V)\bar{r}_e\\ &=(D/V)r_f+[\bar{r}+(D/E)(\bar{r}-r_f)](E/V)\\ &=\bar{r}\end{aligned}$$

由 D 和 E 的任意性可知，企业融资结构的变化不影响它的加权平均资本成本，即企业的市场价值与其资本结构无关。

在严格的假设环境里，改变企业的融资结构并不给企业创造价值，这些假设包括无税赋、无交易成本以及信息的完全性等；然而，在现实经济中，这些假定条件往往并不成立。从这层意义上说，通过债务和权益的重组也许可以增加企业的价值，但是这种价值仅仅是来源于税收上的好处、降低交易成本或减少信息不对称性等外在性的方面。

第三节 资本资产定价模型的扩展

在一系列严格的假设条件下，资本资产定价模型确立了资产市场的均衡定价机制。如果这些假设在现实生活中均能成立的话，那么可以说资本资产定价模型提供了关于资本市场行为的一个完整的描述，但是，假设与现实之间存在着距离。为了增强理论对现实的说明力，人们逐步放宽理论的假设条件，发展各种

形式的扩展资本资产定价模型。

一、零β资本资产定价模型

在不允许无风险借贷的情形下，零β资本资产定价模型是应用最为广泛的一个均衡模型，这个模型刻画了不存在无风险利率时资本市场的均衡。

在$\bar{r}-\beta$坐标平面上（如图 4-5 所示），利用无风险资产 F 和市场组合 M 可构造证券市场线 SML，且当市场达到均衡时，所有资产或资产组合都位于证券市场线上。现在，需要讨论的是，如果市场缺乏无风险资产（也不能借入无风险资金），是否可以寻求一个特殊的资产组合，其β值为零，并且由该组合与市场组合构造一条同证券市场线类似的直线，当市场均衡时，所有资产或资产组合均位于此直线上。显然，若存在这样的组合，则资产的均衡定价问题便迎刃而解。

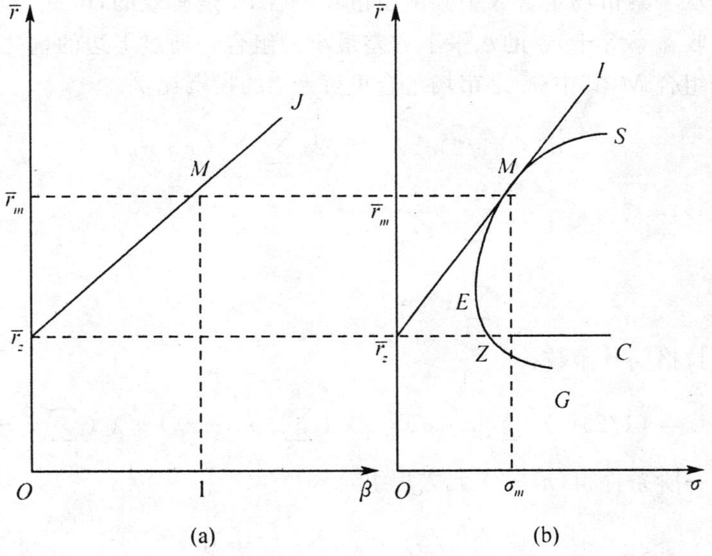

图 4-5

首先假设这个特殊的组合存在且记为 Z，组合 Z 的预期收益率是$\bar{r}_Z$，$\beta_Z=0$，那么，相应的资产定价线如图 4-5(a)的直线 $\bar{r}_Z J$ 所示。

令直线 $\bar{r}_Z J$ 的方程为：

$$\bar{r}_i=a+b\beta_i$$

组合 $Z(0,\bar{r}_Z)$处在直线上，故：

$$a=\bar{r}_Z$$

又市场组合 $M(1,\bar{r}_m)$ 也位于直线上，即：

$$b=\bar{r}_m-\bar{r}_Z$$

由此可得直线的方程为：

$$\bar{r}_i=\bar{r}_Z+(\bar{r}_m-\bar{r}_Z)\beta_i \tag{4.9}$$

这就是不允许无风险借贷情形下的资产均衡定价模型，它度量了不存在无风险借贷时任一资产的预期收益率与风险之间的均衡关系。

需要提醒的是，上述分析很大程度上是出于我们的假设，理论上是否存在这样的组合 Z？其性质又如何？这一切尚有待于证明。

如图 4-5(b)所示，在 $\bar{r}-\sigma$ 坐标系中，GS 是投资组合的最小方差集，ES 是有效边界，其中 E 为绝对最小方差组合。市场组合 M 是有效组合，因而位于曲线段 ES 上。过 $M(\sigma_m,\bar{r}_m)$ 引 ES 的切线 $\bar{r}_Z I$，它在 $\bar{r}$ 轴上的截距为 $\bar{r}_Z$，再从 $\bar{r}_Z$ 画水平线交 GS 于 Z，Z 点的坐标是 $(\sigma_Z,\bar{r}_Z)$。

我们从考察市场组合入手。由于市场组合 M 是有效的，因此，组合 M 可看成是预期收益率等于 $\bar{r}_m$ 的水平下方差最小的组合。通过下边的优化模型，可以求解市场组合 M，其中 x_i 是市场组合里资产 i 的投资比例。

$$\text{Min}\quad (1/2)\sigma_m^2=(1/2)\sum_{i=1}^{n}\sum_{j\neq i}^{n}(x_i x_j \sigma_{ij}) \tag{4.10}$$

$$\text{s.t.}\quad \sum_{i=1}^{n}x_i\bar{r}_i=\bar{r}_m \tag{4.11}$$

$$\sum_{i=1}^{n}x_i=1 \tag{4.12}$$

构造拉格朗日函数：

$$L=(1/2)\left(\sum_{i=1}^{n}\sum_{j=1}^{n}x_i x_j\sigma_{ij}\right)-\lambda_1\left(\sum_{i=1}^{n}x_i\bar{r}_i-\bar{r}_m\right)-\lambda_2\left(\sum_{i=1}^{n}x_i-1\right)$$

列出一阶条件得$(n+2)$元方程组：

$$\begin{aligned}
&\sum_{i=1}^{n}x_i\sigma_{i1}-\lambda_1\bar{r}_1-\lambda_2=0\\
&\sum_{i=1}^{n}x_i\sigma_{i2}-\lambda_1\bar{r}_2-\lambda_2=0\\
&\qquad\vdots\\
&\sum_{i=1}^{n}x_i\sigma_{ij}-\lambda_1\bar{r}_j-\lambda_2=0\\
&\qquad\vdots\\
&\sum_{i=1}^{n}x_i\sigma_{in}-\lambda_1\bar{r}_n-\lambda_2=0
\end{aligned} \tag{4.13}$$

$$\sum_{i=1}^{n} x_i \bar{r}_i - \bar{r}_m = 0$$

$$\sum_{i=1}^{n} x_i - 1 = 0$$

与式(4.13)形式相同的前 n 个方程分别乘以 $x_1, x_2, \cdots, x_j, \cdots, x_n$，然后相加，得：

$$\sum_{i=1}^{n}\sum_{j=1}^{n} x_i x_j \sigma_{ij} - \lambda_1 \sum_{i=1}^{n} x_i \bar{r}_i - \lambda_2 \sum_{i=1}^{n} x_i = 0$$

考虑到式(4.10)、式(4.11)和式(4.12)，有：

$$\sigma_m^2 - \lambda_1 \bar{r}_m - \lambda_2 = 0 \tag{4.14}$$

式(4.14)代入方程式(4.13)，整理后，得：

$$\sum_{i=1}^{n} x_i \sigma_{ij} - \lambda_1(\bar{r}_j - \bar{r}_m) - \sigma_m^2 = 0$$

根据协方差的性质，资产 j 与市场组合的协方差 σ_{jm} 等于 j 与每一资产协方差的加权平均值，即 $\sigma_{jm} = \sum_{i=1}^{n} x_i \sigma_{ij}$，于是：

$$\sigma_{jm} - \lambda_1(\bar{r}_j - \bar{r}_m) - \sigma_m^2 = 0$$

简化后写成：

$$\bar{r}_j - \bar{r}_m = (1/\lambda_1)(\sigma_{jm} - \sigma_m^2) \tag{4.15}$$

目标函数 $\sigma_m^2 = \sum_{i=1}^{n}\sum_{j=1}^{n} x_i x_j \sigma_{ij}$ 对 x_j 求偏导数：

$$\partial \sigma_m^2 / \partial x_j = 2\sum_{i=1}^{n} x_i \sigma_{ij}$$

代入方程式(4.13)，有：

$$\partial \sigma_m^2 / \partial x_j = 2(\lambda_1 \bar{r}_j + \lambda_2)$$

式(4.11)对 $\bar{r}_m$ 求偏导：

$$\sum_{j=1}^{n} [(\partial x_j / \partial \bar{r}_m) \bar{r}_j] = 1$$

式(4.12)对 $\bar{r}_m$ 求偏导：

$$\sum_{j=1}^{n} (\partial x_j / \partial \bar{r}_m) = 0$$

因此，目标函数对 $\bar{r}_m$ 求导得：

$$\begin{aligned}\partial \sigma_m^2 / \partial \bar{r}_m &= \sum_{j=1}^{n} [(\partial \sigma_m^2 / \partial x_j)(\partial x_j / \partial \bar{r}_m)] \\ &= \sum_{j=1}^{n} [2(\lambda_1 \bar{r}_j + \lambda_2)(\partial x_j / \partial \bar{r}_m)]\end{aligned}$$

$$= 2\lambda_1 \sum_{j=1}^{n}[(\partial x_j/\partial \bar{r}_m)\bar{r}_j] + 2\lambda_2 \sum_{j=1}^{n}(\partial x_j/\partial \bar{r}_m)$$
$$= 2\lambda_1$$

又 $\partial\sigma_m^2/\partial\bar{r}_m = 2\sigma_m(\partial\sigma_m/\partial\bar{r}_m)$，则：

$$\lambda_1 = \sigma_m(\partial\sigma_m/\partial\bar{r}_m) \qquad (4.16)$$

根据几何学知识，过 M 点切线 $\bar{r}_Z I$ 的斜率等于最小方差集 GS 在 M 点的导数，即：$(\bar{r}_m - \bar{r}_Z)/\sigma_m = \partial\bar{r}_m/\partial\sigma_m$，代入式(4.16)：

$$\lambda_1 = \sigma_m^2/(\bar{r}_m - \bar{r}_Z) \qquad (4.17)$$

将式(4.17) 再代入式(4.15)，整理后可得：

$$\bar{r}_j = \bar{r}_Z + [(\bar{r}_m - \bar{r}_Z)/\sigma_m^2]\sigma_{jm}$$

令 $\beta_j = \sigma_{jm}/\sigma_m^2$，则：

$$\bar{r}_j = \bar{r}_Z + (\bar{r}_m - \bar{r}_Z)\beta_j$$

此资产均衡定价通常称之为零 β 资本资产定价模型，它与标准的证券市场线有着非常相似的数学形式，只不过这里用资产组合 Z 的预期收益率 $\bar{r}_Z$ 取代了无风险利率 r_f。

在零 β 模型中，组合 Z 具有特殊的地位，因而有必要对它的特征进行一些分析。

第一，组合 Z 是一个零 β 组合，而且在所有 β 值为零的资产组合里风险最小。

很明显，将组合 Z 的坐标$(\beta_Z, \bar{r}_Z)$ 代入零 β 定价公式，并注意到 $\bar{r}_Z \neq \bar{r}_m$，故 $\beta_Z = 0$。当然，组合 Z 与市场组合 M 的协方差 σ_{Zm} 也等于零。

如图 4-5(b) 所示，可行集里的实线 ZC 代表了所有 β 值为零且预期收益率为 $\bar{r}_Z$ 的资产组合，但只有组合 Z 位于最小方差集 GS 上，其他组合均位于 GS 的右边，所以组合 Z 的风险最小。

第二，组合 Z 是一个无效组合，换句话讲，组合 Z 一定不在有效边界上。

由于市场组合 M 位于有效边界 ES 上，且 ES 的形状凸向左上方，因此，过 M 点的切线交 $\bar{r}$ 轴的截距一定小于市场组合的预期收益率，即 $\bar{r}_Z < \bar{r}_m$。

观察最小方差集上三个资产组合：组合 $Z(\sigma_Z, \bar{r}_Z)$、市场组合 $M(\sigma_m, \bar{r}_m)$ 和绝对最小方差组合 $E(\sigma_E, \bar{r}_E)$。因为任意一个最小方差组合均可用任意给定的两个最小方差组合的线性组合表示出来，所以可尝试用 Z 和 M 来构造 E。设组合 Z 的投资比例是 x_Z，市场组合 M 的投资比例是$(1 - x_Z)$，又已知 $\sigma_{Zm} = 0$，组合 E 的预期收益率为：

$$\bar{r}_E = x_Z\bar{r}_Z + (1 - x_Z)\bar{r}_m$$

组合 E 的方差为：

$$\sigma_E^2 = x_Z^2\sigma_Z^2 + (1 - x_Z)^2\sigma_m^2$$

求解使 σ_E^2 最小的优化问题，得一阶条件：

$$d\sigma_E^2/dx_Z = 2x_Z\sigma_Z^2 - 2(1-x_Z)\sigma_m^2 = 0$$

解之，有：

$$x_Z = \sigma_m^2/(\sigma_Z^2+\sigma_m^2), 1-x_Z = \sigma_Z^2/(\sigma_Z^2+\sigma_m^2)$$

毫无疑问，$x_Z > 0, 1-x_Z > 0$，又 $\bar{r}_m > \bar{r}_Z$，于是：

$$\bar{r}_E = x_Z\bar{r}_Z + (1-x_Z)\bar{r}_m > x_Z\bar{r}_Z + (1-x_Z)\bar{r}_Z = \bar{r}_Z$$

由此可见，在最小方差集上，组合 Z 位于组合 E 的下方，而我们知道绝对最小方差组合 E 是有效边界的下限，因此，组合 Z 肯定不在有效边界上。

二、模型在其他方面的修正

除了无风险借贷之外，资本资产定价模型还在诸如一致性预期、所得税以及投资周期等方面设置了一系列假定条件。一旦考虑这些因素的影响，模型便面临一个修正的问题。在不断完善资本资产定价理论的过程中，学者们进行了许多卓有成效的研究工作，取得了一些颇有分量的成果。这里仅对有关问题做一些简单的介绍和说明。

（一）关于一致性预期的假设

基本的资本资产定价模型假定所有的投资者对所有资产的预期收益率、标准差乃至协方差都有一致的估计。然而，在实际的资本市场上，由于现实条件的约束，预期的一致性经常会受到局限。

研究结果证明，尽管投资者对于资产的收益和风险有不同的预期，但本质上并不违反资本资产定价模型，资产市场的均衡关系仍然存在，而且仍可通过预期收益率、标准差和协方差的数学形式（甚至线性形式）表现出来。只不过这些预期收益率、标准差和协方差是综合不同投资者情况而来的加权平均值，相应的市场组合也是一个反映所有投资者预期的加权平均的市场组合。虽然计算十分复杂，但在一定的限制条件下，人们能够给出一个与证券市场线类似的均衡定价表达式。

（二）关于税赋的假设

如果不存在个人所得税，那么投资者并不介意收益的形式。股息所得或者资本利得，对于投资者来说并不重要。一旦涉及个人所得税，尤其是考虑到资本利得比股息收入税率低这样一个事实，模型必然要进行相应的调整。此时，投资者将依据资产的税后收益而不是税前收益来评估投资结果。因此，尽管投资者可能对资产或资产组合的税前收益有相同的估计，但每个投资者所面临的“税后”有效边界不同，资产的均衡价格随之发生变化。

在不排除税赋的情况下，有学者给出了如下的资产预期收益与风险之间均衡关系的表达式：

$$\bar{r}_i = r_f + [(\bar{r}_m - r_f) - t(\delta_m - r_f)]\beta_i + t(\delta_i - r_f)$$

其中：δ 表示股息收入与股票价格的比率，δ_i 和 δ_m 分别表示针对资产 i 和市场组合而言的该项比率；t 表示税收因子，它是投资者个人税率及其财富水平的函数。

（三）关于单期投资的假设

投资的单期假设决定了标准的资本资产定价模型是一个静态模型。一般来说，投资者在任何时点上选择的资产组合只是最大化其一生效用而持有的一系列组合中的一环。投资者选择最佳投资组合的过程大多是一个连续性的、不断调整的决策过程，不完全局限于某个单一的投资期。从这个意义上讲，模型的动态化是必然的。

对于多个持有期或连续持有期资产均衡关系的研究导出了一些与基本模型相似的均衡公式，现将有关学者的结论列举如下。

若无风险利率为非随机的，则不论个人偏好、财富分配如何，连续持有期的资产均衡定价公式是：

$$\bar{r}_i = r_f + (\bar{r}_m - r_f)\beta_i$$

从数学形式上看，这与单期资本资产定价模型相同，只是瞬时收益率代替单期收益率，且资产收益呈对数正态分布而不是服从正态分布。

若无风险利率是随机过程，则投资者还要面对可行集变动的风险。这时，投资者将持有由三个部分构成的组合，因而模型表现出三个基金分离的特点。这三个基金分别是无风险资产、市场组合以及一个收益与无风险资产完全负相关的组合，后者可用来对冲未来无风险利率的不可预见的变动。资产的均衡定价公式是：

$$\bar{r}_i = r_f + (\bar{r}_m - r_f)\gamma_1 + (\bar{r}_q - r_f)\gamma_2$$

$$\gamma_1 = (\beta_{im} - \beta_{iq}\beta_{qm})/(1 - \rho_{qm}^2)$$

$$\gamma_2 = (\beta_{iq} - \beta_{im}\beta_{qm})/(1 - \rho_{qm}^2)$$

其中：r_q 表示第三个基金（记为 Q）的瞬时收益率；ρ_{qm} 表示市场组合 M 与 Q 的相关系数。

【本章小结】

1.资产价格的决定实际上是市场达到均衡时投资者集体行为的结果，资产的均衡价格与投资者个体的偏好无关。

2.资本资产定价模型是建立在一系列假设基础之上的，这些假设涉及市场的完全性和有效性以及投资者的行为。

3.理性的投资者都选择相同的风险组合，所不同的只是风险组合与无风险资产的投资比例；当市场均衡时，所有投资者都持有的最佳风险组合是市场组合。

4.资本资产定价模型中的资本市场线是指市场均衡时的线性的有效边界，它反映了有效资产组合的预期收益率与标准差的均衡关系。

5.均衡状态下资产的预期收益率与其β值(或协方差)的线性关系即构成资本资产定价模型的证券市场线。

6.只有系统风险才是决定资产预期收益的因素，投资者是因为承担了系统风险而获得报酬，非系统风险没有理由要求相应的报酬。

7.资本资产定价模型能为人们选择资产提供指导。

8.在不允许无风险借贷的情形下，描述资产的预期收益与风险之间均衡关系的是所谓的零β模型，它与基本的证券市场线有相似的数学形式。

【思考与练习】

1.当市场均衡时，为什么所有投资者都持有市场组合？

2.说明资本市场线与证券市场线的区别。

3.评价以下陈述："因为股票A与股票B有相等的标准差，所以说它们具有相同的风险。"

4.在缺乏无风险资产的情况下，零β模型如何描述资产的预期收益与其风险的均衡关系？

5.参考下列资料(如表4-1所示)：

表4-1

股票 i	i的标准差	i与M的相关系数
1	0.4	0.3
2	0.8	0.8

市场组合M的预期收益率$\bar{r}_m=0.11$，收益方差$\sigma_m^2=0.25$，无风险利率$r_f=0.06$。

(1) 计算股票1和股票2的β值；

(2) 根据资本资产定价模型计算股票1和股票2的均衡预期收益率；

(3) 若以6∶4的投资比例由股票1和股票2构成组合A，计算组合A的预期收益率。

(4) 画出证券市场线，并指出股票1、股票2和组合A的位置。

6. 由两种资产A和B构成市场组合，相关信息如表4-2所示：

表4-2

资产	预期收益率(%)	标准差(%)	投资比例(%)
A	10	20	40
B	15	28	60

资产A与B之间的相关系数为0.3，无风险利率为5%。根据这些信息，写出资本市场线的方程。

第五章 因素模型

【学习目标】

本章讨论因素模型的建立、特征和估计方法，论证在因素模型下单个证券及证券组合的预期收益率和风险，并指出如何应用因素模型确定证券投资组合的有效集。通过学习，要求同学们理解因素模型的基本思想和原理；掌握因素模型的分析技术和计算方法；建立实证分析的基本思路并能够结合计量和统计分析方法解决实际问题。本章最后给出利用因素模型对我国证券市场进行经验研究的结果，供同学们参考。

前面我们学习了资本资产定价模型（CAPM），从中知道个别风险资产的超额收益率期望与市场组合的超额收益率期望之间存在着正比关系；或者说，个别风险资产的收益率（随机变量）可以与市场组合的收益率（随机变量）之间建立线性回归。虽然从统计关系上看，市场组合的收益率是个别风险资产收益率的解释变量，但是从逻辑关系上看，市场组合收益率的变动并不是引起个别风险资产收益率变动的原因，而是相反，即市场组合收益率的变动是由个别风险资产收益率变动所引起的。个别风险资产收益率与市场组合收益率之间的这种线性关系只是反映了所有风险资产这个封闭体系中的相对定价关系，而引起风险资产收益率变动的风险来源，即风险资产收益率在真实经济中的生成因素是什么，CAPM 模型并没有给出回答。

另一方面，现实世界中由于风险资产数量和投资者数目巨大，通过寻求有效边界和最优化预期效用来计算真实的市场组合几乎是不可能的，但是我们需要清楚一点，市场组合客观上是存在的，只是无法探测并度量而已。如果我们能够找到一些可以度量的现实经济因素或者指标，这些因素或指标在统计上与市场组合收益率存在很好的相关关系，并且从逻辑上看，这些因素或指标又可以视为风险资产收益率变动的真实经济风险来源，那么我们就可以用这些替代变量作为风险资产收益率的解释变量。这种思路就形成了风险资产收益率的因素模型，也回答了 CAPM 没有回答的问题。

在我们分析风险资产收益率、风险来源的时候，将引起市场整体层面变动

（比如市场组合收益率变动）的因素归结为系统性风险或者市场风险，这部分风险在风险资产收益率期望中得到线性方式的补偿。除去了这些整体因素以外的因素则是与个别风险资产自身有关的非系统性风险或个体风险，可以理解为市场整体层面变动以外的一个随机扰动项，其来源可能是个别风险资产（以下我们提到风险资产、证券、股票或者公司，其意义是一致的）交易过程中的噪声交易或者供需的暂时失衡，也可能是其对应的上市公司经营活动中的各种不确定性。通常能够解释市场整体层面变动的因素可以集中地表现为一些宏观经济变量（经济指数）的变化，比如国民收入、通货膨胀率、利率水平、能源价格、技术进步等。

第一节　真实收益、预期收益和风险

一、预期收益、意外和风险

在金融市场中交易的任一证券的收益由两部分组成：一是正常收益，也称预期收益，它是市场根据当前信息所能预期到的收益；二是证券的不确定收益，也称风险收益，这一收益受本期所揭示的所有信息的影响，而这些信息可能是各种各样的。我们考虑什么因素可能决定某公司的下期的收益，这些因素可能是：政府发布的国内生产总值（GDP）的信息；利率突然下调；该公司主要贸易伙伴所在国的货币迅速升值；该公司研制生产了新产品；发现公司对手的生产受到了不利的影响；该公司的实际销售额比预期的要好；该公司的决策层出现重大调整，等等。那么，该公司股票的收益率此时可以写成如下形式：

$$r = E(r) + U \tag{5.1}$$

其中：r 表示下期的实际收益率；$E(r)$ 表示收益率的预期部分；U 表示收益率的不可预期部分。

一些信息的发布，例如政府公布 GDP 的数据，对股票收益有多少影响呢？在期初，投资者确实对本期的 GDP 有自己的想法或预测，在一定程度上，投资者已经预料到了政府的公布，这一预测影响收益率的预期部分 $E(r)$；另一方面，政府的公布一定会有出乎预料的部分，这些也会影响股票的收益率，它们构成收益率的不可预期部分 U。假设市场预测到 GDP 本期的增长为 1%，并且 GDP 增长影响该公司的经营，这个预测将形成这期的预期收益率 $E(r)$ 的信息部分。如果这期公布的结果确实为 1%，与预期的一致，则市场没有得到新的信息；但是如果政府公布的本期 GDP 增长 1.5%，即实际增长比他们预测的高 0.5 个百分点，实际结果和他们预测的差被称为意外。

因此任何一个信息发布可以分成两个部分,预期到的部分和没有预期到的部分。预期部分就是市场用来形成股票预期收益率 $E(r)$ 的信息部分,意外则影响股票不可预期收益率 U。

由意外导致的收益率的不可预期部分才是任何投资的真正风险。我们把消息和由此导致的风险分成两个部分:系统风险部分和非系统风险部分。系统风险是影响大量资产的一种风险,非系统风险仅影响单一的资产或少量的资产。一般经济形势的不确定性,诸如 GDP、利率、通货膨胀率等是系统风险,这些因素几乎对所有的股票有影响,对几乎所有公司有影响正是系统风险的本质特征。

相比来说,一些关于石油公司罢工的消息,可能会影响单一的公司或几个与此有关的公司,它不可能影响世界的石油市场。为了强调这样的消息是非系统的,并仅影响一些特定的公司,我们也称它们为特质风险或个别风险。影响公司股票的风险分为系统风险和非系统风险,其对应的影响股票收益率分解为:

$$r = E(r) + U = E(r) + m + e \tag{5.2}$$

其中:m 表示系统风险导致的意外收益率,有时候系统风险也称为市场风险或因素风险;用 e 表示非系统风险或个别风险导致的意外收益率。

二、系统风险和因素敏感性

如前所述,系统风险几乎影响所有公司的股票。例如,关于通货膨胀的一个意外消息在一定程度上会影响绝大多数的公司。那么某公司股票的收益率对通货膨胀的不可预期变化到底有怎样的反应呢?如果某公司的股票对通货膨胀超过预期部分有正面的反应(股票价格随通货膨胀的增加而上升),我们说它对通货膨胀正相关;而如果某公司的股票对通货膨胀超过预期部分有负面的反应(股票价格随通货膨胀的增加而下降),我们说它对通货膨胀负相关;股票收益率与通货膨胀的意外消息不相关这一不寻常情况,称为通货膨胀对此没有影响。

我们使用因素敏感性这一指标来刻画像通货膨胀这样的系统风险因素对股票收益率的影响。如果公司的股票未来价格正相关于通货膨胀的风险,则股票收益率有正的因素敏感性;如果它负相关于通货膨胀风险,则股票有负的因素敏感性;而如果它不相关于通货膨胀,则它的因素敏感性为零。需要说明的是,影响股票收益率的系统风险因素除通货膨胀外还有很多,不论多少个影响因素,作为系统风险来源的因素的选取十分重要,但研究者们并没有对此取得共识。

假定我们找出了两个系统风险因素,并且认为这两个系统风险因素足以描述系统风险对股票收益率的影响,这两个因素可能为 GDP 和利率。每一只股票对这两个系统风险因素都有一个因素敏感性,对 GDP 因素敏感性 β_{GDP} 和对利率的因素敏感性 β_{IR}。此时股票收益率可以写成如下形式:

$$r = E(r) + U = E(r) + m + e$$
$$= E(r) + \beta_{GDP}[F_{GDP} - E(F_{GDP})] + \beta_{IR}[F_{IR} - E(F_{IR})] + e$$

其中：$F - E(F)$ 代表GDP和利率上的意外。

下面我们通过一个例子来看一下如何通过意外收益率和预期收益率的加总得到给定股票的实际收益率。为了方便，假定收益的时限为一年，且年初GDP的年预期增长率为2%，而利率预测不变，某公司的股票有如下的因素敏感性：$\beta_{GDP} = 2$ 和 $\beta_{IR} = -1.5$。假设这一年公布的实际数字为：GDP仅增加了1%，利率下降了2%，同时我们得到了公司的一些好消息，由于使用新的商业战略，公司的销售收益快速增长，这一未预期到的发展给它的收益率带来了3%的增长，也就是说，$e = 3\%$。

现在我们把所有这些信息汇总起来，以便找出这一年股票的实际收益率。首先，我们必须确定在系统风险因素中发生了什么意外，由已知的信息得：

预期GDP的变化 = 2%；　　预期利率的变化 = 0%

GDP变化的意外 = 实际GDP变化 − 预期GDP变化 = 1% − 2% = −1%

利率变化的意外 = 实际利率变化 − 预期利率变化 = −2% − 0% = −2%

系统风险对股票收益率的总影响为：

$$m = \beta_{GDP}[F_{GDP} - E(F_{GDP})] + \beta_{IR}[F_{IR} - E(F_{IR})]$$
$$= [2 \times (-1\%)] + [(-1.5) \times (-2\%)]$$
$$= 1\%$$

与股票的非系统风险收益率结合，得到股票收益率的总风险部分为：

$$m + e = 1\% + 3\% = 4\%$$

最后如果股票的年预期收益率为4%，则由三项得出的总收益率为：

$$r = E(r) + m + e = 4\% + 1\% + 3\% = 8\%$$

第二节　单因素模型

一、单因素模型与单指数模型

如果我们把所有经济因素组成一个宏观经济变量，假定这个宏观经济变量能够完全解释市场整体层面的非预期变动，并且假定除了这个公共因素以外，证券收益率非预期变动的剩余部分是公司特有的事件，包括所有的只影响单一企业而不能影响整个经济的事件，因此导致证券之间相关性的因素只有宏观经济变量。在这些假设下，个别证券的收益率生成模型可以写成以下形式：

$$r_i = E(r_i) + m_i + e_i \tag{5.3}$$

其中：$E(r_i)$ 表示证券的期望收益率；m_i 表示未预期到的宏观经济事件对证券收益率的影响，是系统性风险的来源；e_i 表示未预期到的公司特有事件的影响；m_i 和 e_i 都表示具有零期望值的。

如果我们进一步假定不同公司对未预期到的宏观经济事件有着不同的敏感度，并把宏观因素的非预期成分记为 $F-E(F)$，证券 i 对宏观经济事件的敏感度为 β_i。则证券 i 的宏观成分为 $m_i=\beta_i[F-E(F)]$，式(5.3)变成：

$$r_i = E(r_i) + \beta_i[F - E(F)] + e_i \tag{5.4}$$

式(5.4)被称为证券收益的单因素模型(Single Factor Model，SFM)。事实上，现实中影响证券收益率的因素不可能只有一个，由于单因素模型没有给出具体影响证券收益率的现实因素含义，因此其用途有限。一个比较普遍的方法是，认为主要证券指数收益率是一般宏观因素的有效代理变量，比如上证综合指数。

依照与式(5.4)相似的原理，如果我们可以把某个特定时期 t 的实际证券收益率区分成宏观(系统)的与微观(公司特有)的两部分，即把每个证券的收益率写成三个部分的和(如表 5-1 所示)。

表 5-1　　　　　　　　**证券收益率的分解**

项　　目	记　　号
① 如果市场是中性的，即市场超额收益率 $r_m - r_f$ 为零时的股票预期收益率；	α_i
② 随着整个市场运动的收益率成分，β_i 是证券对市场运动的敏感度；	$\beta_i(r_m - r_f)$
③ 由于公司特有事件导致的非预期成分。	e_i

则股票超额收益率可以写成：

$$r_i - r_f = \alpha_i + \beta_i(r_m - r_f) + e_i \tag{5.5}$$

显然，如果证券收益率满足了式(5.5)，则其也满足式(5.4)。这种方法引出与单因素模型类似的等式，我们把式(5.5)称为证券收益率的单指数模型(Single Index Model，SIM)，因为它利用市场指数来代表一般的或者说系统的因素。如果用大写的 R 代表超过无风险收益率的超额收益率，这个等式可以改写成：

$$r_i = \alpha_i + \beta_i R_m + e_i \tag{5.5a}$$

并且我们还要求有这些假设：(1) 各个证券的公司特有部分非预期收益率的期望值为零，即 $E(e_i)=0,\forall i$；(2) 任何两只证券的公司特有部分非预期收益率互不相关，即 $\mathrm{Cov}(e_i,e_j)=E(e_i,e_j)=0,\forall i\neq j$；(3) 各个证券的公司特有部分非预期收益率和市场运动之间不相关，即 $\mathrm{Cov}(e_i, R_m)=0, \forall i$。

由于股票市场收益率水平在它超过或者低于无风险短期国债收益率的意义上，它仅仅代表了宏观经济状态，所以我们把指数模型写成超过 r_f 的超额收益率的形式，而不是写成总收益的形式。例如，在 20 世纪 50 年代，当时美国的短期国库券收益率仅为 1% 或者 2%，所以股票市场上 8% 或者 9% 的收益率会被认为是利好消息。相比而言，在 20 世纪 80 年代初，国库券收益率超过了 10%，则 8% 或者 9% 的股票收益率就被认为是宏观经济萧条的标志。

从统计上看，在式(5.5)中的 e_i 是由 $r_i=\alpha_i+\beta_i R_m$ 给出的直线的随机偏离量，是依赖不同时期而有所不同的，并且因为它既可以位于直线之上（正），也可以位于直线之下（负），所以它的平均为零。图 5-1 中直线截距为 α_i，斜率为 β_i，如果所有的点 R 都恰好落在这条直线上，那么所有的偏离度 e_i 都为零。然而，一般地，某些点会落在直线上方，某些点又会落在直线下方，因此，偏离度既可能为正值，也可能为负值。

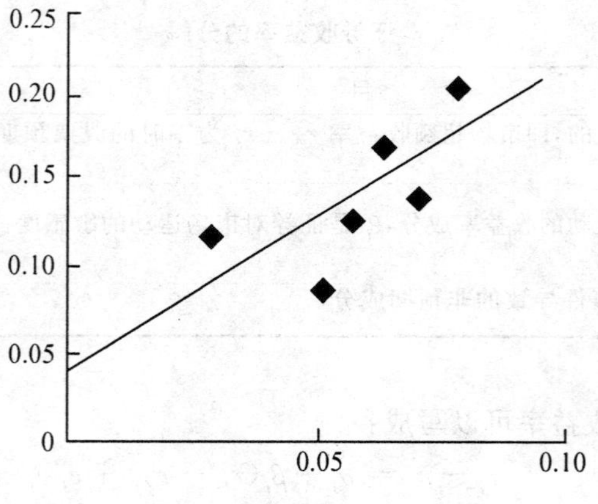

图 5-1 单指数模型示例

另一方面，我们还可以认为不同时期的 e_i 之间没有相关性，并且有相同的方差。如果记 t 期的偏离度为 e_{it}，则：(1) 同方差假设，$\mathrm{Var}(e_{it})=E(e_{it}^2)=\sigma^2, \forall t$；(2) 序列不相关假设，$\mathrm{Cov}(e_{it}, e_{i(t+1)})=0$，即两个相邻时期公司特有部分非预期收益率之间没有相关性。

可以看出，市场指数超额收益率 R_m 及因素敏感性 β_i 决定了资产 i 的平均收益率。例如，如果所有股票的 β 系数均为正值，我们就可以据此观测：当指数 R_m

上升时,所有股票的收益率平均也上升。注意,我们只是说平均而言收益率将上升或下降,这并不等同于任何一种股票的实际收益率都将上升或者下降。在确定实际收益率时,我们把公司特定事件 e_i 考虑进去。指数的收益率有可能会上升,但如果某公司特有消息使 e_i 为负值,那么实际收益率也可能会下降。

下面我们考虑一个具体例子。假设某公司股票超额收益率与市场指数超额收益率之间满足单因素模型:$R_t = 8 + 1.6_{m,t} + e_t$。这表明,每一时期与市场指数超额收益率无关的因素的作用为2%。如果预期市场指数超额收益率等于0,这个因素的作用就是该公司的预期超额收益率。该公司对预期市场指数超额收益率的敏感性为 $\beta = 1.6$,这一数值表明,一般情况下较高的预期市场指数超额收益率联系着较高的该公司股票的收益率。

在本例中,预期市场指数超额收益率在第4年中为5.5%,该公司的实际收益率为14%,因此,该公司第4年的个别收益率 e_t 为−2.8%。这是通过将该公司的实际收益率(14%)与其预期收益率相减得出的。给定预期市场指数超额收益率为5.5%,可算得该公司的预期收益率为[8%+(1.6%×5.5%)]=16.8%,因而个别收益率为14%−16.8%=−2.8%。表5-2和图5-1给出了进一步的数据,包括各年度的个别收益率 e_t。

表5-2　　单因素模型示例

年度	股票超额收益率 R_t	预期市场指数超额收益率 $R_{m,t}$	α	$\beta R_{M,t}$	e_t
1	9	5	8	8	−7
2	15	7	8	11.2	−4.2
3	13	3	8	4.8	0.2
4	14	5.5	8	8.8	−2.8
5	19	6.5	8	10.4	0.6
6	23	8	8	12.8	2.2

二、单指数模型、市场模型与资本资产定价模型的联系

从理论上讲,CAPM是一个很好的模型,但问题在于它是否具有现实世界的价值,它的含义是否由经验得来。首先,CAPM的核心结论是市场资产组合,是一个有效的资产组合,即在相等预期收益率下方差最小的组合。CAPM模型需要处理的所有可交易的风险资产,为了验证市场资产组合的有效性,我们需要

构造一个规模巨大的市值加权的资产组合并检验其有效性。到目前为止，这个问题尚没有得到很好解决。

即使我们可以假设构造一个资产组合来代表市场资产组合，我们如何来检验它的有效性仍是一个问题。我们只能说明，市场资产组合的收益／方差比率比其他任何资产组合都高。然而，这一比率是在预期的意义上建立的，我们还没有直接观测这些预期的方法。这诱导出另一个更困难的问题是，CAPM 暗示的只是期望收益率之间的关系。现实中我们可以观察到的只是实际的收益率，并且它们并不一定等于预期值。为了使期望收益率变成已经实现的收益率，我们可以运用指数模型，把超额收益率写成式(5.5)的形式。我们现在来看，统计上分解股票实际收益率的这个方程如何与 CAPM 模型保持一致。

我们从股票 i 的收益率与市场指数收益率之间的协方差开始分析。通过假设，公司特有的或者非系统的成分独立于整个市场的或者系统的成分，即 $\mathrm{Cov}(R_m, e_i)=0$，从这个关系导出证券 i 的超额收益率与市场指数超额收益率的协方差为：

$$\begin{aligned}\mathrm{Cov}(r_i, R_m) &= \mathrm{Cov}(\beta_i R_m + e_i, R_m) \\ &= \beta_i \mathrm{Cov}(R_m, R_m) + \mathrm{Cov}(e_i, R_m) \\ &= \beta_i \sigma_m^2\end{aligned}$$

注意到可以把 α_i 从协方差项中提出来，因为 α_i 是一个常数，它与所有变量有零协方差。因为 $\mathrm{Cov}(r_i, R_m)=\beta_i\sigma_m^2$，式(5.5)中的敏感性系数 β_i 代表指数模型的回归线的斜率，可表示为：

$$\beta_i = \frac{\mathrm{Cov}(r_i, R_m)}{\sigma_m^2}$$

即指数模型 β 系数的结果与 CAPM 模型期望收益率／β 关系的 β 系数相同。

另一方面，如果式(5.5)中的指数 M 代表了真实的市场资产组合，我们可以对等式两端取期望值，即：

$$E(r_i) - r_f = \alpha_i + \beta_i[E(r_m) - r_f]$$

将该指数模型关系与 CAPM 模型的期望收益率／β 关系的比较表明，CAPM 模型预言在预期意义下，α 对所有资产都将为零。一个股票的 α 值是它超过(或者低于)通过 CAPM 模型预测的期望收益率的部分。如果股票公平定价，则其 α 必定为零，这是关于证券期望收益率的结论。当然，由于实际收益率和预期收益率之间存在偏差，因此一些证券将比期望的更好，有高于 CAPM 预言的收益率，也有可能比期望的坏，收益率低于 CAPM 模型所预言的，也就是说，它们在整个样本期间将显示出正的或负的 α 值。但是这些较好或较差的表现不可能被提前预知，只是事后的检验。

因此，如果我们对样本中的每个公司利用式(5.5)作为回归等式来估计指数模型，将会发现在样本中的公司已经实现的α值(回归截距)在零周围变动。如果α的期望为零，像一些公司期望有正的α值一样，有一些公司期望有负的α值。CAPM模型指出，对所有证券α的期望值为零，而代表CAPM模型的指数模型则认为，α已经实现值对某一历史的可观测收益率样本，其平均值为零。重要的是，样本的α是不可预测的，即任一个样本期均是独立于下一个的。

Jensen(1968)对这个问题给出了一些有意思的证据。他考察了1945～1964年间共同基金(也即证券投资组合)已经实现的α值，图5-2显示了这些α值的频率分布。它们确实像是围绕着零而分布的。在这个研究基础上，证券业界发展了评价共同基金业绩的Jensen法。

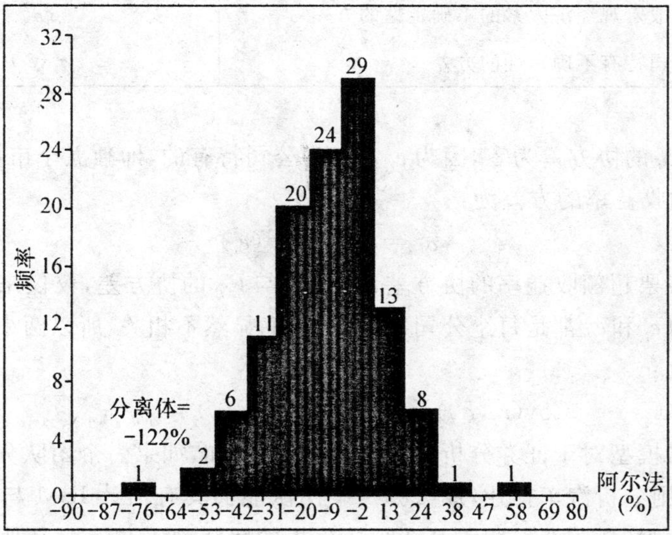

图5-2　不同证券投资组合α实现值的分布情况

指数模型还有另一个直观的变形，即市场模型(Market Model)。一般地说，市场模型表明，任一证券的“意外”收益率是市场的“意外”收益率经过敏感性调整后再加上一个公司特有的“意外”收益率，即：

$$r_i - E(r_i) = \beta_i[r_m - E(r_m)] + e_i$$

这个等式与指数模型不同，它把“意外”收益率分成公司特有的和系统的两部分，其实也是单因素模型式(5.4)的变形。如果CAPM模型是有效的，那可以看到，把$E(r_i)$从CAPM模型的等式中消掉，则市场模型等式变成了指数模型等式。由于这个原因,"指数模型"和"市场模型"可以相互变换着用。

三、单因素模型的基本特征及其不足

式(5.6)表明,每种证券有两种风险来源:市场的或者系统的风险,它们的区别源于它们对宏观经济因素的敏感性,这个差异反映在 β_i 上;对公司特有风险的敏感性,这个差异反映在 e_i 上。如果我们记市场超额收益率 R_m 的方差为 σ_m^2,因为 $\mathrm{Cov}(e_i, R_m) = 0, \forall i$,则我们可以把每个股票收益率的方差拆为两部分,具体如表 5-3 所示。

表 5-3 **证券收益率方差的分解**

项 目	记 号
① 源于一般宏观经济因素的不确定性的方差	$\beta_i^2\sigma_m^2$
② 源于公司特有不确定性的方差	$\sigma^2(e_i)$

R_m 和 e_i 的协方差为零,因为 e_i 定义为公司特有的,即独立于市场的运动,因此证券 i 的收益率的方差为:

$$\sigma_i^2 = \beta_i^2\sigma_m^2 + \sigma^2(e_i)$$

两个股票超额收益率的协方差,比如 r_i 与 R_j 的协方差,仅仅来自于一般因素 R_m,因为 e_i 和 e_j 都是每个公司特有的,它们显然不相关,所以两个股票收益率的协方差为:

$$\mathrm{Cov}(r_i, R_j) = \mathrm{Cov}(\beta_i R_m, \beta_j R_m) = \beta_i\beta_j\sigma_m^2 \tag{5.6}$$

单因素模型对于证券分析具有重要意义。例如,如果一个团队分析计算机行业,另一个则分析汽车行业,那么哪一个团队能够具有估计 IBM 与 GM 之间协方差的能力呢?任一个专职于某个行业分析的团队都不具有对其他行业深入理解的能力,以至于不能形成对两个公司之间互动信息的分析。如果对每一对证券,我们都不得不直接计算其协方差,那么证券分析就不能为实际所采用,但是单因素模型提出了一种简单方式来计算协方差。证券间的协方差可以由单个一般因素的影响生成,这个因素由市场指数来代表,即用式(5.6)来估计。

但是这种简化来自于单因素的假定。这种假定对资产收益率不确定性结构有所限制,即把不确定性分成简单的两部分 —— 单一的宏观风险和微观风险。这一分类把真实世界的不确定性来源过于简单化了,并且忽视了一些股票收益的重要来源。比如,这种分类规则把行业事件排除在外,而这些事件可能影响行业中的许多公司,但却不影响整个宏观经济。

统计分析表明，相对于单指数，一些公司的特有成分是相关的。比如，在同一行业股票（比如计算机类股票或者汽车类股票）当中的非市场成分。同时，统计上有意义并不总是与经济上的重要性相吻合。从经济上来讲，与单因素模型假设更为相关的问题是，用基于单因素模型假定估计的方差与用直接来自于个别股票之间估计的方差有较大的差异，前者的有效性一般更差一些。

第三节 多因素模型

一、多因素模型概述

单因素模型假定不同股票的收益率共同波动的原因在于市场的共同变化，但实证研究发现，存在市场因素之外的其他因素引起股票收益率共同波动，比如行业效应。多因素模型（Multifactor Models）就是为解释非市场因素对证券收益率的影响而提出的。这些因素包括：经济周期的不确定性、利率和通货膨胀等。多因素更加清晰明确地解释了系统风险，从而可以展示不同股票对不同因素有不同的敏感性。

为了说明多因素模型的分析方法，我们从一个双因素模型开始。假设两个最重要的宏观经济风险来源是经济周期的不确定性和利率。我们用国内生产总值 GDP 来度量不确定性，用 IR 来表示利率。任何股票的收益率都与这两个宏观风险因素以及它们自己公司的特有风险相关。因此我们可以把单因素模型扩展成一个双因素模型，从而描述在某时期 t 股票的超额收益率，模型如下：

$$R_{it} = \alpha_i + \beta_{i,\mathrm{GDP}}\mathrm{GDP}_t + \beta_{i,IR}IR_t + e_{it} \tag{5.7}$$

等式右边的两个宏观因素包含了经济中的系统因素，因此它们充当了类似单指数模型中市场指数的作用。e_{it} 反映了公司特有的影响。

现在考虑两个公司，一个是公用事业企业，另一个是航空公司。由于公用事业的未来收益一般由政府部门控制，因此对 GDP 的敏感性较低，但是却对利率的敏感性较高；相反地，航空公司的业绩对经济活动非常敏感，但对利率却不那么敏感。如果某一天的新闻节目暗示经济将发生扩张，GDP 的期望上升并且利率也会上升，那么这个新闻对于公用事业企业来说是个坏消息，因为公用事业企业对利率敏感；但是对航空公司而言，因为更关注 GDP，因此这是一个好消息。很明显，一个单因素模型或者单指数模型是难以把握公司对不同的宏观经济不确定性的反应的。

当然，与公司对这些因素的平均敏感性一样，市场收益率反映了宏观因素。因此，当我们做单指数回归时，我们应该清楚有一个不正确但是又必须接受的假定，即每只股票对每个风险因素具有相同的相对敏感性。如果股票实际上相对于不同的宏观经济因素有不同的敏感性，那么把所有系统风险的来源汇集成一个变量将忽略掉对个体股票收益率之间细微差异的解释。

既然一个双因素模型可以更好地解释股票收益率的原因，那么很容易理解为什么推广到带有更多因素的模型可以给出对收益率更好的描述。多因素模型可以提高收益率解释能力的另一个原因是，β 似乎在经济周期的不同阶段有着不同的值。实际上，某些常用于预测 β 值的变量与经济周期相关（比如收益的增长），因此根据直觉，我们可以通过把那些与经济周期有关的变量包括进来以改进单指数模型。

Chen, Roll 和 Ross(1986) 给出了一个常用的五因素模型，表示为：

$$R_{it} = \alpha_i + \beta_{i,IP} IP_t + \beta_{i,EI} EI_t + \beta_{i,UI} UI_t + \beta_{i,CG} CG_t + \beta_{i,GB} GB_t + e_{it} \quad (5.8)$$

其中：IP 表示行业生产的变动百分比，EI 表示预期通货膨胀的变动百分比，UI 表示非预期通货膨胀的变动百分比，CG 表示长期公司债券对长期政府债券的超额收益率，GB 表示长期政府债券对短期国债的超额收益率。

式(5.8)是一个带有五因素的多元证券特征线。为了估计给定股票的 β 值，我们可以运用多元回归分析。然而在这里由于超过了一个因素，所以我们需要就这五个宏观经济因素在每一时期的超额收益率对股票的超额收益率做多元回归，以回归的残值方差估计公司的特有风险。

二、多因素模型的一般形式与标准形式

如果我们把影响证券收益率的各种因素都引入收益率生成函数，就可以得到多因素模型的一般形式：

$$R_{it} = \alpha_i + \beta_{i,1} F_{1,t} + \beta_{i,2} F_{2,t} + \cdots + \beta_{i,L} F_{L,t} + e_{it} \quad (5.9)$$

其中：$F_{j,t}$ 是影响证券收益率的因素 j 的值，$\beta_{i,j}$ 是证券 i 的收益率对因素 j 的变化的敏感性。

一般地，$F_{j,t}$ 与 $F_{k,t}(j \neq k)$ 之间可能相关，为了便于用多元回归分析方法估计参数，先把 $F_{1,t}, \cdots, F_{L,t}$ 做某种变换，可使之不相关。变换后的模型变为：

$$R_{it} = \hat{\alpha}_i + \hat{\beta}_{i,1} \hat{F}_{1,t} + \hat{\beta}_{i,2} \hat{F}_{2,t} + \cdots + \hat{\beta}_{i,L} \hat{F}_{L,t} + \hat{e}_{it}$$

其中：

$$\mathrm{Cov}(\hat{F}_{j,t}, \hat{F}_{k,t}) = 0, j \neq k; \mathrm{Cov}(\hat{F}_{j,t}, \hat{e}_{it}) = 0;$$

$$E(\hat{e}_{it}, \hat{e}_{lt}) = 0, i \neq l; E(\hat{e}_{it}) = 0$$

这就是多因素模型的标准形式。正交化过程可以参看任何一本线性代数的教材。

在该形式中，我们假定 $E(\hat{e}_{it}, \hat{e}_{lt}) = 0, i \neq l$，其含义是不同股票之间收益率共同变动的原因仅仅在于纳入模型中的因素的共同变动，除此以外没有其他原

因能够说明任两种股票之间的一致变化。与单因素模型一样,这也是对现实世界的一种近似,模型的有效性取决于所选因素真正反映股票收益率共同变动的程度。

在多因素模型的标准形式下,任一证券 i 的收益率方差可用以下公式计算:

$$\sigma_i^2 = \hat{\beta}_{i,1}^2\sigma_{F1}^2 + \hat{\beta}_{i,2}^2\sigma_{F2}^2 + \cdots + \hat{\beta}_{i,L}^2\sigma_{FL}^2 + \sigma_{ei}^2$$

任意两种证券 i 和 j 的收益率之间的协方差等于:

$$\sigma_{ij} = \hat{\beta}_{i,1}\hat{\beta}_{j,1}\sigma_{F1}^2 + \hat{\beta}_{i,2}\hat{\beta}_{j,2}\sigma_{F2}^2 + \cdots + \hat{\beta}_{i,L}\hat{\beta}_{j,L}\sigma_{FL}^2$$

三、行业多因素模型与 Fama-French 三因素模型

在同一行业或者经济部门中公司的股票收益率经常由于该行业或者部门前景的变化而同向变动。假定不同证券收益率之间的相关关系由市场因素和行业因素引起,则多因素模型可以表示为行业因素模型:

$$R_{it} = \tilde{\alpha}_{it} + \tilde{\beta}_{i,M}\tilde{F}_{M,t} + \tilde{\beta}_{i,1}\tilde{F}_{1,t} + \tilde{\beta}_{i,2}\tilde{F}_{2,t} + \cdots + \tilde{\beta}_{i,L}\tilde{F}_{L,t} + \tilde{e}_{it} \qquad (5.10)$$

其中:

$$\mathrm{Cov}(\tilde{F}_{j,t}, \tilde{F}_{M,t}) = 0; \mathrm{Cov}(\tilde{F}_{M,t}, \tilde{e}_{it}) = \mathrm{Cov}(\tilde{F}_{j,t}, \tilde{e}_{it}) = 0;$$
$$E(\tilde{e}_{it}, \tilde{e}_{lt}) = 0, i \neq l; E(\tilde{e}_{it}) = 0$$

并且,$\tilde{F}_{M,t}$ 表示市场指数因素,$\tilde{F}_{j,t}$ 表示第 j 个行业因素。可见,行业因素模型是一般多因素模型的特例。

式(5.10)假定了证券的收益率受到市场因素与几个行业因素的共同影响。为了分散经营风险,许多公司实施多元化经营,其业务横跨几个行业,但是在使用行业因素模型时,若某个公司从某个行业中所获收入占总收入的比例较小,则不宜把该行业效果引入模型。

Elton 和 Gruber(1973) 发现,如果简单地把市场之外的因素加入单因素模型来得到多因素模型,所得模型与原来的单因素模型相比,前者预测的能力反而不如后者。其原因正是在于加入其他因素到单因素模型后,引入模型中的随机噪声远大于真实的信息。对于此,Farrell(1974) 采用伪行业分类法,即先在股票收益率中除去市场指数的影响,然后计算各公司所得的相应值的相关系数,把相关系数大的分为一个行业。根据这种方法可以把行业分为四种:增长型股票行业、周期型股票行业、稳定型股票行业和能源型股票行业。他发现,平均而言,伪行业因素模型的预测效果比单因素模型要好,但是在某些风险水平下却是相反。

Fertuck(1975) 比较了用传统行业的分类法建立的行业因素模型与伪行业因素模型的预测能力。他发现在大多数既定风险下,传统的行业因素模型优于伪行业因素模型。由于研究者所采用的样本是不同的,因此各种因素模型之间孰优孰劣尚无定论。

无论如何，多因素模型都要求我们确定哪一个经济变量是与风险因素有关的。当我们确定这些经济因素时，我们需要注意两个指导原则：第一，我们在考虑解释证券收益率的因素时，仅考虑有关的宏观因素；第二，我们希望选择那些看起来似乎是重要的风险因素，也就是说那些投资者最关心的因素，因为他们需要有意义的风险溢价以承受暴露于这些因素下的风险。

确定经济因素作为系统风险来源的一个有效方法是，利用那些在经验背景下代表着系统风险暴露的公司特征。比如，Fama 和 French(1996) 建立了一个这样的多因素模型：

$$R_{it} = \alpha_i + \beta_{i,m} R_{m,t} + \beta_{i,\mathrm{SMB}} \mathrm{SMB}_t + \beta_{i,\mathrm{HML}} \mathrm{HML}_t + e_{it} \tag{5.11}$$

其中：SMB 表示小市值股票资产组合的收益率超过大市值股票资产组合的收益率；HML 表示高账面价值 / 市值比的股票资产组合的收益率超过低账面价值 / 市值比的股票资产组合的收益率。注意，在这个模型中，市场指数 $R_{M,t}$ 仍然起了一个重要作用，模型用它跟踪源于宏观经济因素的系统风险。

选择这两个公司特征变量是因为 Fama 和 French 在对公司规模和账面价值 / 市值比的长期观测下发现，这两个变量可以用来预测股票平均收益率，从而可以预测它的风险溢价。当 SMB 和 HML 不是相关风险的明显因素时，这意味着证券收益率在随着其他未知的更基本的变量而变化。例如，Fama 和 French 指出，有高账面价值 / 市值比的公司更可能处于财务压力下，而小市值股票可能对经济环境中的变化更为敏感，因此这些变量可以用来跟踪宏观经济中的风险因素。

第四节　因素模型的应用和经验研究

一、因素模型、证券投资组合与风险分散化

因素模型也提供了资产组合风险分散化的另一个视角。我们以单因素模型为例说明，假定选择有 n 个证券的等权重资产组合，每个证券的超额收益率由下式给出：

$$r_i = \alpha_i + \beta_i R_M + e_i$$

类似地我们可以把股票资产组合的超额收益率写成：

$$R_p = \alpha_p + \beta_p R_M + e_p \tag{5.12}$$

另一方面，我们注意到等权重(每种资产权重 $w_i = 1/n$) 资产组合的超额收益率可以写成：

$$R_p = \sum_{i=1}^{n} w_i r_i = \frac{1}{n}\sum_{i=1}^{n} r_i = \frac{1}{n}\sum_{i=1}^{n}(\alpha_i + \beta_i R_M + e_i)$$
$$= \frac{1}{n}\sum_{i=1}^{n}\alpha_i + \left(\frac{1}{n}\sum_{i=1}^{n}\beta_i\right)R_M + \frac{1}{n}\sum_{i=1}^{n} e_i \tag{5.13}$$

比较式(5.12)和式(5.13),我们看到资产组合对市场的敏感度 β_p 由下式给出：

$$\beta_p = \frac{1}{n}\sum_{i=1}^{n}\beta_i$$

它是单个 β_i 的平均值。同时,资产组合有一个常数(截距)的非市场收益成分 α_p 和零均值的公司特有成分 e_p,即：

$$\alpha_p = \frac{1}{n}\sum_{i=1}^{n}\alpha_i, \quad e_p = \frac{1}{n}\sum_{i=1}^{n} e_i$$

因此,资产组合的方差为：

$$\sigma_p^2 = \beta_p^2\sigma_M^2 + \sigma^2(e_p) \tag{5.14}$$

我们定义资产组合方差的系统风险成分为依赖于市场运动的部分,即 $\beta_p^2\sigma_M^2$,它也依赖于单个证券的敏感度系数。这部分风险依赖于资产组合的 β_p 和 σ_M,不管资产组合分散化程度如何都不会改变;无论持有多少股票,它们在市场中暴露的一般风险将反映在资产组合的系统风险中。

相比较,资产组合方差的非系统成分是 $\sigma^2(e_p)$,它来源于公司特有成分 e_i,因为这些 e_i 是独立的,都具有零期望值。随着越来越多的股票加入到资产组合中,公司特有风险将被逐渐消除,结果剩下越来越小的非市场风险,这些风险被认为是可分散的,因为 e_i 是不相关的,等权重资产组合的方差公式为：

$$\sigma^2(e_p) = \sum_{i=1}^{n}\left(\frac{1}{n}\right)^2\sigma^2(e_p) = \frac{1}{n}\bar{\sigma}^2(e)$$

其中：$\bar{\sigma}^2(e)$ 表示公司特有方差的均值。由于这一均值独立于 n,所以当 n 变大时,$\sigma^2(e_p)$ 就变得很小,直到可以忽略。

简而言之,随着分散化程度的加强,资产组合的方差接近于系统方差。系统方差定义为市场因素的方差乘以资产组合敏感系数的平方 β_p^2。图 5-3 表明,随着越来越多的证券组成资产组合,由于分散了公司特有风险,归因于非市场因素的资产组合风险部分将变得越来越小,这部分风险被分散掉了,资产组合的方差下降。然而分散化的能力是有限的。甚至对于一个相当大的 n,仍然存在着部分风险,因为所有资产实际上仍暴露于一般或市场的因素上,因此我们说系统风险是不可分散的。

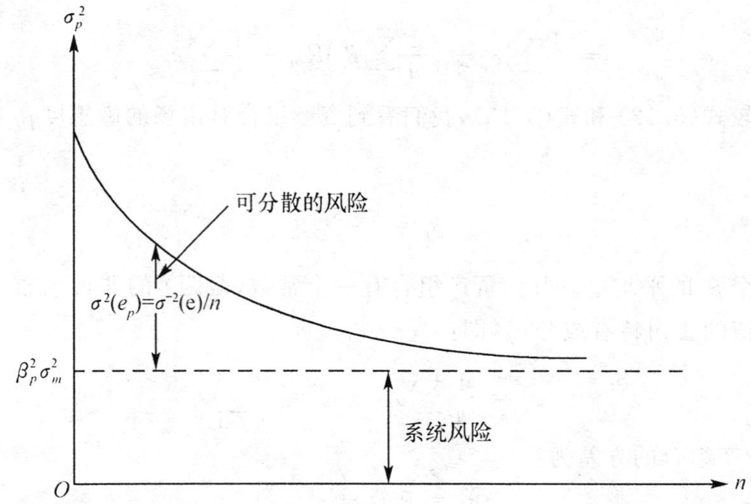

图 5-3　因素模型与风险分散

二、因素模型的估计

尽管用来估计因素模型的方法很多，但是这些方法基本上可以归结为三类主要方法：时间序列法；横截面法；因素分析法。

（一）时间序列法

对于投资者而言，时间序列法是最为直观的。建立模型时假定事先知道有哪些因素影响证券的收益率，我们通过对所研究的公司进行经济分析来识别有关的典型因素，宏观经济的某些方面、行业层面、微观层面因素以及证券的基础因素等都是重要的分析对象。比如，就像前面讨论的那样，某些宏观经济变量对证券收益率有普遍的影响，这些变量包括 GDP 增长率、通货膨胀率、利率和石油价格等。确定典型因素以后，我们就可以逐期收集有关因素和证券收益率的时间序列值。对这些数据进行回归分析就可以计算出证券收益率对各因素的敏感度、α 值等参数。在这种方法中，对因素精确取值是极其重要的，在实际中做到这一点往往很困难。

对于单因素模型而言，式(5.5) 给出了如何实际度量市场风险与公司特有风险的方法。如果我们假定在一段时间内，比如一年，市场指数和某个特定风险资产的月度超额收益率稳定地服从于某个分布，并且不同期之间的收益率之间不存在序列相关性，则我们就可以用式(5.5) 来估计。

我们用一年期 12 个月的 S&P500 指数和 GM 股票的月度超额收益率作为例子。图 5-4 给出了一个样本期间的散点图(Scatter Diagram)的简化结果。在图 5-4 中,横轴表示市场指数(超过无风险利率的)的超额收益率,纵轴表示问题中风险资产(我们例子中的 GM 股票)的超额收益率。一对超额收益率组成了散点图中的一点。这些点分别代表了从 1 月份到 12 月份每个月的 S&P500 指数的超额收益率和 GM 股票的超额收益率。当然,由于这个样本实在太小,我们只用它来演示时间序列法的过程。

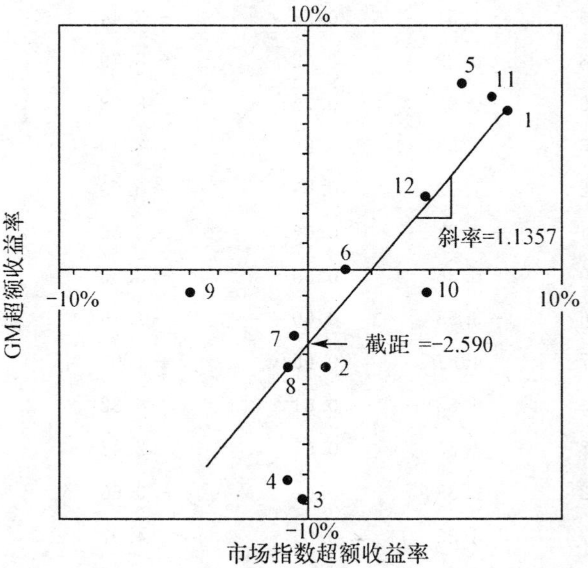

图 5-4　因素模型估计的时间序列法

单指数模型表明,GM 股票的超额收益率与 S&P500 指数的超额收益率之间的关系由下式给定:

$$R_{GM,t} = \alpha_{GM} + \beta_{GM} R_{m,t} + e_{GM,t}$$

这一关系类似于回归方程(Regression Equation)。

在一个单变量的线性回归等式中,被解释变量标在一条截距为 α_{GM}、斜率为 β_{GM} 的直线周围。假定偏差 $e_{GM,t}$ 与解释变量不相关,并且不同期彼此之间也不相关,我们通过 β_{GM} 来度量 GM 股票对市场的敏感度,它是回归直线的斜率。回归直线的截距是 α_{GM},它代表了平均的公司特有收益率。回归直线的特定观测偏差记为 $e_{GM,t}$,称为残值(Residuals),每一个残值都是实际股票收益率与回归等式所预测出的股票收益率之间的差异,因此它们反映了特定期间公司特有事件的影响。参数 α_{GM}、β_{GM} 和 $\sigma^2(e_{GM})$ 可以用标准回归技术估计。

单指数模型回归等式的估计给出了证券特征线(Securities Characteristic Line,SCL),图 5-4 中画出了这条直线(回归结果和原始数据如表 5-4 所示)。SCL 是把证券超额收益率作为市场超额收益率的函数的图形。

表 5-4 **因素模型估计的时间序列法**

月份	GM 收益率	市场收益率	无风险利率	GM 超额收益率	市场超额收益率
1	6.06	7.89	0.65	5.41	7.24
2	−2.86	1.51	0.58	−3.44	0.93
3	−8.18	0.23	0.62	−8.79	−0.38
4	−7.36	−0.29	0.72	−8.08	−1.01
5	7.76	5.58	0.66	7.10	4.92
6	0.52	1.73	0.55	−0.03	1.18
7	−1.74	−0.21	0.62	−2.36	−0.83
8	−3.00	−0.36	0.55	−3.55	−0.91
9	−0.56	−3.58	0.60	−1.16	−4.18
10	−0.37	4.62	0.65	−1.02	−3.97
11	6.93	6.85	0.61	6.32	6.25
12	3.08	4.55	0.65	2.43	3.90
中值	0.02	2.38	0.62	−0.60	1.75
标准差	4.97	3.33	0.05	4.97	3.32

回归方程 $r_{GM} - r_f = \alpha + \beta(r_m - r_f)$

	α	β
估计系数	−2.590	1.135 7
估计的标准差	1.547	0.309

变量残值 = 12.601

残值的标准偏差 = 3.550

$R^2 = 0.575$

结果显示,对于这个样本期间,GM 股票的 β 系数为 1.1357,SCL 的截距为 −2.59%。我们预测的每月残差 $e_{GM,t}$ 是 GM 股票的超额收益率与 SCL 之间的偏差,即:

$$e_{GM,t} = R_{GM,t} - (\alpha_{GM} + \beta_{GM} R_{M,t})$$

这些残差是 GM 股票收益率中每月公司特有成分的估计，由于 $e_{GM,t}$ 的均值为零，$e_{GM,t}^2$ 是该均值的平方差，因此，$e_{GM,t}^2$ 的平均值是公司特有成分的方差估计。我们把方差残值的总和除以回归自由度 $n-2=12-2=10$，得出 $\sigma^2(e_{GM})$ 的无偏估计，即：

$$\sigma^2(e_{GM})=\frac{1}{10}\sum_{t=1}^{12}e_t^2=12.60$$

GM 股票收益率的公司特有成分的标准差 $\sigma(e_{GM})$ 每月为 $\sqrt{12.60}=3.55\%$。

（二）横截面法

横截面法没有时间序列法那么直观。我们从估计证券对某些因素的敏感性入手，然后在一特定时期根据证券的收益率和它们对因素的敏感性来估计因素的值。在多个时期重复这个过程，便可以估计因素的标准差以及因素间的相关系数。

横截面法与时间序列法是完全不同的方法。时间序列法中，因素的值是已知的，敏感性需要估计，并且分析是对每个证券的多个时期逐个进行的。然而在横截面法中，敏感性是已知的，因素的值需要估计，相应地称横截面法中的敏感性为特征(characteristics)，并且分析是对一组证券的每一时期逐个进行。

图 5-5 给出了一个例子，反映了在一给定时期里大量证券的收益率和其一个相应的特征之间的关系，这个特征是证券的分红。图中每一个点表示一个特定的证券，表示所考虑的时期里该证券的一对收益率和分红，显然，在这个例子中分红较高的证券相对分红较低的证券具有更高的收益率。

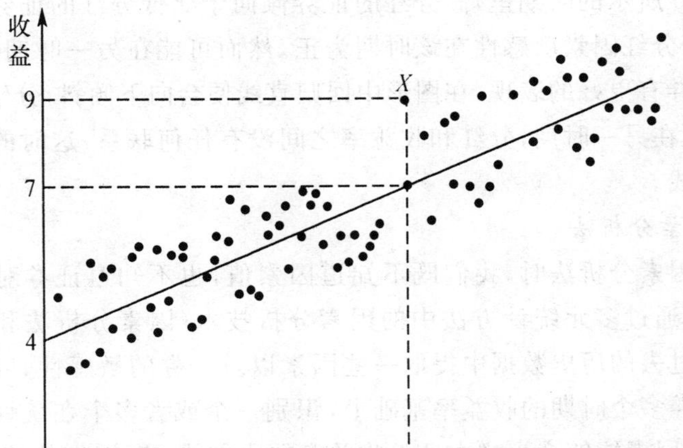

图 5-5

我们使用一元回归分析的统计技术做一条拟合图中点的直线，假设这条直线方程为：

$$\bar{r}_{it} = a_t + b_{it}F_t \tag{5.15}$$

其中：a_t 表示时期 t 的零因素；b_{it} 表示证券 i 在时期 t 对分红的敏感性；F_t 表示时期 t 因素的实际值；$\bar{r}_{it}$ 表示给定因素的实际值时证券 i 在时期 t 的预期收益率。

从图 5-5 可以看出，纵轴上的截距 a_t 表示具有零分红敏感性的那一类证券的预期收益率，在本例中它等于 4%。斜率 0.5 表示每一单位的分红所增加的预期收 益率，因此它表示这一时期分红因素（F_t）的实际值对收益率影响的程度。

从这个例子可以看出，横截面法利用已知的敏感性对因素的取值作出估计，对时期 t 一组证券的 r_{it} 和 b_{it} 进行回归得到当期的零因素和分红因素敏感性的值 a_t 和 F_t，因此也将这些因素称为经验因素。与之相比，时间序列法则是利用已知的因素值对证券的敏感性作出估计，所以将相应的因素称为基本因素。对多个不同时期的 a_t 和 F_t 进行统计分析就可以得到因素的标准差和它们之间相关性的统计估计。

由于含有非因素收益率的原因，任一给定证券的实际收益率可能位于拟合直线的上方或者下方，例中的单因素模型所反映的关系的完整描述为：

$$r_{it} = 4 + 0.5b_{it} + e_{it}$$

其中：e_{it} 表示证券 i 在时期 t 的非因素收益率。在图 5-5 中，证券 X 的分红为 6%，由方程式（5.15）得出它在该时期的预期收益率为 7%，而实际收益率为 9%，因此非因素收益率为 2%。

在图 5-5 所示的时期里，高分红的证券倾向于比低分红的证券有更高的收益率，这说明分红因素敏感性在该时期为正。然而可能在另一时期，低分红证券比高分红证券有更好的表现，在图形中回归直线便会向下倾斜，分红因素敏感性为负；也可能在另一时期，分红和收益率之间没有任何联系，这时的回归直线就是一条水平线。

（三）因素分析法

在采用因素分析法时，我们既不知道因素值，也不知道证券对因素的敏感性。我们只能通过多元统计方法中的因素分析技术（因素分析法和主成分分析法），从证券过去的历史数据中提取一些因素以及证券的敏感性。因素分析法在一组样本证券多个时期的收益率基础上，识别一个或者多个在统计上显著的因素，并且这些因素能够产生样本证券收益率的协方差。应该说，从统计上看，收益率数据可以告诉我们模型的具体结构，但是用这种统计方法分析的因素代表经济变量却是我们不知道的。

三、因素模型在中国证券市场的经验研究

近年来，随着我国证券市场的发展，特别是有关数据库的建立，相当一些学者开始讨论因素模型在我国的经验结果。其中，周利、高栓喜、白思俊(2001)使用逐步回归方法从众多影响股票收益率的因素中挑选了对股价有较大影响的因素，他们发现影响我国证券市场股票收益率的因素包括很多方面，除了上市公司财务方面的因素以外，还有二级市场的一些流动性因素，比如流通股本(反映公司规模的同时还反映股票的流动性)和日成交金额等。任国彪、刘海军、罗俊明(2000)发现利率变化对收益率有重大影响，公司财务方面的因素则有每股收益、分红和股本扩张等，此外股本大小也是影响收益率的重要因素。杨炘、王小征(2003)用Jensen的单因素模型和Fama和French的三因素模型评价了33只证券投资基金的业绩，发现我国的基金普遍存在超过市场的超额收益率。仪垂林、黄兴旺、王能民、杨彤(2001)的研究则直接检验了Fama和French的三因素模型在我国证券市场的解释能力，发现账面市场效应(即B/P，账面值比市值的影响)并不明显，并发现两因素模型更为有效，因素为市场组合的超额收益率、小股票组合与大股票组合收益率差。陈信元、张田余、陈冬华(2001)的研究发现，公司规模和B/P表现出对预期收益率具有显著的解释能力，而账面、财务杠杆、市盈率虚拟变量和市盈率则没有通过显著性检验，在控制了公司规模以后，流通股比例表现出对预期股票收益率有显著的解释能力。

这些研究普遍认为，由于我国证券市场的特性，一些基于国外市场发展的因素模型并不能很好解释股票的超额收益率。但是总体上看，市场层面的因素和公司财务数据都是影响股票超额收益率的重要因素。

【本章小结】

1. 证券的实际收益率可以分解为三部分：预期部分，由共同因素导致的意外部分和由公司特有因素导致的意外部分。

2. 如果假设证券收益率只受到一个共同因素影响，则可以得到单因素模型。如果因素用证券指数收益率作为代理变量，则可以得到单指数模型。

3. 证券实际超额收益率既可能高于也可能低于由CAPM预测的超额收益，但平均来看是与CAPM预测结果一致的。

4. 利用单因素模型可以简化证券分析中两个股票间相关性的计算。

5. 单因素模型或单指数模型过于简单化了共同因素的假定，实际中我们需要多因素模型跟踪影响证券收益率的共同因素。

6. 多因素模型有一般形式、标准形式以及行业形式。

7. 因素模型的估计可以采用时间序列法、横截面法或者因素分析法。

【思考与练习】

1. 假设用一个三因素模型估计某公司股票的收益率，表达式为：

$$F_r = 4\% + 2F_1 + F_{GDP} - 1.8F_{IR} + e$$

这里 F_1、F_{GDP} 和 F_r 分别代表通货膨胀、GDP 和利率上的意外。假定在年初年通货膨胀率预期为5%，GDP的年预期增长率为2%，而利率预期不变；又假设年底公布的实际数字为：通货膨胀上升 7%，GDP 增长 1%，而利率下降 2%；另外由于该公司使用新的商业战略，使得未预期到的增长为 5%。求该公司股票这一年的实际收益率。

2. 考虑如图 5-6 中股票 A、B 的两条回归线。

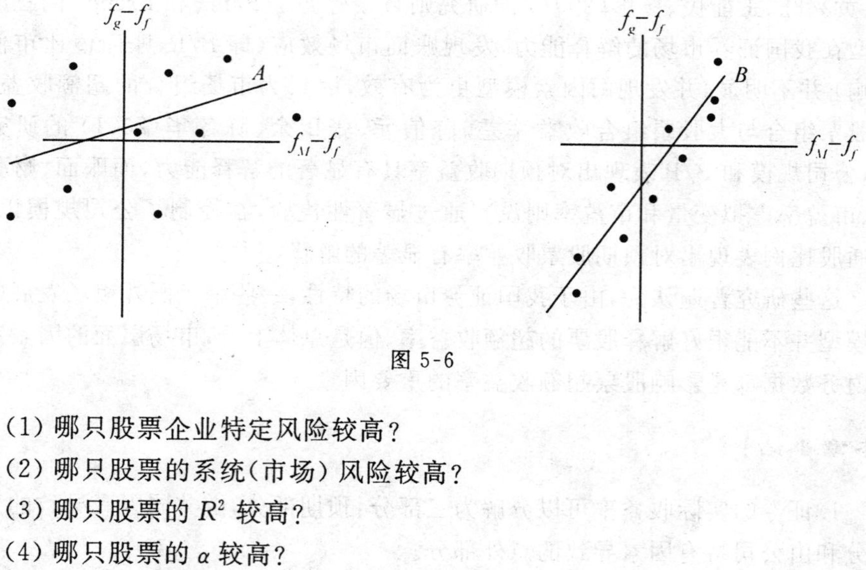

图 5-6

(1) 哪只股票企业特定风险较高？
(2) 哪只股票的系统(市场) 风险较高？
(3) 哪只股票的 R^2 较高？
(4) 哪只股票的 α 较高？
(5) 哪只股票与市场的相关性较高？

3. 考虑股票 A、B 的两个(超额收益率) 指数模型回归结果：

$R_A = 1\% + 1.2R_M$	$R_B = -2\% + 0.8R_M$
$R^2 = 0.576$	$R^2 = 0.436$
残差标准偏差 = 10.3%	残差标准偏差 = 9.1%

(1) 哪只股票的企业特有风险较高？
(2) 哪只股票的市场风险较高？
(3) 对哪只股票而言，市场的变动更能解释其收益的波动性？

(4) 哪只股票有除 CAPM 模型预测的收益率以外的平均超额收益率?

(5) 如果 r_f 恒为 6%,且回归以总量计而非超额收益率计,股票 A 的回归的截距是多少?

4. 假设股票 A、B 的指数模型是根据以下结果按照超额收益率估算的:

$R_A = 2\% + 0.9R_M + e_A$　　$R_B = -3\% + 1.5R_M + e_B$

$R^2 = 0.20$　　$R^2 = 0.12$

$\sigma_M = 20\%$

(1) 每只股票的标准偏差是多少?

(2) 分析每只股票的方差中的系统风险部分和企业特有风险部分。

(3) 这两只股票之间的协方差与相关系数各是多少?

(4) 每只股票与市场指数间的协方差各是多少?

(5) 这两个回归的截距项是否与 CAPM 模型相符?解释其值的含义。

5. 如果把 70% 的资金投入到股票 A,30% 投资于股票 B,重做第 4 题的(1)、(2)、(4)。

6. 如果 50% 的资金按第 5 题比例投资,30% 投资于市场指数,20% 投资于国库券,重做第 5 题。

7. 在一个只有两种股票的资本市场上,股票 A 的资本是股票 B 的两倍。A 的超额收益率的标准差为 30%,B 的超额收益率的标准差为 50%,两者超额收益的相关系数为 0.4。

(1) 市场指数资产组合的标准差是多少?

(2) 每只股票的 β 是多少?

(3) 每只股票的残差是多少?

(4) 如果指数模型不变,股票 A 预期收益率超过无风险收益率 11%,市场资产组合投资的风险溢价是多少?

8. 将 ABC 与 XYZ 两只股票在 1990 ~ 2004 年间的收益率数据以普通最小二乘法按股票市场指数的以年度表示的月收益百分回归,可以得到如下结论(如表 5-5 所示):

表 5-5

统计量	ABC 股票(%)	XYZ 股票(%)
α	−2.30	7.3
β	0.58	0.95
R^2	0.33	0.14
残差	12.89	22.30

试说明这些回归结果告诉了我们关于1990～2004年间每种股票的风险收益关系的什么信息。假定两种股票包含在一个优化了的资产组合当中，结合下列取自两所经纪商的截至2004年12月止两年内的每周数据资料，评价以上回归结果对于未来的风险收益关系有何意义。

(1) 如果投资者目前持有充分多样化的资产组合，投资者愿意增加哪种股票的持有量？

(2) 如果投资者只能投资于债券与这两种股票中的一种，投资者会如何选择？请用图表或定量分析说明股票的吸引力所在(如表5-6所示)。

表5-6

经纪商	ABC股票的β值	XYZ股票的β值
A	0.66	1.54
B	0.78	1.31

9. 除了本书中所讨论的因素外，试找出还有哪些其他因素可能对证券收益率具有广泛影响。

10. 比较三种因素模型的估计方法。

第六章 套利定价理论

【学习目标】

本章讨论套利定价理论的基本思路和原理，研究套利的原则及方法，论证在资本市场均衡的条件下，证券的预期收益率的决定因素，并指出如何应用套利定价模型确定证券的均衡价格。要求理解套利定价理论的基本思路和原理；掌握套利定价模型的分析技术和计算方法；进一步建立实证分析的思路并能够结合计量和统计分析方法解决实际问题。

在这一章中，我们要讨论套利定价理论(Arbitrage Pricing Theory，APT)。这是一个类似于资本资产定价模型(CAPM)的均衡状态下的定价模型，并且这个模型得出了与CAPM相似的结论，即风险和预期收益率之间的线性关系——风险越大，预期收益率就越大，但是两个模型却是以不同假设为基础的。

在导出CAPM时，我们假定所有的投资者都按风险收益占优规则来作出投资决策。风险收益占优规则的观点认为，当均衡价格关系被打破时，许多投资者将改变他们的资产组合。虽然每一个投资者将根据其风险规避的程度只进行有限的改变，但许多有限的资产组合改变的综合将引起大规模的买卖活动以使均衡价格得到恢复。

但是在导出套利定价理论时，我们不需要假定以风险收益占优规则为依据，同时也没有规避风险的假定，只要求投资者的偏好是财富越多越好。在这个框架下，风险资产预期收益率和风险之间存在的线性关系是因为在证券市场上没有套利机会。如果投资者可以找到一种证券组合，其初始净投资为零而又能稳赚一定的正值收益，那么所有的投资者都会去投资这种证券组合；结果这种证券组合的价格将发生变化，直到均衡状态下正的收益降为零并且这种诱人的投资机会从市场上消失为止。实际上，当这种交易不再存在时，我们就失去了套利机会，并且由此可以得到一种与CAPM非常类似的风险／预期收益率之间的关系。

套利与风险收益占优规则之间在支持均衡价格关系上存在着重要的区别。相比之下，当套利机会存在时，每一个投资者总想尽可能多地拥有套利头寸，因此，无需很多的投资者参与就可以带来足够的价格压力使其恢复均衡。正是由于如此，由无套利观点得出的价格要比由占优的风险／收益观点得到的价格更有意义。

第一节　套利的概念与无套利法则

一、套利举例

首先考虑一个最简单的例子：从A银行以5%的利率借入100元，又把这笔资金以6%的利息率存入一家毫无风险的B银行。从这两笔交易中所获得的现金流量列示在表6-1中。在这个简单的例子中，在时刻0我们的初始投资为零；在时刻1有1元的利润。如果存在这样的交易环境，这就是套利机会(Arbitrage Opportunity)。如果我们可以以5%的利息率借入无限的资金，并以6%的利息率借出，那么其潜在利润将是无限的。虽然一般而言，这种情况在市场上并不存在，但这个简单的例子说明的却是套利机会的概念。我们如果可以发现一种金融环境和投资策略，使其净投资为零并能稳赚得正值收益，就可以获得套利利润，获得这种利润的金融交易也就被称为套利交易(Arbitrage Transaction)。

表6-1　　简单的套利举例

投资操作	头寸变动
时期0	
从A银行借入资金	＋100元
把资金存入银行B	－100元
净现金流量	0元
时期0	
从B银行取出资金	＋106元
把资金还给银行A	－105元
净现金流量	1元

在进行套利交易时，投资者要构造一个能产生安全利润的零投资证券组合，必须能够卖空至少一项资产，然后再去购买(做多头)一项或多项资产。显然，任何投资者在套利资产组合中都愿意尽可能大地拥有这一头寸。为了例示一下如何用卖空交易获取套利利润，假定有三种证券A、B、C，收益由表6-2给出。为简

单计，假定三种股票当前价格都是100元。从表中可以明显看出，股票B的收益并不总是好于股票A的收益——股票B在衰退状况下和在稳定状况下的收益都低于股票A。除此之外，股票C的收益也不总是好于股票A的收益——当经济繁荣时，股票C的收益低于股票A的收益。虽然B和C都并不总是好于A，但我们仔细比较后发现投资者仍可以构造一项包含B和C的证券组合使得其总是好于A。

表6-2 **不确定情况下的套利环境**

经济状况	证券		
	A	B	C
衰退	－2元	－4元	0元
稳定	6元	4元	10元
繁荣	10元	16元	6元

因此持有B和C证券组合，并卖空A就会产生套利利润。假定以200元的价格卖空2股A股票，并用200元的实得款项以100元的价格购入1股B股票，以100元的价格购入1股C股票，这一交易的收益由表6-3列出。这一交易的初始投资为零（忽略任何交易成本），投资者或者损益为零（经济衰退时），或者有2元的收益（经济稳定或经济繁荣时），这明显是一个套利机会。

投资者把这一交易额加倍，变为400元，获得4元（或0元）的潜在利润；或者把交易额增至2 000元，获得20元（或0元）的利润，甚至把交易额增至1 000 000元，获得10 000元（或0元）的套利利润。投资者将继续卖空A，并买入B和C，以赚取套利利润。在这种大额交易很多的情况下，A股票面临卖出压力，B股票和C股票将面临买入压力。因此，A股票的当前价格将下跌，B股票和C股票的当前价格将上升，市场作用会减少套利利润，直到最后套利机会不存在时为止。

表6-3 **不确定情况下套利获利**

经济状况	交易现金流量		
	卖空A	买入1股B和1股C的组合	套利交易的净收益
衰退	$2\times2=4$(元)	$1\times(-4)+1\times0=-4$(元)	$4+(-4)=0$(元)
稳定	$2\times(-6)=-12$(元)	$1\times4+1\times10=14$(元)	$-12+14=2$(元)
繁荣	$2\times(-10)=-20$(元)	$1\times16+1\times6=22$(元)	$-20+22=2$(元)

假定A股票在卖出压力的作用下，使其价格从100元下降到90元。类似地，在买入压力的作用下，B股票的价格上升到105元，C股票的价格上升到110元。

卖出 2 股 A 股票将只获得 180 元的款项，这不够购买 1 股 B 股票和 1 股 C 股票。假定我们把 180 元的实得款项在 B 股票和 C 股票之间平均分摊，那么，我们只能购入 $90/105 = 0.857$ 股 B 股票，购入 $90/110 = 0.818$ 股 C 股票。这种策略将不会产生套利利润。例如，我们正处于经济繁荣期，我们会从卖空 2 股 A 股票中损失 20 元，但会从买入一部分 B 股票中获利 $16 \times (90/105) = 13.71$(元)，从买入一部分 C 股票中获利 $6 \times (90/110) = 4.91$(元)。因此，这一交易的净利润将为 $-20 + 13.71 + 4.91 = -1.38$(元)。注意这是负值，说明在新的市场价格条件下，这一策略的套利机会不存在。

投资者继续寻找另一种可能的套利机会，例如，把 180 元的卖空款项在 B 股票和 C 股票之间以各种比例进行分摊。如果所有可能的交易策略都不能保证在所有的经济状况下以零投资获得正值收益(可以在某些经济状况下收益为零，但至少应在一种经济状况下收益为正值)，我们就认为不存在套利机会。

二、套利的定义与无套利法则

从前面两个例子可以看出，一项无风险套利资产组合的重要性质是，任何投资者，无论其风险厌恶或财富状况如何，只要是偏好更多财富的，均愿意尽可能多地拥有该资产组合的头寸。组合的大量头寸的存在将会导致组合中多头证券价格上涨和空头证券下跌，直到套利机会完全消除。基于此，我们可以推导受约束的证券价格，使其满足在市场中不存在套利机会的条件，也就是推导出使市场不存在套利机会的价格水平。

一价法则(The Law of One Price) 就是一种价格约束，当其被违反时，就会出现明显的套利机会。当一项资产(也可以是风险资产的投资组合) 以不同的价格在两个市场进行交易时(在这里价格差异超过了交易成本)，在这两个市场进行同步交易则可做到无需任何投资便获得安全利润(即净价格差)，要做的只是将该资产在高价市场卖出同时在低价市场买入。这项净收益是正的，并且由于多头与空头头寸的互相抵消而不存在风险。前面的第一个例子就是一价法则被违反的情况。

但是一价法则是较为宽松的价格约束，只排除了其中一种套利机会。如果一项资产比另一项资产更有价值，但是其价格却低于或者等于另一项资产，那么就可以产生另一种套利机会。比如一个风险资产的投资组合在未来任何经济情况下都比另一个投资组合更有价值(反映真实价值)，但是当前价值却低于或者等于另一个投资组合，这就存在套利机会。我们不妨称这种情形违反了等值等价法则。前面的第二个例子就是这种情况。

无论是违反了一价法则还是违反了等值等价法则(统一为无套利法则)，都将出现套利机会。在证券市场，套利机会就是存在一个组合使得当前投资额为零或负值(价格)，但是未来各种经济情况下组合的收益(价值)都为非负值，那么不存在套利机会也就是任何当前投资额为零或负值的投资组合，未来各种经济情况下的收益并不都为非负值。这个定义的等价经济含义是，对于任何投资组合，如果未来各种经济情况下组合的收益要都是非负值，那么当前投资额必然要为正值。更为直观的解释是，风险资产或投资组合的价格(当前投资额)必须与其价值(未来各种经济情况下的不确定收益)成正比例，而衡量风险资产或投资组合价值的指标正是其未来不确定收益的风险程度。

根据资产定价基本定理，一组证券的价格如果不允许套利机会的存在，那么必然存在一组用以度量未来各种经济状况的正数，每一种资产的当前价格就是资产未来各种状况下的价格按照这组正数为权重的加权平均值，推广到未来有无限多种经济状况，这组正数就成为一个等价鞅测度。

需要注意的是，实际中我们在运用"套利"概念时，常常用来指在特定领域选取定价有偏差的证券的专业行为，而不是指寻找严格意义上的(无风险)套利机会。这种套利有时被称做风险套利，以示与纯套利之间的区别。如果构造的资产组合能够实现风险套利，并且随着组合资产数目的增多而风险减小直至资产数为无穷多时而减为零，那我们就称这是一个渐近套利机会。套利定价模型(APT)就是考虑具有无限多种证券的经济环境下的套利。

一些衍生证券，比如期货与期权，它们的市场价值完全由其他证券的价格来决定。举个例子，一种股票的看涨期权的到期日价值由该股票的价格决定。对这类证券来说，严格套利是完全可能的，而无套利条件则导致准确的定价，但是像股票之类其价值不是严格地由其他一种或一组资产决定的"基本"证券，无套利条件则一定要从多样化要求的条件中导出。

第二节 单因素套利定价模型

一、套利定价模型的基本假设

Ross(1976年)发展了套利定价理论。我们先从他的模型的简单形式入手，该形式假定只有单个系统因素影响证券的收益率。然而，通常讨论套利定价理论时要涉及多因素的情况，我们把这个更复杂的模型留到本章的第三节中去讨论。

APT模型与因素模型具有相似的形式，资产收益率的不确定性来自两个方面：共同或宏观经济因素和公司特有因素。不确定性收益率衡量了资产的价值，而APT需要解决的正是无套利法则在证券定价上的应用。在该模型中，共同因素被假定具有零期望值，因为它度量的是与宏观经济有关的新信息，根据定义，新信息具有零期望值。共同因素可以是经济中的通货膨胀率、失业率、政府债券的利息率、国内生产总值（GDP），甚至可以是市场证券组合的收益率，但需要注意的是，我们没有必要假定该因素可被市场指数资产组合的收益率所替代。此外，APT用的是$F-E(F)$，而不是简单地用F，这被称为“意外”（Surprise）因素。例如，如果预测通货膨胀率平均上升$E(F)=10\%$，而它实际上涨了$F=12\%$，那么我们就有了2%的意外因素。另一方面我们还需要假定有无限多的资产，并且允许卖空和投资者偏好获利越多越好。

如果我们用$F-E(F)$表示共同因素期望值的偏差，β_i表示证券i对该因素的敏感性，e_i表示公司因素引致的扰动。则该模型表明，证券i的实际收益率等于其初始期望收益率加上一项由未预料的整个经济事件引起（零期望值）的随机量，再加上另一项由公司特定事件引起（零期望值）的随机量，其公式为：

$$r_i = E(r_i) + \beta_i[F - E(F)] + e_i \tag{6.1}$$

其中：$E(r_i)$表示股票i的期望收益率；所有的非系统收益率e_i之间均是相互独立的，并与F相互独立，即$\mathrm{Cov}(e_i, e_j)=0\ (\forall i \neq j)$，$\mathrm{Cov}(F, e_i)=0$。公司$\beta$系数越大，意外因素对公司收益率的影响就越大。

为了使这个单因素模型更加具体，我们举一个例子。假设宏观因素$F-E(F)$代表国内生产总值（GDP）的意外的百分比变化，而舆论认为今年GDP将增长4%。假定一种股票的β值为1.2，如果GDP只增长了3%，则意外值为-1%，表明在与期望增长相比较时，实际增长有1%的失望。给定该股票的β值，可将失望转化为一项表示比先前预测低1.2%的股票收益率。这项宏观的意外加上公司特定的扰动e_i，便决定了该股票的收益率对其初始期望值的全部偏离程度。

二、充分分散化组合、套利组合和套利定价方程

如果我们构造一个由n种股票按权重组成的资产组合，第i种股票的权重记为ω_i，并且$i=1,2,\cdots,n$，$n\to+\infty$。权重的计算方法为：记第i只股票的持有额为a_i，如果$\sum_{i=1}^{n} a_i > 0$，则第i只股票的权重为$a_i\Big/\sum_{i=1}^{n} a_i$；如果$\sum_{i=1}^{n} a_i < 0$，则第$i$只股票的权重为$-a_i\Big/\sum_{i=1}^{n} a_i$；如果$\sum_{i=1}^{n} a_i = 0$，则记持有额$a_i>0$的所有股票的总金额为$\sum_{i=1}^{n} a_i, a_i>0$，第$i$只股票的权重为$a_i\Big/\sum_{i=1}^{n} a_i, a_i>0$。该资产组合的收益率为：

$$r_p = E(r_p) + \beta_p[F - E(F)] + e_p \tag{6.2}$$

其中：n 种股票的预期收益率 $E(r_i)$ 和 β_i 的加权平均值分别为：

$$E(r_p)=\sum_{i=1}^{n}\omega_i E(r_i) \qquad \beta_p=\sum_{i=1}^{n}\omega_i\beta_i \tag{6.3}$$

此外，该资产组合的非系统成分（与 F 无关）为：

$$e_p=\sum_{i=1}^{n}\omega_i e_i$$

也是 n 种股票的 e_i 的加权平均值。

我们将这一投资组合的方差分为系统和非系统的两部分：

$$\sigma_p^2=\beta_p^2\sigma_F^2+\sigma^2(e_p)$$

这里 σ_F^2 为因素 F 的方差，$\sigma^2(e_p)$ 为资产组合的非系统风险，因为特定的 e_i 之间是无关的，故它还可以表示为：

$$\sigma^2(e_p)=\mathrm{Var}\left(\sum\omega_i e_i\right)=\sum\omega_i^2\sigma^2(e_i)$$

考虑一个等权重的投资组合，即 $\omega_i=1/n$，则非系统方差将为：

$$\sigma^2(e_p)=\sum\omega_i^2\sigma^2(e_i)=\sum(1/n)^2\sigma^2(e_i)=(1/n)\sum(\sigma^2(e_i)/n)=(1/n)\bar{\sigma}^2$$

其中：$\bar{\sigma}^2$ 表示平均非系统方差。易见，当该资产组合增大时，即 $n\to+\infty$，但仍保持各股的等权重，非系统方差趋于零。随 n 增大而非系统方差趋于零的各种投资组合不仅仅包含等权重的资产组合，还有其他形式。任何能满足随 n 增大同时每个 ω_i 均稳定减小（特别地，随 n 增大每个 ω_i^2 趋于零）的投资组合都满足该组合之非系统风险随 n 增大而趋于零的条件。因此，我们把充分分散化的投资组合（Well-diversified Portfolio）定义为满足：按比例 ω_i 分散于足够大数量的证券中，而每种成分又足以小到使非系统方差 $\sigma^2(e_p)$ 可以被忽略。

大投资者（主要为金融机构）往往持有成百上千种证券投资组合，因此，充分分散化的投资组合在金融市场上是可实现的，但是需要再次强调的是，充分分散化的投资组合并不必须是等权重的。

现在假定可以以零投资和零风险来购建一项投资组合，这样一项投资组合称之为套利组合，又称为零 β 系数投资组合（Zero Beta Portfolio）。一般来说，APT 理论所说的套利组合是指同时满足以下几个条件的证券组合：

（1）是一个不需要投资者任何额外资金的组合，即：

$$\sum_{i=1}^{n}\omega_i=0 \tag{6.4}$$

要满足证券 i 所占比例变化而不增加额外投资，可通过卖出（或卖空）某些证券，并以此收益来买进其他一些证券。

（2）对共同因素没有敏感性，即不存在系统性风险。因为组合对共同因素敏感性恰好是组合中各证券对该因素的敏感性的加权平均，故无系统性风险就是：

$$\beta_p = \sum_{i=1}^{n} \omega_i \beta_i = 0 \tag{6.5}$$

也即 $\beta_p^2 \sigma_F^2 = 0$，这可以通过选择特定的投资比例 ω_i 得到。

(3) 随着组合中的证券趋于无穷多，套利组合也没有非系统性风险。通常套利组合的非因素风险会大于0，即 $\sigma^2(e_p) > 0$，但我们注意到，因为有足够多的证券可供选择，所以可以通过选择较小的投资比例 ω_i 构成充分分散化组合以分散风险。根据前面充分分散化的投资组合的定义，当 $n \to +\infty$ 时，$\sigma^2(e_p) = \sum \omega_i^2 \sigma^2(e_i) \to 0$。此外 $E(e_p) = \sum_{i=1}^{n} \omega_i E(e_i) = 0$，因此组合的非因素风险 $e_p = \sum_{i=1}^{n} \omega_i e_i$ 随着 n 的增大而近似地恒为0，即：

$$e_p = \sum_{i=1}^{n} \omega_i e_i \approx 0 \tag{6.6}$$

显然，投资者将尽力发现构造一个套利组合的可能性，以便在不承担任何风险的情况下增加组合的收益率。故当市场达到均衡时，也就是不存在无风险套利机会时，或者说不违反无套利法则时，套利组合的价格（当前投资额）为零必然要求其价值（未来不确定收益率）为零，组合的收益率应该恒为0，即 $r_p = 0$。而 $E(r_p) = r_p - \beta_p[F - E(F)] - e_p$，以及等式(6.3)、式(6.5)和式(6.6)，故有：

$$\sum_{i=1}^{n} \omega_i E(r_i) = E(r_p) \approx 0 \tag{6.7}$$

式(6.4)与式(6.5)表示一组正交条件，表明向量 $(\omega_1, \omega_2, \cdots, \omega_n)^T$ 垂直于向量 $(1,1,\cdots,1)^T$ 与向量 $(\beta_1, \beta_2, \cdots, \beta_n)^T$ 确定的平面，而式(6.7)又产生一个 ω_i 应满足的正交条件，表明向量 $(\omega_1, \omega_2, \cdots, \omega_n)^T$ 也与向量 $(E(r_1), E(r_2), \cdots, E(r_n))^T$ 近似垂直。由线性代数知识我们知道，向量 $(E(r_1), E(r_2), \cdots, E(r_n))^T$ 必然近似地在向量 $(1,1,\cdots,1)^T$ 与向量 $(\beta_1, \beta_2, \cdots, \beta_n)^T$ 确定的平面内，因此，必存在系数 λ_0 和 λ_1，使得：

$$E(r_i) \approx \lambda_0 + \lambda_1 \beta_i, i = 1, 2, \cdots, n, \quad n \to +\infty \tag{6.8}$$

这是一个直线方程，意味着在均衡时，预期收益率和因素敏感性之间存在一个线性关系。方程确定的直线就叫做套利定价线（Arbitrage Pricing Line, APL）。注意，我们在这里用近似相等的关系，表明对于个别风险资产而言，因为非系统性风险需要在无穷多资产的情况下才能通过分散消除，所以严格相等并不一定成立，但是Ross(1976年)证明了在一个有无穷多风险资产的市场中，只有有限种资产不满足严格相等关系。

三、因素组合与套利定价线

前面式(6.8)中并没有明确给出常数 λ_0 和 λ_1 的含义和形式。这需要从无风险资产和因素组合的定价中得到。

我们考虑一个无风险资产,这样的资产具有常数的预期收益率,因而其对因素没有敏感性。从式(6.8)中可以看出,对任何 $\beta_i = 0$ 的资产均有 $E(r_i) \approx \lambda_0$;另一方面,对于无风险资产又有 $E(r_i) = r_f$,因此 $\lambda_0 \approx r_f$,从而方程可以改写成:

$$E(r_i) \approx r_f + \lambda_1 \beta_i \tag{6.9}$$

此外,从前面充分分散组合的构建中我们看到,可以适当选取投资比例 ω_i 使得某个组合 $\beta_p = \sum_{i=1}^{n} \omega_i \beta_i = 1$。这样的组合是存在的,比如全市场所有资产的组合必然充分分散了非系统风险,同时具有对因素的单位敏感性。满足对因素具有单位敏感性的组合称为因素组合(Factor Portfolio),用 r_f 表示其收益率。显然因素组合也满足式(6.8),故有:

$$E(r_f) \approx r_f + \lambda_1 \tag{6.10}$$

即:$\lambda_1 \approx E(r_f) - r_f$,这表示 λ_1 是单位敏感性的组合的预期超额收益率(即高出无风险利率的那部分预期收益率)。它也被称做因素风险溢价或因素预期收益率溢酬。代入式(6.9)便得到套利定价方程的另一种形式:

$$E(r_i) \approx r_f + \beta_i [E(r_f) - r_f], i = 1, 2, \cdots, n, \quad n \to +\infty \tag{6.11}$$

需要注意的是,因为需要套利组合的非系统风险趋于零的条件,这个等式的成立是需要无限多风险资产。但是对于那些充分分散化的组合而言,因为非系统风险可以被分散掉,只有系统风险在市场均衡中控制着风险溢价,则在一个证券投资组合中只有系统风险能与其期望收益率联系,这个等式是肯定成立的。

图 6-1 显示了式(6.8)给出的套利定价方程的直线。根据无套利法则,对于一个因素敏感性和预期收益率都没有落在这条直线上的充分分散组合,其定价就是不合理的,这将给予投资者一个构造套利组合的机会。在 APL 上方的证券组合,如图中证券组合 U 表示证券价格被低估(Under-valued),其预期收益率比证券组合 A 高,投资者可以通过出售证券组合 A 购买证券组合 U 构成一个套利组合;而在 APL 下方的证券组合,如图中证券组合 O 表示证券价格被高估(Over-valued),其预期收益率比证券 B 低,投资者可以通过出售证券组合 O 购买证券组合 B 构成一个套利组合。由于投资者没有增加任何额外的资金,同时证

券组合U与证券组合A、证券组合O与证券组合B具有相同的因素敏感性，这就使得构造的套利组合的因素敏感性为零，而且这两个证券组合都有正的预期收益率。这就是套利的过程。

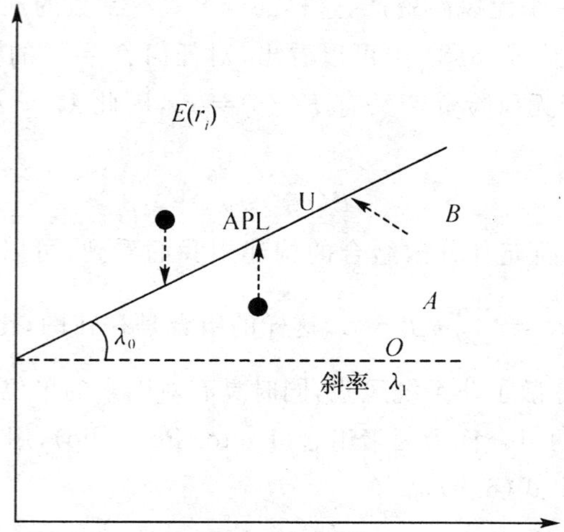

图 6-1 套利定价线

投资者的套利行为将会对证券的价格产生影响，相应地，它们的预期收益率也将做出调整。具体地说，由于不断增加的买方压力，被买入的证券的价格会上升，从而导致预期收益率的下降；而被卖出的证券，由于不断增加的卖方压力，导致其价格下降，从而预期收益率上升，最后直至套利机会消失。

下面我们看一个具体的例子。为了说明方便，请看图 6-2。套利定价线由无风险利率为4%的资产和$\beta=1$并且期望收益率为10%的充分分散组合A确定，另一个充分分散化的投资组合C(其$\beta=0.5$)的期望收益率为6%。将资产组合C的收益率线画在位于无风险资产至资产组合A的直线下，因此，要考虑一个新的资产组合D，它由资产组合A和无风险资产各占一半组成。资产组合D的$\beta=(1/2\times0+1/2\times1)=0.5$，其期望收益率为$(1/2\times4\%+1/2\times10\%)=7\%$。这时资产组合D具有和C相等的$\beta$值，但比C的期望收益率大。我们可以知道，这构成了一个套利机会，因此为了排除套利机会，所有充分分散化投资组合的期望收益率必须位于用图 6-2 的通过无风险资产点的直线上。这条直线的方程给出所有充分分散化投资组合的期望收益率值。

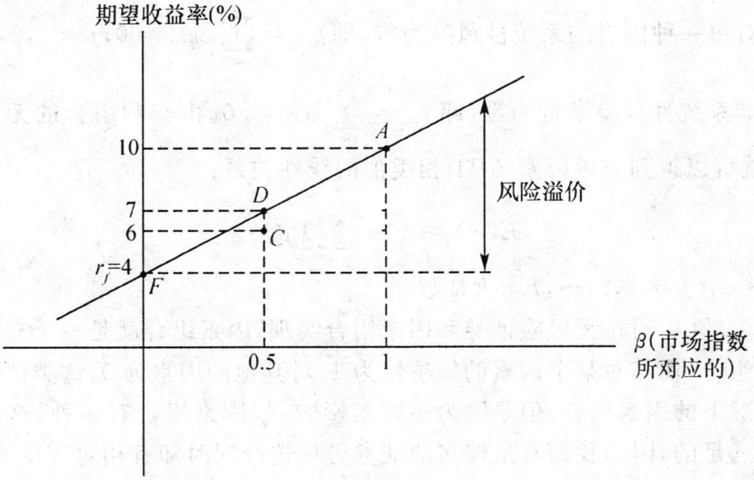

图 6-2　套利举例

第三节　多因素套利定价模型

一、多因素套利定价方程

前面我们假定只有一个系统因素影响股票收益率，这个假定过于简化了。我们很容易能想到几种受经济周期变动可能影响股票收益率的因素：利率波动、通货膨胀率、石油价格等。可以假定，其中任何一个因素的出现都将影响至少一种股票。类似于单因素情况，我们可以推导出多因素套利定价模型(Multi-factor APT Model)来描述证券所面临的多种风险。

当可能有多种宏观经济因素共同影响资产收益率时，用 F_j 表示第 j 种因素，$j=1,2,\cdots,K$，其均值为 $E(F_j)$。多因素套利定价模型假定第 i 种资产的收益率如下：

$$r_i = E(r_i) + \sum_{j=1}^{k} \beta_{ij}[F_j - E(F_j)] + e_i \tag{6.12}$$

其中：β_{ij} 表示第 i 种股票收益率对因素 F_j 的敏感性。

建立一个多因素套利定价模型的过程与建立单因素套利定价模型相似。用同样的无套利机会的方法，构建一个套利组合使得：

(1) 投资额为零,即 $\sum_{i=1}^{n}\omega_i = 0$;

(2) 对每一种因素的系统性风险为零,即 $\beta_{pj} = \sum_{i=1}^{n}\omega_i\beta_{ij} = 0, j = 1,2,\cdots,K$;

(3) 非系统性风险渐近为零,即 $e_p = \sum_{i=1}^{n}\omega_i e_i \approx 0$。由套利组合的无套利条件,我们就可以得到与单因素 APT 相类似的线性关系:

$$E(r_i) \approx \lambda_0 + \sum_{j=1}^{k}\lambda_j\beta_{ij} \tag{6.13}$$

其中:λ_0 和 $\lambda_j (j = 1,2,\cdots,K)$ 为常数。

确定 λ_0 和 λ_j 通过无风险证券和因素组合实现。因素组合就是一个充分分散化的投资组合,使其对某个因素的敏感性为 1,对其他的因素为 0。这类似于前面单因素情况下的因素组合,但是因为多因素影响,故因素组合有多种。这个条件是很容易满足的,因为我们有足够多的证券可供选择同时却有相对较少的因素。因素组合可作为多因素证券市场线的基准资产组合。记第 j 种因素对应的因素组合的收益率为 r_{Fj},故可以得到多因素套利定价方程:

$$E(r_i) = r_f + \sum_{j=1}^{k}\beta_{ij}[E(r_{Fj}) - r_f] \tag{6.14}$$

下面考虑一个两因素的情况。比如说,因素 1 代表预期国内生产总值 GDP 增长的偏离,因素 2 则可能表示的是预料之外的通货膨胀。假定有两个因素组合,我们把它们称做因素组合 1 和因素组合 2,它们的期望收益率分别为 $E(r_1) = 10\%$ 和 $E(r_2) = 12\%$。进一步假定无风险利率为 $r_f = 4\%$。这样,因素组合 1 的风险溢价为 6%,因素组合 2 的风险溢价为 8%。

现在存在一个任意的充分分散化的资产组合,即资产组合 A,其对第一个因素的敏感性为 $\beta_{A1} = 0.5$,对第二个因素的敏感性为 $\beta_{A2} = 0.75$。多因素套利定价理论认为该资产组合的全部风险溢价必须等于作为对投资者的补偿的每一项系统风险的风险溢价的总和,即:

4%	(无风险利率)
+3%	(因素 1 的风险溢价)
+6%	(因素 2 的风险溢价)
13%	(总期望收益率)

要了解为什么资产组合的期望收益率为 13%,我们来考虑如下的说明。假设资产组合的期望收益率为 12% 而非 13%,这样的收益率将会引发套利的机会。可以构造一个具有和资产组合 A 相同敏感性的资产组合,这个资产组合由

两个因素组合组成。其中因素组合1的权重为0.5,因素组合2的权重为0.75,无风险资产的权重为－0.25。上述资产组合的期望收益率为(0.5×10%)＋(0.75×12%)－(0.25×4%)＝13%。对该资产组合做多头,同时对资产组合A做空头,即可获得套利利润。

$13\% + 0.5(F_1 - E(F_1)) + 0.75(F_2 - E(F_2))$ (因素资产组合中的多头头寸)

$-(12\% + 0.5(F_1 - E(F_1)) + 0.75(F_2 - E(F_2))$ (资产组合A中的空头头寸)

1%

二、因素的确定和估计

套利定价方程并没有回答如何确定被定价的风险因素的个数以及何种风险因素,即那些具有足够大的λ正值或负值从而在估计预期收益率时必须包含进去的因素。

早期有几位研究人员对证券的收益率进行了研究,估计一般需要3～5个因素,后来有一些研究试图确定这些因素。比如Roll和Ross(1980)确定了下列的因素:(1)工业产值增长率;(2)通货膨胀率;(3)长期和短期利率的差额;(4)低级和高级债券的差别。实践中所罗门公司采用的是5个因素,他们用这些因素建立了他们所称的基本因素模型。这些因素是:(1)国民生产总值;(2)通货膨胀率;(3)利率;(4)石油价格变化率;(5)国防开支增长率。

综合起来看,各种不同的研究结果有一些共同的特征。首先,它们包括一些总体经济活动指标(工业产值、总销售和国民生产总值)。其次,它们包括通货膨胀。再次,它们包括一些类型的利率因素(或差额或利率本身)。这些结果与直觉是一致的,证券的价格被视为等于未来红利的贴现值,未来红利将与总体经济活动相联系,而用来计算现值的贴现率将与通货膨胀和利率相关。

具体来看,例如Berry、Burmeister和McElroy(1988)认为应该使用下列因素:(1)债券违约风险的不可预期的变动(政府债券对公司债券);(2)期限结构的不可预期变化(20年期政府债券对1个月期国库券);(3)通货膨胀的不可预期的变化;(4)公司利润增长率的不可预期的变化;(5)其他市场风险的不可预期的变化。

表6-4列出了套利定价理论模型估计的β系数,注意公布的β系数间的差距很大。我们可以看出金融行业对违约风险(Default Risk)和期限结构(Term Structure)的敏感性最高。因为当违约风险高时(－2.48的违约β系数),银行有可能会遭受

损失;当期限结构的β系数(正值)很大时(期限结构β系数为1.00),表示银行易于获利。我们从有关课程中学过,银行资产主要是长期贷款,银行负债主要是短期存款,因此,斜率陡峭的期限结构意味着它可以赚得比银行在负债上支付的利率更高的利息率。

表6-4 **用五种主要因素估计套利定价理论模型的β系数①**

部门名称	1.违约风险	2.期限结构	3.通货膨胀	4.公司利润	5.市场风险
周期性部门	−1.63	0.55	2.84	−1.04	1.14
	[4]	[6]	[4]	[2]	[3]
成长性部门	−2.08	0.58	3.16	−0.92	1.28
	[2]	[4]	[3]	[3]	[2]
稳定性部门	−1.40	0.68	2.31	−0.22	0.74
	[5]	[3]	[5]	[7]	[6]
石油部门	−0.63	0.31	2.19	−0.83	1.14
	[7]	[7]	[6]	[4]	[4]
公用事业	−1.06	0.72	1.54	0.23	0.62
	[6]	[2]	[7]	[6]	[7]
交通业	−2.07	0.58	4.45	−1.13	1.37
	[3]	[4]	[1]	[1]	[13]
金融业	−2.48	1.00	3.20	−0.56	0.99
	[1]	[1]	[2]	[5]	[5]

注:表中括号中的数字表示相应风险类型在这七个经济部门中的等级顺序(即按β系数的绝对值来排序)。

除了对证券价格变动有普遍影响的一些因素外,影响特定公司证券价格变动的因素应对所属的公司的特征和行为进行经济分析得到。在这一分析过程中,宏观经济学、微观经济学、产业组织以及证券的基础分析等方面的知识有重要作用。常见的因素识别和确定的方法有两类:统计方法和推理方法。统计方法涉及从一个全面的资产收益率集合来确定因素,采用这些收益率的样本数据来构造表示因素的资产组合;推理方法则是基于因素捕捉经济的系统性风险原则来识别因素。虽然系统性风险的市场价格很难估计,但也并非不可能估计。

① Berry, Michael A., Sorting Out Risks Using Known APT Factors, *Financial Analysts Journal*, March/April, 1988:33

第四节　套利定价模型、资本资产定价模型与指数模型的比较

一、套利定价模型与资本资产定价模型的关联

不像 APT 那样，CAPM 没有假设收益率受到因素影响，但是这并不说明 CAPM 就与因素影响没有关系。事实上，可能存在这样一种情形，收益率受到因素影响，APT 的其余假设也成立，同时 CAPM 的所有假设也都成立。

如果收益率由一个单因素模型生成，而且因素为市场组合，这种情况下，同时有：

$$\text{APT：}\quad E(r_i)=r_f+\beta_i[E(r_f)-r_f] \tag{6.15}$$

$$\text{CAPM：}\quad E(r_i)=r_f+\beta_{iM}[E(r_M)-r_f] \tag{6.16}$$

那么，$E(r_f)$ 将与市场组合的预期收益率 $E(r_M)$ 对应，β_i 将代表证券 i 相对于市场组合得到的 β_{iM}，因此 APT 与 CAPM 一致。

如果收益率由单因素模型生成，而因素不是市场组合，$E(r_f)$ 对应于一个对因素有单位敏感性的组合的预期收益率，β_i 表示证券 i 相对于该因素的敏感性。如果式(6.15) 和式(6.16) 都还成立，那么证券 i 的预期收益率将既与市场 β 值又与因素敏感性相联系。

由式(6.1)，证券 i 与市场证券组合 M 的协方差为：

$$\begin{aligned}\mathrm{Cov}(r_i,r_M)&=\mathrm{Cov}\{E(r_i)+\beta_i[F-E(F)]+e_i,r_M\}\\&=\beta_i\mathrm{Cov}(F,r_M)+\mathrm{Cov}(e_i,r_M)\end{aligned} \tag{6.17}$$

由于 $\mathrm{Cov}(e_i,r_M)$ 很小，可以忽略，因此式(6.17) 两边同时除以 σ_M^2 可得：

$$\beta_{iM}=\frac{\mathrm{Cov}(r_i,r_M)}{\sigma_M^2}=\frac{\mathrm{Cov}(F,r_M)}{\sigma_M^2}\beta_i \tag{6.18}$$

其中：$\mathrm{Cov}(F,r_M)$ 表示因素和市场组合之间的协方差；σ_M^2 表示市场组合的方差。因为 $\mathrm{Cov}(F,r_M)/\sigma_M^2$ 是一个常量，不会因为证券不同而改变，所以当式(6.15) 和式(6.16) 都成立时，CAPM 中的 β_{iM} 等于一个常数乘以 APT 中的 β_i，也就是说，每一个证券的市场 β 系数等于一个常数乘以证券对因素的敏感性。如果此因素与市场组合的收益率正相关的话，由于 $\mathrm{Cov}(F,r_M)$ 为正，那么该常数也将为正；反之，如果负相关，由于 $\mathrm{Cov}(F,r_M)$ 为负，那么该常数也为负。

如果将式(6.18) 代入式(6.16)，则有：

$$E(r_i)=r_f+\beta_i\left\{[E(r_M)-r_f]\frac{\mathrm{Cov}(F,r_M)}{\sigma_M^2}\right\} \tag{6.19}$$

将此式与式(6.9)比较可发现，如果套利定价理论(单因素)和资本资产定价理论的假设都成立，则有下列关系：

$$\lambda_1 = [E(r_M) - r_f]\frac{\mathrm{Cov}(F, r_M)}{\sigma_M^2} \tag{6.20}$$

套利定价理论本身并没有给出对因素风险溢价 λ_1 的大小，然而如果资本资产定价模型也成立，那么 λ_1 将满足式(6.20)。如果因素 F 与市场组合同向变化，即它与市场组合正相关，所以 $\mathrm{Cov}(F, r_M)$ 为正，由于 σ_M^2 和 $E(r_M) - r_f$ 都为正，因此 λ_1 为正。从而由式(6.9)知，β_i 的值越大，证券的预期收益率就越高。推广到一般情况，如果因素与市场组合正相关，则证券的预期收益率将是证券对该因素敏感性的增函数；反过来，如果因素 F 与市场反向变化，即 F 与市场组合负相关，则 λ_1 为负。这意味着 β_i 值越大，证券的预期收益率就越低。推广到一般情况，如果因素与市场负相关，那么证券的预期收益率将是证券对该因素的敏感性的减函数。

如果收益率是由一个单因素模型生成，因素是市场指数的收益率，比如上海综合指数，并且假设该指数与市场证券组合完全相关，即 $\rho_{FM} = 1$，以及市场指数与市场组合的方差完全相同，即 $\sigma_F = \sigma_M$。那么，$\mathrm{Cov}(F, r_M) = \rho_{FM}\sigma_F\sigma_M = \sigma_M^2$，即 $\mathrm{Cov}(F, r_M)/\sigma_M^2 = 1$，于是由式(6.18)可得 $\beta_{iM} = \beta_i$。由式(6.10)和式(6.20)可得 $E(r_f) = E(r_M)$。可见，一个对上证综合指数收益率具有单位敏感性组合的预期收益率与市场组合的预期收益率相等。

因此，如果能够找到一个市场指数与市场证券组合完全相关，且方差相等，那么资本资产定价模型成立，而且市场组合的角色可由该指数来代替；然而，由于市场组合是未知的，我们不能验证任何替代变量是否满足上面的两个条件。

推广到收益率由多因素模型生成，资本资产定价模型也有可能成立。类似地，由式(6.12)以及 β 的定义公式，可得：

$$\beta_{iM} = \beta_{i1}\frac{\mathrm{Cov}(F_1, r_M)}{\sigma_M^2} + \beta_{i2}\frac{\mathrm{Cov}(F_2, r_M)}{\sigma_M^2} + \cdots + \beta_{iK}\frac{\mathrm{Cov}(F_K, r_M)}{\sigma_M^2} \tag{6.21}$$

其中：$\mathrm{Cov}(F_j, r_M)$，$j = 1, 2, \cdots, K$，代表第 j 个因素与市场组合收益率之间的协方差。

将上式代入式(6.16)，再与式(6.13)比较可得到在 APT 和 CAPM 的假设都成立的情况下，将有以下关系：

$$\lambda_j = (E(r_M) - r_f)\frac{\mathrm{Cov}(F_j, r_M)}{\sigma_M^2}, \quad j = 1, 2, \cdots, K \tag{6.22}$$

因此，λ_j 的大小一方面依赖于市场超额收益率 $E(r_M) - r_f$，它为一个正数；另一方面也依赖于因素与市场组合的协方差，它可正可负。从而，如果因素与市场组合正相关，则 λ_j 将为正；然而如果某个因素与市场组合的收益率负相关，则

相应的 λ_j 值将为负。

二、套利定价模型、资本资产定价模型与指数模型的比较

套利定价理论是一个非常吸引人的模型,它依赖于"资本市场中的理性均衡会排除套利机会"这一假设。即便只有很有限的投资者注意到市场的不均衡,违反套利定价理论的定价关系也将引起巨大的压力而使其恢复均衡。

进一步说,利用一个由许多证券构成的充分分散化的投资组合或套利组合,套利定价理论可以得出期望收益率 $/\beta$ 关系。相比之下,CAPM 则是在内在的难以观测的市场投资组合的假定基础之上推导出来的,并且不同于 CAPM,APT 并不要求证券市场曲线关系的基准资产组合为真实市场投资组合。任何一个位于图 6-1 中套利定价线上的充分分散化投资组合均可作为一个基准资产组合。例如,我们可以将基准资产组合定义为一个与任何可影响股票收益率的系统因素高度相关的充分分散化的投资组合。相应地,APT 比 CAPM 更具有弹性,因为那些与一个难以观测的市场资产组合有关的问题对它来说并不是很重要的。

尽管有这些吸引人的优势,套利定价理论并没有完全占有替代资本资产定价模型的地位。CAPM 在期望收益率 $/\beta$ 关系上对所有的资产提出了一个明确清晰的陈述,而套利定价理论只说明该关系对除了可能的一小部分以外的所有证券均适用。这是一个重要的区别,但要证明却是不容易的,因为 CAPM 本身就不是一个容易检验的模型,而套利定价理论与指数模型之间进行比较则更有效。

我们还记得除了 CAPM 的假设外,指数模型还依赖于以下两个附加的假设条件:(1) 一个特定的市场指数与(难以观测的) 理论市场投资组合几乎完全相关;(2) 股票收益率的概率分布是静态的,所以,样本期收益率便可以提供对期望收益率和方差的有效估计。

在 CAPM 框架下,指数模型要求市场指数资产组合是有效的,并且期望收益率 $/\beta$ 关系对所有资产均成立。证券收益率的概率分布是静态的和指数的可观测性这两个假定,使得对指数资产组合的有效性和期望收益率 $/\beta$ 关系的检验成为可能。从假设到上述观点证明过程依赖于方差的有效性,也就是说,如果任何证券违反了期望收益率 $/\beta$ 关系,那么许多投资者(每一个相对都较小) 将调整各自的投资组合,以使它们共同的对价格的压力将恢复均衡,满足期望收益率 $/\beta$ 关系。

然而 APT 为我们在证券市场线关系的实现中利用指数模型提供了简单的理由。即便指数投资组合并不是一个真实的市场组合(在 CAPM 条件下这是相当重要的一个前提) 的精确替代,我们现在也可以知道,如果指数组合是充分分散化的,证券市场曲线关系仍然可以真实地与套利定价理论保持一致。

比较而言，套利定价理论利用套利观点以获得满足充分分散化投资组合的期望收益率 /β 关系。因为它着眼于无套利条件，没有市场或指数模型的进一步假定，所以套利定价理论不能排除任何个别资产对期望收益率 /β 关系的违反。此外，多因素套利定价理论还有一个缺陷，它没有引导人们关注因素资产组合的风险溢价的决定问题。相比较，CAPM 就具有市场的风险溢价由市场的方差和有关投资者的风险厌恶程度决定的含义，因此，我们仍然需要 CAPM 的假设和它的占优论点。

与套利定价理论一样，CAPM 也有多因素的一般形式，即跨时的资本资产定价模型（ICAPM），这一模型对因素资产组合的风险溢价给予了很多关注；另外，最近的理论研究已经证明，尽管真实的单因素或多因素资产组合难以识别，但人们还是可以估计出期望收益率 /β 关系。

【本章小结】

1. 本质上说，套利机会的出现是因为具有相同价值的资产或商品在不同市场出现了不同价格（违反一价法则），或者是因为价值高的资产或者商品出现了较低价格（违反等值等价法则）。

2. 证券收益率总是可以分解为预期收益率加上两项意外收益，其中一项是与共同因素（可以多种）相关联的，另一项是公司特有部分相关联的。

3. 在一个具有无限多种风险资产的市场，总是可以找到风险充分分散的组合，也可以找到因素组合，它们都是消除了非系统风险的组合。

4. 在市场达到无套利均衡时，风险资产的预期超额收益率总是可以表示为资产对各因素敏感性的线性组合，而系数正是相应因素组合的预期超额收益率。

5. 一般来说，影响资产收益率的因素有总体经济活动、通货膨胀和利率以及其他一些行业性因素，可以用统计方法和推理方法识别因素。

6. 套利定价模型与资本资产定价模型之间存在关联，如果两者的假设都成立的话，CAPM 中的市场 β 值是 APT 中的因素敏感性乘以常数。

7. 套利定价模型与资本资产定价模型基于的假设前提是不同的，由于 APT 不能排除有限的个别资产违反期望收益率 /β 关系，并且 APT 也没有给出因素组合超额收益率的决定形式，因此不能完全替代 CAPM。

【思考与练习】

1. 下面（如表 6-5 所示）是一证券分析家构建的三只股票的投资方案。

表 6-5 **投资方案**

股票	价格(元)	不同情况下的收益率(%)		
		衰退	稳定	繁荣
A	8	-17	18	28
B	13	23	8	-12
C	48	10	13	10

(1) 使用这三只股票构建一套利资产组合。

(2) 当恢复均衡时,这些股票价格可能会如何变化?举例说明,假定C股票的资金收益率保持不变,如何使C股票的价格变化以恢复均衡?

2. 假定影响中国经济的两个因素已被确定:工业生产增长率与通货膨胀率。目前,预计工业生产增长率为8%,通货膨胀率为3%。某股票与工业生产增长率的β值为1,与通货膨胀率的β值为0.5,股票的预期收益率为12%。如果工业生产真实增长率为10%,而通胀率为6%,那么,修正后的股票的期望收益率为多少?

3. 考虑下面的单因素经济体系的信息,所有资产组合均已充分分散化(如表6-6所示)。假定另一资产组合E也充分分散化,β值为0.6,期望收益率为8%,是否存在套利机会?如果存在,则具体方案如何?

表 6-6

资产组合	期望收益(%)	β
A	12	1.2
F	6	0

4. 假定两个投资产组合A、B都已充分分散化,$E(r_A)=12\%$,$E(r_B)=10\%$,如果影响经济的要素只有一个,并且$\beta_A=1.2$,$\beta_B=0.6$,可以确定无风险利率是多少?

5. 一个组合具有下列特征(假设收益率由一个单因素模型生成),假设决定通过增加证券A的持有比例0.2来创造一个套利组合(如表6-7所示)。

表 6-7

证券	因素敏感性	比例	预期收益率(%)
A	2.0	0.20	20
B	3.5	0.40	10
C	0.5	0.40	5

(1) 在套利组合中其他两种证券的权数是多少?

(2) 该套利组合的预期收益率是多少?

(3) 如果每个人都这样做,对这三种证券价格会造成什么影响?

6. 如果套利定价理论是有用的理论,那么经济体系中系统因素必须很少,为什么?

7. 考虑如下一种特定股票收益率的多因素证券收益率模型(如表 6-8 所示):

(1) 目前国库券可提供6%的无风险收益率,如果市场认为该股票是公平定价的,那么请求出该股票的期望收益率。

表 6-8　**多因素证券收益率模型**

因素	β	风险溢价(%)
通货膨胀	1.0	6
行业生产	0.8	8
石油价格	0.5	3

(2) 假定如表 6-9 所示的第一列给出的三种宏观因素的值是市场预测值,而实际值在第二列给出。在这种情况下,计算该股票修正后的期望收益率。

表 6-9

因素	预期变化率(%)	实际变化率(%)
通货膨胀	3	4
行业生产	6	4
石油价格	2	0

8. 设证券收益率由一个含有两个广泛性因素的因素模型生成,两种证券及无风险资产对每一因素的敏感性以及每种证券的期望收益率如表 6-10 所示。

(1) 如果有 100 元要投资,卖空 50 元证券 B 买入 150 元证券 A,那么该组合对两个因素的敏感性是多少(忽略保证金要求)?

(2) 如果现在以无风险利率借入 100 元,并将它与原有 100 元一起按(1) 中比例投资于 A 和 B,这一组合对两个因素的敏感性各为多少?

(3)(2) 中建立的组合的预期收益率是多少?

(4) 因素 2 的预期收益率溢价是多少?

表 6-10

证券	β_{i1}	β_{i2}	预期收益率(%)
A	0.50	0.80	16.2
B	1.50	1.40	21.6
C	0.00	0.00	10.0

9. 人们期望通过某些因素来确定风险收益率，而套利定价理论本身并不能提供关于这一问题的指导。那么，研究人员该如何确定哪些因素是值得研究的呢？例如，为什么说检验风险溢价，行业是一种合理的因素呢？

10. 设资本资产定价模型成立，证券的收益率由一个单因素模型生成，并且市场组合收益率方差为 $\sigma_M^2 = 400$，证券 A 和 B 的敏感性分别为 $\beta_A = 0.70$，$\beta_B = 1.10$，因素和市场组合收益率的协方差为 $\mathrm{Cov}(F, r_M) = 370$。

(1) 计算证券 A 和证券 B 的市场 β 系数。

(2) 如果无风险收益率为 6%，市场组合的预期收益率为 12%，证券 A 和证券 B 的均衡预期收益率是多少？

11. 设资本资产定价模型成立，收益率由一个双因素模型生成，并且市场组合收益率方差 $\sigma_M^2 = 324$，证券 A 和证券 B 对第一个因素的敏感性分别为：$\beta_{A1} = 0.80$，$\beta_{B1} = 1.00$，第一个因素与市场组合的协方差为：$\mathrm{Cov}(F_1, r_M) = 156$；证券 A 和证券 B 对第一个因素的敏感性分别为：$\beta_{A2} = 1.10$，$\beta_{B2} = 0.70$，第一个因素与市场组合的协方差为：$\mathrm{Cov}(F_2, r_M) = 500$，计算证券 A 和证券 B 的市场 β 系数。

第七章　固定收益证券

【学习目标】

本章阐述固定收益证券的特征、定价以及固定收益证券的投资管理。通过学习，了解债券的要素、主要分类、定价原理以及债券价格波动的性质与规律；从投资价值分析的角度，通过一些重要概念的学习（如持续期、凸性等），初步掌握债券投资中的一些基本分析方法与投资策略，为以后几章的学习打下基础。

第一节　固定收益证券及其特点

固定收益证券是在一定时期内有固定收入权的有价证券。对这些证券冠以"固定收益"，是因为这些证券按规定可以提供一个固定的收入流，或是以一个特定的公式计算其收入。收益由证券发行人或其代理机构支付，只要证券发行人不破产，这些证券的收益就是有保障的。债券是固定收益证券的主体，以下我们讨论债券的属性、种类、价值以及定价理论。

一、债券的概念

债券是投资者向政府、公司或金融机构提供资金的债权债务合同，该合同载明发行者在指定日期支付利息并在到期日偿还本金的承诺，债券要素包括期限、面值与利息、税前支付利息、各类对发行人的限制性条款、抵押与担保及选择权（如赎回与转换条款）。

世界各国债券发行和交易的规模极不平衡。美国债券市场是世界上最大的债券市场，美国财政部是当今世界最大的债券发行人。截至 2003 年 1 月，流通在外的美国国债规模是 6.4 万亿美元，超过同期中国和日本的 GDP 总和。美国国债对证券定价与全球市场利率的形成起着至关重要的作用。

二、债券属性概述

债券的属性体现在构成债券契约的全部要素中。偿债契约是债券发行者与债券持有者之间的协议，协议中有相当一部分内容是为了保护持有人的权利而对发债人(主要是发债企业)所设定的一系列限制,我们在此先整体描述债券的重要属性。

(一)发行人类型(Type of Issuer)

发行人的属性是构成债券特征的一个重要因素。一般而言有两类主要发行人:政府和企业。每类发行人都有各自不同的能力来履行他们对借款人的义务。

(二)到期期限(Term to Maturity)

债券的期限是指发行人承诺履行合同义务的全部时间,债券的到期日指债务停止存在的日期,届时,发行人将通过偿还本金来赎回债券。到期期限一般在债券契约中有明确规定,不过,有些债券允许发行人或债券持有人改变债券的到期期限。债券的到期期限明确了附息债券(详见后面债券的分类)持有人预期收到债息的日期和本金全部被偿还的年限,更为重要的是,到期期限的长短是影响债券价格波动的重要因素之一。

(三)本金和息票利率(Principal and Coupon Rate)

债券的本金是指发行人同意在到期日偿还债券持有人的金额,这个金额也被称为票面价值。息票利率也被称为名义利率,是债券发行人答应支付的年利率。在债券存续期内,每年支付给债券持有者一定数额的利息称为债息,息票利率乘以债券本金就是债息值。例如,息票利率8%的债券,如果本金是1 000元,则每年支付的利息(债息值)是80元。除了通常的定期分次支付利息的债券以外,还有若干债券在本金和息票利率方面有其独有的特征。比如,有一种债券叫做"零息债券",这种债券没有名义利率,以低于面值的价格出售,到期按照面值偿还本金。所以,零息债券的持有者通过以低于本金的价格购买的形式实现了利息收入,其利息可以被看做到期日支付,利息额是本金值与债券购买价格之差。还有一种浮动利息债券,这类债券的利率按预先确定的基准利率予以定期调整(大部分浮动利率债券票面利率以一些金融指数为基准调整)。

(四)分期偿还特征(Amortization Feature)

债券本金偿还方式有两种:一是全部本金到期一次偿还;二是本金在债券存续期内分期偿还。后者有一个本金偿还时间表,叫做分期偿还时间表,非常类似于汽车或房屋抵押贷款的本金偿还计划。后面我们将会看到,分期偿还本金的债券的确产生于有分期偿还时间表的贷款,相应地,那些没有分期偿还本金时间表的债券叫做非分期偿还债券。

(五)附加选择权(Embedded Options)

有些债券赋予持有人或发行人对另一方采取某种措施的选择权。最常见的选择权是赎回(Call Feature),即赋予发行人在规定的到期日之前全部或部分买回债券的权利,还有一些债券则赋予持有人在指定日期以票面价值将债券卖回发行人的权利，这类债券被称为附有卖出选择权(Put Provision)。市场中常常见到的可转换债券(Convertible Bond)赋予持有人将债券转换为一定量普通股股票的权利。

(六) 偿债基金(Sinking Fund)

债券到期时必须按面值偿付，这一偿付将构成发行企业庞大的现金压力。为确保承付款项不会导致现金短缺，发债企业必须设立偿债基金把债务负担分散到若干年内。该基金可以按照以下两种方式运作：一是企业每年在公开市场上回购一部分债券；二是企业可以以一个特别的价格购买部分债券。当然，为了在债券持有人之间公平分配偿债基金，被购买债券的选择用数字序列的方式随机产生。

(七) 次级额外债务

发债企业全部的未偿还债务总额，是决定债券安全性的重要因素之一。如果发债企业在原有的债券未被偿还的情况下又发行了新的债券，就意味着原先发行的债券质量下降。为阻止企业以这种方式损害债券持有人的利益，债券契约中的次级条款(Subordination Clause)的规定限制了发行人额外借款的权利，确立了原始债务优先，额外债务从属于原始债务的原则。当企业破产时，原始的(较早的)债务持有者有优先受偿权。

(八) 红利限制

有些债券契约的条款中含有限制企业支付红利数额的内容，其目的是保护债券持有人的利益，因为这些条款迫使企业保留收益而不是将其全部都支付给股东。

(九) 抵押品

一些企业债券的发行以特别物品的抵押为基础。这些抵押品(Collateral)的意义在于如果发债企业违约，债券持有者可以得到企业的抵押财产。由于有了抵押品做支持，抵押债券被认为是比较安全的债券。

三、债券的种类

债券因发行主体、期限、利率以及筹资用途不同，可以划分为不同的种类。随着市场交易者对投资、融资需求的发展，还会不断有新的债券产生。目前债券的主要种类有：

(一) 按照发行人不同，分为政府债券、企业债券、金融债券

1. 政府债券

政府债券是政府发行并负责还本付息的固定收益证券。按照政府级别不同，政府债券还可以分为中央政府债券(又称国债)、地方政府债券(又称市政债

券)和政府有关机构发行的证券(如美国政府国民抵押协会发行的债券)。我国目前没有后两类债券。由于政府信用高于一般的企业信用,加上政府债券在市场上流通比例较大,所以政府债券被认为是安全性和流动性比较高的债券种类。

2. 企业债券

企业债券是指由公司发行并负责还本付息的债券。由于存在违约或破产的可能性,企业债券的持有人有一定的风险。一般的企业债券有债券契约,有的企业债券还有抵押。在国外,企业债券一般还要经过信用评级。这些措施都是为了尽量降低持有人的风险,企业债券通常可分为以下几类。

(1) 按抵押担保状况分为信用债券、抵押债券、担保信托债券和设备信托证。

(2) 按利率可分为固定利率债券、浮动利率债券、指数债券和零息债券。

(3) 按内含选择权可分成可赎回债券、偿还基金债券、可转换债券和带认股权证的债券。

3. 金融债券

金融债券是由银行或非银行金融机构发行的债券。发行金融债券的金融机构一般资金实力雄厚,资信比较高,发行债券所筹集的资金有特定的用途。中国人民银行、国家开发银行和进出口银行等都曾发行过金融债券。在西方国家,由于金融机构大多属于股份公司组织,故金融债券可纳入公司债券的范围,它的信用风险要比公司债券低。

(二) 按债券生命周期长短,分为短期债券、中期债券与长期债券

(1) 短期债券。短期债券是政府或企业为获得短期融资而发行的还本期限在一年以下的债券。如美国的国库券(Treasury Bills)期限一般为 13 周、26 周或 52 周,我国也规定还本付息在一年以内的为短期债券。

(2) 中期债券。中期债券是指发行人为获得较长时期的融资需要而发行的债券,中期时间的划分标准各国并不相同。我国规定期限在一年以上五年以下为中期,美国则习惯把 1 年以上 10 年以下的债券叫做中期债券,如美国的中期国债(Treasury Notes)。

(3) 长期债券。长期债券指发行人为获得长期的融资需要而发行的债券。这些债券期限的划分标准在我国一般为 5 年以上,在美国习惯把 10 年以上 30 年以下的债券叫做长期债券,如美国的长期国债(Treasury Bonds)。

(三) 按是否有抵押,分为信用债券与抵押债券

(1) 信用债券。信用债券是全凭发行者的信用而发行的债券,它不需要特定的财产作为发债抵押。政府债券一般是信用债券。信用好的大企业发行的企业债券很多也是信用债券。

(2) 抵押债券。抵押债券是指以特定财产为抵押而发行的债券。在发债人不能按期还本付息的情况下，债券持有人对抵押财产有留置权，即拥有出售抵押财产来获得其未偿债务的权利。

(四) 按是否记名，分为记名债券与无记名债券

(1) 记名债券。记名债券是指债券上记有债权人姓名的债券。这种债券在领取本息时除了要持有债券外，还需要持有债权人的身份证和印鉴，在转让时，一般要进行重新登记。记名债券安全性好，但流动性差。

(2) 无记名债券。无记名债券是指不记载债权人姓名的债券，债券持有人仅凭债券本身就可取得债券的权利。这类债券的流动性好，安全性差。

(五) 按照利息支付方式，分为附息债券与零息债券

(1) 附息债券。附息债券是指按照发债时规定的利率标准每年支付利息的债券，一般为中长期债券。

(2) 零息债券。零息债券是指按照低于面值的价格发行，到期后按照面值偿还本息的债券。这类债券的发行价格和面值的差额就是投资人获取的利息。零息债券一般为短期债券。

(六) 按照本金偿还方式，划分为到期还本债券与分期偿还债券

(1) 到期还本债券。它是由发行人在债券到期时一次性偿还本金的债券。

(2) 分期偿还债券。它是发行人在债券到期前分期向债权人偿还本金的债券。

(七)按照是否含有各类选择权划分，债券有含权债券和非含权债券

(1) 含权债券。它分为赋予发行者提前买回债券选择权的债券(可赎回债券)和赋予债券持有者提前出售给发行者的选择权的债券(可卖回债券)。另外，可转换债券赋予债券持有者一定时期按照一定的条件把债券转换为普通股的选择权，因而也是含权债券。

(2) 非含权债券。债券契约中没有附加以上各类选择权的债券，大部分国债和企业债是非含权债券。

(八)按照发行价格与面值的关系，有平价债券、溢价债券和折价债券之分

(1) 平价债券。发行价格等于面值的债券。

(2) 溢价债券。发行价格高于面值的债券。

(3) 折价债券。发行价格低于面值的债券。

四、债券内在价值与收益率

债券收益率与价格有非常密切的关系，两者对于投资债券市场的交易者都有非常重要的意义。全面理解债券价格与收益率的前提是分析债券的内在价值。确定债券内在价值的过程就是债券的定价过程。

（一）债券内在价值分析

从理论上说，任何金融资产的价值都是其所带来的未来收入的贴现值，因此，债券价值的确定要求预期现金流的估计值和应计收益率的估计值。假如存在一个合适的贴现率（市场利率），那么，债券的价值＝息票利息的现值＋面值的现值。

1. 零息债券的价值

令 V 是债券价值，M 是面值，T 是到期日，y 是市场利率，则：

$$V=\frac{M}{(1+y)^T} \tag{7.1}$$

式(7.1)就是零息债券的价值公式，该式说明零息债券的价值是其面值的现值。例如，计算 15 年期零息债券的价值，该债券面值 1 000 元，票面收益率 9.4%，半年付息一次。考虑到 $M=1\ 000$，$r=0.047(0.094/2)$，$n=30(15\times2)$，于是：

$$V=1\ 000/(1+0.047)^{30}=252.12(\text{元})$$

英美国家的大部分国债是半年付息，所以本例中贴现的期间数不是债券到期的年限数，而是年限数的两倍，贴现率也是票面利率的一半。

2. 附息债券的价值

附息债券又称定息债券，或固定利息债券，按照票面金额计算利息，票面上可附有作为定期支付利息凭证的息票，也可不附息票。投资者不仅可以在债券期满时收回本金（面值），而且还可定期获得固定的利息收入，其内在价值公式如下：

$$V=\frac{c}{(1+y)}+\frac{c}{(1+y)^2}+\cdots+\frac{c}{(1+y)^T}+\frac{M}{(1+y)^T} \tag{7.2}$$

其中：c 表示债券的每期的息票利息；其余符号与式(7.1)相同。注意该式中最后一项是面值的现值，前面各项之和是一个年金的现值。年金现值的计算公式是：$c\times[1-(1+r)^{-n}]/r$

其中，n 相当于式(7.2)中的 T。

例1 考虑期限为 20 年、票面利率 10%、面值为 1 000 元的债券在市场利率为 11% 的环境中流通，则其现金流包括：40 次支付的半年期利息（每次 50 元）和 20 年后支付的 1 000 元本金。同上例一样，半年利率是年利率 11% 的一半 5.5%，即：$M=1\ 000$，$c=50$，$r=y/2=(0.11/2)=0.055$，$n=40(20\times2)$，于是：

$$\begin{aligned}V&=50\times\{[1-(1+0.055)^{-40}]/0.055\}+1\ 000/(1+0.055)^{40}\\&=802.31+117.46=919.77\end{aligned}$$

（二）收益率

各类收益率构成债券收益率这一庞大"家族"的成员，它们的含义各不相同，被人们用来当做不同的分析工具，下面是几种常见的收益率。

1. 当期收益率(Current Yield)

当期收益率是债券年利息与其市场价格之比，计算公式是：当期收益率＝息票利息/市场价格。例如，期限为 15 年、票面利率是 7%、面值为 1 000 元、售价为 769.4 元的债券的当期收益率是 70/769.4＝0.091 0 或 9.10%。

当期收益率的计算仅仅考虑了票面利率，没有考虑其他影响投资收益的因素。该收益率没有考虑持有债券期间可能发生的资本利得或资本损失，同时，也没有考虑到货币的时间价值。

2. 到期收益率(Yield to Maturity)

到期收益率是使债券产生的现金流量等于其价格(初始投资)的收益率。这一收益率同时被看做债券自购买日保持至到期日为止投资者所获得的平均报酬率。令 P 为购买债券的价格，M 是债券面值，c 是每期的票面利息，y 是到期收益率，则附息债券的到期收益率由下式确定：

$$P=\frac{c}{(1+y)}+\frac{c}{(1+y)^2}+\frac{c}{(1+y)^3}+\cdots+\frac{c}{(1+y)^n}+\frac{M}{(1+y)^n} \tag{7.3}$$

上述公式是一年付息一次的标准公式。如果半年付息一次，对上式要做修改：第一，年利率被支付的次数除(被 2 除)；第二，时期数要乘以每年利息支付的次数(乘以 2)。

例 2　假定息票利率为 8%，债券期限 30 年，半年付息，债券售价为 1 276.76元。投资者在这个价位购买债券并持有到期，平均的回报率是多少？为了回答这个问题，需要找出债券本息的现值与当前投资者支付的价格相等时的利率(即到期收益率)。利用上面的公式，价格 1 276.76 元必须与下式相等：

$$1\,276.76=\frac{40}{(1+k)}+\frac{40}{(1+k)^2}+\frac{40}{(1+k)^3}+\cdots+\frac{40}{(1+k)^{60}}+\frac{1\,000}{(1+k)^{60}}$$

解得 $k=3\%$。这意味着在债券的整个生命期内平均市场回报率是每半年 3%。考虑到一般是用年收益率的形式来表示到期收益率，所以用简单的办法将该收益率加倍，即得到年收益率为 6%。用这样的办法算出的到期收益率被称为“债券等值收益率”；如果考虑复利因素，1 元钱按照 3%的半年利率再投资，年底的总收入是 $1\times(1+3\%)^2=1.060\,9$，债券的实际收益率是 6.09%. 用这样的办法算出的到期收益率被称为“债券实际(或有效)年收益率”。在美国，常常用债券等值收益率来表示到期收益率。

大家已经看到式(7.3)与式(7.2)有相似之处。前者表示按照既定的价格投资债券的内部报酬率；后者表示按照“合适的贴现率(市场利率)”对未来现金流贴现后的债券理论价格(债券价值)应该是多少。这个“合适的贴现率”就是市场上与被评估债券剩余期限大致相等的另一个(或一组)债券的到期收益率。可见债券价格与到期收益率之间有着密切的关系,因为任何固定票息债券的价格描述都要涉及三个方面的参数。

第一,债券当前的现值(当前市场价格);第二,未来各个固定日期可以收取的息票金额(在一次性还本付息的情况下,中途收取的金额为零);第三,按照固定不变的一个利率计算出来的复利(到期收益率)。

知道第一和第三个方面中的任何一个参数,就可以算出另一个参数,因此当前价格的到期收益率实质是一致的,可以互相替换。现实中的投资者常常将到期收益率看做一种更方便的债券价格。到期收益率是被广泛接受的债券投资一般回报的代表值。

到期收益率不仅考虑到了当前的利息收入,而且考虑到了将债券一直持有到期后投资者实现的任何资本利得或损失。除此之外,到期收益率还将现金流量的时间性考虑在内。但是,到期收益率的计算有一个重要的前提,那就是在整个债券的生命期间市场利率保持不变,这样债券的利息能够以这个“到期收益率”进行再投资。否则,债券的利息的投资收益率不一定与原来的到期收益率相等,这样就不能保证投资者投资的实际收益率与到期收益率相等。

3. 持有期收益率

持有期收益率是债券在一定时期内的收益(包括资本损益)与债券购买价格的比例。例如,一种 30 年期,年息票收入为 80 元的债券以 1 000 元购入,它的到期收益率是 8%;如果一年后债券的价格上升到 1 050 元,它的到期收益率就下降到 8%以下(因为现在债券的售价高于面值,所以到期收益率一定低于 8%的息票利率),但本年持有收益率将高于 8%。

持有期收益率＝[80＋(1 050－1 000)]/1 000＝13%

4. 赎回收益率(Yield to Call)

到期收益率是假定债券持有到期的情况下计算的。我们前面提到过含权债券中有一种可赎回债券,即发行者可以按照某种价格提前买回发行在外的债券。如果我们买了可赎回债券,我们怎样才能计算相应的收益率呢?

图 7-1 解释了可赎回债券持有者的风险。图中的高线表示某种不可赎回债券(也叫直接债券)在不同市场利率下的价格。该债券面值 1 000 元,息票利率 8%,30 年期限。我们在图中看到,当利率下降时,该债券的价格会随之上升。现在考虑一种具有相同面值、息票利率和到期日的可赎回债券,该债券的赎回价格是 1 100 元,图中低线表示可赎回债券的价格曲线。比较两曲线,我们发现当利率比较高时,两个债券的价格相差不大,但随着利率的下降,两个债券的价格开始分化。其差异反映了发债人提前赎回债券的选择权价值。当然,这一发行

者的选择权价值对于可赎回债券的投资者来讲，则意味着相应的风险，所以，债券中的可赎回条款降低了该类债券的内在价值和投资者的实际收益率。

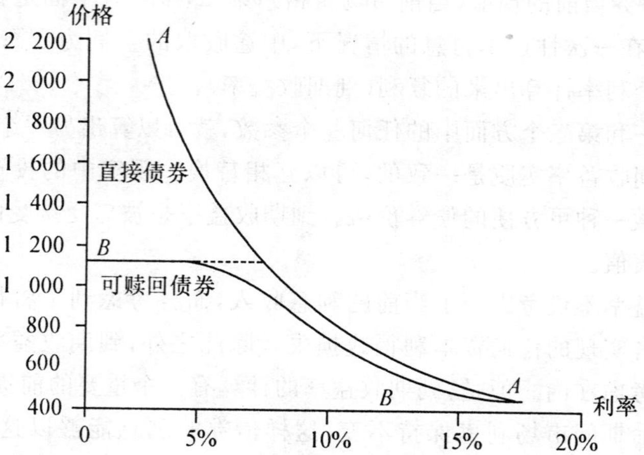

图 7-1 可赎回债券价格变化曲线

当债券可赎回时，投资者自然关心可赎回收益率。可赎回收益率的计算同到期收益率的计算基本相同，只是以赎回日代替到期日，以赎回价格代替面值就可以了。

5. 税后收益率

一些债券的利息收入要交纳所得税。税后收益率就是在扣除了利息所得税后的收益率(After-tax-yield)，所以，税后收益率＝税前收益率×(1－税率)。例如，假设需要课税的债券收益率是 9%，投资者面临的税率是 31%，则税后收益率是 9%×(1－31%)＝6.21%；另外，我们还可以据此确定免税债券的“课税等值收益率”(Equivalent-taxable-yield)。课税等值收益率＝免税收益率/(1－税率)。例如，一位投资者购买了收益率为 6.21%的免税债券，其所适用的税率是 31%，则课税等值收益率是 0.062 1/(1－0.31)＝0.09＝9%。

6. 总收益率

总收益率是使债券投资额达到投资期末可得未来收入的收益率。其计算公式：总收益率＝[未来总收入÷债券的购买价格]$^{1/n}$－1。

n 是投资期数。未来总收入＝债券的购买价格＋总收益。总收益＝债券利息＋债券期满或被赎回或被出售时的资本利得(或资本损失)＋定期获得的利息的再投资利息收入(利息的利息)。在总收益的公式中，后两项受到利率变动的影响,因此,计算总收益率的前提是先要找到一个使投资者满意的再投资利率。

五、债券定价原理

债券价格会因下面三个原因中的一个或多个而变动:(1)发行人信用级别变化导致的应计收益率的变动;(2)可类比的债券收益率变动导致应计收益率的变动(即市场利率发生变化);(3)即使应计收益率没有发生变动,仅仅是因为临近到期日,以溢价或折价出售的债券价格也会发生变动。下面我们逐项分析。

(一)发行人信用级别变化导致的应计收益率的变动

发行人信用级别是决定债券安全性的重要因素,因而其变化通过应计收益率的变动对债券价值产生一定影响。一般地说,债券对投资者承诺一笔固定收益,但这笔收益并非没有风险。比如,当发债企业破产时,债券持有者就不能将事先得到承诺的所有款项收回,这就是债券的所谓"违约风险"。具有违约风险的债券交易价格低于可比的国债交易价格,因为国债被认为是没有违约风险的债券。换句话说,市场上交易的非国债债券需要比其他可比的国债具有更高的收益率。比如,1997 年 9 月 19 日,美国奥玛商店 10 年期债券的到期收益率是 6.476%,同日美国 10 年期国债的到期收益率是 6.086%,两者相差 0.39%。这一差额反映了市场投资者购买非国债债券的面临的风险(称为风险升水)。从这一意义上,非国债债券的应计收益率=基本利率+风险升水,基本利率指可比的国债收益率。不难理解,当发行人信用级别改变时,风险升水发生变化,应计收益率随之改变。

(二)市场利率的变动

债券的基本特征之一是其价格与应计收益率成反比。在债券发行人信用级别不变的情况下,可类比的债券收益率(一般指国债的无风险收益率,即前面提到的"基本利率"或市场利率)的变化导致应计收益率的变化,必然会改变债券的价格。从前面债券定价的公式可以看出,随着市场利率上升(或下降),预期现金流量的现值将下降(或上升),因而债券的价格也随之下降(或上升)。从另一个角度看,当市场利率变化时,针对新的市场应计收益率,债券价格的变化是对投资者进行补偿的惟一可变的变量:当票面利率等于应计收益率时,债券价格等于其面值(这类债券被称为平价债券);当票面利率低于市场应计收益率时,债券价格向下调整以便使购买此债券的投资者获得补偿性的资本利得收益,否则,投资者就不会购买此类债券,导致这类债券需求下降,价格随之下降(这类债券叫做折价债券);反之,当票面利率高于市场应计收益率时,购买这类债券的投资者将得到多于市场应计的收益率,这类债券将变得供不应求,其价格将一直上升到债券产生的收益率等于市场应计收益率为止(这类债券叫做溢价债券)。票面利率、应计收益率和价格之间的关系可以表示如下：

票面利率＜收益率↔价格＜面值(折价债券)

票面利率＞收益率↔价格＞面值(溢价债券)

票面利率＝收益率↔价格＝面值(平价债券)

图 7-2 概括了债券价格与市场利率的关系。

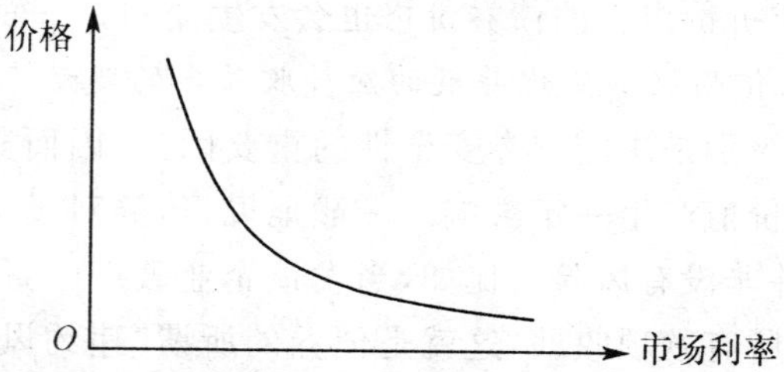

图 7-2 债券价格与市场利率的关系曲线

图 7-2 中显示，债券价格与市场利率呈反比关系，但这一关系并不是线形的(是曲线而不是直线)。债券价格与收益率这种非线形的关系被称为凸性(Convex)，我们把以下 6 种假设的债券在不同应计收益率下的价格制成表格，以便对这一问题进一步讨论。6 种假设的债券是：5 年期票面利率为 9％的债券；25 年期票面利率为 9％的债券；5 年期票面利率为 6％的债券；25 年期票面利率为 6％的债券；5 年期零息债券；25 年期零息债券。表 7-1 列示了这些债券在每一应计收益率上的价格，这些债券面值为 100 元且半年付息。

表 7-1 **6 只假设债券在每一应计收益率上的价格**①

应计收益率％	9％/5	9％/25	6％/5	6％/25	0％/5	0％/25
6.00	112.795 3	138.594 6	100.000 0	100.000 0	74.409 4	22.810 7
7.00	108.316 6	123.455 6	95.841 7	88.272 2	70.891 9	17.905 3
8.00	104.055 4	110.741 0	91.889 1	78.517 8	67.556 4	14.071 3
8.50	102.002 7	105.148 2	89.986 4	74.258 7	65.953 7	12.479 5
8.90	100.396 6	100.996 1	88.498 3	71.110 5	64.701 7	11.339 1
8.99	100.039 5	100.098 8	88.167 6	70.431 8	64.423 6	11.097 5
9.00	100.000 0	100.000 0	88.130 9	70.357 0	64.392 8	11.071 0

① [美]弗兰克·法博兹，袁东译.债券市场分析和策略(第四版).上海：百家出版社，2002：73

续表

应计收益率%	9%/5	9%/25	6%/5	6%/25	0%/5	0%/25
9.01	99.960 4	99.901 3	88.094 3	70.282 4	64.362 0	11.044 5
9.10	99.605 3	99.019 9	87.765 4	69.616 4	64.085 5	10.809 3
9.50	98.045 9	95.253 9	86.321 4	66.777 3	62.872 3	9.824 2
10.00	96.139 1	90.872 0	84.556 5	63.488 1	61.391 3	8.720 4
11.00	92.462 4	83.068 5	81.155 9	57.671 2	58.543 1	6.876 7
12.00	88.959 9	76.357 2	77.919 7	52.714 4	55.839 5	5.428 3

注：表中用“票面利率/以年数表示的年限”表示债券种类，如 9%/25 表示 9%的票面利率、期限是 25 年的债券，依此类推。

表 7-2 显示了 6 只债券的初始收益率都是 9%的条件下，不同应计收益率变动所对应的债券价格变动的百分比。

表 7-2　　**以 9%为初始收益率的 6 只假设债券价格变动百分比①**

收益率变动到	变动的基点	9%/5	9%/25	6%/5	6%/25	0%/5	0%/25
6.00	−300	12.80	38.59	13.47	42.13	15.56	106.04
7.00	−200	8.32	23.46	8.75	25.46	10.09	61.73
8.00	−100	4.06	10.74	4.26	11.60	10.91	27.10
8.50	−50	2.00	5.15	2.11	5.55	2.42	12.72
8.90	−10	0.40	1.00	0.42	1.07	0.48	2.42
8.99	−1	0.04	0.10	0.04	0.11	0.05	0.24
9.01	1	−0.04	−0.10	−0.04	−0.11	−0.05	−0.24
9.10	10	−0.39	−0.98	−0.41	−1.05	−0.48	−2.36
9.50	50	−1.95	−4.75	−2.05	−5.09	−2.36	−11.26
10.00	100	−3.86	−9.13	−4.06	−9.76	−4.66	−21.23
11.00	200	−7.54	−16.93	−7.91	−18.03	−9.08	−37.89
12.00	300	−11.04	−23.64	−11.59	−25.08	−13.28	−50.96

注：6 只假设债券以 9%的初始收益率为基础定价。从息票利率 9%期限为 5 年的债券开始（即从“9%/5”债券开始），参照表 7-1 中收益率为 9%一栏中的价格，6 只假设债券的初始价格分别是 100 元、100 元、88.130 9 元、70.357 0 元、64.392 8 元、11.071 0 元。

① ［美］弗兰克·法博兹，袁东译．债券市场分析和策略（第四版）．上海：百家出版社，2002:73

根据图 7-2、表 7-1 和表 7-2，我们把债券的定价原理和债券价格的波动特征总结如下：

特征一，债券的价格与收益率成反比。如果债券的市场价格上升，其收益率必然下降；反之，如果债券的市场价格下降，其收益率必然上升。

特征二，对于收益率的微小变动，不管是上升还是下降方向的变动，债券价格将作出大致相同幅度的百分比变动。

特征三，对于收益率的较大变动，债券价格在收益率上升时的变动幅度与收益率同等程度下降时的变动幅度是不同的。收益率下降导致的债券价格上涨幅度大于收益率同等程度的上升导致的债券价格下降幅度。

特征四，给定到期期限和初始收益率，票面利率越低，债券价格的波动性越大。

特征五，给定票面利率和初始收益率，到期期限越长，债券价格的波动性越大。

（三）仅仅由于临近到期日引起的债券价格变动（债券价格的到期收敛效应）

有时，债券价格发生变化并非是由于发债人的信用或者市场利率发生变动，而仅仅是由于债券即将到期，其价格必须向其面值“回归”所引起。这是固定收益类证券价格波动特有的现象。我们下面分平价债券、溢价债券和折价债券三种情况加以讨论（假设发债人信用状况和市场利率都没有变化）。

1. 平价债券

平价债券以票面面值出售，票面利率等于市场利率。假设我们手上有一只面值为 100 元、剩余期限为 10 年、息票率为 3%、每年付息一次的债券，同时我们假设当前市场利率为 3%且 10 年内市场利率保持不变。显然该债券是平价债券，在两个付息日之间，债券的价格逐步增加，每天增加 3/365 元（一年按照 365 天计算），直到下一个付息日增加到 103 元。在这个付息日债券付息后，价格立即回到面值 100 元。两个付息日之间的任何一天买入债券，于之后任何一日卖出，持有期收益率就等于到期收益率 3%，不发生由于价格变动引起的资本损益（如图 7-3 所示）。

将图 7-3 扩展到全部剩余期限（10 年），我们得到图 7-4，它反映了该债券的价格随着剩余年限减少而发生的变化。平价债券的价格以 100 元为基础，在 100～103 元区间内波动，价格曲线呈锯齿状。在临近到期日，平价债券的价格等于面值（100 元）加上一次付息的金额（3 元）——同以前任何一次付息日的情况没有什么两样，所以，临近到期日平价债券的价格稳定在面值附近。

2. 溢价债券

稍微改动一下上面的例子，假设我们手上的债券的票面利率是 5%，其余特

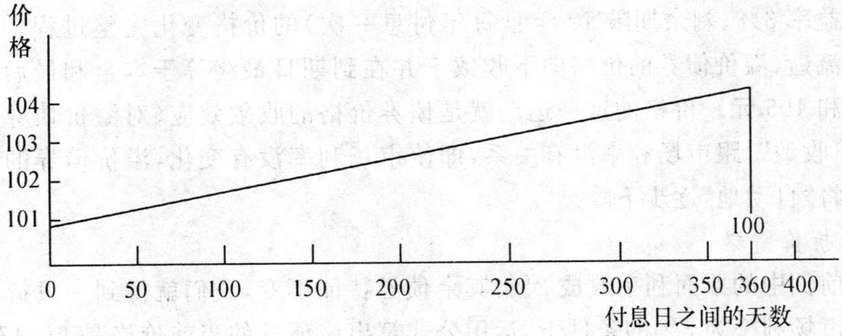

图 7-3 平价债券在付息日之间的价格变化曲线

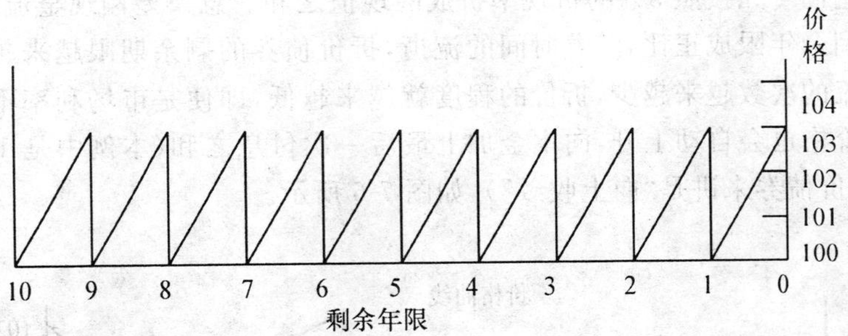

图 7-4 市场利率不变,平价债券价格变化的历史曲线(图中锯齿形曲线)

征与上例相同,那么该债券在市场利率为 3%的情况下是溢价债券。根据债券定价公式(7.2),我们得到该债券的当前价格是 117.06 元。按照与平价债券相似的方法,我们同样可以画出溢价债券的价格曲线图,如图 7-5 所示。

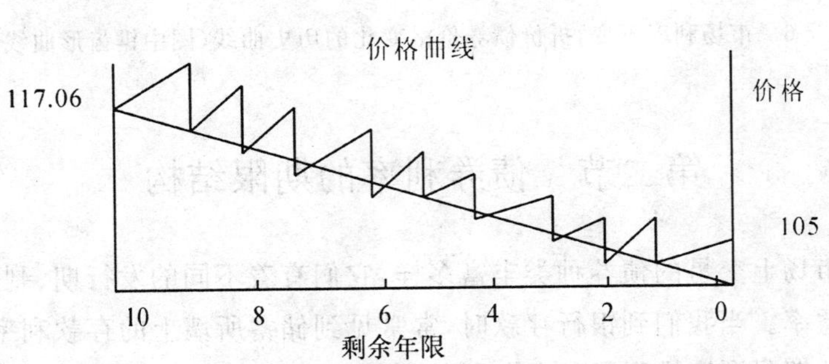

图 7-5 市场利率不变,溢价债券价格变化的历史曲线(图中锯齿形曲线)

图 7-5 描绘了市场利率不变的条件下，溢价债券（息票率 5%、面值 100 元、到期收益率 3%、剩余期限 10 年且每年付息一次）的价格变化完整过程。随着时间的流逝，溢价债券的价格向下收敛于并在到期日最终等于本金和最后一次付息之和 105 元。价格的这一运动就是债券价格的收敛效应（对溢价债券来讲是“向下收敛”）跟市场利率没有关系，即使市场利率没有变化，溢价债券的交易价格也将“自动地”逐步下降。

3. 折价债券

把前例中的票面利率改成 2%，其余债券特征不变，我们就得到一只折价债券。在市场利率为 3%的条件下，运用公式算出该债券的当前价格是 91.47 元。我们知道折价债券的价格贴水是由于其息票利率和市场利率之间的差额（息票差额）折现而来的。本例中价格贴水 91.47－100＝－8.53（元），它是由未来每年息票差额 1 元按照 3%的折现率折成的现值之和。息票差额现金流的次数与债券的剩余年限成正比，随着时间的流逝，折价债券的剩余期限越来越短，票差额现金流的次数越来越少，折价的程度就越来越低，即便是市场利率不变，折价债券的价格也会自动上升，向本金加上最后一次付息之和（本例中是 102 元）收敛（对折价债券来讲是“向上收敛”），如图 7-6 所示。

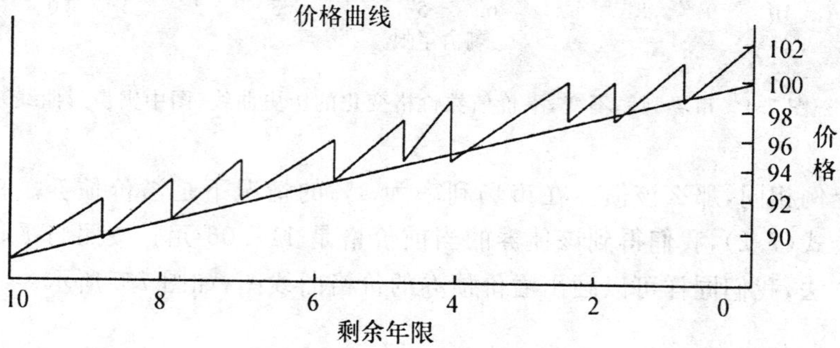

图 7-6　市场利率不变，折价债券价格变化的历史曲线（图中锯齿形曲线）

第二节　债券利率的期限结构

债券市场上交易的债券种类丰富多样，它们有着不同的发行期、剩余年限和各自的收益率。当我们到银行存款时，常常见到储蓄所墙上的存款利率表，这个表按照存款期限顺序排列了各个期限的存款利率，我们常见的情况是长期存款的利率一般高于短期存款利率。债券收益率的情况与此类似。剩余时期的长短不同，债券收益率也不同，长期债券的收益率经常高于短期债券收益率。债券利率的期限结构(Term Structure of Interest Rates)是指债券到期收益率与到期期限之间的关系，一般用债券的收益率曲线来形象地表示。

一、收益率曲线(Yield Curve)

在一个时点上，将具有相同信用级别而期限不同的债券收益率的关系用坐标图曲线来表示便形成收益率曲线。由于国债是无风险资产，信用差别并不影响收益率，再加上流动性好，所以一般投资者通过观察国债市场上的价格和收益率构建国债收益率曲线，并将它作为债券定价的基准并为其他债券市场(如企业债券市场)提供基准收益率，图 7-7(a)、图 7-7(b)、图 7-7(c)是 3 个时点上美国国债收益率曲线。

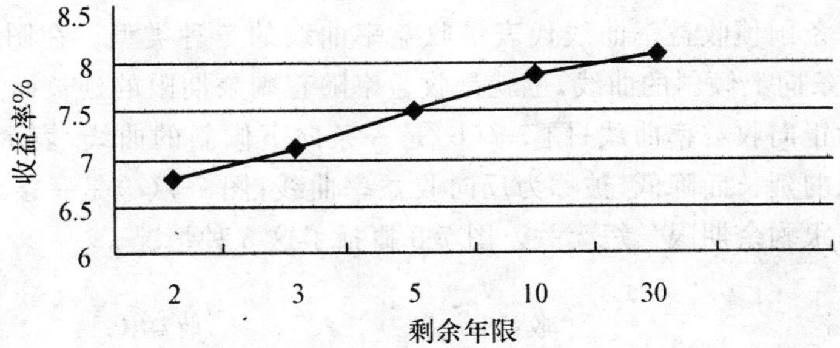

图 7-7(a)　美国 1994 年 10 月 24 日国债收益率曲线

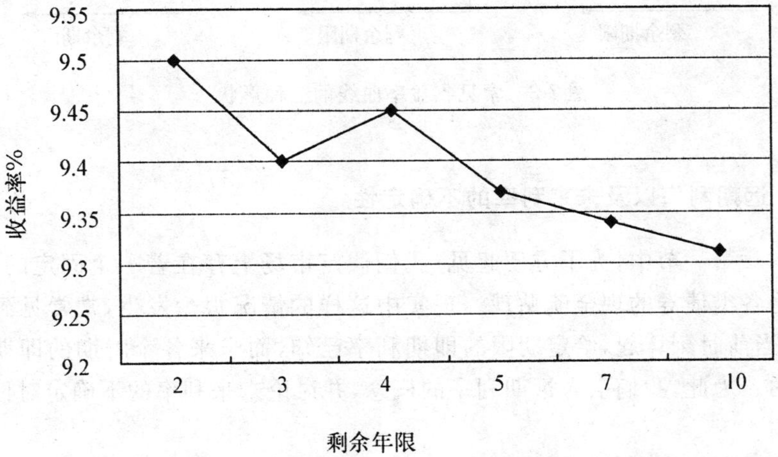

图 7-7(b)　1989 年 3 月 3 日美国国债收益率曲线

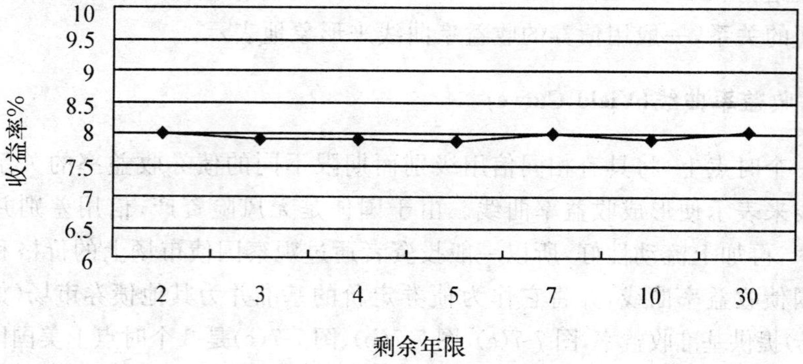

图 7-7(c)　1989 年 12 月 28 日美国国债收益率曲线

以上 3 条国债收益率曲线代表了收益率曲线的三种类型。在图 7-7 中，图 7-7(a)是一条向上倾斜的曲线，也就是收益率随着剩余期限的延长而上升，这种形状被称为正向收益率曲线；图 7-7(b)是一条向下倾斜的曲线，表示收益率随着剩余期限的延长而降低，被称为反向收益率曲线；图 7-7(c)是一条水平直线，表明收益率跟剩余期限长短无关。图 7-8 概括了这 3 种情况。

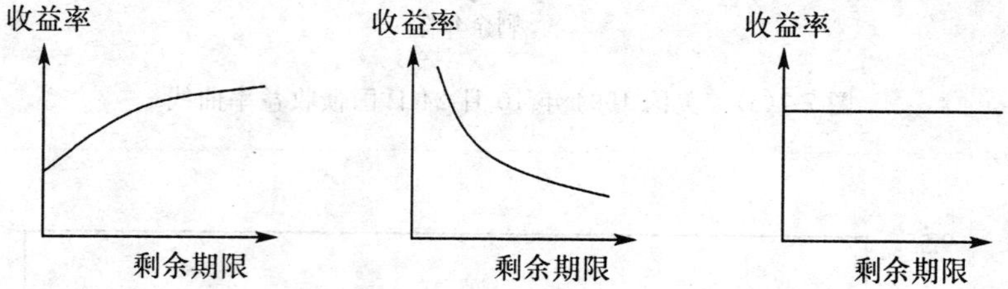

图 7-8　常见收益率曲线的三种形状

二、远期利率以及未来利率的不确定性

在本章第一节中，为了方便起见，我们假定市场上存在着一个固定的利率，并用它为各类债券的现金流贴现。现实中这样的情况很少发生，常常见到的情况是，从当前时刻算起，给定期限的即期利率已知，而未来各个时期的即期利率是未知的。为此，我们引入远期利率的概念，并讨论未来利率的不确定对债券投资的影响。

（一）远期利率

先考虑未来利率已知的情况。假设市场上全部交易者相信未来4年内的利率情况如表7-3所示。

表7-3　　一年期债券利率

年	利率 r（%）	年	利率 r（%）
0（当日）	$r_1=8$	2	$r_3=11$
1	$r_2=10$	3	$r_4=11$

按照这一利率模型，我们计算4只零息债券的价格和收益率。这4只债券面值为1 000元，分别为1年期、2年期、3年期和4年期。

一只一年后还本付息1 000元的债券今天的价格是1 000/1.08＝925.93（元）；两年期债券的今天价格是1 000/(1.08×1.10)＝841.75（元）；三年期债券的价格是1 000/(1.08×1.10×1.11)＝758.33（元）；四年期债券的价格是1 000/(1.08×1.10×1.11×1.11)＝683.18（元）。有了债券价格，就可以根据式(7.1)，计算各个债券的到期收益率（用 y 表示）。比如，两年期债券的到期收益率 y_2 由式子 $841.75=1\,000/(1+y_2)^2$ 解出，得：$y_2=0.089\,95$，依此类推。这样，我们得到表7-4。

表7-4　　4只零息债券的价格与到期收益率

到期时间	价格	到期收益率 y（%）
1	925.93	8.000
2	841.75	8.995
3	758.33	9.660
4	683.18	9.993

在计算债券价格和收益率时，我们发现债券到期收益率反映了未来各个时间段利率的平均。仍以2年期债券为例，把计算债券价格与计算到期收益率的式子合并，我们得到下面的式子：

$$1\,000/(1.08\times1.10)=841.75=1\,000/(1+y_2)^2$$

所以：

$$(1+y_2)^2=1.08\times1.10$$

$$1+y_2=(1.08\times1.10)^{1/2}=[(1+r_1)(1+r_2)]^{1/2}$$

同理：

$1+y_3=(1.08\times1.10\times1.10)^{1/3}=[(1+r_1)(1+r_2)(1+r_3)]^{1/3}$

⋮

一般地：

$$1+y_n=[(1+r_1)(1+r_2)(1+r_3)\cdots(1+r_n)]^{1/n}$$

可见，到期收益率实际是未来每一时期的即期利率的几何平均值。当然，这是未来利率已知的情况。问题在于，如果不知道未来利率，我们能够根据已知的债券价格和收益率对未来利率进行推断吗？

我们的答案是可以。n 期零息债券的到期收益率等于 $n-1$ 期零息债券在第 n 期再投资所得的利率，因为在一个利率结构确定的世界中，相同到期日的不同投资者必定得到相同的报酬率。人们可以通过推断得出未来的即期利率——远期利率。

(二) 未来利率的不确定性

远期利率真是未来的即期利率吗？显然不是，它只是我们根据现有资料对未来利率的预期，预期并不一定符合将来利率的实际情况。那么，理解远期利率的意义是什么？至少有两个方面的意义：第一，许多投资者把远期利率当做套期保值利率看待(第十一章讨论这个问题)；第二，远期利率为投资人提供了一个理解风险的工具。关于第二点，我们仍以刚才的例子讨论。

根据表 7-3 和表 7-4 的数据，假设一个投资者已经知道今年的利率是 8%，他预计明年的利率是 $E(r_2)=10\%$，该投资者打算投资一年。他可能购买 1 年期债券并持有到期，得到确定的 8% 的收益率；他也可能购买 2 年期债券，一年以后出售，但这时，他的收益率就面临着不确定性：第一，如果一年后利率与他预期的一致，即为 $E(r_2)=10\%$，这意味着两年期债券一年后的价格是 1 000/(1+10%)=909.09，则他的投资回报率是(909.09−841.75)/841.75=8%；第二，如果 $E(r_2)>10\%$，则 2 年期债券一年后的价格必然小于 909.09，这时投资者得到的收益率就小于 8%。当然，如果 $E(r_2)<10\%$，则投资者的收益率大于 8%。所以，假定限定了一年的投资期，同投资一年期债券相比，投资两年期债券的收益率是不确定的。在本例中，如果不给予一定的风险补偿，投资者不会投资 2 年期的债券，这就要求 2 年期债券以低于不计风险时的 841.75 元的价格销售，所以远期利率(本例中为 10%)提供了一个预测未来利率并据此调整投资策略的一个标准。

三、利率期限结构理论——对收益率曲线形状的解释

利率期限结构理论是经济学家用来解释为什么会存在前面提到的三种形状

的债券收益率曲线。对以上各类收益率曲线的形状主要有三种理论予以解释，即预期理论(Expectation Theory)、流动性偏好理论(Liquidity Preference Theory)和市场分割理论(Market Segmentation Theory)。

（一）预期理论

根据该理论，远期利率是预期未来利率的代表，它只是反映了投资者对各种未来利率的预期，因此，向上倾斜的收益率曲线表明市场对整个未来相应期限内的即期利率是上升的；下降的收益率曲线意味着市场预计未来各个时期的利率将下降；平坦的收益率曲线表明未来利率同当前的即期利率保持一致。以向上倾斜的收益率曲线为例，具体解释如下。

假设一开始收益率曲线是一条平缓的曲线，由于某种原因，市场参与者预期未来利率将上升，则会发生下面的效应：

(1) 打算购买长期债券的投资者因预期收益率会上涨而不想购买在当前收益率水平上的长期债券，而倾向于购买短期债券，以便将投资收益在未来以较高的收益率做再投资。这将导致长期债券价格下降，短期债券价格上升。

(2) 想要获得长期资金的借款人会尽量延长借款期限。如本来打算发行1年期债券，但考虑到利率将上涨，就改成发行2年期或更长时期的债券，因为按照未来利率上涨的预期，越到后来借款成本越高，将来再发行债券将提高借款成本。

(3) 市场投机者预计长期债券价格将下降，将卖掉手中持有的长期债券(甚至卖空长期债券)，腾出资金购买短期债券。

以上这些反应会导致长期债券供给增加和需求减少、价格下跌，短期债券供给减少和需求加大，价格上升。按照前面债券的价格公式，长期债券价格下跌则收益率上升，短期债券价格上涨则收益率下降，所以，投资者、借款者和投机者的行为共同促使收益率曲线向上倾斜，一直到长期债券的收益率达到与预期的未来利率相一致为止。

根据相似的理由，当市场各方预期未来利率下降或不变时，会产生向下倾斜或水平的收益率曲线。

（二）流动性偏好理论

流动性偏好理论，如果投资者面临的长期债券收益率高于对未来利率预测的平均水平，投资者就愿意持有长期债券，因为这样可以得到同期限长短正相关的风险补偿。换一种说法是，远期利率应该反映利率预期和流动性升水。所以，向上倾斜的收益率曲线不一定意味着未来利率的上涨趋势，未来利率可能上涨、持平或下跌，但随着期限的延长所产生的流动性升水是如此之大，足以产生一条向上倾斜的收益率曲线，如图 7-9 所示。

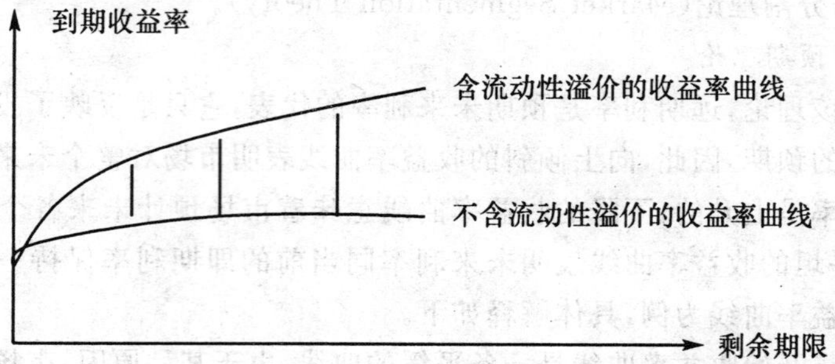

图 7-9　流动性偏好理论下的利率期限结构

（三）市场分割理论

预期理论与流动性偏好理论都暗含这样一个假定，不同到期债券是可以互相代替的。投资在一种期限上的人有可能被另一种期限上的收益率所吸引。从这一意义上说，所有期限的债券市场交织在一起，长、短期债券收益率由共同的市场均衡决定。

相比较而言，市场分割理论认为长短期债券是在分割的市场上，各自有独立的均衡情况。长期借贷活动决定了长期借贷利率，短期借贷则决定了独立于长期借贷的短期利率，所以，利率的期限结构由不同期限市场的均衡利率决定，收益率曲线的形状取决于各个期限市场均衡利率之间的对比。

第三节　债券价格波动性的测度

了解债券价格波动的特征只是投资准备工作的第一步，只有继续研究价格波动的幅度差异，才能对债券的风险收益结构有一个较为深入的理解。为定量评估由于收益率变化而引起的债券价格变化，我们引入持续期与凸性的概念。

一、持续期(Duration)

（一）持续期的概念以及两个含义

持续期（久期、平均期限）这一概念最早由经济学家麦考雷于 1938 年提出，用来代替当时用期满日计算回收现金流的平均时间的传统做法。从一个既定的时点上看，附息债券的所谓"期满日"实际上只是其最后一笔现金流的回收期，而这之前的现金流可以在较早的时间内收回。既然各笔现金流收回的时间不同，仅仅用最后一笔现金流的回收时间来测量所有现金流的回收时间显然不合理(在投资分期偿还本金债券的情况下，这一不合理显得尤为突出)，持续期则克服了这一缺陷。依据债券价格是未来各期现金流按照到期收益率折现的总和的原理，将未来每一笔现金流的现值乘以产生该笔现金流的时间，然后相加，再除以债券的价格，就得到债券持续期的概念。因此，持续期是考虑未来各期现金流的现值的大小和回收期长短后的平均现金流期限，可以理解为"加权平均本息回收期"。

例 3 某债券当前价格是 950.25 元，到期收益率是 10%，息票率是 8%，面值 1 000 元，三年到期，一年付息一次，本金 3 年到期一次偿还。该债券的持续期(用 MD 表示)是：

$$MD=\frac{72.73\times1+66.12\times2+811.40\times3}{950.25}=2.78(\text{年})$$

其中：$72.73=80/(1+10\%)$；$66.12 = 80/(1+10\%)^2$；$811.42=(80+1\,000)/(1+10\%)^3$，分别是第一期、第二期和第三期现金流的折现值。

需要说明的是，持续期并不仅仅是个"时间"的概念，下面持续期的公式推导表明，持续期实际上又是衡量债券价格对收益率变动敏感程度的指标。

(二) 持续期的计算

在第一节我们曾经给出收益率的公式(7.3)，该式也是债券价格的计算公式：

$$P=\frac{c}{(1+y)}+\frac{c}{(1+y)^2}+\frac{c}{(1+y)^3}+\cdots+\frac{c}{(1+y)^n}+\frac{M}{(1+y)^n} \quad (7.4)$$

为确定收益率的变动对价格的影响，公式两边对 y 求导：

$$\frac{\mathrm{d}P}{\mathrm{d}y}=\frac{(-1)c}{(1+y)^2}+\frac{(-2)c}{(1+y)^3}+\cdots+\frac{(-n)c}{(1+y)^{n+1}}+\frac{(-n)M}{(1+y)^{n+1}} \quad (7.5)$$

整理该式，得到：

$$\frac{\mathrm{d}P}{\mathrm{d}y}=-\frac{1}{1+y}\left[\frac{1c}{1+y}+\frac{2c}{(1+y)^2}+\cdots+\frac{nc}{(1+y)^n}+\frac{nM}{(1+y)^n}\right] \quad (7.6)$$

该式表示收益率的微小变动所引起的价格的变化值，其中括号内的部分是截至期满时的债券现金流量的加权平均期限值。等式两边除以 P，则给出价格变化的百分比近似值：

$$\frac{\mathrm{d}P}{\mathrm{d}y}\frac{1}{P}=-\frac{1}{1+y}\left[\frac{1c}{1+y}+\frac{2c}{(1+y)^2}+\cdots+\frac{nc}{(1+y)^n}+\frac{nM}{(1+y)^n}\right]\frac{1}{P} \quad (7.7)$$

公式中括号内的部分除以 P，被称为麦考雷持续期(用 MD 表示)，即：

$$MD=\left[\frac{1c}{1+y}+\frac{2c}{(1+y)^2}+\cdots+\frac{nc}{(1+y)^n}+\frac{nM}{(1+y)^n}\right]\frac{1}{P}$$

或：

$$MD=\left[\sum_{t=1}^{n}\frac{tc}{(1+y)^t}+\frac{nM}{(1+y)^n}\right]\frac{1}{P} \tag{7.8}$$

将式(7.8)代入式(7.7)，得：

$$\frac{dP}{dy}\frac{1}{P}=-\frac{1}{1+y}MD \tag{7.9}$$

$$MD^*=\frac{MD}{1+y} \tag{7.10}$$

习惯上人们把麦考雷持续期与 $1+y$ 的比率称做修正持续期(用 MD^* 表示)，即将式(7.10)代入式(7.9)得：

$$\frac{dP}{dy}\frac{1}{P}=-MD^* \tag{7.11}$$

公式(7.11)表明了修正持续期的意义，它是关于收益率的变动所引起的债券价格变动百分比的近似值。前面的负号只是表明在给定收益率变动的情况下，修正持续期同价格变动近似值之间呈相反变化关系而已，在具体计算中可以不予考虑。

例4　假设有一个债券面值100元，期限7年，息票率10%，价格95元，到期收益率11.063%，试计算该债券的持续期与修正持续期。

由公式(7.8)得：

$$MD=\frac{9.00\times1+8.11\times2+7.30\times3+6.57\times4+5.92\times5+5.33\times6+52.77\times7}{9.00+8.11+7.30+6.57+5.92+5.33+52.77}$$

$$=\frac{504.37}{95.00}=5.31(\text{年})$$

由公式(7.10)，得：

$$MD^*=\frac{MD}{1+y}=\frac{5.31}{1+0.11063}=4.78(\text{年})$$

考虑到英美国家大部分国债半年付息一次的惯例，计算这些国家国债持续期时需要在期限和收益率方面做些调整。假设一只英美国家的国债面值100元，息票率和到期收益率都是9%，半年付息一次(半年利率为4.5%)，期限为5年，该债券现金流量的特点以及持续期和修正持续期的计算如表7-5所示。

表 7-5 **期限5年、息票率和到期收益率都是9%、半年付息国债 *MD* 和 MD^* 的计算①**

期限	现金流量	1美元按照4.5%折现的现值	现金流量的现值	期限×现金流量的现值
1	4.5	0.956 937	4.306 220	4.306 22
2	4.5	0.915 729	4.120 785	8.241 57
3	4.5	0.876 296	3.943 335	11.830 01
4	4.5	0.838 561	3.773 526	15.094 10
5	4.5	0.802 451	3.611 030	18.055 15
6	4.5	0.767 895	3.455 531	20.733 19
7	4.5	0.734 828	3.306 728	23.147 10
8	4.5	0.703 185	3.164 333	25.314 66
9	4.5	0.672 904	3.028 070	27.252 63
10	104.5	0.643 927	67.290 443	672.904 43
总计			100.000 000	826.879 06

$MD=826.879\ 06/100=8.27$(半年)；$MD=8.27/2=4.14$(年)

$MD^*=8.27/1.045\ 0=7.91$(半年)；$MD^*=7.91/2=3.96$(年)

注：5年期债券有10个半年的现金流量，每半年折现率4.5%，前9期现金流量每年4.5美元，最后一期现金流量104.5美元。按照现金流量的期数算出的是半年的持续期，除以2转化为年持续期，修正持续期也是如此。

我们把公式(7.11)中两边乘以到期收益率的变动值 dy，得：

① [美]弗兰克·法博兹，袁东译. 债券市场分析和策略(第四版). 上海：百家出版社，2002：82

$$\frac{\mathrm{d}P}{P}=-MD^{*}\times \mathrm{d}y \tag{7.12}$$

该式常常用来计算给定收益率变动条件下价格变化百分比的近似值，举例如下。

例 5 假设息票率 6% 的 25 年期债券的交易价格是 70.357 0(如表 7-1 所示)，按照有关公式计算出其修正持续期是 10.62。如果收益率上升 10 个基点（由 9%上升到 9.10%，一个基点是 0.000 1 或 0.01%），根据式(7.12)，价格变动近似百分比是：

$$-10.62\times 0.0010=-0.0106=-1.06\%$$

查看前面的表 7-2，发现价格的实际变动比例是 −1.05%；同理，如果收益率下降 10 个基点（由 9%下降到 8.90%），按照公式(7.12)算出的价格变动近似百分比是 +1.06%，而表 7-2 列明的价格百分比的实际值是 1.07%。该例说明，在收益率发生微小变动时，用修正持续期可以较好地算出债券价格变动百分比的近似值（存在误差的原因在后面谈到凸性时解释）。

公式(7.12)还可用来给出对修正持续期的直观解释。假设债券收益率变动为 1%，代入公式(7.12)，得：

$$\frac{\mathrm{d}P}{P}=-MD^{*}\times 0.01=-MD^{*}1\%$$

根据该式，修正持续期的通俗解释是：修正持续期是当收益率变动 1%时债券价格变动的百分比。比如，一只债券的修正持续期是 10.62，就意味着当收益率变动 1%时，债券价格将变动 10.62%，当然，这个变动和收益率变动的方向是相反的。

正是由于修正持续期的概念非常直观，实际部门中的人们常常用修正持续期代替持续期测算价格对收益率的敏感性。这种情况下的“持续期”已经不是指原先的麦考雷持续期，而是指修正持续期。

（三）投资组合的持续期(Portfolio Duration)

以上我们探讨了单只债券的持续期的计算和含义。在现实中投资者往往构造一个或若干由多种债券组成的投资组合，以便分散风险，所以，有必要了解一个投资组合的持续期的情况。投资组合的持续期是组合中每个债券持续期的加权平均数，权数是每个债券的市值占组合市值的比重。比如，一个 1 亿美元的投资组合由下列债券组成（如表 7-6 所示）。

表 7-6 **4 只债券构成的投资组合**

债券	市值（百万美元）	组合权重	持续期
A	10	0.1	4
B	40	0.4	7
C	30	0.3	6
D	20	0.2	2

该投资组合的持续期是：

$$0.1\times4+0.4\times7+0.3\times6+0.2\times2=5.4$$

这意味着当组合中 4 只债券的收益率变动 1%时，组合的价值大约变动5.4%。

(四) 持续期的近似计算

理解了持续期是价格变动的百分数以后，我们给出持续期的简便计算公式：

$$MD(\text{近似})=\frac{P_{-}-P_{+}}{2(P_0)(\Delta y)} \tag{7.13}$$

其中：P_{+}表示债券收益率上升后的新价格；P_{-}表示债券收益率下降后的新价格；P_0为债券初始价格；Δy表示收益率变动额（用小数表示）。

例如，参考表 7-1 的数据，我们计算息票率为 6%、收益率为 9%的 25 年期债券的近似持续期（这里可以考虑收益率的微小变动是 10 个基点），债券的初始价格是 70.357 0。

参照表 7-1，这里 $P_{+}=69.6164$，$P_{-}=71.1105$，$P_0=70.3570$，$\Delta_y=0.0010$，代入式(7.13)得：

近似持续期＝(71.110 5－69.616 4)/(2×70.357 0×0.001 0)＝10.62

最后需要说明的是，零息债券的持续期等于其到期时间；无限期债券的持续期为$(1+y)/y$，例如当收益率为每年 10%时，无限期债券的持续期是(1＋10%)/10%＝11(年)；当收益率为 8%时，持续期是(1＋8%)/8%＝13.5(年)等。

二、凸性(Convexity)

(一) 含义

持续期用来计算收益率微小变动时债券价格变动幅度，而当收益率有较大变动时，持续期在计算价格波动幅度时误差就会变大。前面用持续期计算息票率 6%的 25 年期债券价格变动的例子中，我们可能已经注意到当收益率上升 10

个基点时按照持续期公式计算的价格变动是−1.06%，而实际的价格变动是−1.05%；当收益率下降10个基点时按照持续期公式计算的价格变动是+1.06%，而实际的价格变动是+1.07%，这里误差已经开始出现。而当收益率有较大变动时，比如收益率由9%上升到11%时(上升200个基点)，按照持续期公式计算的价格变动是$-10.62\times0.02=-0.2124=-21.24\%$，而由表7-2可知，实际的价格变动仅为−18.03%。同理，如果收益率降低200个基点，从9%下降到7%，由持续期计算的价格百分比变动是+21.24%，而实际价格变动百分比是+25.46%。可见，收益率变动幅度越大，持续期计算的价格波动幅度的误差越大，如图7-10所示。

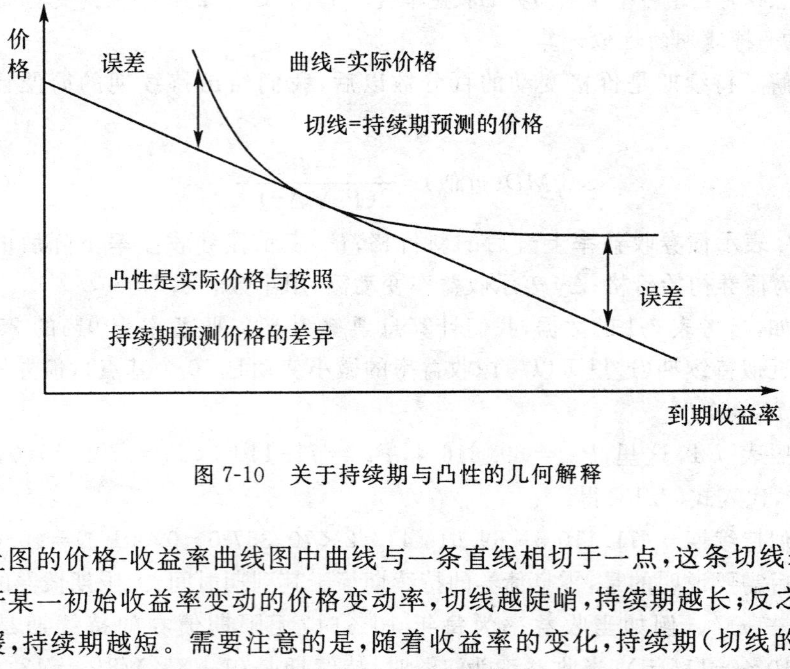

图7-10 关于持续期与凸性的几何解释

上图的价格-收益率曲线图中曲线与一条直线相切于一点，这条切线表明了相对于某一初始收益率变动的价格变动率，切线越陡峭，持续期越长；反之，切线越平缓，持续期越短。需要注意的是，随着收益率的变化，持续期(切线的斜率)所发生的变化：当收益率升高(降低)时，持续期降低(升高)。这一特征起源于图中曲线性质。凸性就是指价格-收益率曲线的弯曲程度，曲线越弯曲，凸性越大。我们已经知道切线与持续期预测的价格变化相对应，但其预测的价格与实际价格有偏差。现在我们已经知道偏差的来源就是由于凸性造成的。曲线越弯曲，价格差别就越大；类似地，收益率变化越大，凸性就越重要。所以，考虑凸性将提高收益率变动时对价格变化的预测精确度。

(二) 凸性的测量

运用微积分中的泰勒展开式估算价格变动，如下所示：

$$dP=\frac{dP}{dy}dy+\frac{1}{2}\frac{d^2P}{dy^2}(dy)^2+\text{误差} \tag{7.14}$$

两边同除以 P，得：

$$\frac{dP}{P}=\frac{dP}{dy}\frac{1}{P}dy+\frac{1}{2}\frac{d^2P}{dy^2}\frac{1}{P}(dy)^2+\frac{\text{误差}}{P} \tag{7.15}$$

上式中第一项就是按照修正持续期得出的价格变动百分比，第二项是由凸性得出的价格变动百分比，所以，由收益率变化引起的价格变动是持续期、凸性和误差的函数。公式第二项中 $(d^2P/dy^2)\times(1/P)$ 被称为凸性值，(d^2P/dy^2) 被称为美元凸性值。

在式(7.4)中对 y 两次求导，得：

$$\frac{dP^2}{dy^2}=\sum_{t=1}^{n}\frac{t(t+1)c}{(1+y)^{t+2}}+\frac{n(n+1)M}{(1+y)^{n+2}} \tag{7.16}$$

$$\text{近似凸性值}=\frac{P_-+P_+-2P_0}{P_0(\Delta y)^2} \tag{7.17}$$

同持续期的近似计算相类似，我们在此给出凸性的近似计算公式。

式中符号的含义与式(7.13)完全相同。回忆一下前面计算持续期近似值时的那个例子，现仍以该例说明公式(7.17)的应用。在例子中，25 年期息票率为 6%、收益率为 9%的债券初始价格为 70.357 0，收益率由 9%上升 10 个基点的债券价格是 69.616 4，收益率下降 10 个基点的价格是 71.110 5，于是：

$$\text{近似凸性值}=\frac{P_-+P_+-2P_0}{P_0(\Delta y)^2}=\frac{71.1105+69.6164-2\times70.3570}{70.3570\times0.001^2}=183.35$$

根据公式(7.16)算出的较为精确的凸性值是 183.92，可见，公式(7.17)是一个非常有应用价值的计算公式。

我们继续讨论刚才的例子。当收益率发生“微小的”变动时用持续期测量价格的变动是基本可行的，因为误差不是很大；但是当收益率有很大变动时，必须把凸性引入价格变动的计算中。上例中当收益率上升 200 个基点时，前面已经算出按照持续期计算的价格变动是 −21.24%，由凸性引起的变动值是 $(1/2)\times 182.92\times0.02^2=0.0366=3.66\%$，所以，由持续期和凸性算出的价格变化是 −21.24%+3.66%=−17.58%，同价格的实际变动 −18.03%相比，已经相当接近；同理，当收益率下降 200 个基点时，持续期算出的价格变动是 21.24%，加上凸性算出的价格百分比变动 3.66%，两者合计算出的价格百分比变动是 21.24%+3.66%=24.90%，而实际的价格变动是 25.46%。可见，凸性的测量提高了持续期对价格变化的预测精确度。

（三）凸性的价值

凸性的价值不仅仅在于提高预测价格变化的精确度，而且还在于具有重要的投资含义，简单地说，投资者在其他方面相同的情况下要选择凸性大的债券。在图 7-11 中我们通过比较两个债券 A 和 B 说明这一点。

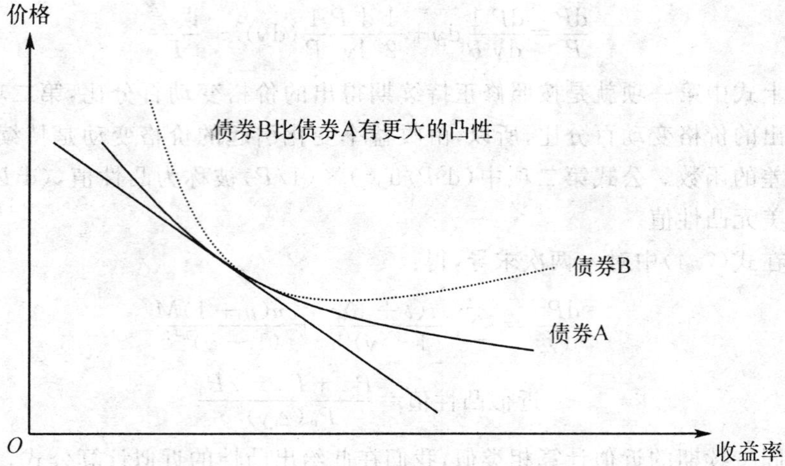

图 7-11　两只债券凸性的比较

图中显示两只债券有相同的持续期和收益率，但凸性不同，债券 B 比债券 A 有更大的凸性。这意味着不论市场收益率升高还是降低，债券 B 将有更高的价格。也就是说，如果市场收益率上升，债券 B 的资本损失小于债券 A；如果市场收益率下降，债券 B 产生比债券 A 更大的价格升幅。回忆一下本章第一节谈到债券价格波动特征的时候，我们曾经说过的第三个特征：对于收益率的较大变动，债券价格在收益率上升时的变动幅度与收益率同等程度下降时的变动幅度是不同的。收益率下降导致的债券价格上涨幅度大于收益率同等程度的上升导致的债券价格下降幅度。明白凸性的含义后，我们就能够更加透彻地了解这一价格特征，其含义就是，由于凸性的存在，当利率下降时，债券价格以加速度上升；当利率上升时，债券价格以减速度下降。

第四节　固定收益证券管理

本节对固定收益证券的多种管理策略进行讨论，并说明两种主要的策略——消极策略和积极策略。消极策略把证券市场的价格当成公平价格，倾向于在既定市场条件下保持适度的风险收益平衡；积极的策略试图运用优越的信息或洞察力预测价格走势，力求寻找更大的利润。

一、债券管理的消极策略

在债券市场的管理中，常常用到的两种消极管理策略是指数投资策略和免疫策略。前者的目的是让所管理的资产组合重复一个已有的债券指数的业绩；后者旨在设法保护债券投资组合免受利率波动的风险。根据指数投资策略建立的投资组合（指数投资组合）只要能够与有关指数的风险-收益相当，该策略就算取得成功；而根据免疫策略建立的投资组合不管将来利率如何改变，都不会影响组合的价值时，该策略也将达到其目的。

（一）指数化投资策略

前面已经说过，指数化投资的最终目的是使投资组合的总收益率与某个指数的总收益率看齐，举例说，如果指数上涨了3%，投资组合的收益率理论上也应该上涨同样的幅度。在美国，投资者常常使用的三种综合类市场指数是莱曼兄弟综合指数（Lehman Brothers Aggregate Index）、所罗门兄弟投资级债券综合指数（Salomon Brothers Broad Investment Grade Bond Index）、美林国内市场指数（Merrill Lynch Domestic Market Index）。以上每一种指数均包括5 000种以上的债券（指数不包括BBB以下级别的债券，也不包括剩余期限为一年以及一年以下的债券。如果某债券剩余期限短于一年，将从指数中剔除，指数随之增添新的债券）。由于指数包含的债券较多，在投资组合中完全按照指数的券种比例购买债券就非常麻烦，所以，需要用一定的方法才能近似地"复制"它们。最常见的方法是层次性抽样法或单元式方法。该方法首先将指数分成一些单元，每一个单元代表着指数的不同特点。这些特点包括到期日、息票利率、期满日、发行者、信用级别等。

举例来说，某美国投资者选择了下列债券指数的特点：

特点一：剩余期限（1）小于或等于5年，（2）大于5年；

特点二：期满日范围（1）小于5年，（2）5～15年，（3）大于或等于15年；

特点三：发行者（1）美国财政部，（2）其他政府机构，（3）公司；

特点四：信用级别（1）AAA，（2）AA，（3）A，（4）BBB。

根据这些特征算出的单元数$=2\times3\times3\times4=72$。

然后，从这些构成指数的单元中选取一只或几只能够代表该单元特征的债券作为购买的对象，应注意的是购买每一个单元债券的金额应根据该单元在整个指数中的权数确定。比如，假定一个指数成分债券的市值30%由国债组成，就要求投资组合的国债市值达到30%。单元量的选择取决于指数化组合的金额有多大，如果金额比较小而选择的单元量大，则由于需要购买大量的单元必然费时费力，提高购买成本；但如果单元数量过少，又会增加指数化组合与指数本身的差异，导致误差加大。

指数化投资的好处是投资业绩紧跟指数变化，容易测量和评价，管理费用比较低；缺点是指数的业绩不一定是最佳的投资业绩，有时会忽略一些投资机会。

（二）免疫策略

与指数化投资不同，免疫策略强调的是如何使得投资组合的价值不受利率变动的影响。比如，银行的负债主要是存款，大部分期限很短，因而持续期也短（这里把存款看做“债券”），而银行的资产是贷款，这些资产的持续期比存款要长，因而对利率变动更具有敏感性。在利率意外上升时，银行的资产净值会大幅度减少，因为其资产比负债减少得更多，所以，银行需要想办法调整资产与负债的持续期，使它们大体相当，这样，无论利率怎么变动，对银行资产和负债的影响都是一样的。除了银行之外，保险公司和各类社会保障性质的基金也面临着如何管理其资产/负债的持续期问题。以养老基金为例，由于养老基金有责任向退休人员提供收入流，所以，当利率波动时，它们同样要保证其资产不能“缩水”以便届时有充足的资金履行其职责。为说明免疫策略的原理，我们虚构一个例子。

假设我们成立一个投资基金，承诺给基金购买人的回报率是每半年6.25%，基金的期限是5.5年，我们已经收到的基金投资额为8 820 262元。这意味着5.5年后我们必须支付：

$$8\ 820\ 262\times(1+0.062\ 5)^{11}=17\ 183\ 033(元)$$

半年收益率是6.25%，意味着债券等值年收益率是12.5%。如果我们在市场上寻找到5.5年后到期、票面利率为12.5%的债券，按平价购买了8 820 262元面值这样的债券（表示购买时的到期收益率也是12.5%）并持有到期，那么，5.5年后我们能够得到目标值17 183 033元吗？

投资附息债券后的现金流入来源于三个方面：债券面值、中途出售后的资本损益和利息的利息。债券到期后一定会按照面值偿付，所以这一笔偿付金额同利率变化无关；中途出售时由于涉及利率变化带来的出售价格变动，必然造成资本损益的发生，然而，本例中我们购买债券后打算一直持有到期，所以不涉及这个问题。剩下来的问题就是利息以什么水平的利率进行再投资的问题。如果我们购买债券所得到的利息能以半年收益率为6.25%的水平进行再投资，我们就能够在5.5年后有17 183 033元的收入，否则，该收入就不会实现。这要求5.5年内利率固定在12.5%的水平上保持不变。在市场经济条件下这几乎是办不到的。利率变动是必然的，肯定会影响本例中利息的再投资收益率，进而影响我们最终的总收入。

假如我们刚刚投资了上述债券市场利率就发生了变化，为简单起见，假设新的利率一直保持到5.5年后。表7-7列示了利率变动的不同幅度对5.5年年底发生的现金状况的影响。

表7-7 **利率变动情况下5.5年年底投资组合的价值变化**① 单位:元

新收益率	票面利息	利息的利息	债券价格	累计值	总收益率
0.145	6 063 930	2 753 177	8 820 262	17 637 369	0.130 0
0.140	6 063 930	2 647 037	8 820 262	17 521 230	0.128 8
0.135	6 063 930	2 522 618	8 820 262	17 406 810	0.127 5
0.130	6 063 930	2 409 984	8 820 262	17 294 086	0.126 2
0.125	6 063 930	2 298 840	8 820 262	17 183 033	0.125 0
0.120	6 063 930	2 189 433	8 820 262	17 073 625	0.123 8
0.115	6 063 930	2 081 648	8 820 262	16 965 840	0.122 5
0.110	6 063 930	1 975 462	8 820 262	16 859 654	0.121 3
0.105	6 063 930	1 870 852	8 820 262	16 755 044	0.120 1

注:利率上下波动200个基点,以期限为5.5年、到期收益率12.5%的平价债券为投资对象。

表中第一栏显示的是新收益率;第二栏显示总的票面利率偿付额;第三栏给出了如果票面利息以第一栏表明的新利率投资的情况下,整个5.5年间利息的利息;第四栏列示的是5.5年底的债券价格(等于其票面值);第五栏是票面利息、利息的利息和债券价格三项累计之和;最后一栏是债券等值收益率基础上的总收益。把第一节总收益率的计算公式稍微调整一下,得到本例中计算总收益率的公式:$2\times[(\text{累计价值}/8\ 820\ 262)^{1/11}-1]$,最后一栏就是按照这个公式计算的各个不同新利率水平下的总收益率水平。

观察上表,我们发现如果市场利率上升,实现的累计值大于目标累计值(17 183 033元),原因是:当利率上升时,票面利息将以比初始收益率12.5%更高的利率进行再投资;相反,当利率下降时,实际累计值小于目标累计值,因为票面利率只能以比12.5%更低的利率进行再投资。看来,仅仅投资与目标收益率相同、与投资期限相同的附息债券不能确保目标累计值的实现,“免疫”的目的没

① [美]弗兰克·法博兹,袁东译.债券市场分析和策略(第四版).上海:百家出版社,2002:555

有达到。

换一种债券如何？假设我们按照票面价值购买期限 15 年、票面利率12.5%并且以 12.5%的到期收益率出售的债券，市场利率的变化如前面的例子一样，表 7-8 表明了 5.5 年后投资组合现金流的变化。

表 7-8　**利率变动情况下 5.5 年年底投资组合的价值变化**[1]　单位：元

新收益率	票面利息	利息的利息	债券价格	累计值	总收益率
0.145	6 063 930	2 753 177	7 925 481	16 742 587	0.120 0
0.140	6 063 930	2 647 037	8 136 542	16 837 510	0.121 1
0.135	6 063 930	2 522 618	8 355 777	16 942 325	0.122 3
0.130	6 063 930	2 409 984	8 583 555	17 057 379	0.123 6
0.125	6 063 930	2 298 840	8 820 262	17 183 033	0.125 0
0.120	6 063 930	2 189 433	9 066 306	17 319 699	0.126 5
0.115	6 063 930	2 081 648	9 322 113	17 467 691	0.128 2
0.110	6 063 930	1 975 462	9 588 131	17 627 523	0.129 9
0.105	6 063 930	1 870 852	9 864 831	17 799 613	0. 131 8

注：利率上下波动 200 个基点，以期限为 15 年、到期收益率为 12.5%的平价债券为投资对象。

注意到表 7-8 与表 7-7 中前面三栏的数字完全相同；第四栏中的债券价格是 5.5 年后票面利率为 12.5%、期限为 9.5 年的债券（因为已经过去了 5.5 年）的价格；最后两栏的意义同表 7-7 一样。该表显示，如果市场收益率上升，该组合不能实现预期的收益率；反之，当市场收益率下降时则出现相反的情况，实际累计值会超过目标累计值。与前例不同的是，本例中利率变动对组合的净值产生了两个相反方向的效应：一是由于债券价格的变化产生了资本损益，另一个是再投资收益率的变动。本例中前一个效应大于后一个效应。比如，当利率上升 200 个基点时，利息的利息增加 2 753 177－2 298 840＝454 337（元），然而，这时债券的价格下降了 7 925 481－8 820 262＝－894 781（元），两者相抵后组合的净值下降 440 444 元。如果市场收益率下降，结果就相反。同前例一样，我们投

① ［美］弗兰克·法博兹，袁东译. 债券市场分析和策略（第四版）. 上海：百家出版社，2002：555

资该债券没有能够避免利率波动给投资组合净值带来的影响。

前面两个例子的分析给了我们一个有用的启示——我们寻找的债券应该有这样一个特征:不管利率怎么变动,它的价格波动效应与它的利息的利息变动相抵消。让我们再来分析这样一只债券,该债券票面利率 10.125%、期限 8 年、以 12.5%的到期收益率出售,我们的投资额与前面的例子一样为 8 820 262 元,与前面的表格类似,我们制作了表 7-9。

表 7-9　**利率变动情况下 5.5 年年底投资组合的价值变化**①　单位:元

新收益率	票面利息	利息的利息	债券价格	累计值	总收益率
0.145	5 568 750	2 528 352	9 109 054	17 206 156	0.125 3
0.140	5 568 750	2 421 697	9 205 587	17 196 034	0.125 1
0.135	5 568 750	2 316 621	9 303 435	17 188 807	0.125 1
0.130	5 568 750	2 213 102	9 402 621	17 184 473	0.125 0
0.125	5 568 750	2 111 117	9 503 166	17 183 033	0.125 0
0.120	5 568 750	2 010 644	9 605 091	17 184 485	0.125 0
0.115	5 568 750	1 911 661	9 708 420	17 188 830	0.125 1
0.110	5 568 750	1 814 146	9 813 175	17 196 071	0.125 1
0.105	5 568 750	1 718 078	9 919 380	17 206 208	0.125 3

注:利率上下波动 200 个基点,以期限为 8 年、到期收益率为 12.5%、票面利率10.125%的债券为投资对象。

看一下表中的后两栏,我们注意到累计值和总收益率从未低于目标累计值和目标收益率,因此,不管利率上升还是下降,都能够确保我们实现当初的投资目标。因为当市场收益率上升时,利息的利息增加的量足以抵消债券价格下跌的资本损失而有余;反之,当市场收益率下降时,价格的上涨幅度又超过了利息的利息的下降幅度。所以,投资这样的债券,我们就可以保证投资组合不受利率变动的影响,因而实现了计划的"免疫"目标。

表 7-10 是前面三只债券的修正持续期。

① [美]弗兰克·法博兹,袁东译.债券市场分析和策略(第四版).上海:百家出版社,2002:555

表 7-10　　三只债券的修正持续期比较

债　券	修正持续期
5.5 年期、票面利率 12.5%、以面值出售	3.90
15 年期、票面利率 12.5%、以面值出售	6.70
8 年期、票面利率 10.125%、以 12.5%的到期收益率折价出售	5.18

把三只债券的持续期与我们的负债的修正持续期相比较，可以把我们的负债看做一种零息债券，而零息债券的持续期就是它的期满日 5.5 年，由于 5.5 年要求的半年收益率是 6.25%，所以它的修正持续期是[11/(1+0.062 5)]/2=5.18。这一持续期与我们的第三只债券的修正持续期相等。由前面的分析可知，投资这只债券能够使我们的投资组合避免利率风险。结论是：为使投资组合的现金流量等于将来负债的现值，投资组合的持续期必须等于负债的持续期。

以上单个证券资产组合对应一笔负债的情况只是一种简单的抽象，并没有考虑持续期在投资期间内的变动问题。根据债券凸性的性质，即便当初资产持续期与负债持续期相等，当市场收益率有较大变动时，资产持续期本身也在发生变动，这意味着资产与负债的持续期开始出现不匹配的现象。有时，利率没有变化，仅仅随着时间的流逝，资产持续期也会发生变化，因此，需要人们对当初已经实现了免疫的投资组合进行“再平衡”，即调整组合的头寸；否则，免疫策略不能真正实现。

假定一个资产组合的管理者有一个期限 7 年、金额为 19 187 元的负债，负债的现值是 10 000 元。现在该管理者希望通过持有 3 年期零息债券和永久的年付息一次的债券对负债进行利率免疫。由于目前市场利率是 10%，永久年金的持续期 1.10/0.10=11(年)，零息债券的持续期就是 3 年。

组合的管理要求组合持续期与负债持续期相等(都等于 7 年)，而组合的持续期是各个债券持续期的加权平均数。设零息债券的权重为 w，永久年金的权重是 $1-w$，那么，w 应该满足下式：

$$w\times 3\text{ 年}+(1-w)\times 11\text{ 年}=7\text{ 年}$$

这意味着 $w=1/2$。如果管理者控制的资产规模是 1 万元，就应该将 5 000 元购买零息债券，5 000 元购买永久年金，组合的头寸得到免疫。

第二年，即使利率不动，组合也需要进行调整。由于距到期日又近了一年，负债的现值增加到 11 000 元，而管理者的收入也增加到 11 000 元：随着时间的变化，零息债券的价值由 5 000 元增加到 5 500 元，而永久年金已经支付了 500

元的利息后依然是5 000元，但是资产组合的构成比例必须改变。零息债券现在的持续期为2年，永久年金的持续期仍然是11年，而负债的持续期为6年。资产组合的构成权数应该满足等式：

$$w\times 2\text{年}+(1-w)\times 11\text{年}=6\text{年}$$

这意味着 $w=5/9$。现在管理者必须把11 000×5/9=6 111.11(元)用来购买零息债券，需要增加的零息债券是6 111.11－5 000＝1 111.11(元)。由于组合中已经有1 000元的现金流入，所以，理论上应该出售111.11元永久年金来购买零息债券，以保持组合的免疫性。

二、债券管理的积极策略

(一) 利率预期策略(Interest-rate Expectations Strategies)

利率预期策略是指通过预测未来利率的变动，及时采取措施改变买卖策略，调整投资组合，以实现收益最大化(或损失最小化)。利率预期的一个重要意义在于及时调整资产组合以保持对利率变动的敏感性，其关键是对于未来利率走向的预测能力。由于持续期是衡量利率敏感性的一个指标，这意味着如果预期利率上升，则应该缩短组合持续期；如果预期利率下降，则应该延长组合的持续期。在采取利率预期的策略下，一种组合的持续期可通过债券互换而得到更改，调换的是达到组合持续期的新债券，这种掉期就是"利率预期掉期"，有三种具体掉期方式。

(1) 替代掉期，指一种债券与另一种相近替代债券的交换。相互替代的债券应该有基本相等的息票利率、期限、质量等债券特征。如果投资者认为市场中这两种债券的价格出现失衡，由此能够带来获利机会，这样的掉期就会出现。

(2) 利率掉期，也称钉住利率掉期(Rate-anticipation Swap)。如果投资者相信利率会下降，就把持续期较短的债券调换成持续期较长的债券；相反，预测利率将要上升，就把持续期较长的债券调换成持续期较短的债券。

(3) 净收益增长掉期，指购买更高收益率债券以赚取预期的时间溢价的方式。比如，1年期国债收益率是5.6%，30年期国债收益率是6.1%。只要收益率曲线没有变化，投资者就把短期债券调换成长期债券获得较高收益。当然，如果收益率曲线发生变化，则另当别论。

(二) 收益率曲线策略

收益率曲线策略是对国债收益率曲线形状变动的预期为依据建立投资组合头寸的策略。

1. 收益率曲线变动的类型以及对收益率的影响

收益率曲线变动是指每种国债到期收益率的相对变动，有三种基本的变动类型，分别如图 7-12、图 7-13 和图 7-14 所示。

图 7-12 显示了收益率曲线平行移动的情况。平行移动是指所有债券的到期收益率变动幅度是相同的，短期、中期和长期债券收益率一起上升，或者一起下降相同的幅度。

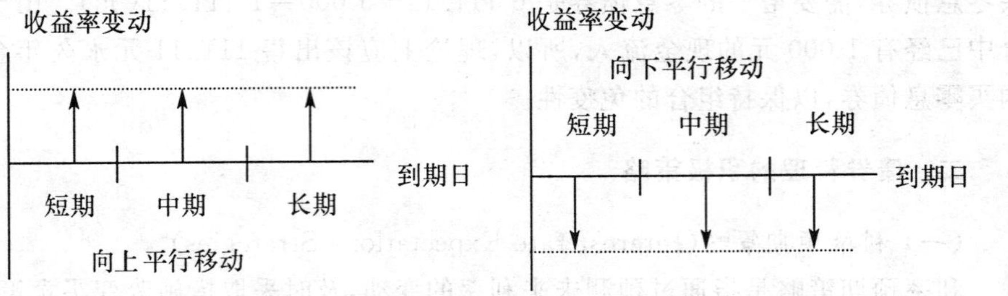

图 7-12 收益率曲线的平行移动

图 7-13 显示了收益率曲线非平行移动的情况之一：转折移动。转折移动是指收益率曲线的斜度发生了变化，其中平缓转折指收益率曲线变得平缓，意味着长期国债与短期国债收益率的差额变小；陡峭转折指收益率曲线变得陡峭，预示着长短期国债收益率差额变大。

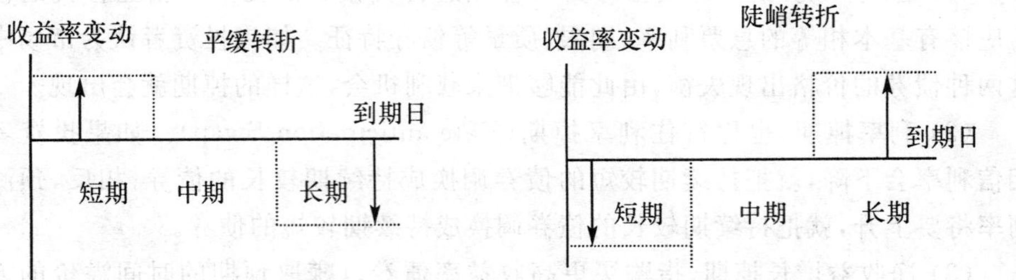

图 7-13 收益率曲线的转折移动

图 7-14 显示了收益率曲线非平行移动的情况之二：蝴蝶式移动。蝴蝶式移动是指收益率曲线的形状发生了变化。其中正蝴蝶式移动指收益率曲线中部"下陷"，两端上移，意味着长期国债与短期国债的收益率提高，中期国债的收益率下降；反蝴蝶式移动正好相反，意味着中期国债收益率上升，长期和短期国债

收益率下降。

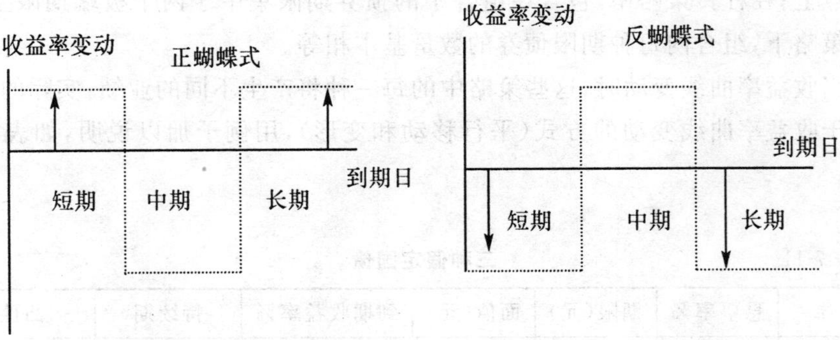

图 7-14　收益率曲线的蝴蝶式移动

需要说明的是，上述收益率曲线变化并非是独立进行的。常常见到的情况是：一是向上移动同时伴随着平缓移动；二是向下移动伴随着陡峭移动。这两类移动见图 7-15 和图 7-16 所示。

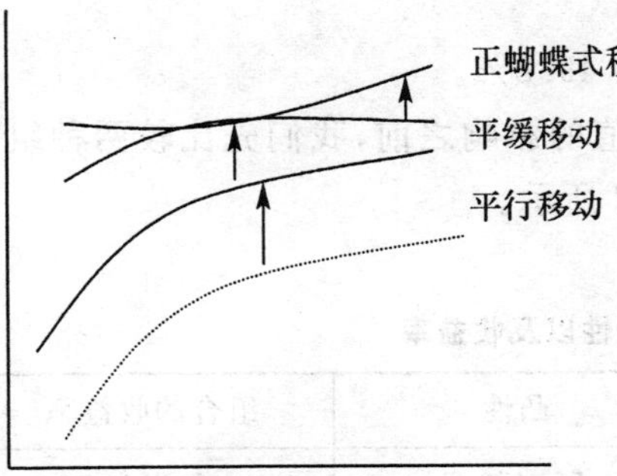

图 7-15　向上移动/平缓移动/正向蝴蝶式移动

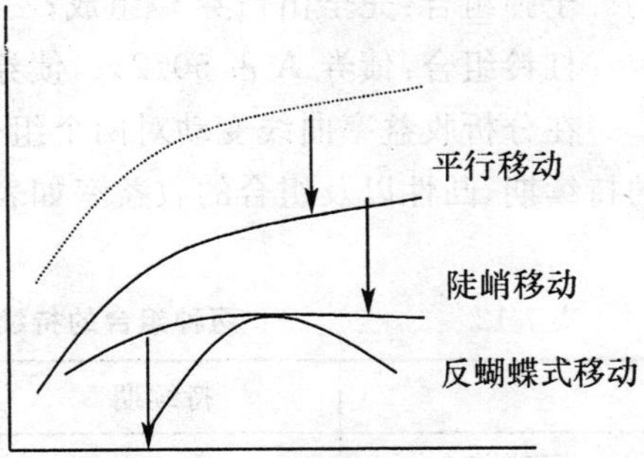

图 7-16　向下移动/陡峭移动/反向蝴蝶式移动

2. 收益率曲线策略

收益率曲线策略需要对收益率曲线的变动方向与类型进行预测。由于投资组合的期限结构对组合的总收益有着重要影响，所以，收益率曲线策略涉及建立一个什么结构的证券组合。可以有三种收益率曲线策略：一是子弹策略(Bullet Strategies)；二是杠铃策略(Barbell Strategies)；三是梯子策略(Ladder Strategies)。

子弹策略中，构成组合的策略集中在一种债券上，即集中于收益率曲线的某一个点上；在杠铃策略中，包含在组合中的债券期限集中于两个极端期限上；在梯子策略下，组合内每种期限债券的数量基本相等。

当收益率曲线变动时，这些策略中的每一种将产生不同的业绩，实际的业绩取决于收益率曲线变动的方式（平行移动和变形），用例子加以说明，如表 7-11 所示。

表 7-11　　三种假定国债

债券	息票率%	期限(元)	面值(元)	到期收益率%	持续期	凸性
A	8.5	5	100	8.5	4.005	19.816 4
B	9.5	20	100	9.5	8.882	124.170 2
C	9.25	10	100	9.25	6.434	55.4506

针对表 7-11 中的三种国债，我们考虑两种收益率策略："子弹组合"和"杠铃组合"。它们的构成是：

子弹组合：完全由债券 C 组成；

杠铃组合：债券 A 占 50.2%，债券 B 占 49.8%。

在分析收益率曲线变动对两个组合价值的影响之前，我们先比较两种组合的持续期、凸性以及组合的收益率如表 7-12 所示。

表 7-12　　两种组合的持续期、凸性以及收益率

	持续期	凸性	组合的收益率
子弹组合	6.434	55.450 6	9.25%
杠铃组合	6.434	71.784 6	8.998%

表中子弹组合栏中的数字直接取自表 7-11；杠铃组合栏中的数字按照上一节讲的组合持续期的平均方法计算得出，具体计算过程是：

杠铃组合的持续期＝0.502×4.005＋0.498×8.882＝6.434

杠铃组合的凸性＝0.502×19.816 4＋0.498×124.170 2＝71.784 6

杠铃组合的收益率＝0.502×8.5%＋0.498×9.5%＝8.998%

观察表 7-12，我们得出的比较结果是：两个组合的持续期相同；杠铃组合的

凸性大于子弹组合;但子弹组合的收益率大于杠铃组合。根据我们前面讨论的有关持续期、凸性的性质,当持续期相同时,债券凸性大的债券是优先投资的对象。但问题是,子弹组合有较高的收益率。于是,这里较高的凸性与较高的收益率两者之间达成一种平衡,仅仅凭这一点,我们还判断不出应该投资于哪一种组合。在金融市场上,上述情况普遍存在,也就是说,那些凸性大的债券(或组合)价格已经上升(即收益率下降),这种凸性已经被市场所认可,换句话说,市场已经为“凸性”付出代价(这一代价被称为“凸性成本”,本例中凸性成本是两个组合收益率之差)。下面讨论收益率变动时两个组合的价值变动情况。为简单起见,假设投资期是6个月,定义两个组合的收益率的差额为:

收益率差额=子弹组合收益率－杠铃组合收益率

上述式子为正说明子弹组合收益率好于杠铃组合,式子为负说明杠铃组合收益率好于子弹组合。表7-13列明了收益率曲线变动时两种组合6个月的收益率差额情况。

表7-13 **收益率曲线变动时两种组合6个月的收益率差额情况**①

收益率变动	平行移动	非平行移动 a	非平行移动 b
－3.750	－3.38	－6.13	－0.78
－3.500	－2.82	－5.44	－0.35
－3.250	－2.32	－4.82	－0.03
－2.000	－0.59	－2.55	1.25
－1.750	－0.38	－2.24	1.37
－1.500	－0.20	－1.97	1.47
－1.250	0.05	－1.74	1.53
－1.000	0.06	－1.54	1.57
－0.750	－0.15	－1.38	1.58
－0.500	0.21	－1.24	1.57
－0.250	0.24	－1.14	1.53
0.000	0.25	－1.06	1.48
0.250	0.24	－1.01	1.41

① [美]弗兰克·法博兹,袁东译.债券市场分析和策略(第四版).上海:百家出版社,2002:555

续表

收益率变动	平行移动	非平行移动 a	非平行移动 b
0.500	0.21	−0.98	1.32
0.750	0.16	−0.97	1.21
1.000	0.09	−0.98	1.09
1.250	0.01	−1.00	0.96
1.500	−0.08	−1.05	0.81
1.750	−0.19	−1.10	0.66
2.000	−0.31	−1.18	0.49
2.500	−0.58	−1.36	0.14
2.750	−0.73	−1.46	−0.05
3.000	−0.88	−1.58	−0.24

我们以下分两种情况加以说明。

(1)收益率曲线平行移动的情况。

收益率曲线平行移动意味着短期、中期和长期债券的收益率一起变动相同的幅度。表中第一栏表示的是收益率曲线变动的幅度,第二栏表示组合收益率的变动情况。从表7-13中可以看出,当收益率变动少于100个基点时,子弹组合的业绩好于杠铃组合;反之,当收益率变动大于100个基点时,杠铃组合的业绩好于子弹组合。这一现象给我们的启示是:第一,收益率曲线的平行移动的幅度是决定组合收益率变化的重要因素之一;第二,由于凸性的不同,即便是其他各个方面均相同的投资组合,投资的业绩也有所不同;第三,当收益率曲线平行移动的幅度较小时(本例中低于100个基点),由于凸性大的组合的凸性"优势"没有发挥出来,但之前市场已经为其凸性付出了"成本"(表现为较高的价格或较低的收益率),其组合的收益率必然小于凸性小的组合;反之,当收益率曲线平行移动幅度比较大时,凸性大的组合收益率要大于凸性小的组合收益率。

(2)收益率曲线非平行移动的情况。

表7-13中后面的两栏是当收益率曲线非平行移动时两个组合的收益率比较。其中又分为两种非平行移动。非平行移动 a(第三栏)列示的是假定债券C的收益率变动幅度为第一栏所列的数量时,债券A的收益率变动为债券C的变动加上25个基点,同时债券B的收益率变动为第一栏数字减去25个基点的情况。显然,这样的非平行移动导致收益率曲线变得平缓,从表7-13中数字看出,

在这样的移动下杠铃组合的业绩好于子弹组合。第二种非平行移动b(第四栏)假定随着债券C的变动,债券A的收益率变动幅度是债券C的变动减去25个基点,债券B的收益率变动是债券C的变动加上25个基点,显然,这是收益率曲线变得更加陡峭的变动。本例中只要债券C的上涨幅度在250个基点以内,下跌幅度在325个基点以内,子弹组合的业绩好于杠铃组合;相反,如果债券C的变动大于该范围,则杠铃组合业绩好于子弹组合。由此得出的初步结论是:第一,当收益率曲线向平缓方向变动时,杠铃组合业绩一般好于子弹组合;第二,当收益率曲线向陡峭方向变动时,两种组合的业绩比较取决于收益率曲线变动的幅度。在一定幅度内,子弹组合业绩好于杠铃组合,但超过一定变动幅度,后者会超过前者。

3. 杠杆策略

杠杆策略是投资者通过借贷建立一个比自由资金投入时更大的头寸,以便增加投资组合收益的策略。比如,一个投资者自有资金5 000万元,一年获得收益率是5%,如果借入资金的成本是4.5%,则该投资者可获得高于资金成本50个基点的年收入。如果他借入5 000万元,其管理的头寸就是1亿元。借入的资金量越大,扩大的收入越多,这就是杠杆的好处;反之,如果借入的资金成本大于年收益率,借入资金产生的是负收益,则借入资金量越大,亏损也越大,所以,杠杆在放大头寸提高收益的同时,也加大了风险。债券投资的杠杆策略一般通过买入债券、在回购市场借入资金,然后再次购买债券,如此循环下去,达到放大头寸的目的。

(1)步骤(以下结合具体例子对杠杆策略的步骤加以说明)。

第一步:购买债券。

假定最初投入资金1 000万元,按照交易单位的限制规定,以市场价格购买债券支付了9 999 563元(其中9 979 604元是购买债券金额,19 959元是手续费),剩余资金437元。

第二步:通过回购交易取得资金(假设债券价格和回购利率保持稳定)。

假定选择14天为回购期限,回购利率是2%;再假定9 979 604元债券通过回购能够得到资金9 700 000元,扣除手续费4 850元,再加上上次资金余额437元,本次回购现金净流入为9 695 587元。注意本次回购产生了回购利息$9\,700\,000\times 2\%\times(14/365)=7\,441$(元)。但该利息只需到回购期满时交纳,回购时不交纳,不构成本次的现金流出。

第三步:再次买入债券。

9 695 587元可以买入相应债券,共支付9 694 649元(其中9 675 298元是买入债券的金额,19 351元是手续费),剩余资金938元。

到目前为止，我们完成了第一次债券回购——再买入的循环。目前持有债券的头寸是 9 675 298+9 979 604=19 654 902(元)，相对于初始资金，大约放大了 1.97 倍，这意味着价格波动也放大了 1.97 倍。如果债券价格波动 1%，本杠杆头寸的市场价值波动 1.97%。

重复上述第二步和第三步，可以继续放大债券头寸的倍数，继续增大杠杆比率，放大价格波动率。

(2)风险。杠杆策略的风险来自四个方面：市场风险、技术风险、回购交易到期风险和交易费用风险。

首先是市场风险。任何不利的价格波动都会按照资金放大的倍数放大，比如资金放大 5 倍，市场价格下降 1%，则初始资金的账面亏损达 5%。

其次是技术风险。由于杠杆策略交易次数多、环节多，不仅要求投资者自身具备比较高的资金和头寸管理水平，而且需要对行情和利率的判断非常准确。

再次是回购到期风险。当回购交易到期时，投资者应归还回购资金，重新获得抵押出去的债券。这时投资者面临着两个选择：一是卖掉债券，归还全部的回购借款，但这时由于需要马上卖掉巨额的债券(头寸已经放大若干倍)，当市场流动性差时容易蒙受价格损失；另一个选择是继续持有原来的头寸，重新进行回购交易，取得新资金归还回购借款，但这时的回购交易带有“强迫”的性质，投资者失去了是否交易、何时交易的选择，必须接受新的价格风险、流动性风险、技术风险的考验。

最后是交易成本风险。随着交易次数的增加，交易费用也相应增加，当持有国债的收益率与回购利率之差小于交易费用时，杠杆策略会发生亏损。

【本章小结】

1. 固定收益证券向投资者承诺支付固定收入或一特定收入流，其中的息票债券是其典型型式。固定收益证券现实中的表现形式是各类债券。债券按照发行体、发行价格、还本付息的方式、是否附有选择权等标志可以划分为许多种类。

2. 债券的理论价格是债券带来的未来现金流入按照市场利率的贴现值。由于未来的现金流入事先已经确定，所以，债券价格取决于市场利率的变化，并同这一变化呈反比。

3. 投资债券的收入分为三个部分：本金偿还(或赎回)、利息收入、利息的再投资收入(简称利息的利息)。所有影响上述收入实现的因素就是债券投资风险，一般通过市场收益率的变动表现出来。

4. 持续期和凸性衡量了利率变动时债券价格波动的近似值。持续期一方面描述了投资债券的资金加权平均回收期，另一方面衡量了债券的风险：持续期越长，风险越大；凸性的存在总是有利于债券投资者：当收益率上升时，债券价格以减速度下跌，而当收益率下降时，债券价格以加速度上涨。

5.固定收益证券的管理有两种基本策略：消极策略和积极策略。前者采取各种措施，追求投资组合不受利率波动的影响；后者试图预期利率走势和结构的变动，获取超常的投资回报率。

【思考与练习】

1.到期收益率这一指标的优点和缺点是什么？

2.“市场利率下降，债券价格上升；市场利率上升，债券价格下降。”这一说法在任何情况下都成立吗？为什么？

3.收益率曲线的三种形状代表着什么样的利率结构？其形状变化分为什么样的类型？

4.固定收益证券消极管理政策和积极管理政策分别对应着什么样的情况？如何评价两者之间的优劣？

5.假定有一种债券，息票率是10%，到期收益率是8%，如果债券的到期收益率不变，则一年后债券的价格将如何变化？为什么？

6.一种20年期债券，面值1 000元，半年付息一次，息票率8%，假定债券的价格是950元，试计算等值到期收益率和有效到期收益率。

7.一种新发行的债券，面值1 000元。每年付息一次，息票率是5%，到期期限是20年，到期收益率是8%。假定一年后债券按照7%的到期收益率出售，则这一年的持有期收益率是多少？

8.一种30年期的可赎回债券息票率是8%，面值1 000元，半年付息一次，5年后可按1 100元的价格赎回。此债券现在以到期收益率为7%(每半年3.5%)的价格出售，问赎回收益率是多少？如果是2年后可赎回，赎回收益率又是多少？

9.如表7-14所示是期限不同的几种零息债券的价格表，计算每一种债券的到期收益率并由此推导其远期利率。

表7-14　零息债券的价格表

期限(年)	债券价格(元)	期限(年)	债券价格(元)
1	943.40	3	847.62
2	898.47	4	792.16

10. 如果一组零息债券的价格(面值都是1 000元)分别为:943.40元(1年期)、873.52元(2年期)、816.37元(3年期),另有一只面值1 000元的债券、息票率8.5%、每年付息、为期3年,问该债券的到期收益率是多少?如果第一年年底的收益率曲线在8%变成水平形状,问该债券为期1年的持有期收益率是多少?

11. 一种债券的息票率是6%,每年付息,修正的持续期是10年,面值1 000元,以800元出售,按8%的到期收益率定价。如果到期收益率变成9%,利用持续期的概念,估计价格下降的程度。

12. 一种债券息票率是6%,半年付息一次,在几年内的凸性是120,以票面值的80%出售,到期收益率是8%。如果收益率增加到9.5%,估计因凸性而导致的价格变化百分比是多少?

13. 假如你管理着100万元的资产组合,目标持续期是10年,可以从两种债券中选择:5年期零息债券和永久债券,到期收益率都是5%。问持有两种债券的份额应该是多少?如果现在的目标持续期是9年,则明年的持有比例会如何变化?

14. 管理债券投资组合的经理被要求100万元的投资经过5年后的年收益率不低于3%。3年后,利率为8%,届时投资的临界点是多少(即经理不得不采取免疫策略以确保获得最低可能的收益之前,组合的价值最低会跌至多少)?

第八章　权益证券

【学习目标】

本章从股票的概念和种类入手，主要介绍股票的特性，与股票相关的优先认股权、可转换证券和认股权证；影响股票价值的各种因素以及各种股票价值评估模型。通过本章的学习，同学们应明确股票的概念和特性；各种股票定价模型的原理及其运用，以及不同定价模型的联系与区别；各种与股票相关的优先认股权、可转换证券以及认股权证的含义和价值分析，从中理解它们与股票的联系与区别；影响股票价值的各种因素，以及各种因素导致股票价值变化的原理和机制。

权益证券是企业筹措资金的一种主要手段，持有者可以据此享有企业剩余价值的索取权。本章首先介绍权益证券的概念和特性，在此基础上重点分析权益证券的价值影响因素和各种价值评估模型。

第一节　股票的性质与特点

一、股票的定义

股票是股份公司为筹集资金发给股东作为其投资入股的证书和索取股息的凭证，其实质是公司的产权证明书。

（一）股票是一种有价证券

有价证券的种类很多，可以分为货物证券（如提单、仓单等）、货币证券（如支票、本票、汇票等）以及资本证券。与货币证券相同，资本证券的标的物也是一定数量的货币额，但与货币证券不同的是，它侧重于对一定的本金所带来的收益的请求权，因此，股票是一种资本证券。

（二）股票是一种虚拟资本证券

它可以脱离原来所代表的现实资本而在市场上进行相对独立的运动，其所体现的虚拟资本的大小是由其所代表的现实资本具有的收益大小和一般利息率水平决定的。虚拟资本不是现实的财富，所以股票本身没有价值，但它却可以促使现实财富的集中。

（三）股票仅代表了股份公司的部分资本

通常股份公司均分公司全部资本，每一股份都代表一定的资本额，一定量的股票代表一定份额的股份，但不是所有股份都会以股票形式表现，有的企业的股份可以采取股权证的形式。在对外公开发行股票的股份有限公司中股份与股票是两个不完全等同的概念。

二、股票的特性

（一）收益性

股票的收益性表现在两个方面：一方面持有者凭借其持有的股票，有权按公司章程从公司领取股息和红利，其大小取决于公司的经营状况和盈利水平。一般情况下，投资股票所获得的股息和红利应高于银行储蓄的利息收入，也高于债券的利息收入；另一方面股票持有者还可以获得相应的资本利得和资产增值，通过贱买贵卖赚取股票差价收入。在货币贬值时，股票则会因公司资产的增值而升值，有时股票持有者还会获得以低于市价的特价甚至无偿获取公司配发的新股。

（二）风险性

股票的风险性与股票的收益性相匹配。认购股票使投资者有可能获取较高的投资收益，同时也要承担较大的投资风险。通常情况下股票投资有两类风险：一是由股票发行公司本身引起的风险，主要表现为股份公司经营亏损和破产的风险。轻者将导致股票投资者的收益降低，重者则有可能使股票投资毫无收益，甚至还会吞没本金。二是由股票价格波动产生的风险。导致股票市场价格波动的因素很多，既有正常波动也有非正常波动。当股票市价下跌时，就意味着投资者的本金有遭受损失的风险。

（三）流通性

股票作为一种资本证券，是一种灵活有效的筹资工具和有价证券。其本金虽不能中途返还给投资者，但却可以转让、抵押和买卖流通。实质上股票的这种流通性是股票能够迅速变为货币而不致遭受损失或减小损失程度的一种保障。持有股票类似于持有货币，随时可以在股票市场兑现。股票的流通性促进了社会资金的有效利用和资源的合理配置。

(四) 稳定性

股票的稳定性包括两个方面的含义：一是股东与发行股票的股份公司之间存在稳定的经济关系；二是通过发行股票筹集到的资金使公司有一个稳定的存续期间。由于股票是一种没有偿还期限的法律凭证，因此它使股东与公司之间建立了长期稳定的关系。投资者一旦购买了股票就不能退股，在股份公司的合理合法存续期间内其发行的股票也必然一直有效存在。换句话说，股票代表了股东的一种永久性投资，他只有在股票市场上转让股票才能收回本金。对于股份公司来说，由于股票始终在市场上交易流通而不会轻易退出，通过发行股票所筹集到的资金对于股份公司来说就是一笔稳定的自有资本。

(五) 波动性

股票作为市场上的一种交易对象，同其他交易对象一样，也有自己的市场行情和市场价格。股票的价格由股票收益与市场利率的对比决定，同时与股份公司的经营状况和盈利水平密切相关。此外，股票价格还会受到国内外经济、政治、社会以及投资者心理预期等一系列因素的影响，因此，与普通商品的价格特征不同，股票价格大起大落的波动性更为突出。股票价格的波动性一方面成为吸引投资者的亮点；另一方面也成为股份公司改善经营管理、努力提高经济效益、增强公司竞争能力的一个重要激励因素。

(六) 参与性

根据公司法的相关规定，股票持有者作为股票发行公司的股东有权出席股东大会，选举公司的董事会，参与公司的经营决策。股票持有者的投资意图和享有的经济利益，通常是通过股东行使参与权而实现的。股东参与公司经营决策的权利大小，取决于其持有的股份性质和数量。股票赋予其持有者参与公司经营决策的权利，对于建立一个相互制衡、科学合理的现代公司治理结构具有重要的意义。

(七) 伸缩性

股票的伸缩性是指股票所代表的股份既可以分割，也可以合并。当公司利润扩大或股票价格上涨时，投资者购入每单位股票所需的资金就会增多，这将导致市场交易量的萎缩。此种情况下，股份公司可以采取分割股份的方式使单位股票的价格降低，从而争取更多的投资者，扩大市场交易量；相反，如果出现公司资本减少、公司合并或是股票价格过低时，则可以将若干股股票合并成较少的几股或一股。

三、股票的种类

现实中股票的种类很多，从不同的角度我们可以把股票划分为不同种类。

（一）按股东权利不同来划分，股票有普通股、优先股、后配股、有议决权股、无议决权股、否决权股等

普通股是公司发行的一种基本股票，具有股票的基本性质。普通股股东通常享有广泛的权利：盈余分配权、资产分配权、表决权、选举权、优先认股权、股份转让权、对董事的诉讼权等。由于其股息随公司利润的大小而增减，所以普通股也是风险最大的股权形式。普通股最重要的两个基本特征就是剩余索取权和有限责任。剩余索取权意味着当公司的资产被清算时，普通股股东只有在满足了税务部门、公司雇员、供应商、公司债券持有者以及其他信贷者的索取权之后，才对公司的剩余财产拥有索取权。当然，有限责任也保证了在公司倒闭时普通股股东最大的损失也就是其初始投资。

优先股是相对普通股而言的。首先表现为在获取股利和剩余财产分配方面享有顺序上的“优先”；其次还表现为各种其他优惠条件，股份公司为吸引投资往往会发行优先股。现实中，优先股的种类十分丰富，可分为累积优先股和非累积优先股；全部参加优先股和部分参加优先股；可转换优先股；股息率可调整优先股；可赎回优先股。累积优先股，指的是当公司本期盈利不足以支付固定的优先股股息时，将用公司以后期间的累积盈余补发。相应地，非累积优先股的股息则按期分派，公司本期盈利不足以支付优先股股息时，以后期间无需补付。全部参加优先股则是指优先股除了按规定的股利率优先分得本期股息外，还有权与普通股股东一样，共同等额地分享本期的剩余盈利；部分参加优先股股东除了按规定的股利率优先分得本期股息外，有权以一定额度为限，与普通股股东一起共同分享剩余盈利。可转换优先股允许持有者在规定的时间内按一定比例将优先股转换成普通股，转换时的比价根据两种股票的价格而定。通过转换优先股，股东将获得表决权参与公司的经营决策，还可能在普通股价格上扬时获得较大收益。股息率可调整的优先股，即股息率不固定，而是随着其他证券或存款利率变动定期调整其股息率。现实中有的股份公司附加了年股息率变动的上限和下限，使股息率的调整受到一定的制约。可赎回优先股则允许股票的发行公司按原来的价格再加上一定的补偿金将已发行的优先股收回注销。通常，如果股份公司认为能够以较低股利的股票代替已发行的优先股时，就可以行使这种赎回已发行的优先股的权利。

值得注意的是，虽享有各种优惠条件，但优先股股东不能参与公司经营管理的决策，对公司的重大事件没有表决权，但在某些特定的情况下又拥有表决权。如讨论优先股股东权益的事项时，优先股股东有权参加股东大会来维护自己的权利。

后配股，大部分是由股份公司赠与其发起人或经营管理者，所以也称为发起

人股、管理人股。由于获得该种股票的股东主要是凭借其非凡的才能、特殊的地位或名誉等，而非金钱或其他物质财产，因此，有人将其称为干股。议决权股，通常指股份公司未遵循一股一权的常规而给予特定股东以多数表决权，但这些股东并不享受任何其他优先利益。股份公司发行这种股票的目的在于限制外国持股人对本国产业的支配权。无议决权股，指的是对公司一切事务都无表决权的股票。否决权股则是指对指定的议案享有否决权的股票。

（二）根据股票是否记名来划分，股票可分为记名股和无记名股

记名股票是在股东名册和股票票面上都载有股东姓名的股票。记名股票转让时须照章办理过户手续，因此该种股票便于管理控制却不便于交易流通。无记名股票指的是股东姓名不载入票面的股票。其在转让中无须办理过户手续，一经私相授受，所有权转移即合法生效。占有股票本身就意味着占有其所有权，所以该种股票便于交易流通，但却难以管理控制。

（三）根据股票是否载有票面金额，股票可分为有面值股和无面值股

有面值股即票面上注明股数和金额的股票。通常面额大小不一，由股份公司根据各自的意图决定。小面额利于发行和集资，适合各种资金水平的投资者购买；面额大则不利于小投资者购买。无面值股即票面上未载明股数和金额，仅表明它是股本总额若干比例的股票。股东享有的股份利益和责任依股份代表的比例确定。虽然无面值股票没有票面金额，但在公司账册上记载着价格。相对于有面值股票而言，无面值股票可以不受面额限制，易于股份分割和拆细。在流通转让时，投资者可不受票面金额的误导，而更看重每股的实际投资价值。

（四）根据股票是否已被认购，股票可分为发行股和未发行股

发行股指在公司总股本中，已经由股东认购的部分；另一部分尚未被认购的股份就叫做未发行股。之所以产生未发行股，其原因有两个：第一，公司初创时期，投资者少，用已募集的资本先行开业，余下股份可于公司成立后再陆续招募；第二，公司开业后增资时，须发行新股票。如果公司信誉不佳，或面临经济不景气，也难免出现若干股份发行不出去的情况。

四、我国上市公司目前的股权结构

（一）按投资主体来分，我国上市公司的股份可分为国有股、法人股和社会公众股

国有股指有权代表国家投资的部门或机构以国有资产向公司投资形成的股份，包括以公司现有国有资产折算成的股份。由于我国大部分上市公司是由原国有大中型企业改制而来的，因此国有股在上市公司的股权中占有较大的比重。法人股指企业法人或具有法人资格的事业单位或社会团体以其依法可经营的资

产向上市公司非上市流通股权部分投资所形成的股份。根据法人股认购的对象不同，可将法人股进一步分为境内发起法人股、外资法人股和募集法人股三个部分。社会公众股是指我国境内个人和机构，以其合法财产向公司可上市流通股权部分投资所形成的股份。广大投资者通过其股东账户在股票市场上买卖的股票都是社会公众股。我国公司法规定：单个自然人持股数不得超过该公司股份的5%。

目前国有股和法人股在我国还不能上市交易。国有股股东和法人股股东要转让其股权，需在法律许可的范围内，经证券主管部门批准与合格的机构投资者签订转让协议完成股权转移。

（二）按股票上市的地点和所面对的投资者不同，我国上市公司的股票可分为A股、B股、H股、N股和S股

A股的正式名称是人民币普通股票，它是由我国境内的公司发行，供境内机构、组织或个人（不含我国港、澳、台地区投资者）以人民币认购和交易的普通股股票。B股的正式名称是人民币特种股票，它是以人民币标明面值，以外币认购和买卖，在境内（上海、深圳）证券交易所上市交易的。H股即注册地在内地，上市地在香港的外资股，由于香港的英文首字母为H，在港上市的外资股就称为H股，依此类推，在纽约和新加坡上市的股票就分别称为N股和S股。

第二节 现金流定价法

一、收入资本化原理

我们首先应该明确一个问题，为什么要买卖股票？很明显，买卖股票的目的是因为我们预期能从中得到收益，持有股票能在未来给我们带来一定的现金流。明确了这个问题，我们就可以运用现金流折现法（Discounted Cash Flow Valuation Model）来分析股票的价值。现金流折现法认为任何资产的内在价值取决于持有资产可能带来的未来的现金流收入。这些现金流收入是投资者自己通过各种信息所预测的未来的收入，因此需要用合适的折现率将其调整为现值，用公式表示为：

$$V=\frac{C_1}{1+r}+\frac{C_2}{(1+r)^2}+\frac{C_3}{(1+r)^3}+\cdots+\frac{C_t}{(1+r)^t}=\sum_{t=1}^{\infty}\frac{C_t}{(1+r)^t}$$

其中：V 表示资产的内在价值；C_t 表示第 t 期的现金流；r 表示贴现率。

当我们运用现金流折现法来评估股票价值时，面临着如下几个问题：如何定义未来的现金流？未来的现金流数量是多少？用什么方法来计算折现率？估计

的折现率是多少？

证券分析人员和学者们在不断的实践和研究中，从不同的角度来定义现金流，确定折现率，逐步发展成为了今天我们所使用的定价方法。当前应用较多的有股息贴现模型（Dividend Discount Model）和自由现金流模型（Free Cash Flow Model）。下面，我们将分别介绍这两种方法。

二、股息贴现模型（DDM）

（一）股息贴现模型的适用范围

股息贴现模型是现金流折现定价法中最简单也是最古老的一种定价模型。从名称中我们就可以看到，股息贴现模型将现金流定义为股息。这是因为，从所有权角度来看，对于大多数投资者，其买入的股票只占公司总股份的一小部分，并不能影响公司的收益分配，也就是说，并不能影响公司何时分配收益，分配多少收益，而只能是被动地收到公司派发的股息（有些公司会通过股票回购来派发现金，这只是变相发放股息的一种方式）。从这个意义上来说，股息贴现模型适用于那些非控股股东，即中小投资者。此外，如果公司有一个较为稳定的股息政策，股息贴现模型就显得更有意义了。因为股息的发放取决于董事会的决策，带有一定的随意性，如果仅仅依靠预测的话，难度很大；而当公司有一个较为稳定的股息政策时，预测起来就会相对比较容易，而且可以大大地降低预测值与实际值之间的误差。

我们知道，股票是一种资本证券，其价值的大小取决于公司盈利能力的强弱。当公司盈利能力强时，股票的价格就高，公司发放的股息就多；反之，当公司盈利能力弱时，股票的价格就低，公司发放的股息就少，所以，股息的多少与公司的盈利能力存在着一定的正相关关系。总的来说，当以下条件符合时，股息贴现模型适用评估股票价值：

（1）公司发放股息，并且有一个稳定的股息政策，这样，我们才可以较准确地预测未来的股息；

（2）股息的多少与公司的盈利能力成正相关关系；

（3）投资者处于一个非控股股东的地位，很难影响到公司的股息政策。

通常情况下，那些盈利较为稳定、股息政策比较稳定并且公司增长前景一般的公司适用于股息贴现模型。公用事业类上市公司就是一个很好的例子。

（二）股息贴现模型的推导

绝大多数人很少一直持有一种股票，更普遍的情况是持有一段时间后卖掉，但这并不影响我们的分析。假设我们持有一只股票 t 期，然后卖掉股票，则现金流如表 8-1 所示。

表 8-1 **股票在 t 时期内的现金流**

时期	1	2	3	…	t
现金流	Div_1	Div_2	Div_3	…	Div_t, P_t

根据收入资本化原理，我们可以得出该股票的内在价值 V 应该为：

$$V=\frac{Div_1}{1+r}+\frac{Div_2}{(1+r)^2}+\frac{Div_3}{(1+r)^3}+\cdots+\frac{Div_t}{(1+r)^t}+\frac{P_t}{(1+r)^t} \tag{8.1}$$

其中：$Div_1, Div_2, Div_3, \cdots, Div_t$ 分别表示公司在第 $1,2,3,\cdots,t$ 期支付的股利；P_t 为股票在 t 期的价格。

一个有趣的问题出现了，第 t 期为什么会有人以 P_t 的价格购买该股票？很显然，买该股票的投资者仍然是基于该股票未来带来的现金流来决定。假设在第 t 期以 P_t 的价格买入该股票的投资者持有股票 k 期后卖掉，则该投资者的现金流收入如表 8-2 所示。

表 8-2 **股票在 $t+k$ 时期内的现金流**

时期	$t+1$	$t+2$	$t+3$	…	$t+k$
现金流	Div_{t+1}	Div_{t+2}	Div_{t+3}	…	Div_{t+k}, P_{t+k}

同样，根据现金流折现原理，我们可以得出：

$$V=\frac{Div_{t+1}}{1+r}+\frac{Div_{t+2}}{(1+r)^2}+\frac{Div_{t+3}}{(1+r)^3}+\cdots+\frac{Div_{t+k}}{(1+r)^k}+\frac{P_{t+k}}{(1+r)^k} \tag{8.2}$$

将式(8.1)代入式(8.2)，可得：

$$V=\frac{Div_1}{1+r}+\frac{Div_2}{(1+r)^2}+\frac{Div_3}{(1+r)^3}+\cdots+\frac{Div_{t+k}}{(1+r)^{t+k}}+\frac{P_{t+k}}{(1+r)^{t+k}} \tag{8.3}$$

同样，我们可以知道，P_{t+k} 仍然是由股票在未来产生的现金流所决定的。重复上面的过程，我们最终可以得出：

$$V=\sum_{t=1}^{\infty}\frac{Div_t}{(1+r)^t} \tag{8.4}$$

式(8.4)就是股息贴现模型的基本表达式。如果我们能够准确地预测股票各期的股息，给定一个合理的贴现率，就可以很方便地利用股息贴现模型来得出股票的价格。根据对股息增长率的假定不同，股息贴现模型可分为：零增长模型、不变增长模型和多元增长模型等。

（三）零增长模型（Zero-growth Model）

零增长模型是股息贴现模型的一种特殊形式，由于它假定各期的股息固定不变，也就是股息的增长率为零，故称为零增长模型。零增长模型的数学表达式为：

假定 $Div_1 = Div_2 = \cdots = Div_n$，将其代入股息贴现模型的基本表达式，得：

$$V = \sum_{t=1}^{\infty} \frac{Div_t}{(1+r)^t} = Div_0\left[\sum_{t=1}^{\infty} \frac{1}{(1+r)^t}\right] \tag{8.5}$$

当 $r>0$ 时，$\frac{1}{1+r}<1$，化简式(8.5)，可得：

$$V=\frac{Div_0}{r} \tag{8.6}$$

式(8.6)就是零增长模型的表达形式。

我们用一个例子来进一步理解它。假设投资者预期 ABC 股份公司支付的股息将永久性地固定为 1.20 元/股，折现率为 14.5%，试问该公司股票的价值应为多少？

$$V=\frac{Div_0}{r}=\frac{1.20}{0.145}=8.27(\text{元})$$

如果市场上目前该公司的股票价格为 11.27 元时，那股票投资的净现值就为：

$$NPV=V-P=8.27-11.27=-3(\text{元})$$

这说明该公司的股票被高估了，那么持有股票的投资者就应抛售股票赚取收益。

（四）常数增长模型（Constant-growth Model）

常数增长模型又称为戈登模型，是股息贴现模型的第二种特殊形式。该模型有三个基本假设条件：

(1) 股息的支付在时间上是永久性的；

(2) 各期的股息增长率 g_t 恒等于常数 g；

(3) 模型中的贴现率大于股息增长率，即 $r>g$；

根据以上三个假设条件，我们可以得到：

$Div_1 = Div_0(1+g)$

$Div_2 = Div_0(1+g)^2$

$Div_3 = Div_0(1+g)^3$

⋮

$Div_\infty = Div_0(1+g)^\infty$

因此，股息贴现模型的基本表达式(8.4)则转换为：

$$\begin{aligned} V &= \frac{Div_1}{1+r}+\frac{Div_2}{(1+r)^2}+\frac{Div_3}{(1+r)^3}+\cdots+\frac{Div_\infty}{(1+r)^\infty} \\ &= \frac{Div_0(1+g)}{1+r}+\frac{Div_0(1+g)^2}{(1+r)^2}+\frac{Div_0(1+g)^3}{(1+r)^3}+\cdots+\frac{Div_0(1+g)^\infty}{(1+r)^\infty} \\ &= Div_0\left[\left(\frac{1+g}{1+r}\right)+\left(\frac{1+g}{1+r}\right)^2+\left(\frac{1+g}{1+r}\right)^3+\cdots+\left(\frac{1+g}{1+r}\right)^\infty\right] \\ &= \frac{Div_0(1+g)}{r-g} \\ &= \frac{Div_1}{r-g} \end{aligned} \tag{8.7}$$

显然，上式中当股息增长率等于零时(即 $g=0$)，常数增长模型就变成了零增长模型，因此零增长模型是常数增长模型的一种特例。

我们同样用一个例子来说明它的运用。假设投资者打算购买 XYZ 公司的股票，已知该股票在第一年年末支付股息 3 元，投资者预期该公司的股息增长率将永久性地维持在 10%的水平上，考虑风险因素后投资的预期报酬率为 15%，试问该公司股票的内在价值应为多少？

$$V=\frac{Div_1}{r-g}=\frac{3}{0.15-0.10}=60(\text{元})$$

（五）多元增长模型(Multistage Dividend Discount Models)

零增长模型和常数增长模型蕴涵着这样的假设：公司的股息支付是永久性的，而且股息增长率恒等于一个常数 g($g=0$ 时即为零增长模型)。但这对于大多数公司来说是不现实的，因为公司的经营状况、盈利能力等不可能保持永久不变。对于大多数公司来说，其发展都会经历如下三个阶段：(1)成长阶段(Growth Phase)。处于成长期的公司，通常其产品的市场前景广阔，销售增长较快，利润率较高，每股收益(EPS)增长较快。这一阶段公司扩张很快，资本支出较大，现金流为负，公司有着强烈的融资需求，因此股息支出较少，甚至为零。(2)过渡阶段(Transition Phase)。在过渡阶段，由于越来越多的公司被高额利润吸引而进入市场，公司面临的竞争压力加大，销售增长率逐渐放慢，利润率也逐渐下降，但仍然高于宏观经济的增长率。这一阶段，公司的资本支出逐渐减少，资金需求下降，因此现金流变正，股息支出逐渐增加(或者开始支付股息)。(3)成熟阶段(Mature Phase)。在成熟阶段，由于激烈的市场竞争，公司通常保持一个较低产品的销售增长率，利润率也接近于宏观经济的增长率，其投资的收益仅仅能够弥补其机会成本，也就是说公司仅仅能够赚取经济利润。由于投资机会较少，公司仅为维持其正常经营而做一些必要的投资(如设备维护支出，设备重置支出等)。这一阶段,公司的利润率保持在一个较为稳定的水平上,股息支出的增长率也保持在一个稳定的水平上。

很明显,公司在不同的阶段,其股息增长率是不同的。多元增长模型给我们提供了一种更一般的也更贴近大多数公司实际情况的贴现定价方法。下面,我们将介绍几种不同的多元增长模型:两阶段模型、H 模型和三阶段模型。当然,它们的主要区别在于对股息增长率的假设不同。

1. 两阶段模型(Two-stage Dividend Discount Model)

两阶段模型有两种流行的表述方法。第一种方法假设公司在一段时期内有着较高的股息增长率 g_a,并且保持不变;过了这段时期后,公司的股息增长率下降到一个较低的水平 g_b,并且将一直持续下去;第二种方法假设公司在成长期内不支付股息,过了成长期后才开始支付股息,并且股息增长率恒定。我们分别来考察这两种方法。

对第一种方法,根据股息贴现模型我们可以得到,在 $t=0$ 时刻:

$$V_0 = \sum_{t=1}^{n} \frac{Div_t}{(1+r)^t} + \frac{V_n}{(1+r)^n}$$

$$= \sum_{t=1}^{n} \frac{Div_0(1+g_a)^t}{(1+r)^t} + \frac{V_n}{(1+r)^n} \tag{8.8}$$

又由不变增长模型可以得出:

$$V_n = \frac{Div_{n+1}}{r-g_b}$$

$$= \frac{Div_n(1+g_b)}{r-g_b}$$

$$= \frac{Div_0(1+g_a)^n(1+g_b)}{r-g_b} \tag{8.9}$$

将式(8.9)代入式(8.8),可得:

$$V_0 = \sum_{t=1}^{n} \frac{Div_0(1+g_a)^t}{(1+r)^t} + \frac{Div_0(1+g_a)^n(1+g_b)}{(r-g_b)(1+r)^n} \tag{8.10}$$

这就是第一种两阶段贴现模型的表达式。这个模型适用于那些在一段时期内有着超常增长率,但过了这个时期后,增长率将会回落到一个较低的长期水平的公司。

对第二种方法,我们假设公司期初不支付股息,而是在 n 期后才开始支付股息,且股息增长率恒等于 g_b,那么,在 $t=n$ 时刻,公司股票的价值应该是:

$$V_n = \frac{Div_{n+1}}{r-g_b}$$

$$=\frac{Div_n(1+g_b)}{r-g_b} \tag{8.11}$$

将 V_n 折现到 $t=0$ 时刻，就可以得到 $t=0$ 时刻股票的价值：

$$V_0=\frac{V_n}{(1+r)^n}=\frac{Div_{n+1}}{(r-g_b)(1+r)^n} \tag{8.12}$$

2. H 模型(The H-Model)

H 模型(如图 8-1 所示)实质上是两阶段模型的另一种表述方式。H 模型假定：股息的初始增长率为 g_a，然后以线形方式递减；从 $2H$ 期以后，股息的增长率成为一个常数 g_b，g_b 反映了公司的一种长期正常的股息增长率。在股息递减的过程中，在 H 点上的股息增长率恰好等于初始增长率 g_a 和常数增长率 g_b 的平均数。

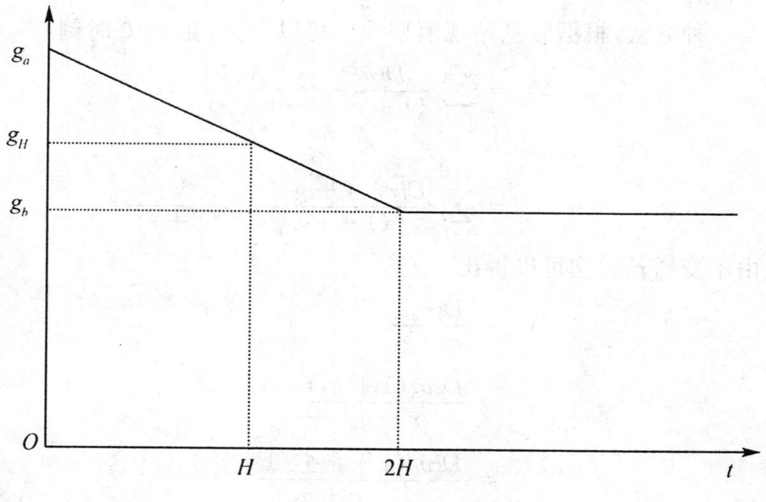

图 8-1　H 模型

根据图 8-1 所示，当 $t=H$ 时，$g_H=\frac{1}{2}(g_a+g_b)$。在满足上述假定条件的基础上，经证明 H 模型的股票内在价值计算公式为：

$$V_0=\frac{Div_0(1+g_b)}{r-g_b}+\frac{Div_0H(g_a-g_b)}{r-g_b} \tag{8.13}$$

3. 三阶段模型(Three-stage Dividend Discount Model)

三阶段增长模型最早由莫洛多斯基提出，现在仍被广泛运用在投资分析中。三阶段模型也有两种表述方法：一种方法是假设公司发放的股息的增长率在每个阶段都是不变的，例如，在第一阶段股息增长率为15%，第二阶段为10%，第三阶段为8%；另一种方法则假设在第二阶段，股息增长率是线性递减的（如图8-2所示）。在第一个阶段股息的增长率为某一常数 g_a，第二个阶段股息的增长率以线性递减的方式从 g_a 下降到 g_b，从此进入第三阶段，公司的股息增长率将长期维持在 g_b 这个水平，该增长率也是公司长期的正常增长率。事实上，掌握了股息贴现模型的基本原理，我们可以很容易地理解这些模型，因为它们仅仅是股息增长率的假设不同而已，而且利用诸如EXCEL之类的电脑软件可以很方便地计算出结果。我们来看下面这个例子，它是基于第二阶段股息增长率递减的。

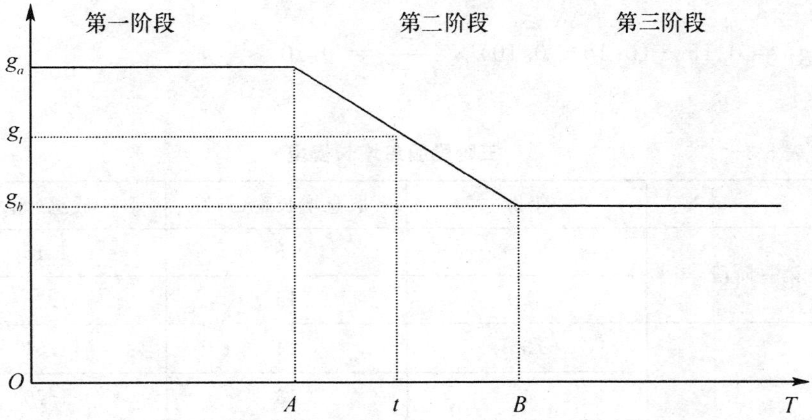

图8-2　三阶段增长模型

从图8-2中可以看出，在第二阶段的转折期内，任一时点上的股息增长率 g_t 均可由以下公式计算出：

$$g_t = g_a - (g_a - g_b)\frac{t-A}{B-A}, g_a > g_b$$

在第一阶段任一时点上的股息增长率均等于 g_a，在第三阶段任一时点上的股息增长率则均等于 g_b。因此，如果已知 g_a、g_b、A、B 和期初的股息水平 Div_0，就可以计算出各期的股息，然后根据贴现率即可计算出股票的内在价值。计算公式为：

$$V = Div_0 \sum_{t=1}^{A}\left(\frac{1+g_a}{1+r}\right)^t + \sum_{t=A+1}^{B}\left[\frac{Div_{t-1}(1+g_t)}{(1+r)^t}\right] + \frac{Div_B(1+g_b)}{(1+r)^B(r-g_b)} \tag{8.14}$$

假定XYZ公司的股票期初支付的股息为1元/每股，在今后两年的股息增长率为15%,股息增长从第3年开始递减,从第8年开始保持10%的增长速度(如表8-3所示),如果股票的预期报酬率为8%,试问股票的内在价值是多少?

根据三阶段股息增长模型的公式可得:

$$g_3 = 0.15 - (0.15 - 0.10) \times \frac{3-2}{7-2} = 0.14$$

$$g_4 = 0.15 - (0.15 - 0.10) \times \frac{4-2}{7-2} = 0.13$$

$$g_5 = 0.15 - (0.15 - 0.10) \times \frac{5-2}{7-2} = 0.12$$

$$g_6 = 0.15 - (0.15 - 0.10) \times \frac{6-2}{7-2} = 0.11$$

$$g_7 = 0.15 - (0.15 - 0.10) \times \frac{7-2}{7-2} = 0.10$$

表8-3 三阶段股息增长模型

	年份	股息增长率(%)	股息(元)
第一阶段	1	15	1.15
	2	15	1.32
第二阶段	3	14	1.51
	4	13	1.70
	5	12	1.91
	6	11	2.12
	7	10	2.33
第三阶段	8	10	2.56

$$V = 1 \times \sum_{t=1}^{2} \left(\frac{1+0.15}{1+0.08} \right)^t + \sum_{t=3}^{7} \left[\frac{Div_2(1+g_2)}{(1+0.08)^t} \right] + \frac{Div_7(1+0.10)}{(1+0.08)^7(0.15-0.10)} = 36.32(\text{元})$$

三、自由现金流模型(Free Cash Flow Model)

(一)自由现金流的概念

自由现金流的概念源于这样一个事实:公司经营活动中产生的现金流,并不是全部都可以分配给股东的，其中的一部分必须要再投资于公司，以维持公司的正常经营。例如，公司的经营过程中，设备会逐渐损耗，需要更换；需要一定数量的存货投资；公司可能会有新的投资机会需要资金等，这些都需要资金，所以公司经营活动中产生的现金流并不是完全“自由”的。只有在扣除了一切必要的用以保证公司正常持续经营所需的支出后，剩下的现金流才可以自由地分配给股东。

由于用途的不同，自由现金流也有多种定义。我们在做股票定价时，所使用的自由现金流的概念是权益自由现金流（Free Cash Flow to Equity），指的是公司经营活动中产生的现金流，在扣除了资本支出以及债务的利息和本金偿付支出后，股东们可利用的现金流。用公式表示如下：

$$FCFE = CFO - FCInv + NB \tag{8.15}$$

其中：$FCFE$ 表示权益自由现金流；CFO 表示经营活动产生的现金流；$FCInv$ 表示固定资产支出；NB 表示负债净增加额，即公司本期新发行债务减去本期偿还的债务。

另外，我们也可以通过净利润来计算出 $FCFE$，用公式表示为：

$$FCFE = NI + NCC - FCInv - WCInv + NB \tag{8.16}$$

其中：NI 表示净利润；NCC 表示非现金费用，因为它们虽然从净利润中扣除了，但实际上并没有现金流出，所以应该加非现金费用以反映实际情况，通常折旧和摊销是其中最大的一项；$WCInv$ 表示营运资本增加额；其他符号表示的项目同上。

我们以一个例子来说明 $FCFE$ 的计算。如表 8-5、表 8-6、表 8-7 所示分别是 A 公司 2000 年的资产负债表、损益表和现金流量表。

表 8-5　　**A 公司 2000 年资产负债表**

单位：万元（每股数据除外）

	2000 年 12 月 31 日	1999 年 12 月 31 日
资产		
流动资产		
现金和现金等价物	200	190
应收账款	600	560
存货	440	410
流动资产合计	1 240	1 160
固定资产	2 600	2 200

续表

	2000 年 12 月 31 日	1999 年 12 月 31 日
减:累计折旧	—1 200	—900
固定资产净值	1 400	1 300
总资产	2 640	2 460
负债和所有者权益		
流动负债		
应付账款	300	285
应付票据	250	200
递延费用	150	140
流动负债合计	700	625
长期负债	890	865
普通股	100	100
资本盈余	200	200
留存收益	750	670
所有者权益合计	1 050	970
负债和所有者权益合计	2 640	2 460

表 8-6　　**A 公司 2000 年损益表**

单位:万元(每股数据除外)

	2000 年 12 月 31 日
主营业务收入	3 000
主营业务成本	2 200
折旧	300
利税前收入	500
利息费用	100
税前收入	400
应缴税收	160
净利润	240
股息	160
留存收益	80
每股收益	0.48
每股股息	0.32

表 8-7 **A公司2000年现金流量表**

单位:万元(每股数据除外)

	2000年12月31日
经营活动产生的现金流	
净利润	240
调整项目	
加:折旧	300
营运资本变化	
应收账款	－40
存货	－30
应付账款	15
递延费用	10
经营活动产生的现金流量合计	495
投资活动产生的现金流	
固定资产投资	－400
投资活动产生的现金流量合计	－400
筹资活动产生的现金流	
应付票据	50
长期债券发行	25
普通股股息	－160
筹资活动产生的现金流量合计	－85
净现金流量合计	10

从经营活动产生的现金流开始计算,计算步骤如下:

经营活动产生的现金流	495
减:固定资产支出	－400
加:负债净增加额①	75
权益自由现金流	170

① 负债净增加额＝应付票据增加额＋长期负债增加额＝(250－200)＋(890－865)＝75。应付账款和递延费用的计算已经包括在经营活动现金流的计算中,不能重复计算。

从净利润开始计算,计算步骤如下:

净利润	240
加:非现金费用	300
减:固定资本支出	−400
减:营运资本增加额	−45
加:负债净增加额	75
权益自由现金流	170

可以看到,2000 年公司的权益自由现金流为 170 万元。

(二) 自由现金流模型的适用范围

股息贴现模型开创了股票价值分析的先河。然而,随着时间的推移,传统的股息贴现模型在实际应用中遇到了越来越多的困难。首先,越来越多新的上市公司开始不发放股息,甚至一些传统的上市公司也停止了发放股息。据 Fama 和 French(2001) 的研究表明,1978 年,美国股市有 66.5% 的公司发放股息,而到 1999 年,仅有 20.8% 的上市公司发放股息。我国股票市场也是如此,由于市场制度的不完善,仅有很小一部分公司发放现金股息。其次,公司发放股息的多少带有一定的随意性,且与公司的盈利能力的相关性逐渐下降。由于股息政策的信号效应①,公司都尽力保持一个较为稳定的股息数额,即使盈利有较大幅度增长也很少增加股息的发放。这样,股息贴现模型的应用就遇到了极大的困难。正因为如此,证券分析师们提出了许多新的方法,其中,自由现金流模型得到了广泛的应用,并逐渐成为最流行的股票估值模型之一。

我们从股息和自由现金流的定义中也可以发现它们的区别。股息是股东们实际得到的现金流,而自由现金流则可以理解为股东们可以得到的现金流②。从所有权的角度来看这个问题时,可以说自由现金流模型更适合于控股股东,因为控股股东能够影响公司的股息政策,可以使公司将自由现金流全部用于发放股息。当自由现金流全部用于发放股息时,自由现金流模型就变得等同于股息贴现模型了。

与股息贴现模型相比,自由现金流模型的适用范围要大得多。通常,在遇到以下几种情况时,自由现金流模型比较适用:

---

① 信号效应,即公司发放股息多少的变化会影响到公司股价的涨跌。当公司发放较多的股息时,人们就会认为公司的经营状况较好,盈利能力强,相应地会增加购买该公司的股票,推动公司股价上涨;反之,当公司发放的股息下降时,人们则可能认为公司的经营状况出了问题,盈利能力下降,就会纷纷卖出该公司的股票,导致公司股价下跌。

② 发放自由现金流并不影响公司的持续盈利能力。

(1) 公司不发放股息；

(2) 公司虽然发放股息，但发放股息的多少并不能反映公司业绩的好坏；

(3) 公司自由现金流的多少与公司的盈利能力呈现出正相关关系；

(4) 投资者处于控股股东地位，能影响到或者可以决定公司的股息发放。

(三) 自由现金流模型

股息贴现模型与自由现金流模型都属于现金流贴现模型，它们最主要的区别就是对现金流的定义不同。与股息贴现模型一样，我们可以估算出折现率，将未来的自由现金流折现成现值，就可以得出股票的价值。用公式表示为：

$$V=\sum_{t=1}^{\infty}\frac{FCFE_t}{(1+r)^t} \tag{8.17}$$

同样地，根据对自由现金流增长率的不同，我们也可以得出不变增长模型(自由现金流增长率为常数)和多元增长模型(自由现金流在不同时期的增长率不同)。其推导结果与股息贴现模型相同，同学们可以在课后自行推导其公式，我们在此不再赘述。

四、现金流贴现模型中变量的估计

(一) 贴现率 r 的估计

当我们选择合适的贴现率时，我们应该考虑两点：首先，这个贴现率应该能够很好地反映货币的时间价值，亦即投资的机会成本；其次，这个贴现率应该能够很好地反映股票的风险水平。所以，r 应该由两部分组成：无风险收益率和风险溢价。

估计 r 时，我们可以采用两种方法，一种是均衡模型法，即利用资本资产定价模型(CAPM)或套利定价理论(APT)来估计；另一种方法则是经验法，即用公司的债务成本加上风险溢价来估算。

(1) 用 CAPM 估计 r，CAPM 公式的表述如下：

$$E(R_i)=R_f+\beta_i(R_M-R_f) \tag{8.18}$$

其中：R_f 是无风险收益率，通常我们用长期国债的到期收益率来表示；R_M 是市场收益率，通常我们用市场指数收益率来表示；β_i 是用来衡量股票风险的指标，等于 $\frac{\mathrm{Cov}(R_i,R_M)}{\mathrm{Var}(R_M)}$，我们可以利用历史数据回归分析得到。

(2) 用 APT 估计 r，APT 实质上可以认为是 CAPM 的一个扩展。CAPM 只考虑了股票的收益率受市场收益率的影响程度，是一个单因素模型；而 APT 则综合考虑多个因素对股票收益率的影响，是一种多因素模型。APT 的模型表述如下：

$$E(R_i) = R_f + \beta_1 F_1 + \beta_2 F_2 + \cdots + \beta_n F_n \tag{8.19}$$

其中：R_f 是无风险收益率，通常我们用长期国债的到期收益率来代表，这与 CAPM 相同；$F_1, F_2, \cdots, F_n$ 是风险因子，代表影响股票收益的各个因素；$\beta_1, \beta_2, \cdots, \beta_n$ 是风险系数，可以根据历史数据通过回归分析得出。

（3）利用公司债务成本加风险溢价来估算折现率。

利用 CAPM 和 APT 来估算 r 是一种较为理论化的方法，然而其中也存在着一些问题，会影响到估计量的准确性。模型本身是否正确、模型中所用的数据是否正确以及通过回归分析得到的风险系数是否正确，都会影响到 r 是否准确。相比之下，公司债务成本加风险溢价法是一种经验性的方法，且较为简单易用，故也被大多数分析师们所采用。估算方法是：

$$E(R_i) = YTM + RP \tag{8.20}$$

其中，YTM 表示公司发行的长期债券的到期收益率，当公司发行的债券是上市交易的时候，我们可以很方便地通过计算得到公司债券的到期收益率；RP 是风险溢价，通常是通过经验估算得出，在美国市场上，风险溢价通常在 3% ～ 4% 之间。

（二）g 的估计

1. 股息贴现模型里 g 的估计

通常，股息的增长源于公司经营业绩的变好、利润的增加。如果公司没有增加投资的话，我们通常认为公司下年度的盈利与本年度是相等的。假设公司在下一年度内没有发行股票或债务筹资，那么公司的投资所需资金将来源于公司的留存收益，并且派息比率 b 不变。那么，我们可以得到下面的公式：

明年的盈利 = 今年的盈利 + 今年的留存收益 × 留存收益的回报率

两边分别除以“今年的盈利”，可得：

$$\frac{\text{明年的盈利}}{\text{今年的盈利}} = 1 + \frac{\text{今年留存收益}}{\text{今年的盈利}} \times \text{留存收益的回报率}$$

等式左边，分子分母同时乘以派息比率，可得：

$$\frac{\text{明年的股息}}{\text{今年的股息}} = 1 + \frac{\text{今年留存收益}}{\text{今年的盈利}} \times \text{留存收益的回报率}$$

式子的左边就是“$1 + g$”，留存收益与盈利的比率叫做留存收益比率，它等于 1 减去派息比率 b。于是，上式可以变为：

$$1 + g = 1 + (1 - b) \times \text{留存收益的回报率}$$

通常，我们用公司的历史权益资本回报率（ROE）来估计现有的留存收益的预期回报率，这样，上式最终化为：

$$g = (1 - b) \times ROE \tag{8.21}$$

2. 自由现金流贴现模型中 g 的估计

最简单的方法就是观察公司过去一段时期内自由现金流的变化趋势，以此来估算 g。这种方法适用于那些在过去的一段时期内，自由现金流增长比较稳定的公司。

另一种方法则更为复杂一些，但也更为准确一些。我们需要分别预测自由现金流各个部分的变动情况，以此来估算自由现金流。虽然这样做的准确性也会有一定的偏差，但这要比直接预测自由现金流准确得多，而且也能更清楚地明白自由现金流的变动原因。在实践中，这是一种比较常用的方法。

在估算自由现金流各个部分的增长情况时，我们通常以主营业务收入为基础，以此来估算净利润、资本支出和负债净增加额。净利润可以通过主营业务收入乘以销售净利润率得出，用公式可以表示如下：

$$E(NI) = E(Sales) \times E(NI/Sales) \tag{8.22}$$

其中：$E(Sales)$ 表示预期的主营业务收入额；$E(NI/Sales)$ 表示预期的销售净利润率；$E(NI)$ 表示预期的净利润。

当估算资本支出增加额时，蕴涵的一个基本假设是：随着公司主营业务收入的日益增加，公司的资本支出也需要相应增加①，且资本支出增加额与主营业务收入增加额之比为一常数②。

对固定资产支出增加额，一个常用的方法是将固定资产支出与非现金费用放在一起考虑，这是因为折旧通常占非现金费用的绝大部分，而固定资产支出 − 折旧 = 固定资产净值增加额。我们用预测的主营业务收入增加额乘以固定资产净值增加额与主营业务收入增加额之比，就可以得出固定资产净值增加额的估计值。用公式表示为：

$$E(\Delta Net\ FCInv) = E(\Delta Sales) \times \frac{\Delta Net\ FCInv}{\Delta Sales} \tag{8.23}$$

其中：$E(\Delta Net\ FCInv)$ 为预测的固定资产净值增加额；$E(\Delta Sales)$ 为预测的主营业务收入增加额；$\frac{\Delta Net\ FCInv}{\Delta Sales}$ 为固定资产净值增加额与主营业务收入增加额之比，可以通过历史数据计算得出。

同样地，对于营运资本增加额，我们采用相同的方法，公式如下：

$$E(\Delta WCInv) = E(\Delta Sales) \times \frac{\Delta WCInv}{\Delta Sales} \tag{8.24}$$

---

① 例如，当公司要扩大销售额时，通常需要增加固定资本如厂房设备的投资以及存货投资。

② 这个比值可以利用历史数据估算得出。

其中：$E(\Delta WCInv)$ 表示预测的营运资本增加额；$E(\Delta Sales)$ 表示预测的主营业务收入增加额；$\frac{\Delta WCInv}{\Delta Sales}$ 表示营运资本增加额与主营业务收入增加额之比，可以通过历史数据计算得出。

当估算负债净增加额时，我们需要先确定公司的目标资本结构，即 D/A，然后乘以资本支出增加额①，公式为：

$$NB = D/A[E(\Delta Net\ FCInv) + E(\Delta WCInv)] \tag{8.25}$$

至此，我们按照自由现金流的计算公式，就可以计算出预测的未来自由现金流。我们以一个例子来说明（如表 8-8 所示）。

ABC 公司 2004 年的主营业务收入为 3 000 万元，预计未来将以每年 10% 的速度增长，且销售净利润率保持在 8% 的水平。公司的目标资本结构 D/A 为 50%。根据 2003 年和 2004 年公司财务数据计算得出，公司的固定资产净增加额与主营业务收入增加额之比为 33.33%，营运资本增加额与主营业务收入增加额之比为 15%，是预测未来 5 年公司的自由现金流。

表 8-8 **ABC 公司未来五年的自由现金流预测** 单位：万元

	2005E	2006E	2007E	2008E	2009E
主营业务收入增长率	10%	10%	10%	10%	10%
销售净利润率	8%	8%	8%	8%	8%
$\frac{固定资产净值增加额}{主营业务收入增加额}$	33.33%	33.33%	33.33%	33.33%	33.33%
$\frac{营运资本增加额}{主营业务收入增加额}$	15%	15%	15%	15%	15%
目标资本结构	50%	50%	50%	50%	50%
主营业务收入	3 300.00	3 630.00	3 993.00	4 392.30	4 831.53
净利润	264.00	290.40	319.44	351.38	386.52
减：固定资产净值增加额	−99.99	−109.99	−120.99	−133.09	−146.40
减：营运资本增加额	−45.00	−49.50	−54.45	−59.90	−65.88
加：负债净增加额	72.50	79.74	87.72	96.49	106.14
权益自由现金流	191.51	210.66	231.72	254.89	280.38

① 也就是说，公司增加的资本支出中，有多少是由通过债务融资获得的。

第三节　乘数定价法

在众多的股票定价方法中，乘数定价法也是应用十分广泛的一种方法。所谓乘数，就是将公司股票的市价除以与每股相联的一些指标，例如每股收益(Earnings Per Share，EPS)、每股销售额(Sales Per Share)和每股净资产(Book Value Per Share)等所得到的结果。我们平时所听到的市盈率(Price to Earnings)、市销率(Price to Sales)以及市净率(Price to Book Value)，都属于乘数的范畴。它反映了人们愿意为每一单位的每股指标付出多少。例如，一个市盈率为20倍的股票反映了人们愿意为每一元的收益付出20元，相比现金流贴现定价法来说，乘数定价法要更为简单易用一些，且便于在不同股票之间进行比较。例如，两个基本面相近的公司，如果A公司股票的市盈率为20倍，而B公司为15倍，我们可以很直观地得到这样的结论：A公司的股票价格被高估了，或者B公司股票的价格被低估了。

在实践过程中，由于各个公司的基本面情况不同，所以需要用不同的乘数来进行分析定价，但其分析原理是相同的，我们将着重介绍市盈率模型，并简要介绍其他几种方法。

一、市盈率估值法

市盈率指的是普通股每股市价 P 与每股收益 E 的比值，它反映了投资者愿意为每一单位盈利所支付的价格，是证券市场上应用最为广泛的指标之一。通常，我们使用市盈率来分析股票价格时，运用的主要方法有两种：一种是比较分析法，即将股票当前的市盈率与基准市盈率相比较，以此来确定股票是被高估、低估，抑或是处于正常的估值范围内；另一种方法是根据公司的基本面状况，来确定公司股票的正常市盈率，以此与公司的当前市盈率相比较，来确定公司股票的价格是被高估、低估，抑或是处于正常的估值范围内。两种方法虽然从表面上来看都属于同样的比较分析，但其蕴涵的原理却不尽相同，下面我们将介绍这两种主要的市盈率估值方法。

(一) 比较估值法

确切地说，比较定价法不是一种定价的方法，而是一种运用比较的方法来确定股票的价格是否被高估、低估或者是合理的定价。比较估值法内蕴涵的原理是“一价定律”，即同样的商品，其价格应该是一样的，否则就会出现无风险套利机会。比较估值法认为，股票的价格是由其基本价值所决定的，那么，基本面相同的股票，其市盈率应该是相同的。举例来说，百事可乐与可口可乐两个公司，其主营业务、市场份额以及盈利状况基本是相同的，所以，这两个公司的市盈率应该是相近的，即投资者愿意为每单位的每股收益所付出的价格应该是相近的。如果百事可乐的市盈率为20倍，而可口可乐的市盈率为15倍，那么，我们就可以得出结论：百事可乐股票的价格被高估了，或者可口可乐股票的价格被低估了。

可以看出，比较分析法是一种相对值的分析，并不是一种绝对值的分析，即它的目的并不是确定股票的价值是多少，而是确定相对于其他股票，它的价值是高估、低估，还是处于合理的范围。所以，在运用比较估值法时，我们应该明确的问题是：如何选取基准的市盈率？

在实践中，选取基准市盈率有以下几种标准。

1. 基本面状况相同的个股市盈率

如我们上面所举的百事可乐与可口可乐的例子，如果百事可乐的市盈率为20倍，而可口可乐的市盈率是15倍，那么，我们可以得出这样的结论：百事可乐股票的价格被高估了，或者可口可乐股票的价格被低估了，因为两个公司所处的行业、生产的产品、拥有的市场份额、每年的利润基本上是相同的，我们没有必要去花大价钱购买百事可乐公司的股票。

2. 公司所处行业的平均市盈率

任何一个公司，总是处于一定的行业中，公司的盈利状况肯定会随着整个行业景气状况的波动而波动。行业的平均市盈率相当程度上代表了投资者对这一行业整体的投资价值的看法。所以，单个公司股票的市盈率如果大大异于行业平均市盈率的话，我们可以认为对该公司股票的估值是有偏差的。举例来说，当整个水电行业的平均市盈率只有20倍时，而长江电力的股票市盈率却达到30倍，我们很难做出决定去购买长江电力的股票，因为投资者只愿为其他水电类上市公司股票的每单位收益付出20倍的价格，如果我们以30倍的价格来购买的话，显然是很不值得的。行业平均市盈率的确定，通常是由行业内所有公司股票市盈率的算术平均数或者中位数来确定的，这只是统计指标的不同，在实际应用中我们可以根据不同情况来选择不同的统计指标。

3. 整个市场的平均市盈率

与行业市盈率相同，市场平均市盈率反映的是投资者对整个市场的估值状况。如果某只股票的市盈率大大偏离市场平均市盈率时，那么至少可以认为：相对于整个市场来说，该股票是被低估、高估或者是合理的定价。

4. 公司股票过去的市盈率

与同类公司、同行业或者与整个市场的市盈率相比来决定公司股票的价格是被低估或者高估，另一种常用的方法就是将公司股票当前的市盈率与过去的市盈率相比较。公司股票过去的市盈率反映了过去投资者愿意为公司股票每单位的每股收益所付出的价格，如果公司股票当前的市盈率大大高于过去的市盈率，那么很显然是不正常的。例如，如果过去几年内，中国联通的市盈率保持在20倍的水平，如果当前市盈率为40倍的话，我们至少可以得出这样的结论：相比过去来说，中国联通当前的市盈率显得过高了，对它的投资应该谨慎一些。

（二）基本面分析估值法

与比较分析法不同的是，比较分析法侧重于从过去来看未来，即过去的市盈率是多少，当前的市盈率是多少，通过当前与过去的比较来决定股票的投资价值。基本面分析方法则着重于股票的正常市盈率应该是多少，当前是多少，从正常值与当前的比较中来确定股票的投资价值。从市盈率的定义我们可以看出，股票的价格等于市盈率乘以每股收益，因为：

$$P = \frac{P}{E} \times E \tag{8.26}$$

同股息贴现模型一样，要运用基本面估值法来分析股票价值，我们首先要得出股票的正常市盈率。那么如何确定股票的正常市盈率呢？我们需要借助上一节的股息贴现模型来进行推导。

令 Div_t 表示第 t 年支付的股息，b_t 表示第 t 年的派息比率，E_t 表示第 t 年的每股收益，可以得到如下等式：

$$Div_t = b_t \times E_t \tag{8.27}$$

将其代入式(8.4)可得：

$$V = \sum_{t=1}^{\infty} \frac{b_t E_t}{(1+r)^t} \tag{8.28}$$

假设上一年的每股收益为 E_0，第 t 年的增长率为 g_t，那么：

$$E_1 = E_0(1+g_1)$$

$$E_2 = E_1(1+g_2) = E_0(1+g_1)(1+g_2)$$

$$E_3 = E_2(1+g_3) = E_0(1+g_1)(1+g_2)(1+g_3)$$

$$\vdots$$

$$\begin{aligned} E_t &= E_{t-1}(1+g_t) \\ &= E_0(1+g_1)(1+g_2)(1+g_3)\cdots(1+g_t) \\ &= E_0 \prod_{i=1}^{t}(1+g_i) \end{aligned}$$

将其代入式(8.28)，可得：

$$V = \sum_{t=1}^{\infty} \frac{b_t E_t}{(1+r)^t}$$

$$= E_0 \sum_{t=1}^{\infty} \frac{b_t \prod_{i=1}^{t}(1+g_i)}{(1+r)^t} \tag{8.29}$$

至此，我们就得到了股票的正常市盈率：

$$\frac{V}{E_0} = \sum_{t=1}^{\infty} \frac{b_t \prod_{i=1}^{t}(1+g_i)}{(1+r)^t} \tag{8.30}$$

在运用股息贴现模型时，我们用 NPV 来分析股价被高估或低估。在这里，我们用正常市盈率来判断股价被高估或低估。当正常市盈率 V/E 高于实际市盈率 P/E 时，股价被低估；当正常市盈率 V/E 低于实际市盈率 P/E 时，股价被高估。

精确地估计这些变量实在是一件很困难的事，所以，在实际应用中，我们通常会进行一些假设以使分析简便一些。与股息贴现模型相同，市盈率模型也分为零增长、固定增长和多元增长模型。

（三）零增长条件下的市盈率估值法

零增长模型假定股息增长率恒等于0。从式(8.21)可以看出，只有当派息比率 b 等于1时，g 才等于0，那么我们可以得出：

$$E_0 = E_1 = E_2 = \cdots = E_t = Div_0 \tag{8.31}$$

代入式(8.6)，我们就可以得到：

$$V = \frac{E_0}{r} \Rightarrow \frac{V}{E_0} = \frac{1}{r} \tag{8.32}$$

举个例子来说明。某公司的股票现在的每股股息为1元，折现率为10%，该公司每年都将全部利润用于发放股利，那么，该公司股票的正常市盈率为：

$$\frac{V}{E_0} = \frac{1}{r} = \frac{1}{10\%} = 10$$

若公司股票现行市价为12元，那么实际市盈率为 $\frac{12}{1} = 12$，高于正常市盈率，股价被高估；若股票现行市价为8元，那么实际市盈率为 $\frac{8}{1} = 8$，低于正常市盈率，股价被低估。

（四）固定增长条件下的市盈率估值法

该模型假设股息增长率永远不变，恒等于一个常数 g。与此等价的是，预期每股收益的年增长率也等于 g，并且派息比率不变，等于 b。为什么这样说呢？一个小小的推导就会让我们明白。

$$Div_t = Div_{t-1}(1+g)$$

又因为：　$Div_t = bE_t, Div_{t-1} = bE_{t-1}$

所以：　$bE_t = bE_{t-1}(1+g)$

两边同时消去 b，得到：

$$E_t = E_{t-1}(1+g)$$

有了上面的结论，我们就可以直接将 g 和 b 代入式(8.30)，得：

$$\begin{aligned}\frac{V}{E_0} &= \sum_{t=1}^{\infty}\frac{b_t\prod_{i=1}^{t}(1+g_i)}{(1+r)^t}\\ &= b\sum_{t=1}^{\infty}\frac{(1+g)^t}{(1+r)^t}\\ &= b\times\frac{1+g}{r-g}\end{aligned} \tag{8.33}$$

这就是股票的正常市盈率。

例1　某公司股票现行市价为15元，每股收益为1.5元，派息比率为40%，预期股息增长率为5%，折现率为10%，那么，该股票的正常市盈率与实际市盈率分别为：

$$\text{正常市盈率} = 40\%\times\frac{1+5\%}{10\%-5\%} = 8.4$$

$$\text{实际市盈率} = \frac{15}{1.5} = 10$$

实际市盈率高于正常市盈率，所以，该股票价格被高估了。

（五）多元增长条件下的市盈率估值法

与多元增长的股息贴现模型一样，该模型假定在某一时点 T 之后股息增长率和派息比率分别为常数 g 和 b，但在这之前股息增长率和派息比率都是可变的。

多元增长模型的计算要繁琐一些。将式(8.17)展开，得到：

$$\begin{aligned}V &= \sum_{t=1}^{\infty}\frac{b_tE_t}{(1+r)^t}\\ &= \frac{b_1E_1}{1+r}+\frac{b_2E_2}{(1+r)^2}+\cdots+\frac{b_TE_T}{(1+r)^T}+\frac{E_T(1+g)}{(r-g)(1+r)^T}\\ &= \frac{b_1E_0(1+g_1)}{1+r}+\frac{b_2E_0(1+g_1)(1+g_2)}{(1+r)^2}+\cdots\\ &\quad+\frac{b_TE_0(1+g_1)(1+g_2)\cdots(1+g_T)}{(1+r)^T}\\ &\quad+\frac{E_0(1+g_1)(1+g_2)\cdots(1+g_T)(1+g)}{(r-g)(1+r)^T}\end{aligned}$$

$$\frac{V}{E_0}=\frac{b_1(1+g_1)}{1+r}+\frac{b_2(1+g_1)(1+g_2)}{(1+r)^2}$$
$$+\cdots+\frac{b_T(1+g_1)(1+g_2)\cdots(1+g_T)}{(1+r)^T}$$
$$+\frac{b(1+g_1)(1+g_2)\cdots(1+g_T)(1+g)}{(1+r)^T(r-g)}$$

这样我们就得出了股票的正常市盈率。

例 2 某公司股票当前的市场价格为 55 元，初期的每股收益和股息分别等于 3 元和 0.75 元。第一年和第二年的有关数据如表 8-9 所示：

表 8-9

$D_1=2$	$E_1=5$	$g_1=0.67$	$b_1=0.40$
$D_2=3$	$E_2=6$	$g_2=0.20$	$b_2=0.50$

从第二年年末开始，每年的每股收益增长率和股息增长率都等于 10%，并且派息比率恒等于 50%，折现率为 15%。那么，该股票的正常市盈率和实际市盈率分别为：

$$\text{正常市盈率}=\frac{0.40\times(1+0.67)}{1+0.15}+\frac{0.5\times(1+0.67)\times(1+0.20)}{(1+0.15)^2}$$
$$+\frac{0.5\times(1+0.67)\times(1+0.20)\times(1+0.10)}{(0.15-0.10)\times(1+0.15)^2}$$
$$=0.58+0.76+16.67$$
$$=18.01$$

$$\text{实际市盈率}=\frac{55}{3}=18.33$$

两者比较接近，所以股价处于较为合理的水平。

二、其他几种乘数的比较

与我们在现金流贴现定价法中介绍的相似，市盈率定价法在运用中也会遇到一些困难。一个最直观的现象就是：如果公司的每股收益为负数，那么市盈率模型就显得“英雄无用武之地”了，而且不同公司所处的行业不同，所以，它们的经营活动的特点也会有不同之处，单纯用市盈率来对公司进行估值，有时会遇到极大的困难。例如，成长性公司在市场扩张阶段，通常表现出来的特点是每股收益较低，甚至为负值，但其增长前景十分被人们所看好。在这种情况下，单纯用市盈率来对公司股票进行估值会遇到很大的困难，所以证券分析师们和研究人员在不断的研究分析过程中，发现了不同的乘数定价方法，用于评估不同类型公司的股票价值。当然，原理是相同的，但适用范围不同。下面，我们将介绍几种不同的乘数估值法以及它们的优缺点。

（一）市净率(Price to Book Value Ratio)

市净率，就是每股市价与每股净资产的比值(P/B)。通常，运用市净率来评估公司价值，有以下几个优点：

(1) 净资产属于资产负债表里的项目，即使在每股收益为负的情况下，净资产在绝大多数情况下仍然是正值。当每股收益为负时，我们是不能计算市盈率的，然而，我们仍然可以计算市净率。

(2) 相对于每股收益来说，每股净资产的波动性要远远小于每股收益，所以当每股收益波动较大时，用市净率来评估股票价值，要比用市盈率来评估股票价值有意义得多。

(3) 每股净资产作为一种衡量指标，对于那些主要资产由流动资产组成的公司来说，尤其具有适用性。例如银行、保险公司以及投资基金管理公司等，它们的资产大多数是由流动性较强的资产①构成，对于这些公司来说，其净资产的账面价值与其市场价值比较接近，所以，市净率是一个很好的衡量指标。

(4) 在兼并收购事件中，市净率更为适用一些。因为市盈率的一个基本前提是假设公司处于持续经营的状况中，但在兼并收购事件中，这一前提假设已经被打破了，所以，用市净率是一种更为合理的方法。事实上，大多数兼并收购案例中，净资产乘以一定的溢价倍数是常用的估值方法。

(5) 实证研究的结果显示，市净率较低的股票，其长期收益率要远远高于那些市净率较高的股票。

当然，运用市净率衡量股票价值，也有一些缺点。

(1) 对于有些公司来说，其人力资本的价值要远远高于公司净资产的价值，而市净率却不能反映这一情况。例如对一些高科技公司来说，核心技术人员的价值要远远高于净资产的价值②，但市净率却并不能反映这一事实。

(2) 净资产反映的是公司所有者权益的账面价值，而不是市场价值。但是，实际上在某些情况下，市场价值与账面价值会出现较大的偏差，所以，净资产不能很好地反映股东们投资的实际价值③。这样，当我们用于不同公司间的比较

① 例如，现金、银行存款、国债、股票等。

② 例如，对于一些IT公司来说，一个程序员的价值要远远高于一台电脑的价值。

③ 例如，一个厂房处于繁华地段的公司，其拥有的土地的市场价值要远远高于一个地方偏僻的公司。

时，就会产生偏差而失去其准确性。

(3) 不同公司由于其所处的行业、经营特点不同，资产负债状况也不一样，如果不考虑实际情况而进行盲目的比较，势必会产生错误的分析。例如，建造一个钢铁厂会需要很大一笔固定资产的投资，而对于一个高科技公司来说，其固定资产投资可能只占很小一部分，人力资本的重要性要远远高于固定资产投资。

(4) 财务造假会妨碍正确地评估公司净资产。一些公司可能会出于各种各样的原因进行财务造假，粉饰财务报表，如果我们不加以注意的话，那么很可能会导致错误的结果。

(二) 市销率(Price to Sales Ratio)

市销率，即每股市价与每股销售额的比值(P/S)。市销率有以下几个优点。

(1) 每股销售额相对于每股收益、每股净资产来说，不易于受公司管理层的操纵。对于每股收益来说，公司管理层可以通过各种各样的财务手段来操纵，诸如减少折旧、减少费用等；而对于销售额来说，管理层不大可能通过财务造假来操纵，所以，相对于其他指标来说，每股销售额要更加真实一些。

(2) 每股收益和每股净资产都可能是负值，当它们为负值时，相应的市盈率与市净率就变得没有意义了；但每股销售额不可能是负值，所以市销率的适用范围要更广一些。

(3) 每股销售额通常要比每股收益波动幅度小，所以，当每股收益波动较大的时候，用市销率对股票进行估值是一种更好的选择。

(4) 市销率更适合用于评估那些处于周期性行业或者成熟度比较高的公司。

运用市销率来评估股票的投资价值，其缺点有以下两点。

(1) 市销率有时不能有效地反映一个公司的盈利能力，一个公司可能会有很高的销售额，但它的收益和现金流却未必与销售额同样好。

(2) 市销率不能有效地反映不同行业间的成本结构。有的公司所处的行业单位产品成本占单位产品价格的比重可能较低，但有些公司所处的行业其产品成本占的比重却较高。当用市销率做不同行业间的比较时，市销率并不能有效地反映这一点。

(三) 市价比每股现金流比率(Price to Cash Flow)

市价比每股现金流比率是运用较为广泛的一种分析法。实践中，分析师们通常用经营活动产生的现金流(CFO)或者权益自由现金流(FCFE)来分析。其主要优点有以下四点。

(1) 现金流难以被操纵。相对于每股收益，每股净资产以及每股销售额等指标来说，现金流反映的是公司经营活动中实实在在的现金收支情况，很难被公司管理层操纵。

(2) 通常,现金流要比每股收益稳定得多,所以相应地,市价比每股现金流比率要更易于进行分析。

(3) 用市价比现金流比率分析时,可以消除不同公司之间由于会计制度不同所造成的差异,而市盈率则无法克服这一缺陷①。

(4) 实证研究表明,那些市价比每股现金流比率较低的股票,其长期的收益较高。

当然,运用市价比每股现金流比率分析股票的投资价值也有缺点。其最主要的一项缺点就是:从理论上讲,自由现金流(FCFE)是一个较好地衡量现金流的指标,然而实际中,我们会发现,一些公司自由现金流的波动性也非常大,甚至可能为负值。当遇到这种情况时,就不能运用市价比每股现金流比率分析股票的投资价值了。

第四节 股票价格指数

每天,我们在股市上总会听到这样的问题:"市场表现怎么样?"我们也会通常以这样的话来回答:"非常不错,指数今天上涨了十几点。"问题是,每个人都在关注着指数,但是似乎只有很少人真正理解什么是指数、指数是如何编制的、不同指数都有什么优点和缺点,这些问题并不是每个股市中的投资者都能答得上来的。下面来给出这些问题的答案。

一、股票价格指数

所谓股票价格指数,是指运用统计学中的指数方法编制而成的,反映股市总体价格或某类股票价格变动走势的指标。静态地看,它反映了某一时点上上市股票价格的相对水平;动态地看,它表示的是一定时期股票行市平均涨跌变化的情况和幅度。根据股票价格指数反映的价格走势所涵盖的范围不同,可以将股票价格指数划分为反映整个市场走势的综合性指数和反映某一行业或某一类股票价格走势的分类指数。按照编制股价指数时纳入指数计算范围的股票样本数量,可以将股价指数划分为全部上市股票价格指数和成分股指数。

一般来说,股票价格指数至少有以下几个作用。

(一) 股票价格指数反映了整个市场的变动趋势

对于具体某一种股票的价格变化,投资者容易了解,而对于多种股票的价格

① 例如,有的公司采用完成百分比法来确认收入,而有的公司则采用完成合同法来确认收入。

变化，要逐一了解，既不容易，也不胜其烦。为了适应这种情况和需要，一些金融服务机构就利用自己的业务知识和熟悉市场的优势，编制股票价格指数，公开发布，作为市场价格变动的指标。投资者根据指数的升降，可以判断整个市场股票价格的变动趋势；并且为了能实时地向投资者反映股市的动向，所有的股市几乎是在股价变化的同时即时公布股票价格指数。可以说，股票价格指数是将投资者的视野由树木扩展到森林的广角镜。

（二）股票价格指数为投资者计算收益，也为衡量基金经理的业绩，提供了一个比较基准

当你埋头钻研各种各样的指标，尽自己所能来搜集各种信息，精心挑选一些股票构建自己的投资组合后，却发现得到的收益还没有同期指数的涨幅高，你无疑会感到十分沮丧。其实投资者根本不必动脑子，只要按照指数中股票的构成来买入，就会得到相当可观的业绩；同样，当你衡量某个基金经理的业绩时，“与大盘持平”恐怕是你所能忍受的极限了。

（三）股票价格指数为学术研究提供了重要的支持

1952 年，马柯维茨教授在 *Journal of Finance* 上发表了一篇具有里程碑意义的论文 *Portfolio Selection*①，这通常被认为是现代投资学的开端。从那以后，证券投资理论逐步发展，产生了诸如资本资产定价模型（CAPM），套利定价理论（APT）等著名的投资理论，许多学者也开始对资本市场进行大量的实证研究。在这些研究中，股票价格指数作为市场组合的代表，为研究提供了极大的便利。我们在此不再赘述，但相信在今后的学习和研究中，你会愈加深刻地感受到这一点。

（四）为金融创新提供了强大的支持

20 世纪 60 年代中期，法玛提出了有效市场理论②，在学术界和实践界都引起了强烈的争论，直到现在争论仍在继续；然而，不可否认的是，自此之后，指数基金得到了极大的发展。此外，衍生工具的创新中，股指期货和股指期权早已成为现在流行的衍生工具。

二、编制股票价格指数

（一）选择样本

股票价格指数是反映市场上所有股票或者某类特定股票价格变动趋势的指标，所以当你在编制股票价格指数时，首先要明确的是编制的指数是用来做什么

① Harry Markowitz. Portfolio Selection. *Journal of Finance*, Vol. 7, No. 1(March, 1952): 77-91

② Eugene F. Fama. The Behavior of Stock Market Prices. *Journal of Business*, 38, No. 1(January 1965): 34-105

的，然后根据目的来选择样本股票。样本的容量和广度都是要考虑的因素。样本要能够很好地代表总体，但并不是样本容量越大就越好。样本的选择既可以通过随机抽样，也可以通过非随机抽样来产生，一切取决于编制指数的用途。

（二）赋予权重

选择了一个好的样本，接下来要做的就是给样本中的股票赋予适当的权重。目前主要有三种主要的权重计算方法：价格加权法；市值加权法；平均加权法。不同的方法背后隐含着不同的假设。在后面，我们将会详细介绍这几种方法。

（三）计算方法

当前两项完成后，我们最后的工作就是计算了。一种计算方法是计算绝对价格水平，即简单地将样本中股票的价格或收益率进行算术平均；如道·琼斯工业价格指数（DJIA）、价值线综合指数（Value Line）；另一种则是计算相对价格水平，即规定某一时点（基期）的指数值（如规定1988年1月1日的指数值为100），其他时点的指数值通过与基期相比得出。

三、不同股票价格指数的编制方法

如前所述，基于不同的假设，股票价格指数有着不同的编制方法。我们先定义几个符号：

P_{it}：指数组合中第 i 只股票在时点 t 的价格；Q_{it}：指数组合中第 i 只股票在时点 t 的数量；V_t：指数组合在时点 t 的价值；n：指数组合中股票的个数；$Index_t$：时点 t 的指数值。

（一）价格加权法

价格加权指数是当前股票价格的算术平均数。通常的计算程序是先将样本股票的价格加总，然后除以样本中股票的个数，即：

$$Index_t = \frac{\sum_{i=1}^{n} P_{it}}{D} \tag{8.34}$$

其中：D 表示除数，会因为诸如股票拆细、股票股利等事件而调整。

价格加权指数是假设在你的投资组合中，所包含的每只股票的数量都是相等的，即：$Q_1 = Q_2 = \cdots = Q_n = \frac{Q}{n}$。那么，$t=0$ 时，$V_0 = \sum_{i=1}^{n} P_{i0} Q_{i0} = \frac{Q}{n}\sum_{i=1}^{n} P_{i0}$；$t=1$ 时，$V_1 = \sum_{i=1}^{n} P_{i1} Q_{i1} = \frac{Q}{n}\sum_{i=1}^{n} P_{i1}$。由此可得：

$$\frac{V_1}{V_0} = \frac{\sum_{i=1}^{n} P_{i1}}{\sum_{i=1}^{n} P_{i0}} = \frac{Index_1}{Index_0} \tag{8.35}$$

可以看到，如果按照指数来构建投资组合，指数的变动与组合价值的变动是相等的。

如果股票发生拆细、发放股票股利或者增资等时，除数就必须调整以保持指数的可比性和连续性。广泛应用的是道式修正法，其核心是求出一个除数，以修正因此类事件造成的变化。具体做法是以新股价除以旧股价平均数，求出新除数，再以计算期的股价总额除以新除数，从而得出修正的股价平均数，即：

$$D_{new}=\frac{\sum P_{i(t+1)}}{Index_t} \tag{8.36}$$

$$Index_{t+1}=\frac{\sum P_{i(t+1)}}{D_{new}} \tag{8.37}$$

我们以一个例子来说明，假设股票 A 每一股拆为三股，相应地，每股价格降为 10 元，如表 8-10 所示：

表 8-10 **股票指数的计算**

	拆细前价格	拆细前数量	拆细后价格	拆细后数量
A	30	1 000	10	3 000
B	20	3 000	20	3 000
C	10	2 000	10	2 000

假设拆细前除数 D 为 3，则拆细前指数值 $Index_t=\frac{30+20+10}{3}=20$。如果除数不调整，则拆细后指数值 $Index_{t+1}=\frac{10+20+10}{3}=13.33$，下跌了 6.67 点，但此时组合价值并没有变，指数发生了偏离，所以除数要进行调整。根据上面所示公式，我们进行如下调整：

$$D_{new}=\frac{\sum P_{i(t+1)}}{Index_t}=\frac{10+20+10}{20}=2$$

$$Index_{t+1}=\frac{\sum P_{i(t+1)}}{D_{new}}=\frac{10+20+10}{2}=20$$

可以看到，除数调整后指数值没有发生变化，与投资组合的价值变化是一致的。

在价格加权指数中，价格较高的股票会占有较大的比重。也就是说，如果两只股票上涨的比例相等的话，那么价格较高的股票推动指数上涨的作用会更大一些。以表 8-10 为例，如果拆细前 A 股票上涨 10% 的话，那么指数将会上涨 5%；而如果 C 股票上涨 10% 的话，指数仅仅会上涨 1.67%。我们还可以看到，拆细后，A 股票上涨 10% 的话，指数将会上涨 2.5%，低于拆细前价格上涨 10% 推动指数上涨的幅度，所以，价格加权指数有下降的趋势。因为股票价格较高的公司倾向于拆细股票，这样可以增加公司股票的流动性，还有其他的一些好处。但这样做的直接结果就是降低了公司股票在指数中所占的比重，使得公司股票上涨对指数上涨的贡献减小。

（二）市值加权法

市值加权法是当前大多数指数的计算方法。通常的计算方法是：先计算指数组合在时点 t 的价值，即 $\sum_{i=1}^{n} P_{it}Q_{it}$，然后再除以基期指数组合的价值，最后乘以基期指数值（通常是人为设定的）。公式如下：

$$Index_t = \frac{\sum_{i=1}^{n} P_{it}Q_{it}}{\sum_{i=1}^{n} P_{i0}Q_{i0}} Index_0 \tag{8.38}$$

市值加权指数假设在投资组合中，每只股票的价值占组合价值的比例等于该股票市值与指数中所有股票市值之比。我们也可以很直观地得出：

$$\frac{V_1}{V_0} = \frac{\sum_{i=1}^{n} P_{i1}Q_{i1}}{\sum_{i=1}^{n} P_{i0}Q_{i0}} = \frac{Index_1}{Index_0} \tag{8.39}$$

即如果你按照指数来构造自己的组合时，组合的价值变动与指数的变动是一致的。

市值加权指数避免了因为股票发生拆细、发放股票股利等情况导致指数连续性和可比性受影响的情况。仍以表 8-10 为例，假设我们以拆细前为基期，且基期值为 1 000，则拆细后的指数值仍为 1 000，并没有发生变化，这与投资组合的价值变动是一致的。

但是，在市值加权指数中，市值较大的股票价格的变动将会对指数值产生较大的影响。在表 8-10 中，我们可以发现，市值较大的股票 B 价格上涨 10% 会导致指数上涨 5.45%，而市值较小的股票 C 价格上涨 10% 仅仅使指数上涨了 1.82%。

（三）平均加权法

平均加权法就是对指数中的每只股票都赋予相同的权重，而无论它们的市值或价格有什么区别。计算方法如下：

$$Index_t = \frac{\sum_{i=1}^{n} P_{it}Q_{it} \Big/ P_{i(t-1)}Q_{i(t-1)}}{n} Index_{t-1} \tag{8.40}$$

平均加权法假设在投资组合中，每只股票的价值占组合价值的比例是相等的。即：$P_{1t}Q_{1t} = P_{2t}Q_{2t} = \cdots = P_{nt}Q_{nt}$。$t=0$ 时，$V_0 = \sum P_{i0}Q_{i0} = nP_{10}Q_{10} = nP_{20}Q_{20} = \cdots = nP_{n0}Q_{n0}$；$t=1$ 时，$V_1 = \sum P_{i1}Q_{i1} = nP_{11}Q_{11} = nP_{21}Q_{21} = \cdots = nP_{n1}Q_{n1}$。可以得到：

$$\frac{V_1}{V_0} = \frac{P_{11}Q_{11}}{P_{10}Q_{10}} = \frac{P_{21}Q_{21}}{P_{20}Q_{20}} = \cdots = \frac{P_{n1}Q_{n1}}{P_{n0}Q_{n0}}$$

$$\Rightarrow n\frac{V_1}{V_0} = \sum_{i=1}^{n} P_{i1}Q_{i1} \Big/ P_{i0}Q_{i0}$$

$$\Rightarrow \frac{V_1}{V_0} = \frac{\sum_{i=1}^{n} P_{i1}Q_{i1} \Big/ P_{i0}Q_{i0}}{n} = \frac{Index_1}{Index_0}$$

得到的结论与前两种方法是相同的。

有些平均加权指数使用几何平均数来计算指数，这时指数的计算公式就变为：

$$Index_t = \sqrt[n]{\prod_{i=1}^{n} P_{it}Q_{it} \Big/ P_{i(t-1)}Q_{i(t-1)}}\, Index_{t-1} \tag{8.41}$$

如果采用几何平均数来计算指数的话，则得到的指数值变动的幅度要低于用算术平均数计算的指数值。仍以表 8-10 为例，我们假设股票 A 上涨了 10%，股票 B 上涨了 5%，股票 C 下跌了 7%，用算术平均数计算的话，指数上涨的值为 $\frac{1.1 + 1.05 + 0.93}{3} - 1 = 2.67\%$，而用几何平均数计算的指数值则仅上涨了 $\sqrt[3]{1.1 \times 1.05 \times 0.93} - 1 = 2.41\%$。

四、一些著名的指数

（一）道·琼斯股票价格平均指数

这是国际上最负盛名、最具影响的股价指数。它是由美国报业集团道·琼斯公司负责编制并发布，登载在其下属的《华尔街日报》上。第一次公布道·琼斯指数是在 1844 年 7 月 3 日，当时的指数样本包括 11 种具有代表性的股票。目前，道·琼斯指数由 4 种股价平均指数用算术平均法计算而得，包括 30 种工业股票价格平均指数、20 种运输业股票价格平均指数、15 种公用事业股票价格平均指数，其中30种工业股票价格平均指数是纽约股票市场最有影响、最具代表性的股价指数。

（二）伦敦金融时报指数

该指数由英国最著名的报纸——《伦敦金融时报》编制和公布，反映英国伦敦证券交易所的行情变动，采用市值加权方法编制。指数的样本股票包括三组：第一组是在伦敦证券交易所上市的英国工业领域有代表性的30家大公司；第二组和第三组则分别选取了100家公司和500家公司，其范围包括各行各业。该指数以1935年7月1日为基期，基期指数为100。

（三）日经股票价格指数

该指数是由日本经济新闻社编制并公布，反映了日本东京证券交易所股票价格变动的状况。其前身为1950年9月开始编制的“东正修正平均股价”。1975年5月1日，日本经济新闻社向美国道·琼斯公司买进商标，采用修正的美国道·琼斯公司股票价格平均数的计算方法编制股票价格指数，并定名为“日本经济新闻社道·琼斯股票平均价格指数”。1985年5月10日合同期满，经双方协商，将其更名为“日经平均股价指数”，按其计算对象的采样数目不同，现分为两种：一是日经225种平均股价指数，它是从1950年9月开始编制的；二是日经500种平均股价指数，它是从1982年1月开始编制的，其样本不固定，每年4月根据前三个结算年度各股份有限公司的经营状况、股票成交量、市价总额等情况为基本条件更换采样股票。由于前一种指数延续时间较长，具有较好的可比性，成为考察分析日本股票市场股价长期演变趋势最常用、最可靠的指标；而后一种股票由于其所选样本范围大，具有广泛的代表性，因而能比较全面、真实地反映日本股市行情的变化，还能反映日本产业结构的变动。

（四）恒生股票价格指数

该指数由香港恒生银行全资附属的恒生指数服务有限公司编制，是以香港股票市场中的33家上市股票为成分股样本，以其发行量为权数的市值加权平均股价指数。它是香港股票市场上历史最为悠久、影响最大的一种股价指数。1969年11月24日首次公开发布，基期为1964年7月31日，基期指数定为1 000。

恒生指数的成分股具有广泛的市场代表性，其总市值占香港联合交易所市场资本额总和的70%左右。为了进一步反映市场上各类股票的价格走势，恒生指数于1985年开始发布4个分类指数，把33种成分股分别纳入工商业、金融、地产和公共事业四个分类指数中。

五、我国的股票价格指数

我国股票市场现有的股价指数可大致分为四类：第一类是由上海与深圳交

易所推出的、以在各自交易所上市的股票为基础编制的指数体系，分别包括综合指数、成分指数及分行业指数；第二类是由各证券公司编制的指数体系，如中信指数（由中信证券公司编制）、天相指数（由天相投资咨询公司编制），这些指数体系大多将上海、深圳交易所上市股票统一起来，分别编制了市场指数、行业指数和特征指数，作为投资者组合管理、金融工程技术应用和产品创新的平台；第三类是由其他机构编制的指数，如新华指数等；第四类则是由境外机构编制的反映中国股票市场股价变化的指数，如道·琼斯公司推出的道·琼斯中国指数、摩根斯坦利资本国际（MSCI）中国自由指数等。就目前来看，影响较大的仍然是上海与深圳证券交易所编制的上证综合指数、上证180指数、深圳综合指数和深圳成分股指数。

（一）上证综合指数

上证综合指数是由上海证券交易所编制，以在上海证券交易所挂牌上市的全部股票作为计算对象，以发行量为权重的加权综合股价指数。该指数自1991年7月15日开始实施发布，基准日定在1990年12月19日，基准日指数确定为100点，1992年2月21日第一只B股上市后，又增设了上证A股指数和全部B股指数，分别反映全部A股和全部B股的股价走势。上证A股指数仍以1990年12月19日为基准日，基准日指数定为100点；上证B股指数选择以1992年2月21日为基准日，基准日指数也定为100点。

（二）上证180指数

上证180指数，是上海证券交易所编制的一种成分股指数，从上市的所有A股股票中抽取具有市场代表性的180种股票为计算对象，并以流通股数为权数计算得出的加权股价指数，其前身为上证30指数。上证180指数的目的在于建立一个反映上海证券市场的概貌和运行状况、具有可操作性和投资性、能够作为投资评价尺度及金融衍生产品基础的基准指数。选样标准是遵循规模（总市值、流通市值）、流动性（成交金额、换手率）、行业代表性三项指标，即选取规模较大、流动性较好且具有行业代表性的股票作为样本。依据样本稳定性和动态跟踪相结合的原则，每半年调整一次成分股，每次调整比例一般不超过10%，特殊情况时也可能对样本进行临时调整。

（三）深证综合指数

深证综合指数是深圳证券交易所编制的，以深圳证券交易所挂牌上市的全部股票为计算范围，以发行量为权数的加权综合股价指数。该指数以1991年4月3日为基期，基期指数定为100点。深证综合指数综合反映了深交所全部A股和全部B股上市股票的股价走势，此外也编制了分别反映全部A股和全部B股股价走势的深证A股指数和深证B股指数。深证A股指数以1991年4月3日为基期,1992年10月4日开始发布,基期指数定为100点。深证B股指数以1992年2月28日为基期,1992年10月6日开始发布,基期指数定为100点。

（四）深证成分股指数

深证成分股指数,是深圳证券交易所编制的一种成分股指数,是从上市的所有股票中抽取具有市场代表性的40家上市公司的股票作为计算对象,并以流通股为权数计算得出的加权股价指数,它综合地反映了深交所上市A股和B股两类股票的股价走势。表8-11给出了一个例子。

表8-11 **深证指数:2004年2月18日**

	开市	最高	最低	收市	升跌
深证成分指数	3 942.844 4	3 995.169 8	3 929.519 3	3 984.698 3	1.130%
成分A股指数	4 152.449 0	4 211.701 2	4 137.149 4	4 202.225 7	1.259%
成分B股指数	2 209.774 3	2 227.938 6	2 201.418 0	2 217.889 1	0.473%
深证综合指数	447.741 3	452.178 2	446.238 3	451.891 1	1.001%
深证A股指数	466.546 9	471.288 0	464.944 7	470.999 4	1.027%
深证B股指数	302.706 9	304.264 9	301.764 4	303.561 5	0.380%

（五）中信标普指数

中信标普指数是中信证券股份有限公司(CITIC Securities Co., Ltd)和标准普尔(Standard & Poor's)共同开发的首批中国A股市场指数,于2004年3月1日正式发布。指数的样本由全球行业分类体系(GICS)的24个行业组群(二级行业)中的行业龙头公司构成。每个入选的样本公司都经过流动性和财务稳健性的审慎检查,并确保指数样本恰当地代表了各个行业及其市值分布。指数采用自由流通市值加权计算并予以发布。

中信标普300和中信标普50是双方共同开发的首批指数。其中,中信标普300指数是基准指数,用于描述中国A股市场的总体趋势,样本股是中国A股各行业上市公司中流通市值最大和最具流动性的300家公司;中信标普50指数是投资性指数,可用做指数基金和交易所交易基金(ETFs)的投资标的,样本股是中信标普300指数样本中的50家大盘蓝筹股公司。中信标普指数采用全球行业分类标准(GICS),遵循与标准普尔全球指数相同的基本方法。

第五节 股票衍生产品及其定价

一、优先认股权及其价值

（一）优先认股权的含义

优先认股权指的是公司增发新股扩充资本时为保护老股东的利益而赋予其按照低于股票市价的特定价格（配股价）购买一定数量的公司新发行股票的权利。根据优先认股权的发行条件，老股东可以按照目前持有公司股票的数量占公司已发行股票数量的比例，按照特定价格购入相同比例的新股，从而保证老股东的持股比例不变。

由于一股股票代表一份优先认股权，因此，股东按照特定价格买入一股新股所需的优先认股权的数量可以按如下公式计算：

$$\text{所需优先认股权数量} = \frac{\text{已发行股票数量}}{\text{新发行股票数量}}$$

假如ABC公司原有200万股股份，如今拟发行100万股新股用于扩充资本，按照特定价格购买一股新股所需的优先认股权的数量 N 为：

$$N = \frac{2\ 000\ 000}{1\ 000\ 000} = 2(\text{份})$$

（二）优先认股权的价值

考察优先认股权价值时，通常从附权期优先认股权价值和离权期优先认股权价值两个不同阶段出发（如图 8-3 所示）。从公司董事会宣布配股当日起，直到配股登记日止，称为附权期。在此期间，优先认股权附在股票上进行交易，其价值包含在股票市值中，拥有一份股票就同时拥有了一份优先认股权。从登记日起到优先认股权到期日止，称为离权期，在此期间优先认股权脱离了股票，可以在市场上进行独立的交易，这时股票的市值就不再包含认股权的价值。

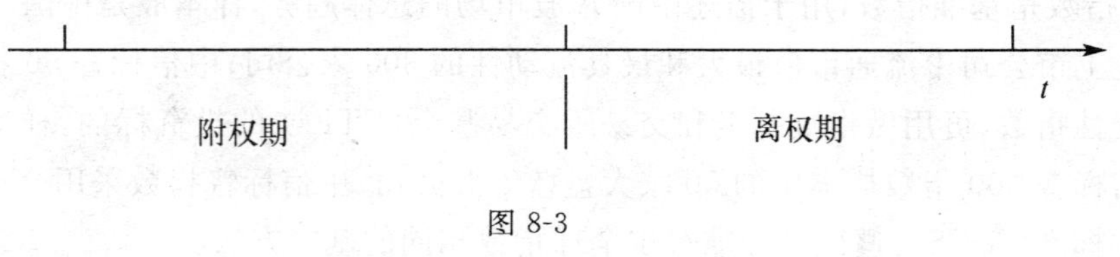

图 8-3

1. 附权期优先认股权价值

在附权期，一股股票包含一份优先认股权，股票的市场价格中包含有优先认股权的价值，优先认股权的计算价值如下：

$$v_{on} = \frac{M_{on} - S}{N + 1}$$

其中：v_{on} 表示附权期优先认股权价值；M_{on} 表示附权期的股票市场价格；S 表示新股认购的特定价格；N 表示每股新股认购所需的优先认股权数。

2. 离权期优先认股权的价值

在附权期，投资者所持有的股票价值虽分为两部分：股票本身价值与优先认股权价值，但交易时优先认股权必须依附于股票。而在离权期，优先认股权与普通股一样可以单独在市场上进行交易。从理论上讲，如果不考虑其他因素对股票价值的影响，离权后的股票价格等于附权期股票价格与所附的优先认股权价值之差，因此离权期的股票价值 M_{off} 为：

$$M_{off} = M_{on} - V_{on}$$

对于离权期的股票价值还可以从另一个角度进行分析，假设投资者共持有 $N+1$ 股股票，前 N 股的每股股票价格为附权期股价 M_{on}，共计 $M_{on} \cdot N$，由于投资者持有 N 份优先认股权，因此可按新股认购的特定价格 S 获得一份新股，也就是说投资者持有的第 $N+1$ 股其股价为 S。这 $N+1$ 股股票的总价值为 $M_{on} \cdot S$，因此离权期的每股股价为：

$$M_{off} = \frac{M_{on} \cdot N + S}{N + 1}$$

该式与上式实质上是相等的，将上式进行适当的变形就可以了。由于股票与优先认股权分别进行交易，离权期优先认股权的理论价值为：

$$V_{off} = \frac{M_{off} - S}{N}$$

假设已知 $N = 2, S = 10, M_{on} = 28$，则根据上述公式可以计算出：

$$V_{on} = \frac{M_{on} - S}{N + 1} = \frac{28 - 10}{2 + 1} = 6$$

$$M_{off} = \frac{M_{on} \cdot N + S}{N + 1} = \frac{28 \times 2 + 10}{2 + 1} = 22$$

$$M_{off} = M_{on} - V_{on} = 28 - 6 = 22$$

$$V_{off} = \frac{M_{off} - S}{N} = \frac{22 - 10}{2} = 6$$

由上例可以看出，优先认股权的价值在附权期和离权期并没有什么变化。

（三）离权期优先认股权的投资策略

在离权期，优先认股权的持有者可以有三种投资策略选择：

（1）执行优先认股权，按特定价格购买新股；

（2）出售手中的优先认股权；

（3）不采取任何投资策略，直到优先认股权到期。

假设投资者在登记日持有 ABC 公司的普通股 2 股，持有 2 股股票就可获得 1 份优先认股权，投资者同时拥有 10 元现金，可用来购买新股 1 股，新股认购价格为每股 10 元。在登记日之前，每股股票市价为 28 元，优先认股权价格为 6 元，投资者的三种投资策略所得结果如下：

离权期期初资产价值：2 股股票，每股 22 元，共 44 元；2 份优先认股权，每份 6 元，共 12 元；现金，10 元。

离权期期末资产价值：

（1）执行优先认股权：股票 3 股，每股 22 元，共 66 元；

（2）出售优先认股权：股票 2 股，每股 22 元，共 44 元；

现金，10 + 12 元，共 22 元；

（3）不采取任何投资策略：股票 2 股，每股 22 元，共 44 元，

现金，10 元。

比较上述三种投资策略，第三种投资策略最不明智，其导致投资者在离权期期末的投资价值下降了 12 元，正好等于优先认股权的价值。现实中，在离权期投资者可以选择按每股 22 元的价格购买股票，也可以按每份 6 元的价格购买优先认股权，如果日后股票价格上升，例如每股 30 元，两种投资方式的收益就会有显著的差别。

22 元购买股票所得收益率为：$R = \dfrac{30-22}{22} = 36.36\%$；

以 6 元购买优先认股权所得收益率为：$R = \dfrac{10-6}{6} = 66.67\%$；

因为，新的 $V_{off} = \dfrac{30-10}{2} = 10$。

由此可以看出，股票市场价格的变化会导致优先认股权价格的变化。当股价上升时，优先认股权的收益率高于股票本身的投资收益率；当股价下降时，情况正好相反。由于优先认股权是有期限的，到期日之后，优先认股权就没有价值了，如果投资者购入优先认股权却不执行它，其投资收益则为负值。

二、可转换证券及其价值

（一）可转换证券的特征

可转换证券指的是一种能转换成发行公司普通股的固定收益证券，具有混

合证券的性质。可转换证券可分为两种：可转换债券和可转换优先股。认识可转换证券时，需要注意以下几个重要的特征。

1. 转换率

转换率指的是在证券转换中，一个可转换证券能兑换到的普通股的数量。如果转换比率为30：1，则表示每一单位可转换的债券或优先股可转换成30单位的股票。转换率通常在证券发行时就已经确定，但由于证券转换的价值不应改变，因此当公司股票折股时，转换率应相应进行调整，如果公司发生了2：1折股，那么转换率就应调整为60：1。通常，有些公司的可转换证券在发行时并不标明转换率，仅标明转换价格，所谓转换价格就是事先已经确定好的普通股股价。在转换时，根据可转换证券的面值，得出相应的转换率。假如一份可转换债券的面值为900元，事先确定的转换价格为30元，那么投资者在转换时能转换成30股普通股。由此可以看出，转换价格30元与转换率为30：1的实质是一样的。

2. 转换价值

转换价值就是可转换证券转换所得的普通股市场价值。用公式表示为：

$$CV = P_m \times CR$$

其中：CV 表示可转换证券的转换价值；P_m 表示单位股票的市场价值；CR 表示转换率。

假设股票发行时确定的转换价格为30元，但是转换时股票的市场价格为50元，如果转换率仍为30，那么可转换证券的转换价值则为：

$$CV = 50 \times 30 = 1\ 500(\text{元})$$

3. 纯粹价值

纯粹价值指的是可转换证券失去转换性能后的价值。例如，市场上同时存在着两种证券：一种可转换证券其利息率为8%，期限为20年，市价为1 500元，而其他条件与之相同的另一种非转换证券市价则为1 100元。由此可以看出，一种可转换证券的价值包含两个部分：一部分代表证券本身的纯粹价值，即1 100元；另一部分则代表了证券可转换性的价值，即400元。可转换性价值实质上代表了一种对普通股的选择权的性质。

4. 升水

可转换证券的市场价值和转换价值之差称为升水，升水常用百分比表示。

$$H = \frac{P_m - CV}{CV}$$

其中：H 表示可转换证券的升水率；P_m 表示可转换证券的市场价值；CV 表示可转换证券的转换价值。

假设可转换证券售价为1 000元，转换率为30，股票的市价为30元，转换价值即为900元，则该种可转换证券的升水就表现为100元，或20%的升水率。升水是可转换证券投资分析中的一个重要参考指标。

5. 可回购性

通常债券发行时都规定有回购条款，对于投资人来说就存在回购风险。对于可转换证券而言，投资者可以选择接受回购价格让公司购回，或选择证券转换。实质上，发行者利用了回购条款迫使投资者进行转换。一旦某种可转换证券是可回购的，通常只给出很短的一段时间让投资者进行转换，因而可回购性限制了升水的涨跌幅度。

6. 资信等级

可转换证券与其他证券一样，都要接受资信等级的评价。评价结果对可转换证券的价值具有重要的影响。由于可转换证券大多以低于普通公司债券的条件发行，因此，即使是同一企业的债券，可转换公司债券大多比普通公司债券低一级。

（二）可转换证券的价值分析

可转换证券的价值受各种因素影响，从图8-4的分析中可以看出。

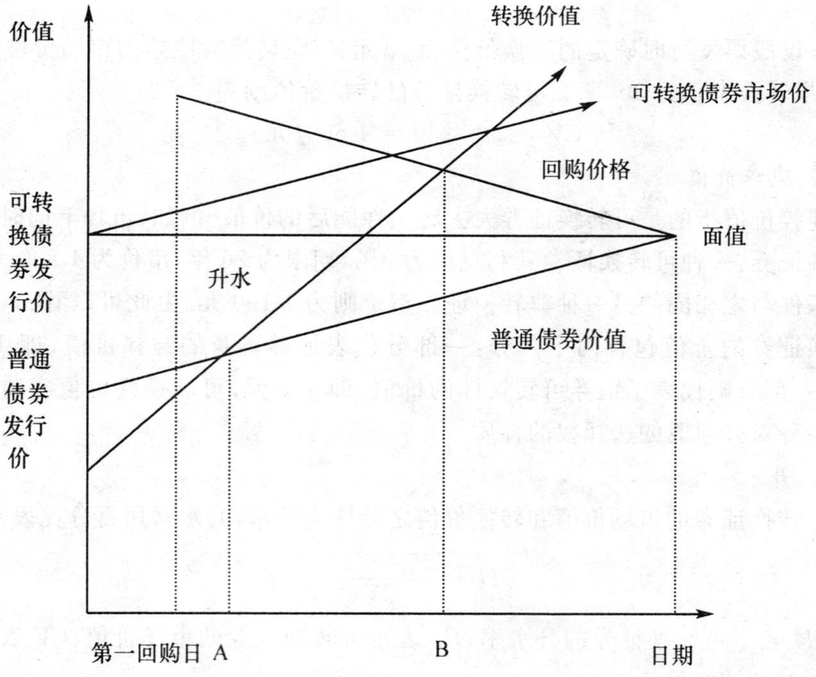

图8-4 可转换证券价值分析图

如果可转换证券具有回购性，以面值发行出售，则该债券的可转换性使得它的利息率低于可转换债券的发行价格。普通债券的价值随着到期日的临近越来越接近面值。可转换债券的初始发行价远远高于其转换价值，实际发行中的升水率通常定为20%～30%。如果普通股股价在可转换债券发行以后以一定的速率上升，则必然推动可转换债券的价格相应上升。发行之初，可转换债券的底价就是普通债券价值；伴随着普通股价格的上涨，第A年时，转换价值与普通债券价值相等；而普通股价格的继续上涨将导致转换价值超过普通债券价值，此时转换价值就成为可转换债券的底价。

从图8-4中可以明显看出，可转换债券在发行之初就存在一定的升水，而且根据股票价格的变化表现出一定的规律性，造成可转换债券升水的因素主要有两个。

(1) 投资者的预期。投资者预期股票价格将会上涨，从而推动可转换债券的价格上涨。

(2) 如果股票价格大幅下降，可转换债券至少将保持普通债券的价值水平，因此，当股价下跌时，可转换证券受到的影响较少；而当股票价格上涨时，可转换债券的投资者却可与普通股股东一样从中获益。

另外，从图8-4中也可以看出，尽管股票价格不断上涨，但升水的程度却在不断下降，可转换债券的价值越来越逼近甚至超过了可转换债券的市场价值。造成这种现象的主要原因有以下几点。

(1) 可转换债券也是可回购的。当债券发行达到一定期限后，如第Y年后，转化价值和回购价格相等，股票价格的进一步上涨将导致发行者通过回购来迫使投资者进行转换。随着回购可能性的不断增加，投资者愿意支付的升水也在下降，因此，一旦发行者宣布进行回购，升水的价值就会丧失。

(2) 随着股价上升，可转换债券和普通股之间的收益差将减少。假如公司盈利增加，股价上涨，则股票投资的收益将会增加，使可转换债券的升水下降。

(3) 随着转换价值上升，普通债券作为“投资保护”的作用将逐渐弱化，因此，投资者愿意为此付出的代价(也就是升水) 将逐渐减少。

有关可转换证券的价值分析还有其他的方法，由于可转换证券实质上是公司发行的一种买入期权，因而可以用Black-scholes公式来分析，但问题的关键是可转换债券不像买入期权那样有明确的时间界限，一旦公司宣布购回债券，可转换性随之消失，因此分析起来比较困难；另外，还可以利用资本资产定价模型分析可转换证券的价值。

三、认股权证及其价值

(一) 认股权证的概念及其特性

认股权证就是指股票认购授权证,它由上市公司发行,给予持有权证的投资者在未来某个时间或某段时间以事先确定的价格(施权价)购买一定数量的公司股票。为了保护认股权证持有者的利益,发行认股权证时通常都规定:当股票因除息或折股导致股价下降时,施权价要相应向下调整。认股权证通常分为可赎回和不可赎回两种。对于可赎回认股权证,发行公司可按某一规定价格将其购回,发行公司通常利用认股权证的可赎回性迫使权证持有者执行权利,认购公司的股票,从而达到为公司筹措资金的目的;对于不可赎回认股权证,发行公司则无此权利。

认股权证的特性主要表现为以下几点。

(1) 认股权证一般与公司债券或优先股同时发行,目的在于增强公司债券和优先股的吸引力,或降低它们的筹资成本,优先认股权的伴随可以降低公司债券的利率水平或优先股的股息率水平。当然,目前公司发行的所有认股权证都是可分割的,当投资者买入附有认股权证的债券或优先股后,就可将认股权证与债券或优先股拆分而单独进行交易。

(2) 认股权证实质上相当于公司发行的一种股票买入期权,持有者享有权利而没有义务。当公司股票价格上涨,超过认股权证所规定的认购价格,权证持有者将按认购价格购买股票,赚取市场价格和认购价格之间的差价;但若情况正好相反,届时市场价格比约定的认购价格还低,权证持有者则无须执行认购权利。

(3) 认股权证具有杠杆效应。持有者只需支付权证的价格就可保留购买股票的权利,因为权证的价格远远低于股票本身的价格,所以购买认股权证为投资者提供了以小博大的机会。

(4) 认股权证的价格波动大。通常,认股权证的价格随股票的市场价格波动而同向波动,由于其存在杠杆效应,所以认股权证的价格波动幅度大于股票的价格波动幅度。

(二) 认股权证的价值

虽然认股权证实质上相当于公司发行的一种股票买入期权,但确定认股权证的价值比确定买入期权的价值困难。认股权证估价的复杂性是源于其对普通股股价具有影响:一方面当认股权证的权利执行时,发行公司的股本将增加,这可能会改变公司股票的价值,并反过来影响认股权证的价值;另一方面,当认股权证的权利被执行时,由于增加了股本,每股盈利会被“稀释”。综合各种因素,一般认为认股权证的价值主要受施权价、距到期日的时间、股票现价、股票未来预期价格和可能存在的每股盈利的“稀释效应”的影响，可用函数关系式表示为：

$$V = f(EP, T, P_{now}, D_1, P_E)$$

其中：V 表示认股权证的价值；EP 表示认股权证的施权价；T 表示距认股权证到期日的时间；P_{now} 表示普通股现价；D_1 表示可能发生的每股盈利的稀释；PE 表示普通股预期的每股未来价格。

除了函数表达式中的影响因素外，还有其他因素也会对认股权证的价值产生影响：

（1）普通股股息率；

（2）认股权证的市场交易状况；

（3）认股权证发行数量；

（4）执行认股权证的实际成本。

上述因素相互间还会发生影响，从而进一步影响认股权证的价值。认股权证的价值可分为内在价值和时间价值两部分，市场价值与内在价值之差称为时间价值。它主要由以下几个因素决定。

1. 时间

随着认股权证到期的临近，其时间价值也不断下降。如果标的股票价格上涨，将带动认股权证价格上涨。距到期日的时间越长，标的股票价格上涨超过施权价的可能性越大，时间价值也越大。

2. 股价的波动性

同普通期权一样，标的物价格波动性越大，相应的期权价值越大。认股权证价值随着股价上升而上升，当股票价格下降时，认股权证价值却不会变为负数，因此，股价大幅变动带来的利益要大于其带来的不利影响。那些股价变化幅度大的股票，其认股权证的价值要比股价平稳的股票认股权证价值更大。

3. 杠杆效应

认股权证市价高于其内在价值带来时间价值的另一个原因是认股权证的投机杠杆效应更强。相对于标的股票价格而言，认股权证价格较低，所以认股权证给予投资者以用较少的投入获得较高收益的可能性。

当 ABC 公司认股权证价格高于其内在价值时，投资者往往有两种选择：购买该公司股票或购买认股权证。假设股票的市价为 30 元，认股权证的价格为 6 元，认股权证施权价为 30 元。如果投资者直接购买公司股票，股票价格升至 60 元时，投资者的收益率为 100%；但如果投资者购买的是认股权证，股票价格升至 60 元时，投资者的收益率为(60 − 6 − 30)/6 = 400%。同时，购买认股权证最大的损失仅为 6 元，而购买股票的最大可能损失为 25 元，这一点进一步体现了认股权证的期权特性：无限的收益与有限的损失。从而，使认股权证充满了吸引力，增大了认股权证的市场价值与内在价值的差额。

认股权证的内在价值就是认股权证的底价，由下面公式决定：

$$V=(P_{now}-EP)/N$$

其中：V 表示认股权证的内在价值；P_{now} 表示普通股的现价；EP 表示普通股的施权价；N 表示购买一普通股需持有的认股权证份数。

假设认股权证的实际市价低于其内在价值 V，如果 $N=1$，那么套利者将在市场上以市价 V_m 购入认股权证，再按施权价购入股票，总共支出额为 V_m+EP，然后将购入的股票在市场上出售，收入为 P_{now}，获得的收益为：

$$P_{now}-(V_m+EP)$$

即：

$$(V+EP)-(V_m+EP)>0$$

$$V-V_m>0$$

很显然，这种无风险的套利机会在市场上不可能存在，因此认股权证的实际市价不可能低于其内在价值。

【本章小结】

1. 股票也称权益证券，普通股份额代表股东对公司收益和资产拥有的剩余求偿权。

2. 收入资本化法就是使资产的内在价值等于投资者预期收益流的折现价值。股息折现模型就是收入资本化法在普通股定价中的具体应用。

3. 考察优先认股权价值通常分别从附权期优先认股权价值和离权期优先认股权价值两个不同阶段进行。在附权期，优先认股权附在股票上进行交易，其价值包含在股票市值中，拥有一份股票就同时拥有了一份优先认股权。离权后，优先认股权可以在市场上独立交易，股票价格等于附权期股票价格与所附的优先认股权价值之差。

4. 可转换证券的市场价值和转换价值之差称为升水。实际发行中的升水率通常定为 20% ～ 30%。升水是可转换证券投资分析中的一个重要参考指标。

5. 认股权证实质上相当于公司发行的一种股票买入期权。认股权证的估价比较复杂，因为认股权证的执行将会改变公司股票的价值，并反过来影响认股权证的价值。此外，普通股股息率、认股权证的市场交易状况、认股权证发行数量和执行认股权证的实际成本等因素也影响认股权证的价值。但是，认股权证的期权特性 —— 无限的收益与有限的损失，使认股权证充满了吸引力。

6. 股票市场指数是测度市场总体表现的总体指标，最著名的是道·琼斯工业平均指数。计算股指的方法通常有简单平均法、加权平均法和几何平均法。

【思考与练习】

1.根据不同分类角度阐述股票的各种类型?

2.认股权证的市场价值和内在价值表现为时间价值,决定时间价值的因素有哪些?

3.尝试寻找一个实际案例说明优先认股权的基本投资策略?

4.编制股价指数的意义是什么?

5.如何衡量股票收益的大小?

6.Afton 公司今年支付每股股利 \$4。

(1)假设Afton公司计划以每年增长5%的速度向股东支付股利,试问10年后 Afton公司的每股股利将是多少?

(2)假设股东期望Afton公司5年后每股支付股利 \$5.87,试问Afton公司股利的年增长率是多少?

7.两位分析师对XYZ公司有不同的看法。A认为XYZ公司的股利将按5%的比率无限增长,B则认为XYZ在今后3年的股利增长率为20%,在此之后,年增长率将降为4%,并永远保持下去。XYZ公司目前支付的股利为每股3元,投资者要求的必要报酬率为14%。

(1)按照A的预测,XYZ公司股票的合理价格是多少?

(2)按照B的预测,XYZ公司股票的合理价格是多少?

(3)假设XYZ公司股票的当前售价为每股39.75元,则它内含的长期股利增长率是多少?若以该长期股利增长率和25%的派息比率计算,则其正常的市盈率是多少?

8.假设Milton公司当前支付股利 \$4,预计其股利将以4%的速度持续增长,与该公司具有相同风险的金融资产的预期投资回报率为12%,试问当前该公司股票的内在价值应为多少?

9.假设Monona公司今年将向股东支付每股6美分的股利,明年将支付相同的股利给股东,后年则将支付每股7美分的股利,从此将一直保持4%的年股利增长率。与该公司具有相同风险的金融资产的预期投资回报率为10%,试问当前该公司股票的内在价值应为多少?

10.许多机构投资者和证券公司都运用三阶段增长模型评价股票价值,那么与常数增长模型相比,三阶段增长模型的主要优点表现在哪些方面?该模型存在哪些不足?

11.股息贴现模型与每股盈余估价模型的联系与区别是什么?在股票投资选择时,你更倾向于使用哪一种模型?为什么?

12. ABC公司预期派息比率为40%，并且其历史权益资本回报率为年均15%，市场上同等风险水平股票的预期收益率为12%。ABC公司预期收益率每年能增长多少？该股票的正常市盈率是多少？

13. A公司每股股票刚刚支付完4元的股利，当年每股盈利8元。折现率为10%，预计股利将保持6%的年增长率不变，则A公司正常的市盈率是多少？

14. B公司是一家自来水公司，每年的收益都很稳定，但成长性不足。所以，公司每年都将全部收益用于发放股利，上年公司每股股利为2元，并且预期以后将一直保持这个水平。B公司股票的合理价格是多少？正常市盈率是多少？

15. C公司是一家成长性公司，上年每股收益为10元，每股股利为5元。股利预期按每年6%的比率持续增长，投资者要求的必要报酬率为11%，试计算该公司股票正常的市盈率。

第九章　证券投资基金

【学习目标】

本章阐述投资基金的含义、功能和类型；介绍投资基金的起源以及在中国的发展；解剖投资基金运行中的法律关系；考察投资基金的价值、收益、费用和风险；阐述投资组合理论、市场有效性与基金投资策略选择关系的问题。

投资基金是一种大众化的信托投资工具，由基金管理公司或其他发起人通过发行受益凭证，将大众手中的零散资金集中起来，委托具有专业知识和投资经验的专家进行管理和运作，谋求资本的长期、稳定的增值。规模经济效益、多元化投资效益和专业化经营效益在这里得到了最好的体现。投资基金已成为全球范围内的一种重要的投资工具。

第一节　投资基金概述

投资基金起源于英国，发展于美国。第二次世界大战后，投资基金迅速在日本、德国、法国和我国香港地区兴盛起来。投资基金的发展历史，就是产品不断创新、技术不断变革和制度不断完善的过程。从产品创新来看，专业基金管理者为了使投资组合更好地满足不同层次和不同类型投资者的需要，进行了大量的业务创新和品种开发。同时，证券原生产品和衍生产品的不断丰富，为基金品种和业务的创新奠定了基础。全球经济一体化和自由化的发展，使投资基金产品和业务跨越了国界。从机构创新来看，早期的投资基金是建立在契约关系的基础上，当专门从事基金管理业务的专业化公司——基金管理公司出现以后，投资基金的专业化经营和规模化扩张，使基金业以几何级数的速率发展。此后，股份公司形式的投资基金应运而生，投资基金从此脱离了单纯的契约型关系而发展为股份有限公司的组织形式。从技术创新来看，是围绕投资的“安全性、流动性和盈利性”进行的。从封闭型基金到开放型基金，从传统的基金品种到衍生基金品种，既是业务创新，又是技术创新，从而增强了投资的流动性和收益保障。从制度创新来看，投资基金是组织制度、管理制度和市场制度的创新。

一、投资基金的含义、特点及功能

（一）投资基金的含义

投资基金(Investment Funds)是一种金融信托，指以追求投资收益回报为目标，由发起人以基金股份的形式将不特定多数投资者的资金汇集起来，交由专业投资机构，通过组合投资方式分散投入股票、债券、房地产或高科技等市场领域，以共享收益的一种投资方式或制度。投资基金又称为信托投资基金。证券投资基金是指通过发行基金单位，集中投资者的资金，由基金托管人托管，由基金管理人管理和运用资金，从事股票、债券等金融工具投资，并将投资收益按基金投资者的投资比例进行分配的一种投资方式。在本章中，我们所讲的投资基金就是指证券投资基金，是一种利益共享、风险共担的集合证券投资方式。美国称之为“共同基金”或“互惠基金”(Mutual Fund)；日本、韩国和我国的台湾地区称之为“证券投资信托基金”(Securities Investment Trust)；英国和我国的香港地区称之为“单位信托基金”(Unit Trust)。

投资基金的概念中包含有两种组合：一是投资者资金的组合；二是投资于各类资产的组合。这就是投资基金的本质。投资基金的一系列特征和功能都源于“组合”效应。第一，资金组合的规模效益。由不特定多数的社会投资者，为了共同的目标，按照自愿的原则，以一定的组织形式，将各自分散的资金积聚起来，形成集合投资，以达到各自在分散条件下难以达到的规模经济效益。第二，投资的组合效益。资本的积聚使投资者实现了过去零星资本条件下无法进行的投资组合。组合投资的目的是通过投资的多元化，分散非系统性风险，保障收益。组合投资理论告诉我们，只要组合内资产之间的相关系数不等于1，投资组合就会带来多元化效益。第三，管理集合效应。在分散投资条件下，委托专家经营无法实现投资组合，此外，委托经营的经济成本也使专家理财变得不那么现实。在集合投资条件下，基金的大资本委托给一个具有专业知识和操作技能的专家群体——专业化的基金管理机构，不仅可以克服普通大众投资者在投资技术和投资战略上的欠缺，而且通过控制风险，实现稳定的、较高的投资收益。因此，专家理财效应就是在资金集合基础上的管理集合所带来的效益。

（二）投资基金的特点

与各种金融投资方式比较，投资基金独具特色。

1. 投资基金与基金

基金通常是指通过国民收入分配与再分配所形成的具有专门用途的资金。根据用途不同，基金可分为企业生产发展基金、储备基金、财政后备基金、养老保险基金、社会救济基金、教育基金、国家管理基金等。这些基金不再直接运用于投资，而更多地强调“专门用途”，强调资金的安全性，强调资金购买力的保障。投资基金是专门用于投资特别是证券投资的，为了获得稳定收益的资金集合和投资集合。

2. 投资基金与信托

投资基金与信托两者既有联系又有区别。二者的联系表现在：第一，作为金融信托的一种形式，投资基金也是代理他人运用资产；第二，两者所涉及的当事人都有委托人、受托人和受益人；第三，投资基金的运作是建立在信托行为关系基础上的。二者的区别表现在：第一，信托的业务范围更广，具体业务包括资金信托、动产信托、不动产信托和商务管理信托等。信托业务部门可运用代理、租赁、出售等形式进行财产运用，投资基金则主要从事证券投资。第二，投资基金涉及一些专门的法律规定，如投资基金的当事人中有一个重要角色——托管人，它是投资基金不可或缺的当事人，这是为保护投资者利益，保障公开、公正和透明原则实施的一项重要机制设计。托管人和受托人都应该是法人，且不能由一人承担。信托关系中的受托人可以是法人，也可以是自然人。第三，信托的“融通”作用范围更广。信托不仅融资，而且融物。信托机构在受托期间，可以按照受托人的意图，以财产所有者的身份，通过代理、租赁、出售等形式管理和处理信托财产，信托机构发挥了融通财物的中介功能。

3. 投资基金与股票、债券

投资基金本身属于有价证券的范畴。投资基金发行的基金与股票以及债券一起构成了有价证券的三大品种。投资者购买股票、债券和基金的目的都是为了获得投资收益，就此而言，三者之间并无多大的差别，但是在收益-风险关系和资产权益关系上三者存在差异：第一，股票反映的是一种产权关系，股东权益不仅体现在收益分配上，还体现在投票权上。股票投资者不能撤回投资，只能通过转让变现，债券反映的是债权人与债务人之间的借贷关系，而投资基金反映的是一种信托关系，除公司型投资基金外，不涉及财产权利关系问题。股票资本是股份有限公司的永久资本，而封闭型基金在基金期限届满后，通过清产核资，将基金的资产净值按出资比例分配给基金持有人，对于开放型基金，基金持有人可随时向基金公司赎回投资。第二，债券的债权债务关系双方事先约定了利息水平，而且利息作为财务成本在税前支付，很大程度上保证了债券投资者收益的实现，所以，投资债券的风险较小。股票投资者的收益实现在很大程度上取决于公司的市场表现和大盘走势，不确定因素较多，因此，投资风险较大。基金投资的多元化、规模化和专家理财的独特优势，使基金投资最低限度保有债券的投资收益，同时，极大地回避股票投资风险，因此，基金投资风险介于债券与股票之间。

可见，在众多证券投资品种中，投资基金独具优势，其表现在：第一，组合投资，风险分散；第二，专家理财，收益稳定；第三，提供不同收益-风险组合的多种投资选择，满足不同投资者的多样化投资需求；第四，流动性强，投资者可以在任何一个营业日内以基金净值为基准买进或赎回开放型基金，封闭型基金上市后投资者可以在交易所买卖，且不必缴纳证券交易税。

(三) 投资基金的功能

投资基金的功能源于投资基金的特性和投资优势。1924 年美国出现了第一只开放式基金“马萨诸塞投资者信托”。第二次世界大战后，在美国经济的强大发展需要和健全的法律基础上，投资基金数量和资产规模迅速扩张，20 世纪 50 年代以后，投资基金在全球各地获得了巨大的发展。投资基金的规模效应、多样化的产品和服务、较强的市场渗透性和影响力对整个社会经济产生了积极的作用。

1. 拓宽投资渠道

从基金投资者角度讲，对于众多中小投资者而言，投资基金是十分理想的投资渠道，它为小资本进入大市场提供了路径。从基金经理和基金的经营来讲，巨额的基金资本使基金运用的领域扩展到国际资本市场，投资基金不仅为基金经理人提供了充分的多元化的产品组合，而且集专家理财、组合投资效应和投资规模效应于一身。

2. 促进证券市场的稳定和规范化发展

首先，投资基金的问世增加了投资者可选择的投资品种，扩大了证券市场的交易规模，活跃了证券市场的交易。其次，促进了上市公司的规范化发展，包括公司上市的信息披露和公司治理结构的改善。最后，有利于证券市场的稳定和有序发展。机构投资者的进入，一方面，使“用手投票”机制得到落实；另一方面，机构的战略性投资定位，淡化了证券市场的投机气氛，有助于证券市场的自我稳定性机制作用的发挥。

3. 推动金融产品的创新

进入 20 世纪六七十年代，投资基金的产品和服务趋于多样化，例如美国，1970 年以前，大多数投资基金是股票基金，有一些平衡型基金的组合中包括一部分债券。1972 年以后，出现了大量债券和收入基金。1971 年，第一只货币市场基金建立，它们提供比银行储蓄账户更高的利率和支票功能。1974 年，雇员退休收入安全法(ERISA)建立，个人退休账户开始出现(IRA)。1978 年，401(K)退休计划和自雇者个人退休计划出现。这些退休投资工具的出现极大地促进了对投资基金的需求。1976 年，第一只免税政府债券基金出现。1979 年，免税货币市场基金出现，把货币市场基金的便利和政府债券基金的税收优惠结合起来。投资基金市场开始引入更多类型的股票、债券和货币市场基金。投资基金提高了美国金融市场的运作效率，特别是随着货币市场基金的迅速成长，促使商业票据和银行承兑票据兴旺起来。投资基金品种的创新，不仅推动了资本市场和货币市场的发展，而且推动了金融市场的国际化。

我国证券市场起步较晚。1987 年中国银行和中国国际信托投资公司就开始组建投资基金。1990 年 11 月，法国东方汇理银行和亚洲投资有限公司牵头组建了一只中国概念投资基金——上海基金，12 月在伦敦上市，属封闭式基金，封闭期 10 年，筹措到的资金用于上海浦东开发，投资形式为在中国证券市场购买股票和债券、参股未上市的“三资”企业和组建新的合资企业。

自 1991 年起，我国投资基金业务获得了实质的进展。证券投资基金是伴随着我国投融资体制改革的深入、证券市场的发展而引入的投资工具。证券投资基金使证券市场有效地实现居民储蓄向投资的转化和金融证券化的重要渠道。

第一，引导储蓄向投资的转化。自 1990 年以来，居民的银行存款额以每年 20%的速度增长，目前居民储蓄存款余额达到了 11 万亿元，并且还在保持着高速度的增长，而投资基金相对于金融资产比重则很小。利用投资基金引导储蓄向投资转化有着广泛的发展空间。

第二，投资基金的发展推动了证券市场规模的扩大。投资基金的发展以一定规模的股票和债券的发行和上市为前提，投资基金的发展要求证券市场提高整体发育水平。投资基金吸收零星资本进入资本市场，增加了证券市场的投资供给。投资基金发展的本身标志着股票市场规模的扩大，市场规模的扩大缓和了市场组织和市场管理之间的矛盾。

第三，促进证券市场的稳定发展。我国证券市场正处于规范和发展时期，证券市场结构不合理，供需矛盾突出，运作不规范，政策性因素对证券市场极具影响，证券市场潜伏着巨大的风险，且波动性较大。发展投资基金可以改善我国证券市场的投资者结构，证券市场投资者可分为两类：个人投资者和机构投资者。个人投资者的资金规模小、投资随意性大、投机倾向严重。投资基金作为机构投资人，有雄厚的资金实力、有条件聘请专业投资经理人管理资产、有广泛搜集信息并利用技术方法分析把握投资机会的能力，将个人投资转化为机构投资，盲目投资转化为理性投资，能最大限度地避免投资风险，使证券市场稳定、健康、规范地发展。

第四，发展投资基金可以促进中国企业制度的改革，推进现代企业制度的形成。投资基金可以通过参股投资方式实现对企业的管理参与，解决代理人缺位的难题。投资基金的参股，有助于构筑多元化的产权结构，组成规范化的股份制企业,消除"一股独大"的股份制改造的形式化弊端。储蓄资金向投资基金转化的过程就是金融证券化的过程。投资基金把投资者的资金筹集起来,通过科学的投资决策,分散投资于不同风险、不同性质的金融工具,从本质上说是与银行一样进行资产管理,但更具有市场和时代的特征。投资基金部分地取代了居民银行存款的储蓄手段,还可使许多以前只能从银行得到贷款的借款人(特别是我国的骨干大中型企业)进入证券市场,在证券市场上直接融资。证券投资基金促进了证券业的发展,推动了我国投融资体制改革,改变了资本市场的结构,加大了企业直接融资占融资总额的比重,强化了金融证券化趋势,是我国资本市场的长期发展方向。

第五,发展投资基金有助于推动我国证券市场的国际化。由于发展国家基金需要进入国际资本市场募集资金,需要在国际资本市场设立证券经营机构,因此我国证券经营机构的国际化速度加快了。加入 WTO 后,允许外国证券机构通过中方中介从事 B 股交易;允许外国机构设立合营公司,从事国内证券投资基金管理业务;加入 WTO 3 年内允许外国证券公司设立合营公司,并可以不通过中方中介从事 A 股的承销以及发起设立基金。我国证券投资经营机构直接面对国际同行的竞争,这促进了我国证券经营机构的国际化发展。

第六,发展投资基金是利用证券市场吸引外资的重要途径。如中国新科技创业投资公司与香港汇丰集团和渣打集团在香港地区联合发起成立"中国置业基金";新加坡摩根建富资产管理有限公司设立中国基金,这些基金在国外或在香港地区联交所上市。国家基金的设立是我国当前吸引外资的有效途径。

二、投资基金的种类

(一)根据组织形态的不同,投资基金可分为契约型基金和公司型基金

1. 契约型基金

契约型基金又称为单位信托基金,是指把受益人(投资者)、管理人、托管人三者作为基金的当事人,通过签订基金契约的形式发行受益凭证而设立的一种基金。契约型基金是基于契约原理组织起来的代理投资行为,通过基金契约规范当事人的行为。

契约型基金的法律关系应包括下列当事人。

(1)基金持有人。基金持有人以购买基金单位的方式将自己的财产委托给专业人士进行资产管理,是信托关系中的委托人。

(2)基金受托人。在信托法律关系中是基金财产的名义所有人,代表基金持有人行使一定的民事法律行为,是基金持有人利益的代表者和基金财产的守护者。契约型基金在信托关系的基础上进一步细化了基金受托人的职能分工,将

基金财产保管和资产管理两个职责分别委托给基金保管人和基金管理人。

(3)基金保管人。代理基金受托人履行安全保管基金资产的职责,并负责办理基金投资运作的具体清算交收业务。

(4)基金管理人。以基金资产增值为目的,代理基金受托人履行投资运作的职能,负责管理基金资产。基金管理人必须与基金受托人分开,这是投资基金法律关系与一般信托关系的主要区别。基金管理人作为专业的投资理财机构,不能直接掌管基金资产,只能根据基金契约的约定,发出投资指令。显然,这种法律设计是出于互相制约的考虑,避免某些可能侵害基金持有人利益的行为。由此可见,从法律原理上看,契约型基金法律关系的基本架构由两部分组成:基金投资人与基金受托人之间构成的信托法律关系是基金的基础法律关系;基金受托人与基金保管人和基金管理人之间构成代理关系。这两类法律关系结合起来形成契约型基金独有的商事法律关系。

2. 公司型基金

公司型基金是按照公司法以公司形态组成的,该基金公司以发行股份的方式募集资金,一般投资者则通过购买该公司的股份,成为该公司的股东,凭其持有的股份依法享有投资收益。

公司型基金的法律关系应包括下列当事人。

(1)基金持有人。以购买基金份额的方式成为基金公司的股东,具有与普通公司股东相同的地位和权利义务关系。

(2)基金公司。按照公司法的基本原理组成具有独立法律人格的基金。基金持有人的财产集合为基金公司的财产,基金公司的财产是完全独立于基金持有人、基金保管人和基金管理人的财产。基金公司与普通公司不同的是,它只是设立一个绝大多数是独立董事的董事会,而不具有完整的经营机构,因为经营管理的职责已经分离出去了。基金公司在法律上是基金持有人利益的代表,独立董事则承担了具体的守护股东(基金持有人)利益的职责。

(3)基金保管人。公司型基金中,基金公司必须委任基金保管人,基金公司与基金保管人之间是代理关系。基金保管人负责安全保管基金公司的资产,并接收基金经理人的投资指令,办理基金公司资产的清算交收业务。

(4)基金管理人。由于基金公司本身并无具体的经营管理机构,因此,基金管理人受基金公司的委托代为办理所有与经营运作有关的业务。这一角色的定位十分清楚,那就是专家以专业的投资经验,按照基金章程的约定,经营管理基金资产,以达到资产增值的目的。

由此可见,公司型基金的法律关系架构同样包括两个部分:在公司法律关系的基础上运用了代理关系,以资产安全和资产增值为基本原则分离出基金保管人和基金管理人两个角色。公司型基金要受投资基金法和公司法的法律规范的约束。

契约型基金与公司型基金的不同点有以下几个方面。

(1)二者的法律依据不同。公司型基金根据国家的有关公司法设立,因此基金公司具有法人资格。公司型基金除了两个当事人,即基金公司及其股东外,其他当事人之间的关系与契约型基金一样。基金公司及其股东之间的权利与义务以及基金的运用必须遵守公司法的要求。基金公司如果本身不是管理公司,则基金公司与基金管理公司之间也需要通过委托管理契约来进行规范。此外,契约型基金与公司型基金所依据的章程契约不同。公司型基金经营信托财产凭借的是公司章程、委托管理契约和委托保管契约等文件,而契约型基金则是凭借信托契约经营信托财产。

(2)基金发行的凭证不同。公司型基金通过发行普通股票筹集和组织公司的信托财产。契约型基金组织信托财产是通过发行受益凭证。前者既是一种所有权凭证,又是一种信托关系;后者反映的仅仅是一种信托关系。

(3)投资者的地位不同。契约型基金的投资者购买受益凭证后成为基金契约的当事人之一,即受益人;公司型基金的投资者购买基金公司的股票后成为该公司的股东,以股息或红利形式取得收益。契约型基金的投资者没有管理基金资产的权利。

(4)基金的运营依据和方式不同。契约型基金依据基金契约营运基金,公司型基金依据基金公司章程营运基金。公司型基金由于具有法人资格,因此可以向银行贷款,这比较有利于公司扩大资产规模,公司发展有雄厚的资本做保证。契约型基金因不具备法人资格,一般不通过向银行贷款来扩大基金规模。在基金运营中,公司型基金同一般股份公司一样,除非根据《公司法》到了破产清算阶段,一般情况下基金公司都具有永久性,这有利于公司稳定经营。从宏观经济角度看,基金公司不随意成立和终止,这有利于一个国家证券市场的稳定和国民经济的平稳发展。契约型基金依据信托契约建立和运作,随着契约期满,基金运营也就终止,这不利于基金的长期经营。

虽然契约型基金与公司型基金有诸多区别,但是它们在基金资产的管理上则有一个明显的共同点,即基金资产的管理者与基金资产的受托人是完全分离的。从世界基金业的发展趋势看,公司型基金除了比契约型基金多了一层基金公司的组织外,其他各方面都有与契约型基金趋同化的倾向。

公司型的证券基金以美国为代表,美国的证券投资基金大多按公司形式组成,也称共同基金,契约型的证券基金以日本为代表。目前世界上的各种证券基金基本上可以被归纳到这两种类型中去。

（二）根据变现方式的不同，投资基金可分为封闭式基金和开放式基金

1. 封闭式基金

封闭式基金是指基金资本总额及发行份额在未发行之前就已确定下来，在发行完毕之后和规定的期限内，基金的资本总额及发行份数都固定不变，基金宣告成立后进行封闭。基金单位的流通采取在交易所上市的办法，投资者以后要买卖基金单位都必须经过证券经纪商，在二级市场上进行竞价交易，因此有人又称封闭式投资基金为公开交易共同基金。封闭式基金的期限是指基金的存续期，即基金从成立之日起到结束之日止的整个时间。封闭式投资基金在取得收益后，以股利、利息和可实现的资本利得（或损失净值）等形式支付给投资者。

2. 开放式基金

开放式基金是指基金发起人在设立基金时，基金单位的总数不固定，可视投资者的需要追加发行。投资者也可根据市场状况和各自的投资决策，或者要求发行机构按现期净资产值扣除手续费后，赎回股份或受益凭证，或者再买入股份或受益凭证。由于这种投资基金的资本总额可以随时追加，又称为追加型投资基金。根据上述定义，由于基金的持份总额可以随时因市场供求变动而变化，这样，若新份额被购买，则基金就有更多资产供投资用；若基金的持份被赎回，则基金的投资总额就要相应减少，从而引起基金投资组合中的资产变动。若基金被赎回的份额过大、超过基金正常的现金储备，基金管理机构须出售手中的有价证券。

开放式基金还可以分为收费基金和不收费基金。不收费基金直接按净资产价值出售给投资者，收费基金则要委托证券商或其他经销商出售给投资者，因此在基金发行时，其发行价格是由净资产价值加7.5%～8%的销售费用构成的。由于收费基金多收一笔销售费用，相应地减少投资者实际投资于基金的资本，增加了实际投资成本；不收费基金虽然不收取销售费用，但要收取小额赎回费用。这种收费不利于基金的短期交易，有利于投资长期基金资产。

封闭式基金与开放式基金的区别表现在：

（1）发展历史不同。封闭式基金早于开放式基金。在证券投资基金初创阶段，人们总是希望基金运作更具稳定性，加上缺乏良好的市场环境，因此推出封闭式基金。到了20世纪20年代，证券市场上投机活动开始猖獗，许多封闭式基金也参与了投机与欺诈活动。在1929年经济大危机中，许多封闭式基金纷纷倒闭，此后开放式基金开始在证券市场上逐渐取得主导地位。

（2）发行规模和期限不同。封闭式基金在招募说明书中列明基金规模，开放式基金没有发行规模限制；封闭式基金通常有固定的封闭期限，开放式基金没有固定期限。

(3)基金单位交易方式不同。封闭式基金的基金单位在封闭期限内不能赎回,持有人通过证券交易场所出售给第三者。开放式基金的投资者则可以在首次发行结束一段时间(多为3个月)后,随时向基金管理人或中介机构提出购买或赎回申请。开放式基金的流动性要高于封闭式基金,可以随时变现或买入基金,从而有利于投资者。

(4)基金单位的交易价格计算标准不同。封闭式基金的买卖价格受市场供求关系的影响,并不必然反映公司的净资产值,如市价上涨时,基金买卖价格可以上涨更高,这时投资者的基金资产价值可能增加;反之,当市价下跌时,基金价格可能下跌得更低,这时投资者就要承受资产价值损失,因此,封闭式基金的投资风险相对大一些。开放式基金的交易价格则取决于基金的每单位资产净值的大小,其卖出价即申购价,一般是基金单位资产净值加一定的购买费。买入价即赎回价,是基金单位净资产值减去一定的赎回费,基金交易价格基本不受市场供求影响。开放式基金买卖价格直接反映其净资产价值,不会出现折价现象。

(5)买卖费用不同。在买卖封闭式基金时,需要缴纳相同比率的手续费及证券交易税,这与买卖开放式基金不一样,而且买卖封闭式基金一般要通过证券商进行,因而买卖封闭式基金的费用要高于开放式基金的费用。

(6)投资策略不同。封闭式基金的基金单位数不变,资本不会减少,基金管理公司可进行长期投资,基金资产的投资组合能有效地按预定计划进行。基金管理公司可制定长期投资策略,取得长期经营绩效。虽然封闭式投资基金发行总额变化不大,具有经营稳定的优点,但同时也限制了基金发展规模,特别是当基金发展前景看好时,基金不能随时追加资本、扩大规模,从而影响基金的长远效益。开放式投资基金在享有追加资本好处的同时,基金管理公司也需承担买回义务。投资基金的资本额不能100%地用于投资,从而影响基金的投资收益,更重要的是投资者的进进出出,不利于基金资本额的稳定,给基金经理投资决策及其执行带来难度。

在金融业比较发达的国家和地区,开放型投资基金公司的数量远远超过封闭型投资基金公司,主要原因是开放型公司灵活性大,容易满足市场的需求。但近年来,封闭型投资公司又有复苏迹象,特别是证券基金事业刚刚起步的发展中国家,由于各项金融制度不很完善,为了防止外来资本的突然涌入或大量流出对正在发展中的资本市场造成破坏,一般先选择采取封闭型方式。事实上,这两种类型的共同基金并不是互不相容的,它们是可以互相转化的。在规定的条件下,经投资者大会讨论通过,封闭型投资基金可转为开放型投资基金,投资者可要求基金管理公司按净资产价值买回手中的持有份额,这样投资者可以赚到市价与净值的差额;反过来,开放型投资基金规模过大时,基金管理公司可暂停新的受益凭证发放，这时的开放式投资基金类似于封闭式基金。

（三）根据投资标的划分，投资基金可分为债券基金、股票基金、货币基金、黄金基金、期权基金、指数基金、认股权证基金

1. 股票基金

股票基金是投资基金中的一个重要种类。该类基金的投资目标是以追求资本成长为主，其投资对象主要是股票，包括优先股和普通股。优先股基金是一种可获取稳定收益且风险较小的股票基金。普通股基金以追求资本利得和长期资本增值为目的，基金大部分资本将投资于普通股票，少部分投资于短期政府债券、商业票据等，以方便资本周转或适应投资机会的变化。这类基金的优点是资本成长潜力较大，投资者不仅可以获得资本利得，而且还可以通过该基金使得较少的资本能够分散投资于各类普通股票。这比投资者个人直接投资于普通股的风险要小得多。

2. 债券基金

债券基金是指基金将其全部或大部分资产投资于利率稳定的债券，它是基金市场上规模仅次于股票基金的另一重要品种，这类基金的投资对象是各种债券。债券基金基本上属于收益型投资基金。一般情况下，基金定期派息，因而基金资产适合长线投资；但其回报率通常比股票基金低，较适合于欲获取稳定收入的投资者。

3. 货币基金

货币基金以全球货币市场工具为投资对象，包括银行短期存款、国库券、政府公债、公司债券、银行承兑票据及商业票据等。

4. 黄金基金

黄金基金是指以投资于黄金或其他贵金属的生产和相关产业的证券为主要对象的基金。

5. 期权基金

期权基金是指以能分配股利的股票期权作为投资对象的基金。期权基金以购买股利分配情况好的普通股为主，并利用所持有的股票做选择权交易。其投资目的是为获取最大的当期收入，当期收入主要来自股利分配、出售期权收入、买卖组合证券的期权中的短期利得，以及从结束购买交易中获取的利润。期权基金风险较小，适合于谋求稳定收入的投资者。

6. 指数基金

指数基金是自20世纪70年代以来发展起来的一种新型基金种类。为使投资者能获得与市场平均收益相接近的投资回报，出现了这种功能上近似或等于所编制的某种证券市场价格指数的基金。指数基金模拟大盘指数股或债券，很

少进行频繁交易，随市场的变动而改变其投资组合，实现被动管理。该类基金的收益随当期的某种价格指数上下波动，当某价格指数上升时，基金收益也增加；反之，基金收益则减少。基金因始终保持当期的市场平均收益水平，故而收益不会过高，也不会过低，同时基金风险因基金本身功能而被分散掉，故这类基金适合稳健的投资者。

7. 认股权证基金

认股权证基金是指以认股权证为投资对象的基金。该类基金通过认股权证买卖，以获取资本成长。认股权证是一种金融票据，持有人有权在指定期间按预定的价格购买发行公司一定数量的股份。由于认股权证具有较强的资本增值能力，很多投资者乐意购买，只是因其风险过大，投资者不敢贸然涉入。为满足部分投资者的需要，一些基金管理公司就创设了认股权证基金。认股权证基金较之个人购买认股权证的优点是：基金通过购买多种认股权证，可将风险降到最低点。由于认股权证本身是一种高风险投资，特别是在出现熊市时，认股权证基金也难以避开风险，所以有些国家或地区不愿意推广认股权证基金，即使批准该基金上市，其基金说明书中也必须注明"高风险"，以引起投资者的注意。

（四）依据投资目标分类，可分为成长型基金、收入型基金与平衡型基金

证券投资基金的投资目的不同，其运作、投资收益也不同，因而也就产生了经营目标不同的成长型与收入型证券投资基金。在这两种基本类型之下，又演变和派生出若干其他类型的基金，即积极成长型基金或长期收入型基金和平衡型投资基金等。

1. 成长型基金

成长型基金是基金中最常见的一种。这类基金的投资目标在于追求资本的长期成长性，故其投资对象多为股价长期稳定增值的绩优股。成长型基金以追求长期资本利得为主，股利分配占投资收益的一小部分，投资者期望的是基金股份价位能节节爬升。这种基金的净值波动较大，风险也较大。虽然所有的成长基金都追求资本的长期成长，但是，为了达到这个目标的投资策略却有差异。因此，投资者选择基金时，应仔细阅读公开说明书，以确定该成长基金的投资目标是否与自己的投资目标相吻合。成长型基金又可细分为积极成长型基金和新兴成长型基金。积极成长型基金是高成长型基金，它追求资本的最大增值，有时是短期内的最大增值；新兴成长型基金重点投资于新兴产业中成长潜力较高的个股。这种基金的净值波动较大，投资者要承担更高的风险。

2. 收入型基金

收入型基金以投资于可带来现金收入的有价证券为主，并以获取当期的最大收入为目的。其投资对象主要是能带来稳定收入的各种有价证券。收入型基

金一方面使该基金保证了投资者投资目标的实现，降低遭受损失的风险；另一方面也使基金丧失了投资于高风险、高成长性的有价证券的机会。对于重视当前收入的投资者来说，为确保基金的稳妥收益，不妨将资本分散投资于收入型投资基金与货币市场基金。当市场利率降低时，银行储蓄利率也要降低，投资于收入型投资基金可以带来比储蓄高的收入；当利率上升、通货膨胀也高时，投资者若将大部分资本投资于货币市场基金，少量投资于收入型投资基金，既保本又有较高的利息收入。收入型投资基金比较适合保守型投资者或退休人员。

收入型投资基金通常又可分为两类，即固定收入型基金和股票收入型基金。固定收入型基金的主要投资对象是债券和优先股股票，长期成长潜力较小，利率波动对净资产价值的影响较大。股票收入型投资基金的投资对象多是股利分配较优厚的普通股票。投资于该类基金的投资者在追求收益稳定的同时，还注重赚取资本利得，寻求资本成长潜力，但该类基金也面临较大的投资风险。在金融市场发达的国家，成长型投资基金在整个金融市场中居主导地位，而且该类基金发展也较快。

3. 平衡型基金

平衡型基金是指具有多重投资目标的投资基金。这类基金的投资目标主要有三个：确保投资本金、支付当期收入及追求资本和收入的长期成长。该类基金的优点是满足投资者的双重投资目标，既追求当期收入又注重资本成长，这就大大降低了损失本金的风险。平衡型基金适合于资金量小的中小投资者，属于保守型投资。在股市出现波动时，平衡型基金在多头股市上不如成长型投资基金收益增长快；在空头市场上，与成长型投资基金相比较少受市场行情波动的影响。表 9-1 是我国部分基金管理公司的基金管理风格一览表。

表 9-1 **基金管理风格一览表**

基金管理公司	旗下基金	基金类别	基金管理公司	旗下基金	基金类别
南方基金管理有限公司	开元	积极成长型	富国基金管理有限公司	汉盛	积极成长型
	天元	指数型		汉兴	平衡型
	金元	科技型		汉鼎	积极成长型
	隆元	积极成长型		汉博	积极成长型
国泰基金管理有限公司	金泰	平衡型	大成基金管理有限公司	景博	中小企业成长型
	金盛	积极成长型		景宏	中小企业成长型
	金鼎	积极成长型		景福	优化指数型

续表

基金管理公司	旗下基金	基金类别	基金管理公司	旗下基金	基金类别
华夏基金管理有限公司	兴华	稳健成长型	长盛基金管理有限公司	同益	稳健成长型
	兴和	优化指数型		同盛	稳健成长型
	兴科	积极成长型		同智	积极成长型
	兴安	积极成长型	博时基金管理有限公司	裕隆	积极成长型
华安基金管理有限公司	安信	积极成长型		裕阳	积极成长型
	安顺	积极成长型		裕元	资产重组型
	安久	积极成长型		裕泽	科技型
鹏华基金管理有限公司	普惠	积极成长型		裕华	积极成长型
	普丰	优化指数型	嘉实基金管理有限公司	泰和	平衡型

第二节　投资基金的收益与风险

一、开放式基金的交易

基金交易包括封闭式基金交易和开放式基金交易。封闭式基金的流通采取在交易所上市交易的办法,投资者要买卖基金单位,必须经过证券经纪商,在二级市场上进行竞价交易,因此,封闭式基金类似于普通股票。目前我国所有在沪深交易所上市流通的基金都是通过这种转让方式完成交易的。由于封闭式基金交易程序简单,我们着重研究开放式基金的交易过程和机制。

(一) 开放式基金的申购与赎回

投资者根据市场状况和自己的投资决策决定赎回基金单位(即要求基金管理公司购回自己持有的基金单位份额),或增购基金单位份额。基金经理人按照招募说明书中的规定,以资产净值向投资者出售或向投资人赎回基金单位。受益凭证的投资者申请基金购回,可以在自己选定的任何一个营业日内携带受益凭证、购回申请书等有关证件,向管理公司或管理公司规定购回的申请地点提出购回申请。管理公司或其指定的购回申请收件人收到购回申请后,应交付受益人或其代理人保管单,在保管单内载明赎回人员领取赎回价款的日期,并在收到赎回申请的同一日,将购回申请的内容通知管理公司。

若基金份额被赎回，则基金的总额就要相应被减少，引起基金投资资产发生变动。如果基金赎回的份额过大，超过基金的正常储备，基金管理公司就要变现手中的股票或国债。开放式投资基金在盈利性目标下增加了流动性的要求，因此开放式投资基金多限于选择投资于流动性强的资产上，加上现金储备不能将资金全部用于投资，会影响基金的经营绩效。

（二）开放式基金的价格与费用

开放式基金的受益凭证中每受益权单位的价格，一般是以每受益权单位的资产净值计算，投资者投资于该类基金至少可以保持其净资产价值，与封闭式基金相比投资风险有所降低。

$$\text{基金资产净值}=\frac{T\text{日基金单位净值}}{T\text{日发行在外的基金单位总数}}$$

$$\text{基金单位净值}=\text{基金资产总值}-\text{基金总负债}$$

基金资产净值也称单位基金资产净值，是指某一时点上某一投资基金每份基金单位实际代表的价值，是基金单位价格的内在价值。基金资产净值是衡量一个基金经营好坏的主要指标，也是基金单位交易价格的计算依据。基金资产净值的计算方法分已知价计算法和未知价计算法。已知价计算法是基金管理人根据上一个交易日的收盘价计算基金资产价值，包括股票、债券、期货合约、认股权证等的总值，加上现金资产，然后除以已出售的基金单位份额，得出每个基金单位的资产净值。未知价计算法是指基金管理人根据当日收盘价来计算基金单位资产净值。

开放式基金的购回费用包括基金管理费、基金托管费、基金运作费、基金宣传费和基金清算费等。基金管理费是指支付给实际运用基金资产，并为基金提供专业化服务的基金管理人的费用，也就是管理人为管理和操作基金而收取的费用。基金托管费是指基金托管人为基金提供服务而收取的费用。托管费用通常按照基金资产净值的一定比例提取，逐日计算并累计，按月支付给托管人。基金运作费是指作为基金的营运成本支出的注册会计师费、律师费、召开年会费用、中期和年度报告的印刷制作费，以及买卖有价证券的手续费等，它是衡量一个基金运作是否有效率的标志。基金宣传费用是指基金支付的广告费、宣传品支出、公开说明书和年报等的印刷制作费、销售人员佣金、股票经纪人及财务顾问的佣金等营销费用。基金清算费是指基金终止时清算所需的费用，按清算时的实际支出从基金资产中扣除。

《开放式证券投资基金试点办法》第33条规定，开放式基金可以收取申购费，费率不得超过申购金额的5%；开放式基金可以收取合理的赎回费，费率不得超过赎回金额的3%。开放式基金的收费方式和费率标准要在基金契约和招募说明书中予以载明。以华安创新基金为例，华安创新基金的申购费率分为1.2%和1.5%两档：一次申购金额为1万～1 000万元(不含1 000万元)的，申购费为申购金额的1.5%；一次申购金额为1 000万元(含1 000万元)以上的，申购费率为申购金额的1.2%。赎回费统一为赎回金额的0.5%。

例1 某投资者投资1万元申购华安创新基金，申购当日基金单位净资产值为1.016 8元，该投资者可获得多少基金单位？

申购费用＝10 000×1.5%＝150(元)

净申购金额＝10 000－150＝9 850(元)

申购份额＝9 850/1.016 8＝9 687(份)

投资者投资1万元可申购华安创新基金9 687份。

例2 某投资者想赎回华安创新基金1万份基金单位，赎回当日基金单位净资产值为1.016 8元，该投资者可获得多少赎回净额？

赎回金额＝10 000×1.016 8＝10 168(元)

赎回费用＝10 168×0.5%＝50.84(元)

支付金额＝10 168－50.84＝10 117.16(元)

投资者赎回1万份华安创新基金可得到赎回金额10 117.16元。

二、基金投资对象及收益来源

有价证券包括的范围非常广泛，一般证券投资基金将其中的几种证券品种作为投资工具。目前我国新设立的证券投资基金的投资工具主要是已上市的公司股票、公司债券和国债。

(一) 国债

20世纪80年代以来，我国发行的国债品种有：国库券、国家重点建设债券、国家建设债券、特种国债、财政债券、保值公债。这些国债从它们的特性上可分为：可上市的无记名国债、记账式国债和不可上市的凭证式国债、特种定向债券。

基金参与国债一级市场，可以获取几方面的收益：

(1)承销国债的认购手续费，这是由国家财政部根据承销的数额、国债的品种、期限向承销团成员支付的手续费。对基金来说，这是一项稳定的收入来源。

(2)承销国债期间所发生的利息。政府一般规定承销商承销其所认购的国债有一定的发行期限，承销商在发行初期出售了它所认购的国债后，资金存款在承销商的账户上，直到发行期结束，才划款至财政部账户。这期间产生的利息为承销商所得。

(3)承销“一手国债券”所得的差价。一般来说，“一手国债券”比该国债上市流通后的“二手国债券”有更高的收益率。

国债流通市场也称为国债二级市场，包括按一定程序进行交易的证券交易所市场和设在证券中介机构的场外柜台交易市场。二级市场上的交易方式有现货交易、期货交易、期权交易和回购交易等方式。目前我国只有现货交易和回购交易两种方式。国债二级市场为已发行的国债提供流动性，基金投资国债可取得稳定回报。

（二）公司债券

公司债券是基金投资组合的选择工具之一，在证券投资品的风险-收益序列中，它介于国债与股票之间。在我国，2000 年以前公司债券发行受到较严格的控制，2001 年以来，公司债券逐步迎来了它的发行时代，真正成为基金选择的目标。但是，与国债相比，公司债券风险有余而收益不足，见表 9-2 中税后收益项。

表 9-2　**上市公司债券及其收益率**

企业债名称	代码	剩余年限	收盘价	到期收益率(%)(注：按 20%所得税计算)	
				税前	税后
01 广核债	111016	4.964 4	100.79	3.98	3.15
02 电网(3)	111017	1.484 9	105.35	3.27	1.94
02 电网(15)	111018	13.490 4	100.30	5.09	4.05
02 广核债	111019	13.887 7	94.80	5.09	4.14
99 宝钢债	120001	1.627 4	102.80	3.16	2.18
01 三峡债	120102	12.882 2	103.50	4.91	3.87
02 三峡债	120201	18.750 7	97.40	5.08	4.09
02 中移(5)	120202	3.843 8	99.60	3.77	3.03
02 中移(15)	120203	13.852 1	95.83	5.00	4.05
02 苏交通	120204	13.975 3	95.54	4.98	4.04
02 渝城投	120205	8.964 4	97.50	4.69	3.81
02 武钢(3)	120206	1.863 0	103.90	3.36	2.30
02 武钢(7)	120207	5.865 8	99.22	4.28	3.45
02 金茂债	120288	8.347 9	99.19	4.75	3.81
03 沪轨道	120301	14.164 4	99.30	4.96	3.96
03 苏园建	120302	9.567 1	98.00	4.81	3.88
98 三峡(8)	129805	3.065 8	113.11	3.64	2.08
98 中铁(2)	129901	0.800 0	116.05	3.18	--
98 中铁(3)	129902	5.802 7	102.05	4.27	3.34
98 中信(7)	129904	2.474 0	107.60	3.45	2.16
98 石油债	129905	3.706 8	103.67	3.81	2.85

债券的利息收入和资本利得收入构成了公司债券的收益。债券的利息收入是债券的票面收入，按规定定期或一次性取得。债券的价格会由于债券市场供求关系、市场利率水平变化和其他相关因素的变化而波动，低买高卖形成了资本利得收入。

（三）上市公司股票

股票市场投资已经形成了一套比较规范而严谨的交易程序，因此在股票市场上进行投资，基金经理人可自由选择的余地比较大，并且可以对股票投资的风险和收益作出比较客观而科学的评价。股票市场运行效率相对较高，中间费用较少，收益区间较大，为基金经理人提供了充分的股票投资组合选择，同时，股票市场也提供了方便股票变现的条件，因此，股票成为基金公司的首选投资工具。

目前我国上市公司的股票发行一般都采用溢价发行，股票的市场价格比股票的发行价格高，投资者以股票发行价格申购发行上市的股票，在股票上市后将其出售，可获得不菲的利润。证券投资基金凭借强大的资金实力，在股票的发行市场申购新发行上市的股票，从而获得较好的回报。最近我国有关部门为了支持证券投资基金顺利起步，健康发展，采取了对基金直接配售新股的政策优惠措施。证券投资基金不必运用大量的资金参加发行市场的申购就可以直接获得一定比例的新发行的股票，但配售的新股必须在该股票上市后至少持有2个月，才允许出售。基金也可以不参加新股发行的配售，这给基金有利的选择机会，但按当前新股上市发行的情况来看，参与新股申购以及接受新股直接配售可取得较好的回报率。

证券投资工具除了国债、企业债和上市公司股票以外，还有可转换公司债券、认股权证、商业票据、政府票据、人寿保险单、房地产交易、远期外汇交易、期货、期权等。对于上述金融工具，有些还未生成，有些还不发达，存在着无行无市或有行无市的状况，有些市场规模非常小，无法广泛流通，有些在我国还因无规范运作的条件而受到限制。但是，随着我国市场经济的不断发展和完善，对市场经济有促进作用的各种有价证券、金融衍生工具必将被基金经理人纳入投资视野。

（四）投资组合收益的确定

1. 简单收益率法

一般而言，收益率是一定时期内投资收益与投资总额之比。如上所述，投资所得包括资本利得和红利。一方面，开放式基金随时发生资金流量的变动；另一方面，基金投资的净资产价值也在不断变化，用公式表示为：

$$R_n=\frac{V_n-V_{n-1}+I}{V_{n-1}} \tag{9.1}$$

其中：R_n 表示第 n 期投资收益率；V_{n-1} 表示第 $n-1$ 期资产净值；V_n 表示第 n 期资产净值；I 表示投资者在这一期间获得的收入。

表 9-3 是关于某基金初始价值与各期价值变化的资料，我们利用简单收益率法考察基金投资或经营收益水平。

表 9-3　　**基金投资收益率计算——简单收益率法**

指标＼时期	第一期	第二期	第三期
期初价值	1 000	1 100	2 620
追加投资	0	1 100	−655
投资总额	1 000	2 200	1 965
期末资产净值总额	1 100	2 620	2 100
价值变动率(%)	10	138	−20
期间投资收益率(%)	10	69.09	−26.46
期间总收益率(%)			110

$$\text{期间平均收益率}=\frac{10\%+69.09\%+(-26.46\%)}{3}=17.54\%$$

用几何平均法计算期间收益率就具有了资金时间价值的考虑：

$$\bar{R}=\left(\prod_{t=1}^{n}(1+R_t)\right)^{1/n}-1 \tag{9.2}$$

$$\bar{R}=[(1+10\%)\times(1+69.09\%)\times(1-26.46\%)]^{1/3}-1=11.01\%$$

我们注意到了，用几何平均法计算的收益率与用简单算术平均法计算出的收益率不同，期间收益率波动幅度越大，两者计算出的数据差异就越大。

利用简单收益率法计算收益率时，如果在对应期间除期末以外的其他时点无收入，那么，用简单收益率法计算一种投资品或投资组合的收益率既简单又比较准确。但是，在通常情况下，股票和债券的收益流不是固定时点发生的，用简单收益率法计算收益率时没有考虑到收入的实现时间问题，应将投资者获得的收益做再投资考虑。

2. 时间权重收益率法

时间权重收益率法充分考虑了资金或收入的时间价值。时间权重收益率的计算方法，假定投资者在得到现金流入时（如收到股息），立即将这部分现金收入再投资到现有的投资品上。计算时间权重收益率的过程：先计算有价证券在现金流入之日的市场价值；再计算下一个时期的期间收益率；最后将各个期间的收益率综合考虑。其计算公式如下：

$$R_{TW}=[(1+R_1)(1+R_2)\cdots(1+R_n)]-1 \quad (9.3)$$

其中：R_{TW}表示时间权重收益率；$R_1,R_2,\cdots,R_n$ 表示各个时期的期间收益率。式(9.3)与式(9.2)的区别在于，时间权重收益率表示 1 单位投资在第 n 期的期末价值，即投资者在 n 个时期的总收益率。几何平均收益率反映投资者在 n 期内的平均收益率。

计算时间权重收益率有两种方法：一是综合法，通过公式(9.3)计算；二是指数法，着重强调再投资的时间点。

例 3 某投资者投资 A 公司股票，期间资金流和各时点股票价格如表 9-4 所示。

表 9-4 **A 公司股息支付和各个时点股票价格** 单位：元

日期	每股现金股利	发放股息时的股票价格
1 月 1 日		100
3 月 15 日	2	90
6 月 15 日	2	95
9 月 15 日	2	110
12 月 15 日	2	120
12 月 31 日		100

表 9-5 是用综合法计算的时间权重收益率。第一期（从 1 月 1 日到 3 月 15 日）的期间收益率是：(90－100＋2)/100＝－0.08；第二期（从 3 月 15 日到 6 月 15 日）的期间收益率是：(95－90＋2)/90＝0.077 8；从 1 月 1 日到 6 月 15 日 A 公司股票的时间权重收益率为：(1－0.08)×(1＋0.077 8)－1＝－0.008 4；最后，我们得出 A 公司股票全年的时间权重收益率为 8.04%。如果我们不考虑资金流的时间价值，那么，从 1 月 1 日到 12 月 31 日的年收益率为：(100－100＋2×4)/100＝8%。如何解释这 4 个基本点的差异呢？用指数法可以解释这一差异（如表 9-6 所示）。

表 9-5　　用综合法计算时间权重收益率

日期	时期	期间收益率	时间权重收益率
1月1日			
3月15日	1	−0.08	−0.08
6月15日	2	0.077 8	−0.008 4
9月15日	3	0.178 9	0.169 0
12月15日	4	0.109 1	0.296 5
12月31日	5	−0.166 7	0.080 4

表 9-6　　用指数法计算时间权重收益率

日期	每股股息(元)	发放股息时的股票价格(元)	用股息可购买的股票数(股)	拥有的股票数量(股)
1月1日		100		100
3月15日	2	90	2.22	102.22
6月15日	2	95	2.152	104.37
9月15日	2	110	1.898	106.27
12月15日	2	120	1.771	108.04
12月31日		100		108.04

在第 i 期期末时，投资者用现金股息新购买股票的数量，用公式(9.4)表示：

$$AS_i=\frac{N_{i-1}D_i}{P_i} \tag{9.4}$$

其中：AS_i 表示新购买股票的数量；N_{i-1} 表示投资者在第 $i-1$ 期期末所拥有的股票数量；D_i 表示公司在第 i 期支付的每股现金股息；P_i 表示第 i 期发放股息后的股票市场价格。

$$N_i=N_{i-1}+AS_i \tag{9.5}$$

其中：N_i 表示投资者在第 i 期所拥有的股票数量。

$$R=\frac{P_n\cdot N_n}{P_0\cdot N_0}-1 \tag{9.6}$$

其中：R 表示 A 公司股票的年收益率；P_0 表示年初的股票市场价格；N_0 表示年初所拥有的股票数量；P_n 表示年末的股票市场价格；N_n 表示年末所拥有的股票

数量。

上例中，A 公司股票的年收益率计算如下：

$$R=\frac{P_n \cdot N_n}{P_0 \cdot N_0}-1=\frac{100\times 108.04}{100\times 100}-1=0.0804$$

从上面的例子可以看出，用综合法和指数法计算出的股票年收益率是相等的，综合法比较简单易用，指数法清晰地描述了现金流再投资的过程。用简单收益率法计算的结果与用时间加权计算的收益率之间的差异在于后者考虑了资金的时间价值，将收到的现金股利进行了再投资并获得利润。

（五）证券投资基金收益率的确定

证券投资基金的收益率由单位资产净值的增减额，加上收入分配额来测度。用 NAV_0 和 NAV_1 分别代表期初和期末的资产净值，有：

$$R=(NAV_1-NAV_0+\text{基金分红})/NAV_0 \tag{9.7}$$

常用的计算基金收益水平的公式和方法总结如下：

1. 累计单位资产净值

$$ANAV_t = NAV_t + \sum_{t=1}^{n} D_t \tag{9.8}$$

其中：NAV_t 表示第 t 期的单位资产净值；D_t 表示第 t 期派发的红利金额；$ANAV_t$ 表示第 t 期累计单位资产净值；n 表示样本期内的时期数。

2. 单位资产累计增长率

$$R=(NAV_t-NAV_0)/NAV_0 \tag{9.9}$$

其中：NAV_0 表示期初的单位资产净值；NAV_t 表示期末的单位资产净值。

3. 算术平均收益率

$$R_s=(NAV_1+NAV_2+\cdots+NAV_t)/n \tag{9.10}$$

其中：R_s 表示投资基金样本期内的算术平均收益率。

4. 几何平均收益率

$$R_t=\sqrt[n]{(1+NAV_1)(1+NAV_2)\cdots(1+NAV_n)}-1 \tag{9.11}$$

其中：R_t 表示几何平均收益率。

5. 内部平均收益率

$$NAV_0=\frac{D_1}{1+R_d}+\frac{D_2}{(1+R_d)^2}+\cdots+\frac{D_n}{(1+R_d)^n}+\frac{NAV_n}{(1+R_d)^n} \tag{9.12}$$

其中：R_d 表示投资基金的内部平均收益率。

基金收益率受基金成本费用的影响，有些费用要按期从资产组合中扣除，减少了净资产价值。因此，基金收益率等于标的资产组合的总收益率减去总费用率。我们通过一个例子说明费用是如何侵蚀收益率的。

例 4 某投资者期初有资金 1 000 单位，他有三种投资选择：基金 A 无销售费用，总运作费率为 0.5%；基金 B 无销售费用，总运作费率为 1.5%；基金 C 有 8%的销售及股利再投资费用，运作费率为 1%，基金的红利收益率为 5%，为此，该基金净收益率减少 0.4%（=8%×5%）；费前收益率为 12%。计算方法和结果如表 9-7 所示。

表 9-7 **费用对投资业绩的影响**

项目	累计收益		
	基金 A $1\,000\times[1+(12\%-0.5\%)]^n$	基金 B $1\,000\times[1+(12\%-1.5\%)]^n$	基金 C $1\,000\times[1+(12\%-1\%-0.4\%)]^n$
I_0	1 000	1 000	1 000
5 年	1 723	1 647	1 655
10 年	2 970	2 714	2 739
15 年	5 118	4 471	4 532
20 年	8 821	7 366	7 501

从计算结果看，低成本基金的业绩优势十分明显，而且，投资期越长，这种差异就越大。

三、证券投资基金的风险及其度量

（一）基金风险的种类与特征

1. 基金风险的种类

在市场经济条件下，由于经营本身及其他不确定因素的存在，证券投资基金在运作过程中存在很多风险。证券投资基金投资所面临的风险主要有：

(1)财务风险。财务风险有时也称拖欠风险或公司风险，主要是由于基金所投资的公司经营不善带来的风险。若个人只投资于股票或债券，在上市公司经营不善时，股票下跌或公司无法分配股利，或者债券持有人无法收回本金加利息，更有甚者，公司破产倒闭而使投资者血本无归。投资于基金的情况可能会有所不同，基金管理专家精心选择所投资的公司，证券投资基金可通过投资组合来抵御个别风险。

(2)市场风险。所谓市场风险，就是基金净值或价格因投资目标的市场价格波动而随之起伏所造成的投资损失。证券市场的价格波动频繁，很难预料，存在损失资本的风险。

(3)利率风险。利率变化会直接影响金融资产的价格。如果利率上升，吸引社会资金进入间接融资渠道，进入直接融资市场的资金减少，对股票市场的需求减少，股价也随之下跌，基金价格也往往下跌；如果利率提高，使公司贷款成本提高，利息负担加重，利润减少使股票价格下降，引起基金价格下跌；如果利率提高，投资者评估股票和其他有价证券的折现率会上升，从而使股票价格与基金价格下跌。利率下降，则会产生相反效果，使股票价格和基金价格上升。

(4)管理风险。管理风险是指基金管理人在基金的管理运作过程中因信息不对称、判断失误等影响基金的收益水平。证券投资基金的业绩取决于基金管理人的专业知识、经验、技术分析能力、信息资料的完备性等。但如果说具备了上述条件就一定可以凭借“专家理财”获利的话，恐怕太绝对了。新基金2.5%的经理年费和0.25%的托管年费，无形中增加了证券投资基金的成本。若新基金与老基金一样保持10%左右的收益率，扣除以上两费，则剩余分红与投资国债相比没有多大优势可言。

(5)购买力风险。购买力风险是由价格总水平变动而引起资产的总购买力的变动。通货膨胀侵蚀了投资者的财富，许多投资者错误地认为货币越多越富裕，这种货币幻觉使投资者忽视了通货膨胀的影响。投资者只有把注意力集中在实际收益率而非名义收益率上，才能克服货币幻觉，而且只有当实际收益率为正值，即名义收益率大于通货膨胀时，购买力才真正有所增长。

(6)国际政治风险和外汇风险。当基金在国际证券市场投资，国际政治风险和外汇风险是不可忽视和低估的重要因素。国际政治风险一般包括下列情况：剥夺非居民资产；禁止外国投资者撤回资金的外汇管制；不利的捐税和关税；由非居民投资者出让部分所有权的要求；财产权利得不到保障等。外汇风险又称汇率风险，是指经济主体在持有或运用外汇的经济活动中，因汇率变动而蒙受损失的一种可能性。投资基金应将外汇风险防范作为经营管理的一个重要方面。

2. 基金风险的特征

证券投资基金与股票、债券等投资方式相比，其风险又有自身的特点。

(1)非规范运作引发风险。在宏观监管乏力的情况下，基金管理人与生俱来的趋利性，往往诱发基金的过度投机和操纵市场的行为。风险还可能来自基金管理人的经营能力、道德水准。

(2)风险选择。投资基金的风险分为三个层次：高风险、中等风险和低风险。高风险基金的投资对象主要包括认证股权基金、杠杆基金、期货基金和股票基金等；中等风险基金的投资对象主要包括蓝筹股基金和国际债券基金等；低风险基金的投资对象主要包括债券基金和货币基金。风险与收益成正比，因此，基金投资顾问便研究出了所谓的协助基金投资者避开高风险争取高回报的“标准差公式”和“效率边界方式”。但是，这些公式或方式都是以历史的表现为依据的，而投资者追求的是未来的投资收益，过去的表现只能作为参考，依靠历史数据分析不可能达到完全避开投资风险的目的。

（二）证券投资基金风险的度量和管理

对于基金投资者来说，预期收益并不一定等于实际收益，实际收益率可能高于或低于预期收益率。实际收益率总是围绕预期收益率波动的，波动幅度越大，说明实际收益率与预期收益率之间的差距越大，投资者不能实现预期收益率的可能性越大，投资的风险也就越大；反之亦然。显然，要计算基金投资的风险，需要进一步求出实际收益率围绕预期收益率波动的程度。衡量这种波动程度大小最直观、最常用的方法，是计算实际收益与预期收益之间的标准差，用标准差的大小说明波动程度或评价基金的投资风险。投资风险可以分为总风险、系统风险和非系统风险。

1. 总风险

标准差的计算公式为：

$$\sigma_p = \sqrt{\frac{1}{n}\sum_{t=1}^{n}(R_t - \bar{R})^2} \tag{9.13}$$

其中：σ_p 表示基金 p 预期收益率的标准差；R_t 为第 t 期投资收益率；$\bar{R}$ 表示基金的平均预期收益率。

证券投资基金的标准差越大，则该基金的实际收益率围绕预期收益率的波动幅度越大，其总风险越高。总风险等于系统风险和非系统风险之和。

2. 系统风险

系统风险用单因素指数模型：

$$R_p - R_f = \alpha_p + \beta_p(R_m - R_f) + e_p \tag{9.14}$$

其中：R_p 表示投资组合的收益率；R_f 表示无风险收益率；R_m 表示市场收益率；e_p 表示随机干扰项。

一般来说，系统风险是市场的内在风险，不能通过投资分散化消除掉。

3. 非系统风险

非系统风险就是单指数模型中的随机干扰项 e_p，可用 e_p 的标准差 $\sigma(e_p)$ 来衡量。非系统风险是个体风险，可以通过分散化投资消除掉。

4. 证券投资组合的风险

假设一个证券投资组合有 n 个证券，第 i 个证券的投资份额占全部投资额的权重为 X_i，则投资组合风险的计算公式为：

$$\sigma_p=\sqrt{\sum_{i=1}^{n}\sum_{j=1}^{n}X_iX_j\sigma_{ij}} \tag{9.15}$$

其中，当 $i\neq j$ 时，σ_{ij} 是证券 i 和证券 j 的可能收益率的协方差，表示证券 i 和证券 j 市场风险之间的相关度；当 $i=j$ 时，表示 i 证券的风险方差，表示 i 证券的风险大小。

5. 基金 β

β 系数一般用于测量单个股票相对于整个股市的波动性大小。基金 β 系数用来测量该种基金随股市上下波动的敏感性。如果将市场股票指数(如标准普尔 500 股票指数或深沪 A 股指数)的 β 系数设为 1，若基金 β 系数小于 1，说明基金波动性小于整个股市的平均波动水平；若 β 系数大于 1，说明基金波动性大于整个股市的平均波动水平，这时，它的风险报酬率水平就高于市场平均收益水平。基金 β 衡量的就是某种基金与标准 β 相比较而言的风险水平。观察不同时期、不同基金间的收益水平，以及收益水平波动的 β 系数，可以考察基金的风险一收益结构，并判断在股市未来波动预期下基金的收益-风险变化。

β 系数表示证券投资基金的收益受系统风险影响的程度，虽然系统风险影响所有基金，但对每个基金的影响程度并不一样。

基金 β 系数的计算公式如下：

$$\beta_p=\frac{\mathrm{Cov}(R_p,R_m)}{\sigma_m^2} \tag{9.16}$$

其中：β_p 表示基金 p 的 β 系数；σ_m^2 表示证券市场风险。

此式表明基金风险和市场风险的相关程度，即基金风险的大小可以用基金风险与整个证券市场风险的关系来衡量。

在基金管理中，当基金 β 系数较低且基金收益水平低于基金目标收益水平时，调整基金资产结构，适当吸纳风险收益水平较高的股票资产，吐出部分保守投资品种，优化基金资产结构；反之，当基金 β 系数较高，但基金收益超过目标收益水平或控制水平时，吸纳部分风险小、安全性好的资产，吐出部分高风险证券；当基金 β 系数偏高，基金收益水平又不理想时，基金经理人应当从根本上考虑基金资产的选择策略和方式。

β 系数也可用“β 分析法”求得，其分析的一般关系式是：

$$R_{it}=\alpha_i+\beta_iR_{Mt}+\varepsilon_{it} \tag{9.17}$$

其中：R_{it} 表示基金 i 的 t 期收益率；α_i 表示线性回归方程的常数项；β_i 表示基金 i 的 β 系数，是基金 i 的系统风险部分；R_{Mt} 表示市场平均的 t 期收益率；ε_{it} 表示残差项。

此线性回归方程可由作图法求得，其做法是先根据历史数据画出散点图，如散点图显示基金收益率与市场收益率之间存在明显的线性关系，绘出回归线，由此确定 α、β 值，从而得到回归方程，该回归直线的斜率就是 β 系数，即基金的系统风险。对于基金 β 系数的确定方法与前面所介绍的组合 β 系数的确定方法相同。

例 5　基金投资组合收益与风险的考察。分析样本选取自 1999 年年底我国市场上公开发行的 22 只证券投资基金，并采用从 1999 年 7 月 2 日到 2000 年 10 月 20 日 22 只基金每周单位资产净值数据。各基金的基本情况如表 9-8 所示。

表 9-8　**基金投资收益率表**

基金名称	基金代码	R_p(%)	排序
基金安顺	500009	0.623	1
基金安信	500003	0.613	2
基金开元	4688	0.611	3
基金同益	4690	0.607	4
基金金泰	500001	0.518	5
基金裕阳	500006	0.495	6
基金裕隆	4692	0.477	7
基金普惠	4689	0.412	8
基金兴华	500008	0.405	9
基金汉盛	500005	0.296	10
基金泰和	500002	0.292	11
基金景宏	4691	0.224	12
市场平均		0.189	—

注：R_p 为基金在研究区间内经调整的平均周收益率

由表 9-8 可以看出，在该区间内，即使平均周收益率最低为 0.224% 的基金景宏(4691)，也大于市场的平均水平 0.189%，说明各家基金公司管理的有效性。

基金作为一个专家理财的工具，控制投资组合的风险是其基本职能。下面考察在研究期间各证券投资基金经调整的单位资产净值周收益率的标准差(见表 9-9 所示)，即基金的总风险。

由表 9-9 可以看出，12 只基金的标准差，即总风险均大于市场平均水平，不过，波动性较小的 5 只基金与市场水平相差不大。

表 9-9　**基金周收益率标准差计算表**

基金名称	基金代码	*SD*(%)	排序
基金普惠	4689	2.95	1
基金兴华	500008	3.06	2
基金景宏	4691	3.06	2
基金汉盛	500005	3.08	4
基金金泰	500001	3.09	5
基金裕隆	4692	3.27	6
基金泰和	500002	3.30	7
基金裕阳	500006	3.31	8
基金安信	500003	3.32	9
基金安顺	500009	3.33	10
基金开元	4688	3.48	11
基金同益	4690	3.81	12
市场平均		2.80	—

注：*SD* 为基金实际收益率的标准差。

采用线性回归的方法，即用市场平均收益率对证券投资基金的收益率做回归，所得到的回归系数就是所求的 β 值，其线性回归模型见式(9.17)。利用 SPSS 软件系统，先做证券投资基金周收益率与市场平均周收益率的散点图，由散点图可以看出它们之间存在明显的线性关系。于是分别做各基金的周收益率对市场平均周收益率水平的线性回归，计算得出的线性回归系数即为所求的 β 值，其计算结果如表 9-10 所示。

表 9-10 证券投资基金的 β 值计算表

基金名称	基金代码	α	β	排序	R	t	F	DW
基金同益	4690	0.470	0.727	1	0.533	4.84	23.46	2.55
基金兴华	500008	0.251	0.812	2	0.742	8.49	72.06	2.32
基金普惠	4689	0.255	0.826	3	0.783	9.67	93.51	2.36
基金金泰	500001	0.353	0.872	4	0.790	9.89	97.79	1.98
基金景宏	4691	0.553	0.888	5	0.811	10.67	113.74	2.22
基金汉盛	500005	0.124	0.906	6	0.823	11.12	123.54	2.62
基金安信	500003	0.440	0.915	7	0.770	9.26	85.80	2.05
基金泰和	500002	0.113	0.941	8	0.797	10.12	102.48	2.19
基金裕隆	4692	0.296	0.952	9	0.816	10.84	117.53	2.25
基金裕阳	500006	0.314	0.958	10	0.810	10.62	112.84	2.12
基金安顺	500009	0.438	0.977	11	0.821	11.04	121.96	2.23
基金开元	4688	0.417	1.023	12	0.823	11.14	124.02	2.04

注：α 为回归方程的常数项；β 为回归方程的线性回归系数，即系统风险系数 β 值；R 为相关系数；t 为 t 统计值，F 为 F 统计值，DW 为 DW 统计值。

从表 9-10 可以看出，各回归参数均比较合理：DW 值在 1.98～2.62 之间，说明模型基本不存在自相关；F 值除了同益基金较小外都大于 85，t 统计值除同益外基本在 10 左右，表明市场平均的周收益率对基金周收益率有较好的解释作用；相关系数大部分在 0.8 左右，说明方程拟合效果较好。利用回归方程计算得到的 β 值在一定程度上能代表基金的系统风险水平。

基金开元周收益率的波动幅度大于同期市场平均的波动幅度；泰和、裕隆、裕阳和安顺的 β 值非常接近于 1，则这 4 只基金的波动幅度与市场同期波动幅度大体一致；同益的 β 值最小，为 0.727，也就是说该基金周收益率的波动幅度是市场平均波动幅度的 72.7%。由此可见，这期间我国证券投资基金的波动幅度基本上与市场水平相当，或小于市场平均的波动幅度。

第三节 基金投资策略

一、投资政策

投资基金的投资政策是基金管理者投资于不同种类证券的原则性、方针性的措施,规范基金投资决策人和相关管理人行为的总则。各类投资基金为实现基金设立的宗旨,往往制定和实施不同的投资政策,选择其认为最能取得资金投资利益的证券组合及经营管理方式。

(一)投资政策的基本特征

基金管理公司所制定的投资政策的基本特征一般包括如下几个方面。

(1)证券组合的类型。一个投资基金所投资的证券是普通股、优先股和债券的平衡组合,或不完全组合。一般而言,由质量高的证券或平衡分配组成的基金,其目标比全部由普通股所组成的基金更注重收入和价格的稳定性。

(2)证券分散化的程度。基金的分散化程度由该基金所持证券的品种数,以及基金总值中不同品种分配的百分比来衡量。每只基金的具体分散化政策各不相同。如果基金目标是追求当期固定收入的稳定性,则其投资政策采取较大程度的多样化,而那些只单纯投资在一个种类的普通股票上或具有特殊要求的基金,其分散化程度是有限的。同时,投资的分散化还体现在证券投资组合质量的高低,只选择绩优证券还是只选择投机性证券,或是二者组合选择的程度,都反映了基金投资政策的分散化倾向。

(3)基金充分投资的程度。如果基金注重取得当期固定收入或追求高的资本增值,往往会把全部资产投资于股票市场,而有些基金则可能根据对金融市场前景的判断,经常在货币市场、债券市场和股票市场之间进行资本转移。

(4)证券组合质量。证券组合能否保证投资基金贯彻既定的投资政策,并达到基金的预定目标,是评价证券组合质量高低的依据。

(二)制定基金投资政策的依据

证券投资基金制定投资政策的具体依据是:

(1)根据宏观经济环境及其对证券市场的影响制定投资策略;

(2)根据货币政策的变化、利率的走势决定不同期限的国债占投资组合的比重;

(3)根据对行业及上市公司的调查研究确定具体投资股票的数量和金额;

(4)在《证券投资基金法》和有关政策、法规框架下确定投资组合。《证券投资基金法》第五十四条规定,开放式基金应当保持足够的现金或者政府债券以应付基金的赎回,比例由国务院证券监督管理机构具体规定;第五十八条规定,基金财产可用于上市交易的股票、债券以及国务院证券监督管理机构规定的其他证券品种;第五十九条对基金财产不得投资的活动也做出了明确的规定。

二、基金投资策略

(一) 国债投资的操作策略

分析资金情况和金融形势,改善投资配比,提高国债收益。具体有以下几种方法:

(1)提高直接收益率。直接收益率高的国债可使年度经常收入增加。

(2)提高到期收益率。持有国债直至期满,是基金管理成本最低的一种选择。

(3)高流动性。在基金组合中国债是重要的流动性因子,为了更灵活地应对市场,需要确定流动性水平。流动性选择在一定程度上侵蚀收益率。

(4)期限结构均衡调整。

债券市场的行情变化有三种情况:行情上升、下降和持平。当行情上升,即市场利率下降、价格上涨时,长期债价格上升幅度大,因此,投资配比结构应以长期债为主。当行情下降,即市场利率上升、价格下跌时,短期债价格上升幅度大,为积极利用行情的变化,提高债券的运用效率,债券的投资配比结构应以短期债为主。当行情出现持平,即利率预测不透明时,则可考虑选择以下两种配比结构:

(1)船舵型投资配比结构。将不同偿还期的债券做简单的等量持有,以求行情变动风险的平均化。

(2)杠铃型投资配比结构。将债券集中在短期债和长期债两侧,呈杠铃型。在行情动态清晰时可容易地将短期债和长期债平分秋色的配比结构,转化为以长期债为主的配比结构,或转化为以短期债为主的配比结构,从而在改善投资配比结构上具有较高的灵活性。

当基金需要短期资金时,基金经理人可以在国债流通市场上出售所持国债套现,还可在国债流通市场上做国债回购交易,实际上这是一种在国债流通市场的抵押贷款。目前我国国债回购市场上做回购交易的期限有3天(R003)、7天(R007)、14天(R014)、28天(R028)、63天(R063)、91天(R091)、182天(R182)和273天(R273),国债回购的利率随行就市波动。

(二) 股票投资的操作策略

证券市场的盈利模式有三种:长期投资、波段套利和资本运作。长期投资是指长期持有一只或者多只股票,以获取股息和红利为目的的投资方式。长期投资的盈利方式选择是有条件的，即投资者对市场做出稳定成长的长期预期。长期投资的风险主要来自于上市公司未来发展的不确定性和二级市场的股价波动。在我国证券市场上，国有股和法人股大量存在。非流通股的流通问题始终没有解决，存在股价中长期不断下跌的系统风险。在这种情况下长期持有股票的风险远大于未来的预期收益，因此长期投资的盈利模式需要谨慎斟酌。

波段套利是指在市场的波段底部区域逢低吸纳建仓，在市场的波段顶部逢高减仓获利了结，以获取波段收益的投资方式。波段套利的基础是二级市场股价保持周期性的波动运行特征。周期性波动的基本面基础是政策面的阶段性调整、行业发展的周期运行和上市公司基本面的盛衰演化。这些基本面因素的周期运行不以人的意志为转移，因而波段套利的盈利模式始终成立。从历史上看，我国证券市场的周期性运行特征十分明显，把握波段的底部区域逢低逐步建仓，把握顶部区域逢高获利了结，是波段套利获得成功的关键性因素。

资本运作是指一方面在二级市场上逢低吸纳建仓，另一方面通过资产重组等方式改变上市公司的基本面情况。由于上市公司业绩的提升，二级市场股价随之上扬，投资者因此获得超额收益。资本运作盈利战略成功的关键在于，二级市场吸纳建仓时，必须选择长期超跌的股票，资产重组可能使上市公司具备长期持续稳定的盈利能力。

通过以上分析可以看出，通常在实战操作上采取波段套利的操作方式回避市场的系统风险，在上升波段中寻求资本运作的可能性以达到利润最大化的目的。

三、基金管理中投资组合策略的有效性

有效市场理论认为，在证券市场上，投资者出于获取预期收益的目的，将自己拥有的部分财富用来购买证券，在选择证券组合时，投资者往往依赖于所获信息，形成对投资收益和风险的预期，然后结合自己的偏好做出投资决策。当证券市场上所有投资者都能及时获得有用的信息，并立即做出反应时，证券价格就能真实体现公司股票价值，引导有限的资金流向效益好的企业，实现资源优化配置和股东财富最大化目标。这样的证券市场是完善的、有效率的。

为判断现实中证券市场的有效性，美国芝加哥大学财务学教授法玛(Fama)，在1971年提出了有效市场假说："如果有用的信息能够立即地、无偏见地在证券价格上得到反映，那么可以认为市场是有效的。"他根据证券价格所反映市场信息的程度，把市场分成三个层次：弱势有效市场、半强势有效市场和强势有效市场。实证分析表明规范完善的美国纽约证券市场是典型的半强势有效市场，但依旧有许多投资者通过分析股票价格的走势获得超常回报。

如果市场是有效的,消极型管理策略是有效的。根据强势和半强势有效市场理论,股票市场的"随机游走"性决定了投资组合管理者不具备确定投资时点的能力,他们不能预测买卖证券的最佳时机,因此不能从积极型投资策略中获利。最佳投资策略是确定某种投资比例,并采取消极型投资策略。

不同基金经理对证券市场的有效性的不同看法,导致了他们施行不同的投资策略,主要区分为消极管理型和积极管理型两种模式。

(一)消极管理型基金的特征与运作

消极管理型基金管理人认为证券市场是有效率的,在现有信息基础上,每种证券的价格已得到公平定价。即使证券市场存在无效,可以通过技术分析之类的方法挑选出定价失当的证券,但是,寻找这些定价失当证券的过程和所花费的代价很高,超出能够从这些证券得到的利润。因此,在有效市场条件下,他们认为任何企图获得超过市场平均收益的举动都是徒劳的,最明智的做法是持有与市场组合相似的证券组合,赢得与市场一样的收益。持有市场组合的替代组合品种是他们的组合策略。通常的做法是建立指数基金(Index Fund)。这种基金根据一个反映证券市场平均收益和平均风险水平的价格指数构建证券组合,组合的成分和权重与市场价格指数相似。1976年以后,指数化策略在美国获得了很多投资者的青睐。许多基金公司选择标准普尔500作为参照指数,到1999年,标准普尔500组合的资产规模达到7 000亿美元。

消极管理型基金的特征是证券组合比较分散,持有的证券一般长期稳定,交易成本较低,由于不需要委托证券分析人员进行证券分析,管理费用很低。在通常情况下,基金管理人一般保持稳健的投资风格,不会轻易进行超出他们所设定的业绩基准的尝试;只有客户的偏好发生了改变,或者无风险利率发生了改变,或者对基准业绩组合风险和回报的市场趋同预测发生了改变时,才会对总体证券组合进行调整。

(二)积极管理型基金的特征与运作

1. 对积极管理型基金的一般分析

实行积极管理模式的基金经理认为市场不是有效的,随时可能出现定价不当的证券。比如影响证券价格的信息不可能完全公开,一些内幕信息只能由少部分内部人操纵;影响证券价格的信息在传播的过程中,不能及时到达每一个投资者手中;信息不能被市场中每一位投资者无偏差地完全解读;投资者由于对某一信息理解不同,从而采取不同的投资行动,这些都将破坏证券的供求关系,证券价格必然处在不适当的水平。

持积极管理态度的基金管理人委托证券分析师,收集和分析证券信息,发掘那些有可能导致证券价格发生变化,但尚未被广大投资者解读的信息,作为投资决策的依据。他们收集各种证券信息,利用各种技术分析工具,挖掘众多公开信息背后隐藏的有价值信息,寻找定价不当的证券,买卖证券,调整证券组合,实现超常利润。在所有基金中,除指数基金外,其他基金都实行不同程度的积极管理策略。比如,价值型基金投资于市场价值低于账面价值的股票,积极成长型和成长型基金关注那些有巨大发展潜质的公司股票。积极管理型基金随着宏观经济的状况、证券市场的整体走势和投资机会的变化,不断改变投资组合,其特征表现为成分变动频繁,证券的持有时间较短,交易成本高,风险大。虽然基金的历史表明,积极管理型基金平均收益会大于消极管理型基金,但其收益的稳定性不如消极管理型基金,风险也很大,往往在"牛市"表现很好,在"熊市"中败得很惨。

2. 建立积极组合管理的理论方法——Treynor-Black 模型

人们通过分析和挖掘证券市场的"优良股"并把它们构造成投资组合,以获得期望报酬率,与此同时,这一投资组合将会有较大的非系统风险。Treynor-Black 提供了一种建立积极组合的方法,并使系统风险降至最低。其模型的设计思想和推导关系如下:

第一步:估计 α_i、β_i 和 $\sigma_{\varepsilon i}^2$

用时间数列横截面分析方法(Time-Series and Cross-Sectional Analysis)确定回归方程参数:

$$E(R_i)=\alpha_i+R_f+\beta_i[E(R_m)-R_f] \tag{9.18}$$

$$R_{it}-R_f=\alpha_i+\beta_i(R_{mt}-R_f)+\varepsilon_{it} \tag{9.19}$$

其中:R_{it} 表示股票 i 在 t 期的报酬率;R_{mt} 表示市场指数组合 m 在 t 期的报酬率;α_i 表示股票 i 的期望额外报酬率,它是股票 i 的期望报酬率($E(R_i)$)超出经风险调整后的期望报酬($R_f+\beta_i(E(R_m)-R_f)$)的差额;ε_{it} 表示股票 i 的额外报酬率(残值报酬率),它的方差 $\sigma_{\varepsilon i}^2$ 是股票 i 的非系统性风险。这里,Treynor-Black 假设所有股票的残余报酬率都不相关,即 $\mathrm{Cov}(\varepsilon_{it},\varepsilon_{jt})=0, i\neq j$。

第二步:建立积极组合

利用公式(9.20)所估计出的参数,建立积极组合,使非系统风险降至最低。

极小化组合的非系统风险:

$$\sigma_{\varepsilon p}^2=\sum_{i=1}^{n}w_i^2\sigma_{\varepsilon i}^2 \tag{9.20}$$

其中:w_i 表示投资于股票 i 的权数。

限制条件是组合的目标超额报酬率:

$$\alpha_p = \sum_{i=1}^{n} w_i \alpha_i \tag{9.21}$$

利用 Lagrangian 函数求得：

$$L = \sum_{i=1}^{n} w_i^2 \sigma_{\varepsilon i}^2 - 2\lambda\left(\sum_{i=1}^{n} w_i \alpha_i - \alpha_p\right) \tag{9.22}$$

对 w_i 求微分得：

$$w_i = \lambda \alpha_i / \sigma_{\varepsilon i}^2 \tag{9.23}$$

将式(9.23) 带入式(9.20) 和式(9.21) 得：

$$\sigma_{\varepsilon p}^2 = \lambda^2 \sum_{i=1}^{n} \alpha_i^2 / \sigma_{\varepsilon i}^2 \tag{9.24}$$

$$\alpha_p = \lambda \sum_{i=1}^{n} \alpha_i^2 / \sigma_{\varepsilon i}^2 \tag{9.25}$$

从式(9.24) 和式(9.25) 可知：

$$\lambda = \sigma_{\varepsilon p}^2 / \alpha_p \tag{9.26}$$

所以：

$$w_i = \frac{\alpha_i / \sigma_{\varepsilon i}^2}{\alpha_p / \sigma_{\varepsilon p}^2}$$

调整权数得：

$$X_i = w_i \Big/ \sum_{i=1}^{n} w_i = \frac{\alpha_i / \sigma_{\varepsilon i}^2}{\sum_{i=1}^{n} \alpha_i / \sigma_{\varepsilon i}^2} \quad \left(\sum_{i=1}^{n} X_i = 1\right) \tag{9.27}$$

其中：X_i 表示建立积极组合的最佳权数，按照 X_i 所建立的积极组合，将会使组合的非系统风险降到最低。投资于该投资组合的股票权数是由 α_i 对 $\sigma_{\varepsilon i}^2$ 的比例所决定的。比率($\alpha_i / \sigma_{\varepsilon i}^2$) 越大的股票，在组合中所占的比重越大。$\alpha_i / \sigma_{\varepsilon i}^2$ 表示在每单位非系统风险下，股票 i 所贡献给组合的超额报酬率，贡献越大，在组合中所占的比重也就越大。

第三步：确定积极组合的期望报酬率

根据式(9.27) 建立的积极组合的期望超额报酬率(α_A) 为：

$$\alpha_A = \sum_{i=1}^{n} X_i \alpha_i \tag{9.28}$$

积极组合 A 的期望报酬率为：

$$E(R_A) = \alpha_A + R_f + \beta_A [E(R_m) - R_f] \tag{9.29}$$

其中：β_A 表示积极组合 A 的系统性风险；α_A 表示积极组合 A 的超额报酬率。

例 6 某投资分析员对部分股票进行考察，相关资料如表 9-11 所示：

表 9-11

股票	α_i	$\sigma_{\varepsilon i}^2$	β_i	σ_i^2
1	10%	20%	2.0	0.56
2	6%	15%	1.5	0.35
3	−3%	10%	1.0	0.19

该分析员预测市场指数组合和无风险利率资料如下：

$E(R_m) = 15\%, R_f = 5\%, \sigma_m = 30\%$

假设该积极组合与市场组合的相关系数为 $\rho = 0.90$。

(1) 试根据 Treynor-Black 方法建立一积极组合；

(2) 确定该积极组合的超额报酬率 α_A；

(3) 确定该积极组合的系统风险 β_A；

(4) 确定该积极组合的期望报酬率 $E(R_A)$ 及变异系数 σ_A^2。

解：利用公式 $X_i = w_i \Big/ \sum_{i=1}^{n} w_i = \dfrac{\alpha_i/\sigma_{\varepsilon i}^2}{\sum_{i=1}^{n} \alpha_i/\sigma_{\varepsilon i}^2} \left(\sum_{i=1}^{n} X_i = 1\right)$，见公式(9.27)，得表 9-12。

表 9-12

股票	$\alpha_i/\sigma_{\varepsilon i}^2$	X_i
1	$0.10/0.20 = 0.50$	$0.5/0.6 = 83.33\%$
2	$0.06/0.15 = 0.40$	$0.4/0.6 = 66.67\%$
3	$-0.03/0.10 = -0.30$	$-0.3/0.6 = -50\%$
	$\sum_{i=1}^{n} \alpha_i/\sigma_{\varepsilon i}^2 = 0.6$	1

(1) 积极组合构造如下：83.33% 投资于股票 1；66.67% 投资于股票 2；卖空股票 3，卖空比例为总资产的 50%。

(2) $\alpha_A = \sum_{i=1}^{3} X_i\alpha_i = 0.8333 \times 0.10 + 0.6667 \times 0.06 + (-0.50) \times (-0.03) = 13.83\%$

(3) $\beta_A = \sum_{i=1}^{3} X_i\beta_i = 0.8333 \times 2 + 0.6667 \times 1.5 + (-0.50) \times 1 = 2.17$

(4) 已知 $Cov(R_1,R_2)=0.85\%$； $Cov(R_1,R_3)=0.95\%$；

$Cov(R_2,R_3)=0.75\%$

$$E(R_A)=\alpha_A+R_f+\beta_A[E(R_m)-R_f]$$
$$=0.138\,3+0.05+2.17\times(0.15-0.05)=40.53\%$$

$$\sigma_A^2=0.56+0.35+0.19+2\times0.833\,3\times0.666\,7\times0.85+2\times0.833\,3\times(-0.5)\times0.95+2\times0.666\,7\times(-0.50)\times0.75$$
$$=75.29\%$$

$$\sigma_A=86.77\%$$

我国目前的封闭式基金大部分属于成长型，实行积极管理，只有少数几家指数类基金采取消极管理模式运营，见表 9-1。这从一个侧面反映了我国证券市场的非效率性。但从我国基金的业绩来看，并没有表现出积极管理型基金好于消极管理型基金的倾向。从 1998 年我国的新基金设立至今，大部分基金除在 2000 年能够跑赢股市大盘外，其余年份大多低于股市的平均收益率。表 9-13 列出了我国封闭式基金截至 2004 年 1 月的基金资产净值。从表中可以看出，整体上所有基金的净值缩水近 1/3，代表消极管理基金的普丰、兴和、天元的折价率分别为 40.56%、29.87% 和 34.28%，接近于平均折价率 34.85%。我们可以得出一个简单的结论，在我国，管理模式的不同不会导致基金业绩的巨大差异。

表 9-13　　**我国封闭式基金截至 2004 年 1 月的基金资产净值**

序号	代码	基金名称	规模	单位净值	当前价格	价值差	已分配利润	累计净值	折价率
1	184688	基金开元	20	1.190 2	0.883 0	0.307 2	0.849	2.039 2	34.79%
2	500001	基金金泰	20	1.106 3	0.800 0	0.306 3	0.68	1.786 3	38.29%
3	500008	基金兴华	20	1.389 8	1.116 0	0.273 8	0.904	2.293 8	24.53%
4	500003	基金安信	20	1.141 5	0.850 0	0.291 5	1.167	2.308 5	34.29%
5	500006	基金裕阳	20	1.155 9	0.864 0	0.291 9	0.903	2.058 9	33.78%
6	184689	基金普惠	20	1.134 7	0.806 0	0.328 7	0.662	1.796 7	40.78%
7	500002	基金泰和	20	1.149 1	0.866 0	0.283 1	0.525	1.674 1	32.69%
8	184690	基金同益	20	1.188 4	0.878 0	0.310 4	0.814	2.002 4	35.35%
9	184691	基金景宏	20	0.959 4	0.671 0	0.288 4	0.47	1.429 4	42.98%
10	500005	基金汉盛	20	1.104 9	0.786 0	0.318 9	0.483	1.587 9	40.57%

续表

序号	代码	基金名称	规模	单位净值	当前价格	价值差	已分配利润	累计净值	折价率
11	500009	基金安顺	30	1.141 9	0.833 0	0.308 9	0.465	1.606 9	37.08%
12	184692	基金裕隆	30	1.149 1	0.832 0	0.317 1	0.389	1.538 1	38.11%
13	184693	基金普丰	30	1.045 8	0.744 0	0.301 8	0.281	1.326 8	40.56%
14	500018	基金兴和	30	1.220 8	0.940 0	0.280 8	0.327	1.547 8	29.87%
15	184698	基金天元	30	1.246 1	0.928 0	0.318 1	0.325	1.571 1	34.28%
16	500016	基金裕元	15	1.267 6	0.968 0	0.299 6	0.4	1.667 6	30.95%
17	500011	基金金鑫	30	1.123 2	0.801 4	0.321 8	0.272	1.395 2	40.15%
18	184699	基金同盛	30	1.101 8	0.786 0	0.315 8	0.292 5	1.394 3	40.18%
19	184696	基金裕华	5	1.197 9	0.903 0	0.294 9	0.089 3	1.287 2	32.66%
20	500007	基金景阳	10	1.137 6	0.837 0	0.300 6	0.293	1.430 6	35.91%
21	184695	基金景博	10	1.044 8	0.758 0	0.286 8	0.258	1.302 8	37.84%
22	184701	基金景福	30	1.048 0	0.738 0	0.310 0	0.164	1.212	42.01%
23	500015	基金汉兴	30	0.996 9	0.708 0	0.288 9	0.17	1.1669	40.81%
24	184702	基金同智	5	1.094 8	0.819 0	0.275 8	0.102 9	1.197 7	33.68%
25	184705	基金裕泽	5	1.168 6	0.931 0	0.237 6	0.11	1.278 6	25.52%
26	500010	基金金元	5	1.028 6	0.778 0	0.250 6	0.031	1.059 6	32.21%
27	184708	基金兴科	5	1.229 2	0.966 0	0.263 2	0.048	1.277 2	27.25%
28	184703	基金金盛	5	1.179 8	0.887 0	0.292 8	0.074	1.253 8	33.01%
29	500021	基金金鼎	5	1.038 6	0.769 0	0.269 6	0.034	1.072 6	35.06%
30	500017	基金景业	5	0.930 0	0.693 0	0.237 0	0	0.93	34.20%
31	500025	基金汉鼎	5	0.941 7	0.711 0	0.230 7	0.006	0.947 7	32.45%
32	184709	基金安久	5	0.993 5	0.744 0	0.249 5	0	0.993 5	33.53%
33	500035	基金汉博	5	0.996 3	0.723 0	0.273 3	0.01	1.006 3	37.80%
34	500013	基金安瑞	5	0.988 7	0.747 0	0.241 7	0.07	1.058 7	32.36%

续表

序号	代码	基金名称	规模	单位净值	当前价格	价值差	已分配利润	累计净值	折价率
35	184718	基金兴安	5	1.124 5	0.841 0	0.283 5	0.006	1.130 5	33.71%
36	184706	基金天华	25	0.972 4	0.683 0	0.289 4	0	0.972 4	42.37%
37	184710	基金隆元	5	0.982 1	0.754 0	0.228 1	0	0.982 1	30.25%
38	500019	基金普润	5	1.009 5	0.736 0	0.273 5	0	1.009 5	37.16%
39	500028	基金兴业	5	0.963 6	0.758 0	0.205 6	0	0.963 6	27.12%
40	500039	基金同德	5	1.093 2	0.819 0	0.274 2	0	1.093 2	33.48%
41	184711	基金普华	5	0.921 1	0.699 0	0.222 1	0	0.921 1	31.77%
42	500029	基金科讯	8	1.222 7	0.941 0	0.281 7	0	1.222 7	29.94%
43	184712	基金科汇	8	1.304 1	1.009 0	0.295 1	0.001 5	1.305 6	29.25%
44	184713	基金科翔	8	1.303 6	1.028 0	0.275 6	0	1.303 6	26.81%
45	184738	基金通宝	5	0.985 4	0.707 0	0.278 4	0	0.985 4	39.38%
46	184700	基金鸿飞	5	1.116 2	0.824 0	0.292 2	0.02	1.136 2	35.46%
47	500038	基金通乾	20	1.118 3	0.787 0	0.331 3	0.03	1.148 3	42.10%
48	184728	基金鸿阳	20	1.045 3	0.726 0	0.319 3	0.021 5	1.066 8	43.98%
49	184720	基金久富	5	1.094 4	0.801 0	0.293 4	0	1.094 4	36.63%
50	500056	基金科瑞	30	1.222 1	0.916 0	0.306 1	0.012	1.234 1	33.42%
51	184721	基金丰和	30	1.125 1	0.820 0	0.305 1	0.015	1.140 1	37.21%
52	184719	基金融鑫	8	1.415 6	1.069 0	0.346 6	0	1.415 6	32.42%
53	184722	基金久嘉	20	1.171 5	0.838 0	0.333 5	0	1.171 5	39.80%
54	500058	基金银丰	30	1.194 0	0.962 0	0.232 0	0	1.194	24.12%
							折价率平均值		34.85%

【本章小结】

1. 投资基金是将大众手中的零散资金集中起来，委托具有专业知识和投资经验的专家进行管理和运作。集规模经济效益、多元化投资效益和专业化经营效益于一身。

2. 投资基金种类繁多，从组织形态看，有契约型基金和公司型基金；从变现方式上看，有封闭式基金和开放式基金；按投资标的划分，投资基金可分为债券基金、股票基金、货币基金、黄金基金、认股权证基金等；从投资目标看，有成长型基金、收入型基金与平衡型基金。

3. 证券投资基金的收益即基金投资组合收益的确定方法有：简单收益率法，时间权重收益率法。

计算时间权重收益率有两种方法：一是综合法；二是指数法。二者着重强调再投资的时间点。

4. 衡量证券投资基金收益率的指标有：(1) 累计单位资产净值；(2) 单位资产累计增长率；(3) 平均收益率；(4) 内部平均收益率。

5. 投资基金风险主要有市场风险、财务风险、利率风险、管理风险、购买力风险、国际政治风险和外汇风险。证券投资基金与股票、债券等投资方式相比，其风险又有自身的特点。

6. 证券投资基金的风险分为总风险、系统风险和非系统风险。

7. 市场的有效性程度以及基金经理对证券市场有效性的不同看法决定了基金公司投资策略的选择，主要分为消极管理型和积极管理型两种模式。

【思考与练习】

1. 投资基金有哪些特点?它在资本市场发展中所起的作用和意义何在?

2. 投资基金有哪些不同的分类?你如何理解指数基金?

3. 开放式基金的交易机制是什么?

4. 总结和考察基金公司的投资策略类型。

5. 试述市场有效性与基金公司经营战略选择间的关系。

6. 假如某投资者长期观察 10 家基金公司管理的 20 只基金，他发现其中有 11 只基金始终处于 20 只基金排名的前半部，据此，他认为这些基金经理是有才能的，他决定投资这些基金，你如何评价这种观点?

7. 某基金公司的开放式基金的申购费率为 1.6%(一次申购金额为 1 万 ～ 1 000万元，不含 1 000 万元) 和 1.3%(一次申购金额为 1 000 万元以上)，赎回费率统一为 0.5%。某投资者投资 5 万元申购该公司发行的开放式基金，假如申购当日基金资产净值为 1.028 8，该投资者可申购多少基金单位?过了一个阶段，该投资者希望赎回他所购买的该基金，假设赎回当日基金资产净值是1.100 6，他可赎回的金额是多少?

8. 某投资者在 1 月 1 日以 25 元 / 股的价格购买了 1 000 股 G 股。4 月 30 日，该投资者得到股息 1.5 元 / 股，这时，G 股价格为 28 元 / 股。8 月 30 日公司决定以2股换3股的比例进行股票分割，这时，股票的市场价格为30元/股。12月31日，公司股票价格为23元/股。请用指标法和几何平均法计算时间权重收益率。

9. A、B两家公司资料如表9-14所示：

表9-14 单位：百万元

	A公司		B公司	
时期(年)	盈余	股利	盈余	股利
1	1	0	10	5
2	1.2	0	10.5	5
3	1.6	0	9	5
4	1.7	0	10	5

哪个公司属于成长型公司?计算两个公司的年收益率、股利收益率和公司股价。

10. 某投资者用1万元购买一只开放式基金，需付2%的手续费等，在购买后的2年中，该基金的收益率为10%，如果投资者持有该基金1年或2年，他的收益率分别为多少?你认为投资者购买基金与购买股票相比，哪种投资品种更易于投机?哪种投资品种更倾向于长期持有?

第十章　证券投资分析

【学习目标】

本章讨论证券投资分析的基本方法，研究影响股票价格的宏、微观因素，并指出如何应用分析技术确定交易策略。通过学习，要求同学们理解证券投资分析的基本思路；掌握证券投资分析的基本技术与技巧；能够运用证券投资分析的方法指导投资决策。

基础分析是根据基本的经济变量确定证券固有值的一种证券分析方法。固有值一般不同于市价，比较它们可以估计错误定价的现时水平。因此，基础分析要研究使价格变动的各种变量包括利率、国内总产值、政府的财政和货币政策等，并且要预测经济的变化及其对股票市场、特定行业和公司的影响，最后转而对市场、行业和公司的回报进行预测。基础分析的顺序是先分析宏观整体经济，其次是行业，最后是公司。

第一节　宏观经济分析

宏观经济分析是分析整体经济和证券市场之间的关系，它们之间有很强的联系。已知股票的价格反映了公司的管理和经营水平，而公司受经济状况影响。在经济繁荣时期，大多数股票价格随经济趋势上升；在经济衰退时期，可能有许多股票的价格下跌，因此，股票市场会随经济趋势变化，投资者投资时不能完全违反市场的趋势。

一般地说，宏观经济指的是一国的经济总体情况，在这里主要指影响股票价格的各项宏观经济因素。由于在一个充分开放的经济中，股价会受美国、欧洲、日本等主要经济体的影响，例如我国股价还会受世界经济变化的影响，特别是受美国经济周期状况的影响。典型的事例是，2001 年 9 月 11 日美国纽约国际贸易中心受到恐怖主义分子劫持的飞机撞击后倒塌的消息传开后，美国纽约证券交易所马上停止营业，这是自第二次世界大战以来，华尔街股市首次全天停止交易。

为了减少损失，欧洲的主要证券交易所相应停盘，在随后开市的亚洲股市中则是一片跌势，其中香港恒生指数一度下挫1 247.12点，日经指数到闭市时跌68 285点，17年来首次跌破10 000点，报收9 610.10点。

一、宏观经济指标对股市的影响

一国经济形式的变化主要通过各类指标反映出来，反映经济变化的主要指标有国民生产总值、社会固定资产投资增长率、居民收入增长率、失业率、通货膨胀率、利率、汇率、国际收支等。以下就各类指标与股市关系进行分析。

（一）国民生产总值

国民生产总值是一国在一定时期内所生产的最终产品的货币总价值。为剔除通货膨胀的因素，通常用不变价格指数进行调整，以便反映经济增长的实际状况，最简单的计算方法是国民生产总值增长率减去通货膨胀率即为实际经济增长率。如国民生产总值增长率为10%，通胀率为3%，实际经济增长率为7%。国民生产总值的增减是反映经济周期变化的主要指标。如用图表显示，国民生产总值变化曲线有高峰、低谷及两者之间的上升、下跌曲线，所对应的经济周期则为萧条（低谷点）、扩张（上升曲线）、繁荣（高峰点）及衰退（下降曲线）4个阶段。由于种种原因，国民生产总值变化曲线形式多样，从而导致经济周期各个阶段持续时间及周期长短不一，由此对股市周期波动也产生了错综复杂的影响。

一般而言，国民生产总值持续上升是股市稳步上升的重要基础，但对此要做具体分析。如国民生产总值增长是建立在低通胀基础上，这一表现更为显著，因为：

(1) 企业的经营环境良好，市场放开，投资增加，利润不断上升，给予投资者回报丰厚，股票投资价值必然提高，股价上扬有坚实基础。

(2) 经济发展使企业居民收入提高，满足基本消费需要后的投资资金增多，从而扩大了证券市场的投资需求，推动股价上涨。

(3) 经济形势转好增强了投资者信心，由于对未来经济发展有良好的预期也加速了潜在投资需求向现实投资需求的转化。

若国民生产总值增长同时伴随高通胀，则对股价产生负面作用。衡量国民生产总值增长不能用名义增长率，而要用实际增长率，只有扣除通胀率才不会被名义增长率所迷惑。前几年一直困惑投资者的问题是：1993～1995年，我国国民生产总值每年以15%～17%的速度增长，但股市却一路走熊，表面看似乎与经济状况不协调，然而考虑当时高通胀率（13%以上）因素，就不足为奇了，因为实际增长率很低，股市当然难以走牛。为什么高通胀、高增长不利于股市上涨呢？因为高通胀使企业经营环境恶化，居民实际收入降低，高通胀会招致紧缩的经济政策，这些都导致股市下跌。此外，这种状况出现又使人们对未来经济形成不良预期，更加速了股市的下跌。

低通胀条件下的国民生产总值减速增长，既有促进股市上涨的一面，也有不利股市的一面。通过经济政策调控，过热经济得到抑制，通胀率大大降低，经济增长率也逐步下降。在初期，积压存货仍很高，市场消化也有一个过程，企业利润受到影响。根据菲利浦斯曲线，低通胀导致失业率提高、人们收入减少、设备资源闲置、减弱了投资需求等，所有这些，均不利于股市上扬。在中后期，积压存货逐步消化，通过投资结构、产业结构、市场结构的调整，企业经营状况逐步改善，就业率提高，使人们的收入逐步增多，这又促进股市走出低谷，平稳整理后而逐步回升，特别重要的是，在这一阶段经济矛盾更多表现在经济萎缩方面，政府也会采取各种政策给予刺激。这些先行指标使人们再次对经济产生良好预期心理，增强了股市投资的信心。此外，经济增长从减速转到平稳，新的经济增长点不明朗，人们实业投资热情还不高，松动货币政策所形成的增量资金（游资）会先渗透到股市中来，使股市资金较为宽松，从而逐步推动股价上扬。

国民生产总值由增长转为负增长，或由负增长转为增长的转折点对股市的影响最大。当经济增长向下转折时，表明经济状况出现恶化，股市必然会作出反应，此后形成中长期下跌趋势，即进入熊市；反之，当经济逐步复苏，经济出现转好的信号，股市由跌转涨，进入牛市。

上述分析表明经济好坏决定股价盛衰，把握住经济周期循环节奏，才能找出股市涨跌的大周期。

（二）社会固定资产投资增长率

社会固定资产投资可从静态与动态两个方面考察。静态考察是指固定资产投资额占国民生产总值的比重，其预先提示经济增长潜力，当然这一比率过高也不合适。动态地考察更有意义，社会固定资产投资增长率逐步提高，表明经济开始增长，股指将作出反应，逐步向好。一方面投资增长，将使企业利润来源扩大，有利于股票升值；另一方面投资增长，交叉形成的暂时未用的闲置资金增多，不时会有游资介入股市。社会固定资产投资增长率逐步回落，表明经济增长已从高峰拐头，企业利润将滑坡，股市会预先作出反应，所以投资要谨慎。当然，社会固定资产投资增长率的变化与股市并不发生直接相关关系，因为投资还有一个效益问题。无效投资过多，不仅不能促进经济增长，反而会导致资源的浪费，由此对股市产生消极效应。再有，投资有产业地区的倾斜，这对不同行业不同区域的股票价格也会受到不同影响。投资重点一般放在基础产业、基础设施、必需品产业、主导产业及新兴产业等方面。通常，这类产业股票价格走势较稳健、坚挺。

（三）失业率

失业率高低是反映经济萧条还是繁荣的重要信号，萧条时期失业率通常较高；反之，繁荣时期失业率很低。失业率逐步提高或逐步下降则是经济衰退与扩张的信号。

失业率高低通过如下机制对股市产生影响。失业率很高，表明企业资源未充分利用，积压存货过多，利润大幅下降，股票价值受到影响；同时，失业率提高导致居民收入下降，也使证券投资需求大大减弱；更重要的是，失业率过高使人们更容易对未来经济预期产生悲观情绪，进一步减弱投资需求。相反，失业率逐步下降，表明经济复苏，社会资源得到充分利用，企业市场打开，利润提高，有利于公司股票升值；再有，人们收入提高又增加了证券投资比重，再从供求角度推动股价上扬。

（四）通货膨胀

通货膨胀为现代经济生活中一个较为复杂的经济现象，其对股市的影响错综复杂。

通货膨胀导致收入和财富的再分配，物价指数上涨，形成相对价格扭曲及经济增长率失真。通胀对股市影响可从以下几个层面加以探讨。

先分析其对股市的总体影响。温和通胀对股价影响很小，基本上可忽略，在某种程度上，它还对股市有积极影响。因为温和通胀可使企业名义资产增值，导致股价上扬，同时温和通胀必然伴随经济增长，人们对未来经济预期较乐观，也会推动股价上扬。

当严重通胀出现后，情况就有所不同了。严重通胀会导致资金成本（利率）、原材料、设备劳动力成本提高、企业利润受到影响，股价随之下跌；另外，企业未来经营状况不稳定，利润增长，股息分配也不确定，由此，风险预期的成分扩大，再加上货币迅速贬值，人们更多囤积商品，购买房屋以求保值，从而分流了股市的资金，导致股价下跌。

严重通胀必然招致政府的干预。随紧缩政策的实施，投资消费需求的压缩使企业经营困难重重，导致股票贬值，货币供给量减少，利率提高又削减了入市资金。

严重通胀又通过经济结构变化影响股市。各类商品价格上扬并不是同步的，因此不同企业所受影响不完全一致，有些企业利益严重受损（如部分加工业），有些则获得好处（如生产紧缺原料的产业）。反映到股市，前类企业股票必然下跌，后类企业股票则上扬。当然通胀延续并进一步恶化时，所有股票都会受到影响。

归纳起来，通胀对股市的影响机制是：通胀初期，股指逐步回升，趋势向上，持续通胀开始对股市产生负面效应，直到恶性通胀，股价由涨到跌，最后导致狂跌。

（五）利率

与上述经济参数相比，利率对股市的影响更为直接，其通过如下机制产生作用。

利率下跌，使企业资金使用成本下降与利润率上升。公司业绩转好提高了股票价值，促进股价上扬，对负债比重较高的企业尤其有好处。利率下跌，使股票投资机会成本降低，由此，必然使部分资金从银行、债券中流出而进入股市以追求更高利润。股市供不应求，进一步刺激股价上扬。

利率的上涨则产生了与此相反的效应。

除了利率之外，准备金比率、贴现率等衍生参数对股市也有相似的影响。当降低存款准备金比率时，商业银行可用的资金增加，贷款能力随之扩大，市场货币供给量增加，这可促进经济发展，又可使部分资金流入股市，从而推动股价上涨；反之相反。贴现率提高将限制商业银行向中央银行贴现，银根抽紧将不利于游资进入股市，导致股价下跌；反之相反。

（六）居民收入增长

通常，在经济繁荣时期，企业发展、利润增加、居民收入提高很快。若无严重通胀，居民名义收入“水分”则不多，从而有充足资金介入股市；反之，居民收入降低，则限制入市资金。

（七）国际收支平衡状况及汇率变化

国际收支平衡状况与汇率变化对股市的影响较为复杂。对那些以国内需求为主、本币未自由兑换、资本项目未开放的内向型经济国家来说，国际收支状况对股市的影响较小；反之，所受的影响很大。东南亚金融危机已说明这一点。

一般而言，汇率（这里为单位外币的本币标值）上升，本币贬值，会引起通胀，一旦达到恶化地步不利于股市上扬。同时汇率上升又引起资本外流，资金的流失将减弱本国股票的投资需求，也导致股价下跌。再有，政府为抑制汇率上升，将抛售外汇，从而减少本币供应量，它又是引起股价下跌的因素。

如果汇率下跌，本币升值则对股市产生相反效应，导致股价上涨。

从行业结构角度考察，汇率的变化对不同企业影响不一，若汇率上升，有利于出口竞争，出口型企业将得利，使这类企业股价上扬；相反，依赖进口企业成本增加，其股价下跌。

国际收支平衡对经济发展十分重要，也有利于股价向好；反之，无论是顺差，还是逆差，都会对股市产生不利影响。正因为国际收支影响的因素如此错综复杂，调节的手段也多种多样，所以对股市的影响是多方面的。

外汇储备的抛出与增加，也是调节手段之一，抛出外汇，减少本国资金，本币的紧缩必然形成股市下跌;反之,增加外汇储备,产生相反效应。

二、宏观经济政策对股市的影响

现代经济是市场机制与政府调节机制相结合的经济,政府在经济生活中的作用日益显现。政府对经济的影响主要是通过经济政策实现的。如前所述,由于政策的影响,经济周期变化更为错综复杂,同时,因政策具有超前性作用,往往又成为反映经济周期变化的先行信号。

与股市相关的经济政策可分为两个层面:一是宏观经济总体政策,其对股市的影响是间接的;二是有关股市规范与发展的具体政策,其对股市的影响是直接的。

宏观经济政策主要包括财政政策、货币政策、收入政策及产业政策。宏观经济政策对股市的影响,主要反映在总量及结构两个层面。

(一)财政政策

财政政策主要通过财政税收、财政支出及预算收支平衡等手段影响经济。

财政政策的松动与紧缩对经济总量变化影响极大。一方面其本身引起经济周期波动,从而对股市产生影响;另一方面其作为调节工具又具有反周期特征,其超前效应,使得股市对其反应更灵敏。

松动的财政政策有利于股市上涨。降低税率、减少税种、扩大减免税范围是松动财政政策的主要内容,这可刺激企业投资、降低经营成本、增加企业利润、提高公司股票价值。同时,降低证券投资印花税、所得税,可使证券交易成本降低,刺激股市交投活跃,推动股价上扬。扩大财政支出是松动财政政策的又一内容,它包括增加政府购买与公共支出。政府直接投资,将带动企业投资,扩大企业产品销路,提高企业利润,从而使股票升值;同时,通过贴息、补贴,也可提高企业与居民收入,促进更多资金流入股市,促进股价上涨。

紧缩财政政策的基本特征是提高税率、扩大税种、缩小减免税范围、降低财政支出、减少财政补贴、大量发行国债等,其对股市产生相反影响,即导致股价下跌。

财政政策作用机制较灵活,其可从财政收入与支出两方面同时入手,做到松紧搭配。其对股市影响还是要看松紧哪一方占优势,松的一方占优势,有利于股价上扬;紧的一方占优势,则使股价下跌。

财政政策还可对经济结构产生影响,从而进一步影响不同行业、企业的股价。比如通过政府投资、差别税率、减免税范围的划定,对个别行业、企业实施专项财政补贴,以及财政贴息等手段,可抑制或鼓励某些行业、企业的发展。凡受到鼓励的行业、企业,其股价必然上涨;反之,受到抑制的行业、企业,其股价必然下跌。由此可见，这种相机抉择、松紧搭配的财政政策将对股市产生复杂影响，要进行具体分析。

（二）货币政策

货币政策对经济影响更多体现在总量调控上，反映在股市上，其对股价总体走向的影响更大。

货币政策主要通过货币供给量、利率、准备金率、公开市场业务等工具实现，其目的是保证币值稳定、经济增长、充分就业及国际收支平衡。由于每一阶段主要矛盾不一，因而货币政策调控的目标不完全相同。如在严重通胀时期，以抑制通胀为主要目标，在经济萧条、失业率增加时期，则以提高就业、促进经济增长为主要目标。

与财政政策相同，其对股市的影响总体上也从松动与紧缩两个方面起作用。松动的货币政策有利于股市上扬，紧缩货币政策导致股市下跌。

松动货币政策的基本特点是：增加货币供应量（扩大央行对金融机构放款规模）、降低利率、准备金率、放松贷款控制、回购政府债券等。通常，在经济衰退及总需求不足时实施这一政策。

松动货币政策可促进股价上扬。因为银根松动可使企业发展有充足的资金，利息支出减少必然扩大利润比重，这就形成成本降低 → 利润增加 → 再投资规模扩大 → 利润增加这一良性循环。企业业绩提高，可分配利润增加，使股价上扬有坚实基础，此外，利率下调使部分资金从银行转向股市，又增加了股市资金供给量，进一步推动股价上涨。当然货币政策过度松动，累积到一定程度会产生通胀。初期影响不大，但一旦到恶化地步则会引起股价下跌。

紧缩货币政策与松动货币政策情况相反，其对股市影响也刚好相反。

货币政策也可对经济结构产生影响。这种影响主要通过差别利率、定向贷款等紧中有松、松中有紧的结构调整手段实现。如对优先发展的农业、交通、高科技产业，可放松贷款额度，实行优惠利率（财政贴息）；反之，对有些产业则通过利率的提高及贷款压缩予以抑制，反映到股市上，个别股价就涨跌不一了。

（三）产业政策

为促进经济发展，除了经济总量调控政策外，还有结构性调控政策，主要为产业政策。产业政策主要包括产业结构政策（关于产业发展重点及优先发展顺序的政策）、产业组织政策（有关企业规模反垄断促竞争的政策）、产业技术政策（有关产业技术进步的政策）、产业布局政策（关于产业区域分布的政策）及进出口政策。与财政、货币政策不同，产业政策带有指导性、协调性特点，该政策的具体实施要靠财政、货币、收入政策配合。

产业政策从经济结构角度对经济周期产生影响。其对股市的影响也如此，即产业政策不对股市总体波动产生影响，仅对行业、区域板块及个股价格产生影响。

产业结构政策将影响不同行业、企业发展，凡优先扶持的行业由于政策倾斜，将使该类行业稳定发展，有较好的市场环境及利润增长基础，从而有利于该行业股票上涨；反之，受政策抑制的行业，其发展受到影响，自然不利于该类股票价格的上扬。产业组织政策的实施，将使企业组织结构、企业分工格局产生很大变化，购并控股必然对各类股票价格产生很大影响。产业技术政策则从扶持新兴科技产业、传统产业的技术改造方面影响各个行业发展，进而对各个行业股价产生影响。

此外，进出口政策影响外贸企业（进口型企业、出口型企业）的发展，进一步影响相关企业股票价格，产业区域政策对区域经济发展有影响，进而产生股市区域板块效应。

（四）收入分配政策

收入分配政策包括总量调控与结构调控两方面的内容，它们分别对经济产生不同影响，进而对股市的影响也不一样。

收入总量调节政策有紧分配与超分配两种。与产业政策相同，收入政策的实施也要借助于财政、货币政策工具。紧分配政策导致社会可分配收入减少，除消费及实业投资外，可进行证券投资比例降低，这势必使流入股市的资金减少。同时企业居民收入增长率降低，使人们对未来经济预期持不乐观态度，导致股价下跌；反之，实施超分配政策，可使企业居民收入增加，保证更多资金流入股市，从而推动股价上扬。然而，凡事有个度，当超越一定界限，会导致严重通货膨胀，又会对股市产生不利影响。

收入结构政策侧重对积累、消费、公共消费与个人消费以及各种收入比例进行调节。如财政收入、公共消费比重减少，企业与居民可支配收入增加，在银行利率大幅下调情况下，将会促进资金流入股市；反之，则产生相反效应。收入拉开差距，使社会游资比重增大，会强化股市投机性，有利股市上涨；反之，收入过于平均化，大多企业与居民无“溢出收入”，分散资金入市，则使股价走势相对平稳。

三、股市对经济形势和经济政策的反应——超前、滞后和不相关

上述分析仅就一般情况而言，如同经济周期变化一样，股市牛熊交替形式及牛市、熊市表现形态也错综复杂：有随升型，也有慢牛型；有长周期，也有短周期；有牛熊迅速交替的，也有长牛短熊、长熊短牛，甚至牛熊形态难分的股价走势。

股市对经济形势与政策的反应大多是超前的，这与股市预期特点有关。股市

反应要提前3个月到半年。当预期好于实际经济情况，股市超前上涨，一经证实，股价上涨反而进入尾声，甚至逆向反应；反之相反。

另一种情况是股价变化做滞后反应，即经济面已发出信息，市场仍然不做反应。产生这种情况的原因是：

(1) 股价前期已炒高或走低，待消息出来时市场已经消化，只有等到下一个周期到来或市场本身周期走到位才做出反应。

(2) 市场走势进入了兴奋期或抑制期高峰，要么，市场狂热以致对利空信息视而不见，充耳不闻；要么，市场悲观之极对利多信息麻木不仁。由此导致市场对经济面变化滞后反应。

(3) 经济周期循环及经济政策，对股市产生作用本身也有一个滞后期。虽然消息已明朗，但是它对股市资金供求关系及投资者心态产生影响往往还有一个过程。

股价走势与经济周期循环、经济政策变化呈反向态势的，即在经济不景气时期，股市也出现凶猛涨势，而在繁荣期却走势一般。如何理解这一现象呢?产生原因可能有这样几种：

(1) 经济不景气不是经济政策所致，而是经济结构问题造成，新的经济增长点一时又找不到，大量资金为寻找出路，暂时进入股市投机。

(2) 在一个开放型资本市场，入市资金不受国内资金状况的制约，当一国经济处于不景气时，国内上市公司股票价格正处在低谷，这时，国外资金会进入投机一番，或进行跨国的收购、兼并，在股市中掀起波澜。经济繁荣时期，股市走势不佳，可能是平均利润率与机会成本比较所致。繁荣时期，投资实业也赚钱，投资经营的机会更多，按资本追逐利润最大化的原则，流入股市的资金自然减少。与此同时，对股市风险的超前防范意识也会使部分资金撤离股市，如此等等。

股市与经济形势、经济政策呈现反向运动的最根本原因还在于经济信息与股价运行内在节奏不合拍。如果经济因素与股市运行周期节律产生“共振”，那么，两者呈强烈正相关，若不一致，则相互抵消，不做反应甚至呈反向关系。总之，经济指标及经济政策对股市的影响是从总体、长远的角度看，股市中短期变化的影响因素错综复杂，经济因素仅是影响因素之一。

第二节　行业分析

在宏观经济的分析基础之上，投资者还应进行行业分析。投资者在确信经济和市场对投资者有吸引力之后，就要进一步研究未来提供更多投资机会的行业。如果说进行宏观经济分析目的是确定经济处于周期的哪一个阶段，以便作出进入还是离开市场的决策;那么,进行行业分析的目的是投资者已经作出进入股市的决定后判断哪个行业最具增长的空间,最具有投资的价值。比如,20世纪90年代美国投资者将不考虑20年前积极投资的基础行业,如汽车和钢铁业等,而代之以改变美国生活方式的电子通信和计算机等有关的行业。又如,1997年是美国经济持续增长的好年头,但是,不同行业股票的收益水平却有着巨大的差异。收益最高的10个行业中收益最低的运输装备行业的收益率都达到了50.09%,而收益最低的10个行业中收益最高的矿业的收益水平为-2.65%。经济中收益最高的证券交易行业,其股票收益率达到了80.0%;而收益状况最差的鞋业,其股票的亏损率达到33.5%。

行业分析与宏观经济分析和公司分析一样要使用广泛的资料,包括销售额、盈利、股息、资本结构、产品类型、法规和革新等。这样的分析需要大量专业知识,通常由经纪公司委托的行业分析师或其他机构的投资者来执行。

一、行业划分

行业是指生产或提供相同或类似产品或服务的一组企业。譬如提供餐饮、住宿、交通、导游等服务的旅游业,生产各类服饰的服装业等。我们知道,在实际生活中许多企业从事着不同产品的生产,跨度十分大,有些企业开展的是一种全新的业务,一时还难以将它进行准确的定位。譬如海尔公司生产冰箱,也生产电脑,还开发软件;再如中国现有许多公司主要精力是进行各种有文凭的教育培训业务,你说它是学校,它注册的是网络公司、咨询公司、广告公司,你说它不是学校,它的收入主要来自学生交纳的学费。因此,有时很难确定一个企业到底属于哪个行业。

各国的统计部门为了经济统计的需要都制定有严格、具体的行业分类标准,人为地将各个企业划入不同的行业,其原则是每一企业只能进入一个行业。为了各国统计数据的比较,联合国也制定了行业分类标准,但是,这些行业分类标准是服务于经济统计的,完全根据这些标准来进行股票投资的行业分析是不够的。因为从经济统计的角度看,只要提供同类产品或服务就可以看成是相同的行业,也许它们有类似的市场、需要类似的原材料,也许资本密集程度或劳动密集程度近似,也许这类产品或服务有近似的功能,但是,从股票投资的角度要求,所谓同行业的公司其股票的变化应有相似的特点,或同一因素对它们的股价的影响程度相似。这样,投资者通过所谓的"行业分析",才能寻找在当前的经济环境和条件下,值得投资的那一类或一组公司的股票。而通常服务于经济统计的行业分类标准难以承担这个任务,例如,美国的卫生保健业包括保健产品公司、生物技术公司、医药公司、家庭保健服务机构、医院、医药供应公司等单位,它们的业务内容和前景差别太大，对于投资分析来说，必须进行进一步的细分。联想起我国上交所和深交所将上市公司简单地分为工业类、商业类、地产类、金融类、公用事业类和其他类别，建立在这些类别基础上的分类指数是难以为投资者指明投资方向的。股票投资的行业分析所要求的行业是十分精细的行业概念，例如，标准普尔将上市公司所属的行业分为100种，定期公布每一种行业的股票的业绩。美国价值线投资顾问公司将1 700多家公司分为90个行业，在公布每家公司的现状、前景及公司业绩分析评估的同时，还对90个行业分别做出股价的前景预测。

由于这里划分行业是为了帮助投资者选股，因此行业的划分要和上市公司的股价表现相关。也就是说，既要将那些生产或提供类似产品和服务的上市公司分为一组，又要确保这组上市公司的股价有相似的前景，对各种影响股价的因素有大致相同的反映。通过行业分析，投资者可以集中资金于某一行业的股票以获得最大收益，也可分散资金到各行业进行资产组合以最大限度地分散风险。对上市公司分类，要达到这样的目的，应该说行业的这种划分还是很难的。譬如，各种生产服装的上市公司应归并到一个行业，但是，我们知道，生产普通衬衫、裤子、外套和童装的公司与那些生产著名品牌时装的公司的股价走势会很不同，前者属于生活必需品的生产，对经济周期的敏感程度很低，后者生产的是奢侈品，对经济周期的敏感程度很高。再譬如，同属于零售业的仓储式零售超市和专营高档商品的百货公司或专卖店，前者的经营理念是薄利多销，销售的多数产品是生活必需品，也是对经济周期不太敏感的；而后者的批零价差非常高，销售的大多为高档品，对经济周期较敏感。类似这样的例子还可以举出很多，这些都是进行行业分析时会遇到的问题。

在具体进行行业划分时，应遵循“穷举”和“互斥”的原则，这是对任何一种分类的起码要求。这就是说，在行业划分时，任何一个公司都必须属于某一行业，一个公司也只能在一个行业中出现。即在行业划分时，不能有遗漏，也不能有重复，因此，对于那些有多项业务的公司要确定其主营业务，难以明确主营业务的要设置综合行业来安置。由于综合行业的公司业务庞杂，其股价的变化规律更难以掌握，因此，应尽量避免将上市公司划入这一行业。在行业划分中，还应注意既与国民经济结构有可转换性，又要注意每一行业的公司股价都有相似的前景和变化规律。公司股价有相似的前景和变化规律的含义很清楚。与国民经济结构有转换性的意思是说，行业分类应在第一产业、第二产业、第三产业划分的基础上，在经济统计划分的基础上进行划分，因为这样可以方便地进行宏观经济因素和政府的宏观经济政策因素作用的分析。一般地说，行业分析所需的行业划分应在经济统计划分的基础上进行，但它应该具有更细的划分。

二、行业生命循环

行业分析的第一步通常是分析行业处于生命循环的哪个阶段，判断行业的一般状况和现在的位置。任一行业的投资特性不是一成不变的，每个行业都会经历从创始、成长、成熟到衰退这样一个周期，我们称之为行业生命循环(Industry Life Cycle)。

行业生命循环，如图10-1所示可以分为五个阶段：创始阶段、快速增长阶段、扩张阶段、平稳阶段和下降阶段。行业生命循环可应用于行业或行业内的产品类型，下面分别叙述这五个阶段。

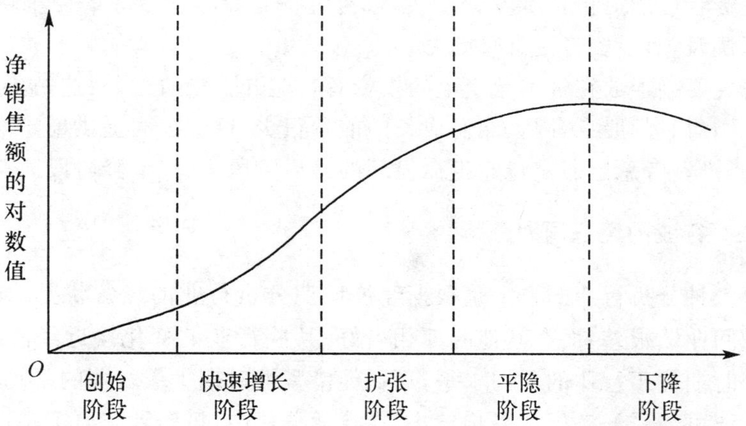

图10-1　行业的生命循环

(1) 创始阶段。在创始阶段，销售额温和增长，边际利润和利润很小甚至是负值。这时市场很小，并且有较大的开发成本。

(2) 快速增长阶段。在这一阶段，由于行业产品需求大量增加，因而销售额和盈利快速增长。由于行业中只有少数企业，缺乏竞争，因此，边际利润非常高，当生产能力建立后，销售增长率快速增加以满足巨大的需求。

当然，这少数企业只是竞争的幸存者。在销售额和盈利快速增长时，可能吸引许多公司参与，然而较弱的公司可能在竞争中倒闭和出局。一个行业在创始阶段，证券分析师可能难以识别存活者，只有能够辨别出未来有很强业绩的公司才是有价值的，这时，价格可能被哄抬而超过创始阶段很多。

(3) 扩张阶段。在第二阶段中快速增长的销售额，在此阶段中可能继续增长，增长率可能在正常水平之上，但比以前和缓。在扩张阶段，行业改进它们的产品或降低它们的价格。企业状况良好，通常会吸引大量的投资者投资。

(4) 平稳阶段。行业进入平稳阶段，增长开始稳定。销售额可能继续增长，但比以前的增长率低很多，产品变得更稳定并且很少创新。这时销售增长率与经济一致，竞争边际利润很小，并且资本回报是在竞争水平或略低的水平上。

(5) 下降阶段。在此阶段，由于需求转移或替代品增加，使得销售增长率下降。边际利润继续变小，某些企业有低利润或损失。资本回报非常低，可能需要考虑停业的问题。

对投资者来说，快速增长阶段可能提供最高的回报，而且有最大的风险。某些行业中的若干公司可能倒闭或经营很差。这样的风险可能适合某些投资者，而大多数投资者可能希望避开这个阶段的风险。

投资者可能对扩张阶段更有兴趣。当对行业产品和服务的需求增长比整个经济更快时，对投资者更有吸引力。

把主要兴趣放在资本盈余上的投资者将避开平稳阶段。在这一阶段，公司可能支付相对高的股息，因为它们成长的前景很少。这些公司提供稳定增长的盈利的股息，投资者总是回避行业生命循环的最后阶段 —— 下降阶段。

三、行业的经济周期分析

第二种分析行业的方法是根据经济周期分析行业的经营状况。某些行业在衰退期间业绩很差，而在其他时期相当好。某些行业的变化接近经济周期，在经济扩张时期优于行业的平均水平，而在经济紧缩时期劣于行业的平均水平，而另一些行业可能受经济周期影响较小。在行业分析中，投资者需要了解这些关系。

通常，行业可分为成长(Growth) 行业、保护性(Defensive) 行业、周期(Cyclical) 行业和利率敏感(Interest-sensitive) 行业。

成长行业是预期盈利增长显著并且超过行业平均数的行业，这样的增长不论经济衰退是否发生。比如，美国 20 世纪初的汽车行业、飞机制造业；20 世纪 40、50、60 年代的摄影业、彩色电视、办公设备制造业等属于成长行业；而 20 世纪 80 年代的成长行业包括基因工程、微型计算机和新的医疗设备；20 世纪 90 年代的成长行业则包括遥控设备和移动电话；等等。显然，基础分析的主要目的是辨别最近和未来的成长行业。

保护性行业是相对受经济衰退和逆转影响较小的行业。典型的是食品业，因为无论经济如何，人总是要吃饭的。公用事业也可以认为是保护性的行业。

周期行业是随经济周期变化的行业。经济繁荣期间它们异常好，当经济逆转和衰退时，它们很差。耐用消费品是典型的例子，如汽车、冰箱等在经济繁荣期间销售量大量增长，而在衰退期间消费者会推迟购买。反向周期行业与主要经济趋势的变化相反。金矿业是反向周期行业的例子，因为在经济衰退期间，通常投资者购买黄金保值。

利率敏感行业是对预期的利率变化特别敏感的行业。显然，金融业、银行业和不动产业是利率敏感行业。

为了预测一个行业的短期业绩，投资者需要仔细分析经济周期的各阶段和利率可能的变动。如果经济开始衰退，周期行业可能受影响较大，而保护性行业可能受影响较小，据此做出投资决策。类似地，利率预期上涨，对住宅建筑业将有消极的影响，而利率预期下跌将有积极的影响。这就是说，投资者在决定投资前需要了解经济的状态，根据市场所处的状态，选择或回避特定的行业。

四、行业的定性分析

首先，要考虑行业的历史业绩，就是研究行业的销售额、盈利增长和价格业绩的历史记录。虽然过去的资料不能简单地推至未来，然而它提供了某些有用的信息。

其次，行业的竞争强度决定行业维持高于平均回报的能力。根据迈克尔·波特的核心竞争力理论，强度决定于5个基本竞争因素。

(1) 新进入公司的威胁。由于垄断或部分垄断都可以为企业带来巨额利润，所以行业的进入壁垒是行业获利能力的重要因素。进入壁垒可以有多种形式，譬如长期固定的产销关系，商标、专利、版权等知识产权，巨额的投资等都是进入的壁垒。反之，行业的新进入者会对产品的价格和行业原有企业的利润造成巨大的压力，甚至仅仅是进入威胁就会对产品价格带来很大的影响。

(2) 公司间存在的竞争。行业内的企业为了扩大各自的市场份额会进行激烈的竞争，最常见的就是价格战。如果行业本身增长缓慢，这些竞争就会更加激烈，因为此时扩张就意味着掠夺竞争对手的市场份额。这种竞争会极大地压缩企业的利润水平。

(3) 替代产品的威胁。如果一个行业的产品存在着替代品，那么这就意味着它将面临着与相关行业进行竞争的压力。譬如毛纺企业面临着合成纤维企业的竞争。替代品的存在限制了产品的价格水平，这当然也会影响企业的利润。

(4) 购买者讨价还价的能力。如果一个行业的产品只有很少量的购买者，这个行业面临着价格下降的压力，这自然意味着面临利润减少的压力。因为少数购买者控制着企业大部分产品的购买量，它们在价格确定方面显然拥有主动权。一个典型的例子是汽车零部件的配套行业，它们的产品只能卖给少数几家汽车厂，因此，它们常常面临着汽车公司要它们降价的压力。

(5) 供应者讨价还价的能力。反过来，如果某行业是其他行业产品的关键部件的供给行业，并在这些部件的生产上处于垄断地位，它就有可能对这些部件索取高价，进而从需求方行业中获取高额利润。这 5 个因素决定一个行业的竞争强度，因此，决定其长期可能的利润。这种分析可能要重复做，因为行业的竞争强度将随时间变化。

再次，政府的影响。投资者必须判断政府的法规和行动对行业的显著影响或可能的继续影响。例如，放宽金融业的法规，结果是银行与储贷会相互竞争，提供消费者许多相同的服务。这一行动直接影响这两个行业的相关业绩，同时还会影响某些其他行业如经纪业，提供许多类似的业务。

最后，投资者要考虑经济的结构变化。当美国从工业社会继续向信息－通信社会转变时，经济结构的这种变化将影响主要的行业。大量的新兴行业不断涌现，而某些传统行业如钢铁业再也不可能恢复它们以前的地位。结构的转移可能出现相对新的行业。例如，20 世纪 80 年代初微型计算机业是有大量竞争者的年轻有生气的行业，某些参与者在短期内获得成功，然而，1982 年国际商用机器公司(IBM) 引进微机彻底改变了这个行业。其他硬件制造商寻求与 IBM 的个人计算机兼容，并且供应商推动供应项目如软件、打印机和附加记忆板的生产等。实际上，IBM 的决策显著影响了这个行业的每个部门。

第三节 公司分析

在完成宏观经济分析之后可以找到投资普通股的一个有利时机，然后进行行业分析，从中选择更有希望的行业，最后，投资者是在这些行业中挑选有前途的公司。因此，基础分析的后一个步骤是分析个别的公司，依然使用股息折现模型和价盈比(P/E) 模型。证券分析的主要内容是预测公司的每股盈利和价盈比，这些指数通常可以在公司的财务报表中找到。公司定期公布的年度财务报告为基础分析提供了必要的信息。

上市公司的财务报表是决定其股价定位的基础，其重要性是毋庸置疑的。但我国在 1993 年以前，投资者并不重视上市公司的财务报表，因为那时的股票处在供不应求的状态，股价齐涨共跌，投资者无法根据股价的涨跌幅度判定某种股票的优劣程度。随着这几年证券市场的快速扩容，在两个市场上市的股票数量越来越多，良莠不齐的现象日益突出，尤其是在 1995 年中期出现了亏损经营的上市公司以后，投资者逐渐发现财务报表的重要性，越来越多的投资者开始研究上市公司的财务报表。

当然，财务报表也不是万能的，它只能反映企业的经营成果和财务状况，甚至当投资者得到这些数据时，也可以说是事过境迁(年报公布的最后截止日为次年的 4 月 30 日)，因此，投资者不只要研读财务报表，还应随时从正式的新闻媒体获取有关上市公司的最新资料，结合财务报表的数据，进行正确的分析和投资。

一、财务报表的解读

(一) 资产负债表

一般公布的资产负债表，其科目都是经过精简或者合并的。通常包括流动资产、固定资产和其他资产；流动负债、长期负债、其他负债；股本、公积金和本期盈亏等项目。上述各项内容的资料虽然对股票投资者而言，计算流动比率、负债比率等都有参考价值，但计算出的这些比率对于判断股价的涨跌并没有明显的或直接的参考价值。如果一个企业的负债过多，其利息支出必然较多，但利息的支出作为期间费用早已在损益表"产品销售利润"的减项"财务费用"中被扣除，因此再计算这两项比率对投资者来说就没有什么意义了。

如果在固定资产项目下面，列出了公司的土地或厂房的面积数、账面价值等，投资者只能将其作为参考，根据当地的市价酌情投资。在此应说明，土地和厂房固然可以作为资产进行重估，但投资者不妨找出其招股说明书(尤其是新股)，将年报的数据与招股说明书中的数据予以比较，有时可能会有出入。

另外，资产负债表上公积金的多少，可以作为股利分配的参考。一般而言，法定公积金与资产比率越高，公司的财务状况就越好，而当公积金能达到资产总额时，除了当年的法定公积金不必再提取而使股利增加外，按照公司法的有关规定，还可以将公积金转赠股本，股东还享有无偿配股的权利。

特别公积金是公司为购置机器或其他较大金额的设备而设置的特别提存项目。这项公积金对股价没有什么特别的影响，但是如果由于经营情况发生变化，使得该项特定目的无法进行，而公司又无意进行其他投资时，那么这项公积金也有可能作为股利分配的一部分。只是这种情况非常少见，投资者不必对此抱有过多的幻想。

保留盈余是公司为平衡股利或其他特定目的(有时是为了调控股价) 而提取的盈余，这项盈余有很大的伸缩性，也是导致股东不满的因素之一。其实，作为企业的利润，其分配与否，不同的股东会有不同的想法，这是无可厚非的。而作为企业的经营者(也是企业的股东) 来说，综合考虑利润的分配问题是必要的，因此，投资者应当辩证地看待这个问题。当保留盈余比较多的时候，则在公布时会出现股价下滑的情况，但只要不是企业经营中出现的重大问题，从长远的角度来看，以前保留的盈余总会作为股利分配给股东的，所以从另一方面来讲，保留盈余越多，日后股价上涨的潜能就越大。

资产负债表中除公积金及盈余两项需要注意之外，净值这个项目也是投资者需要特别关注的。净值的计算方法是：把资本加公积金加盈余的总额除以资本额。净值是股东的权益，它与股价的涨跌息息相关。一般来说，股价若比净值低，那么该股的价格是偏低的，可以买进投资；若股价高出净值很多，则股价是偏高的，可以考虑卖出该种股票。

（二）损益表

证券投资者不仅要随时注意证券市场本身的因素，还应当知道如何去分析上市公司的获利能力，因为上市公司的获利能力，是判断该公司股票有无投资价值的重要依据。计算公司获利能力的资料来源主要是上市公司的损益表。

一般来说，上市公司公布的损益表项目有以下几个：营业收入、营业成本、营业毛利、营业费用、营业利润、营业外收支净额、税前利润总额和税后利润总额等。投资者可根据这些数据予以分析。

营业收入是指当年营业额的累计数。营业成本是生产销售所需的材料、人工等直接成本。营业毛利是营业收入减去营业成本所得的差额，是销售的直接利润。营业费用包括销售费用、管理费用、财务费用和营业税金及附加等。营业利润是指营业总额扣除所有费用和成本后的实际收益。营业外收支净额是指营业外收入与营业外支出的差额。税前利润总额是指公司的实际利润。到此为止，反映的都是企业的盈利能力，而税后利润总额则是指扣除所得税后，可供分配的利润总额；但由于所得税率的不同，即使在税前利润总额很高，也会因为上缴所得税后使得可供分配的利润下降。

投资者在阅读损益表时，不能只注意成本率（营业成本除以营业收入）、利润率（营业利润除以营业收入）、纯利润率（税前利润除以营业收入）、每股纯利（税前利润总额除以资本额）、资本报酬率（税后利润总额除以资本额）、股价收益率（每年平均股价除以每股税后利润）、营业毛利率（营业毛利除以营业收入）等多项比率。这些比率的计算虽然有固定的公式，但具体做起来还是一件相当复杂的事，重要的也许是我们无法得到具体的数字，而这些指标本身对股价的影响并不一定很大，所以，对上述比率的计算完全可以进行精简，投资者只要计算这几个指标就可以了，如利润率、纯利率和市盈率等。

利润率的高低表明了上市公司的盈利能力。如果利润高，说明其营业成本有所下降，企业的经营管理有一定的成效，则企业的营业收入也将缓步增长，但利润率的高低不能静态地看，而应将它与该企业上一年度的数据进行纵向的比较，最好再把它与同类企业（如果有的话）的同一指标进行横向的比较，这样才能有效地利用该项指标说明问题。

纯利润与营业利润的差别就在营业外收支净额这一项上，所以纯利润率和利润率比较只要计算一项就能够说明问题了。当然，纯利润率只能分析上市公司当年的收益状况，而通过利润率，尤其是横向和纵向比较后的利润率，投资者却可以了解上市公司未来的发展趋势。

市盈率也是衡量上市公司利润水平的一个指标。投资者都知道，市盈率低一方面说明股票的价格不高，另一方面说明企业的每股税后利润比较高。同股价和利润额一样，市盈率值也是经常变化的，但也应当注意，市盈率指标只是一个参考，我们不能只看一个股票的市盈率，而应总体考虑整个市场的市盈率水平。我们也不能只看某只股票现在的市盈率，还应观察它的变化情况，实际上，在整个一年的变化中，我们观察到的是其股价的变化。

（三）年报

对于投资股票的人来说，上市公司的年度财务报告无疑是选择股票的重要资料来源，投资者需要根据这些报表和文字说明去分析上市公司的经营状况和资产情况。

从静态的角度去看，投资者在研究财务报表时，首先很自然地去注意公司的资产减负债之后的“净值”，因为这是股东的权益。此时，净值越大的公司股票，就会有越多的投资者愿意购买，这是很正常的。但除此之外，投资者还要注意净值与固定资产的比较，也就是一般所说的固定资产比率，当净值大于固定资产时，表明企业的财务结构良好，安全性更大。

流动资产和流动负债的比较，是研究年报时不应忽视的项目，而流动资产减去流动负债后的差额，即营运资本，则是越大越好。一般情况下，负债与净值的比例在50％以下时，就表明企业的财务状况还不错。从流动比率方面来看，如前所述，流动比率越高说明每一元的流动负债都有较多的流动资产作为还款的保证，即企业的短期偿债能力较强，但2∶1的比率并不是绝对的。分析短期偿债能力时，还要结合企业的性质和其他的经营环境因素综合评价。例如零售行业的库存商品在其流动资产中的比重较大，而且变现能力强，所以流动比率就可以相对低一些；相反在重工业企业中，生产周期较长，存货变现能力差，则要求流动比率相对高一些。

此外，库存和库存周转率也应根据具体问题进行具体分析。上面说过，库存的多少应视不同行业的特点而定，但周转率当然是越高越好。

从动态的角度去看，我们应掌握几个分析年报的原则。

1．项目的对比

在资产负债表中，应将流动资产与流动负债对比，资本总额与负债总额对比，以不同项目所列的数字对比，研究公司的财务结构是否健全，各种制度是否合理。

2. 时间的对比

一般来说，投资者在分析年报时，通常都应以过去的资料为对象，并把它与最新的资料进行比较，从而更好地观察公司的经营现状以及发展情况。因为，现状固然比较重要，但是否有发展前途有时对投资者的意义更加重大。

3. 同行的对比

如果公司本身有进步，而其他同类的公司也在不断发展之中，彼此进行比较，就可以得出整个行业是否具有发展潜力的结论。尽管同业间的竞争是不可避免的，但同行业间的对比也可以了解公司在行业中的地位。选择地位高的企业，将使投资者感到更加安全和可靠。

4. 与标准对比

这项对比是在前三项对比的基础之上，或者说是一项参考内容。因为在前几项比较之后，有关指标的标准（包括财务的、技术的）才显得更具说服力，因为标准是指一般正常情况下的典型，是根据经验和统计方法得出的。

二、财务分析方法

了解了年度报表分析的原则以后，就应该进一步掌握一定的分析方法，以便对上市公司的财务结构及经营状况有一个简单而正确的认识。常用的财务分析方法有以下两种：比率分析法、趋势分析法（百分比分析）法。

（一）比率分析法

比率分析法是比较同一项目在不同期间的变动情况。在同一张或两张财务报表的不同项目或不同类别之间，存在着一定的联系。用比率的方式反映它们之间的相互联系，以揭示和评价企业的财务状况和经营管理中存在的问题，前面提到的各种比率的计算就是比率分析法的基础。

具体来说，比率法就是把会计科目中的任意项目进行对比。通常有以下几项比较：某一项目与总数的比较；属于同一总数下的甲项与乙项对比；以某项目与其有关的不同类的另一项目对比。这种方法的优点在于，用简单的比率代替了繁琐的数字，以简单的比率与市场或其他企业的获利率相比，立即就能判断投资某只股票是否有利可图。

（二）趋势分析法

证券投资者在分析年度报表时，可以把最近 3 年的财务报表同时加以比较分析，亦即用同类数据进行逐年相减，并根据结果的正或负来判断上市公司各项财务指标的变化情况。把结果连同其他因素一并分析，借此找出上市公司获利增加或减少的原因，了解公司的经营有无改进的可能。

这种比较可以按金额，即比较同一项目连续数年的金额，也可以用趋势百分数，即以某年的金额为基数，其他各年的金额与之相比，观察所得百分比的变化情况。在使用百分比进行分析时，由于所有的百分数都和基年有关，因此，在选择基年时应有代表性，否则，不仅可比性不强，而且容易产生误解。

无论是金额，还是百分比，都各有其优缺点，但是将二者结合起来使用，将会收到很好的效果。

上述两种方法，是投资者必须掌握的分析财务报表的基本方法。只有对上市公司的财务报表进行耐心而细致的研究分析，才能对公司的状况有正确的了解，因为这样有的放矢地进行投资，总比盲目投资要稳妥和安全。

三、财务报表对股价的影响

毫无疑问，上市公司都希望呈现给投资者一个"好看"的财务报表，但财务报表不是靠财务人员"做"出来的，而是靠企业的业绩做出来的。从这个意义上讲，投资者完全把上市公司的财务报表作为投资的依据，也是不足取的。当然，我们不否认报表是决定股价定位的基础，但那是指已"挤"出水分的财务报表。除了正确理解财务报表的作用以外，在阅读财务报表时还应当注意以下几点。

1. 综合比较每股收益和净资产收益率指标

每股收益与净资产收益率都是评价上市公司获利能力的重要指标，其中每股收益指标运用较普遍，并且是影响股价定位高低的最直观的因素。净资产收益率指标的特点是具有可比性，它能准确地反映上市公司的经营水平。但每股收益高并不一定净资产收益率也高，同样净资产收益率高也不能肯定每股收益必然高。

2. 要把利润分配和公积金转增股本区别开来

根据规定，上市公司在分配利润时可以采用送红股的方式，而公积金也可以根据规定转增股本。严格地说，只有用税后利润派发红利或送股，才能算是对投资者的回报。而用资本公积金转增股本，仅仅是一种股本扩张的行为，它与上市公司的经营业绩没有任何关系，因而不能被视为分红。

3. 资产负债率与适度地举债经营

资产负债率是反映上市公司长期偿债能力的重要指标，其比率越低，说明来自债权人的资金越少，企业的自有资金实力越强，则还本付息的压力就越小。但是不能机械地对资产负债率高低之利弊作出评判，在总资产利润率高于负债率的情况下，进取性强的企业往往会充分利用财务杠杆，增加负债，以获取尽可能多的利益。从某种意义上讲，适度的举债未必是坏事。

4. 留心观察重要事项说明以及是否有负债

大多数投资者翻阅财务报表时往往只重视主要财务数据与财务指标，而忽略了重要事项披露的内容。重要事项披露内容往往涉及股利分配的情况，有没有重大的诉讼以及或有负债等。所谓或有负债就是指也许发生、也许不会发生的负债，如商业承兑汇票的贴现、担保责任等。在上海股市中因担保责任引发股价波动的事例已有不少，希望投资者提高对这类问题的关注程度。

四、财务报表分析的局限性

财务报表分析可以使投资者得到许多不能直接从财务报表上得到的信息，以满足其决策的需要。但是，财务报表分析也有其局限性，它只能提供一些重要的财务信息，帮助投资者评价上市公司的财务状况和经营成果，但这些信息只能作为投资者决策的部分依据。原因在于：第一，同行业的平均水平不易知晓。在进行分析时，常要与同行业的平均水平以及同行业的先进水平进行比较。相比之下，同行业先进水平的资料易于获得，而平均水平不易取得。因而，投资者很难确定上市公司在同行业中的地位，并采取相应的投资策略。第二，报表数据的局限性。从财务报表本身来说，其所提供的数据也有局限性。一方面，不同的企业采用的会计方法可能会有所差异。例如，有两个上市公司在其他方面都相同，就是存货的计价方法不同，一个采用先进先出法，一个采用后进先出法，那么分析得出的结论可能会截然不同。另一方面，受宏观因素的影响，有些会计数据可能会被严重扭曲。比如，在通货膨胀因素的影响下，采用历史成本原则编制的报表，在通货膨胀时期和非通货膨胀时期的各项数据的可比性就差了很多。

第四节 技术分析

技术分析的目的是预测由于供需变化而形成的股票的未来价格。它是根据过去积累的价格变化资料来预测未来市场的变化。换句话说，技术分析是研究市场本身而不关心价格变化的原因。技术分析的各种方法往往是把过去的价格资料用图形表示，因为这样更直观，分析更方便，但技术分析仅能帮助投资者做中短期决策，对长期决策无能为力。

进行技术分析有三个前提：首先，市场的任何变化总是反映在现在的价格水平上，就是说，价格是供给和需求关系变化的反映。如果供给超过需求，价格就下跌；如果需求超过供给，价格就上涨。因此，无论什么原因使价格变化，比如利率的变化、失业率的变化、战争或新的国家领导人上台等，都已经反映在现在的交易价格之中。其次，价格总是在既定的方向变化直到发生某种事情才会改变，价格趋势本身不会反转，只有在外界影响下才可能发生，因此，价格趋势的继续总是比反转的可能性大。这是用图形进行预测的基础。最后，历史事件往往会重复发生，从心理学角度看投资者每次在相同的市场条件下会做出同样的决策。这些决策变成市场中的买和卖的交易。市场中有大量的投资者进行交易，虽然每个投资者对买和卖的选择是偶然的，但总体上价格的反映还是有规律可循的。

一、道氏理论

查尔斯·道(Charles H. Dow)的主要贡献是创立了股票平均数，就是现在的道·琼斯指数。William P. Hamilton 将他研究股票市场行为的思想整理成为道氏理论(Dow Theory)，作为现代技术分析的基础。

(一) 平均指数

平均指数反映所有影响供给和需求的各种可能的因素，因此人们可以不理会这些因素而只考虑平均指数就可以了。道常用工业平均指数 (DJIA) 和铁路平均指数(DJRA)。他认为，当两种指数都有相同的走向时才出现涨市(或牛市、多头) 或跌市(或熊市、空头)；如果只有一个平均指数给出信号，那还不是涨(跌) 市。

(二) 市场的三种趋势和主要趋势的三个阶段

1. 主要趋势(基本趋势)

主要趋势是指持续一年以上通常是几年的价格趋势。这是投资者关心的市场主要方向。一般而言，从主要趋势的分析，发现多头市场大约维持 27 个月，而空头市场则平均持续 15 个月。道氏理论认为只要在短时间内(1 ～ 4 年)，DJIA 及 DJRA 一致上涨或下跌，则可证实基本趋势属于多头或空头。

主要趋势经历三个阶段(以涨市为例)：

第一阶段是“积累” 阶段，当价位相对低时，精明的投资者开始购买，价格开始上涨。

第二阶段，大批投资者进场，价格迅速上涨，各种看涨的消息越来越多，交易量激增。

第三阶段，价格似乎高得站不住，当精明的投资者和随之而来的少数投资者开始大量抛售时，价格下跌，由此跌市(熊市) 或分配阶段开始，即卖者分配他们持有的股票给愿意买的人。

2. 次要趋势

次要趋势是表示主要趋势中的短期修正，通常持续 3 个星期到 3 个月。一般来说，主要趋势上升(下降) 修正为下降(上升) 趋势，幅度是主要趋势的 1/3 或 2/3 或 1/2，但是这种反转修正是暂时的，最后主要趋势还是会占上风。

3. 日常波动

股价的日常波动大部分是无法预测的，也是没有规则性的。一般发生的原因都是出于当天的利多或利空消息，如国际股市跌、美国公布贸易赤字或其他谣言。一旦经过一段时间，这类消息已不被重视时，自然地对股价的影响力就会消失，除非其消息被认为对股价影响甚大时，则其带来的涨跌就会变成次要趋势。

（三）交易量

交易量是市场中的一个重要指标。当价格继续上升，交易量增加，反映购买证券的需求增长，说明主要趋势会继续向上涨；当价格下跌时，交易量增加，说明主要趋势会继续下跌。相反，当价格下跌，交易量也减少时，说明需求还相对低，然而市场价格可能快要到达底部，这会吸引新的投资者，结果增长的需求将使价格止跌；当价格上涨时，交易量减少，会吸引新的投资者抛售，将使价格停止上涨。

尽管道氏理论被认为是技术分析理论的基础，它仍有下列几项缺点：

(1) 道氏理论对于两种平均数互证的时间虽无限制，但对何时产生新高峰或新低潮的预估，并不能获得答案。

(2) 投资次数太少。道氏理论太注重长期趋势，对欲增加投资次数者而言，其回转过迟，故无大帮助。

(3) 该理论太浅薄。道氏理论仅依赖铁路股和工业股两种平均数来观察市场股价变动，而实际上市场变动因素很多，不能只以少数股票代表全面市场波动的实况。

(4) 道氏理论对长期变动判断有极高的准确度，但对中期变动却不能提出任何警告。如果该理论能正确地掌握中期变动的方向，对投资者而言或许将比长期变动获得的利益要多。

(5) 道氏理论虽然对股市长期市场变动指明了方向，但并不能指示应购买何种股票。

技术分析是一种技巧，必须通过实践才能掌握。在技术分析理论的引导下，所发展出的技术分析方法可称得上包罗万象，琳琅满目。下面我们介绍几种常用的方法，研究如何理解市场中的买和卖的信号，怎样运用这些技巧进行交易。需要注意的是，任何方法、技巧都不能保证百分之百正确，只能帮助投资者提高决策的能力。

二、移动平均线

移动平均线是利用统计学上的原理，通过平均数的原理将每天的股价予以平均，剔除数列中的不规则波动，显示出该种数列的真正动向并用以判断股价未来的走势。

移动平均线的计算方法通常有算术平均法、加权平均法和指数平滑移动平均法三种。算术平均法是将指定时间内（比如 5 天或 10 天）的股价相加，然后除以该时间段的天数即可得出。加权平均法是将近期和远期的股价分配不同的权数，近期股价所占的权数比远期的大，因此计算出平均值。这两种方法都具有一定的局限性，所以现行的移动平均线的计算方法采用的是指数平滑移动平均法。

(一) 移动平均线的特征

当股价向上突破短期移动平均线后，又突破中期移动平均线时，短期移动平均线才会往上倾而与中期移动平均线相交，这可以成为短期指标的“底部确认”。如果股价继续上行，突破长期移动平均线之后，中期移动平均线才开始向上倾斜并与长期移动平均线相交，因而构成中期指标的“底部确认”。

从趋势分析来看，越长期的移动平均线，其振荡幅度相对越小，只有等股价的涨势真正明朗了，移动平均线才会向上延伸；同理，当股价刚开始回落时，移动平均线还是向上的，只有等到股价跌落显著时，移动平均线才开始走下坡路。由此可见，移动平均线的变动趋势(时间越长越明显)是滞后于股价变化的。

但移动平均线仍然会对股价产生一定的助涨和助跌的作用。短期移动平均线与中长期移动平均线朝同一个方向运行时，通常会持续一段时间，然后才会改变移动方向。因此，当股价在底部开始向上穿越移动平均线时，移动平均线也开始向右上方移动，此时移动平均线就可以被看做买方的防线。股价回跌至移动平均线附近时，自然地产生支撑力量，推动股价再度上涨。这就是移动平均线的助涨功能。当买方的力量转弱，即涨势缓慢下来，而移动平均线向上移动开始减速运行时，此时如果股价再跌回到移动平均线附近，则移动平均线的助涨功能将逐渐减弱，股价随时可能跌破移动平均线，不适宜买进。

同样的道理，当股价在顶部开始向下穿越移动平均线时，移动平均线也开始向右下方移动，此时移动平均线就可以被看做空头的防守线。股价反弹至移动平均线附近时，自然产生阻力，抑制股价再度上涨。这就是移动平均线的助跌作用。当卖方的力量转弱，即跌势缓和下来，而多头力量逐渐加强时，移动平均线向下移动开始减速，此时如果股价向上变动，再朝移动平均线接近，则移动平均线的助跌功能将逐渐减弱，股价随时可能上穿移动平均线，发出买入信号。

在短、中、长期移动平均线里，对助涨和助跌起很大作用的是中长期移动平均线，尤其是中期移动平均线。它既具有短期移动平均线的移动速度，又具有中长期移动平均线持续朝固定方向变动的特性。这两个特性的结合，使得助涨和助跌成为可能。至于长期移动平均线，是投资者进行中长期投资股票，决定买进和卖出时机的一个重要指标。

(二) 操作原理

1. 移动平均线的组合理论

移动平均线的组合理论是将几条不同天数的移动平均线画在同一张图上。

它显示短期的移动平均线将随价格的上升而上升，随价格的下降而下降，波动较为敏感；中期的移动平均线则较落后；长期的移动平均线最为不敏感。以各种不同期间的移动平均线与股价趋势线排列成为关联的组合，再从这组组合的变动趋势去判断买卖时机，可避免移动平均线反映的股价趋势较为缓慢的缺陷。同时，从移动平均线的排列组合中，也比较容易捕捉完整的股价趋势。

(1) 股价由下向上升破短期移动平均线时，是短线买入时机。

(2) 股价由下向上升破中期移动平均线时，是中短线入货时机。

(3) 股价由下向上升破长期移动平均线时，是中长期买入时机。

(4) 股价由上向下跌破短期移动平均线时，是短线出货信号。

(5) 股价由上向下跌破中期移动平均线时，是中短线出货时机。

(6) 股价由上向下跌破长期移动平均线时，是中长期出货信号。

2. 黄金交叉和死亡交叉

两条不同天数的移动平均线互相交叉，如果是短期移动平均线由下向上升破中长期移动平均线，呈现多头排列的形态，称为“黄金交叉”，后市一般应看好；如果短期移动平均线由上向下跌破中长期移动平均线，出现空头排列的形态，则为“死亡交叉”，后市应当看淡。但移动平均线只是技术指标中的一种，因此究竟应当看好还是看淡，还应结合其他的技术指标一同分析研究。

3. 买进时机

如前所述，买进和卖出时机的掌握对投资者最大限度地获得收益具有十分重要的意义。知道何时买进有助于投资者等待不太长的时间即可获得收益，通常有下面几种情况。

(1) 移动平均线从下降逐渐走平，且股价从下方上穿移动平均线时，是买进信号。移动平均线从下降逐渐走平，表明股价的下跌趋势基本减缓，逐步止跌回稳。由于其平均移动的走势较当日股价走势缓慢，因此其转变的趋势通常较日K线走势可靠。一旦移动平均线出现止跌并转平的迹象，即已透露转弯回升的迹象，如果股价再从移动平均线的下方向上突破，一方面，显示当前的股价已脱离原先移动平均线助跌时卖出的压力；另一方面，也将带动移动平均线反转回升，此时买方的力量相对强于卖方。在这种情况下，正是股价从低位整理完成开始进入反转回升的阶段，自然是持币者加入买方行列的有利时机。

(2) 股价连续上扬远离移动平均线时，如果股价突然下跌，但未跌破上升的移动平均线，股价又再度上升时，可以加码买进。原因很简单，当股价由于连续上扬而远离移动平均线时，先前买进的投资者获利很高，股价突然下跌说明有一定的回吐压力，造成短期股价的回档整理。但在强势上涨的行情中，处于上升趋势的移动平均线将会对股价产生助涨的作用，使股价在急速的回档整理之后，立即再度配合移动平均线的上升而弹升。这种大涨小回的现象，对于失去第一买入点的投资者来说，成为逢低吸纳的绝好机会；对于看好中长期上升行情的多头是加码买进的好机会。

(3) 股价跌破移动平均线，突然暴跌且远离移动平均线，此时股价会产生强劲反弹的动能，并且有可能反弹至移动平均线而成为短线炒作的买进时机。一般来说，这种股价跌破移动平均线，而又再向移动平均线反弹的行情，其反弹的关键取决于跌幅的大小。股价离移动平均线越远，反弹的力度就越大，但时间一般不会太长。切记：此时的行情只能被视为反弹，投资者绝不能恋战。道理很简单，任何重创都需要一段时间的修复，尤其是技术指标，短期内超卖只能以短线炒作和获利为目的。

(4) 股价虽然一时跌破移动平均线，但移动平均线仍在上扬，且股价马上又恢复到移动平均线时，是买进信号。当然，投资者应当确认两个前提：一是移动平均线的上升趋势没有改变，尽管股价跌落至移动平均线以下，但幅度并不深；二是股价在跌破移动平均线之后马上又被拉回到移动平均线之上，形成股价和移动平均线继续同步上扬的趋势。

4. 卖出时机

(1) 移动平均线从上升转为走平，并转弯下跌而股价从移动平均线的上方往下跌破平均线，是卖出时机。移动平均线在上升趋势中逐渐走平并转弯下跌，主要是由于一直带动平均线上升的股价，经过一段时间的持续上涨之后，在某一高价区间盘桓，移动平均线的上升幅度及速度都在减缓，以致形成一个抛物线的弧度，呈现出即将反转下跌的走势。这种趋势一旦形成，便很难在短时间内改变回去。因此，移动平均线的转变是一个卖出信号，而股价跌破移动平均线则是确认卖出的有利时机。

(2) 股价跌落于移动平均线之下，然后反弹但未突破移动平均线就告回落时，是卖出信号。股价进入下跌趋势后，长期运行在移动平均线之下，使得某一期间的买方全被套牢，形成股价上涨的压力。虽然由于股价超卖形成一定的反弹，但由于反弹的力度比较小，甚至没有突破移动平均线就宣告反弹结束，说明上档的压力太大，一时无法扭转下跌的趋势，投资者可以借此机会先行出局，再到底部承接筹码。

(3) 股价急速上扬远超过上升的移动平均线时，由于超买将出现短期的回调压力，是卖出时机。这是因为股价的快速上扬，堆积了许多的获利盘，一旦获利盘涌出，股价的回调压力还是很大的。出于获利了结的考虑，投资者可以先行将手中的筹码卖出，再选择其他的机会买进。

(4) 股价虽一时上升突破移动平均线，但随即又跌回到移动平均线以下，而此时移动平均线又继续下跌，是卖出信号。如前所述，移动平均线的下跌趋势一经确立，短期内是不容易扭转的。股价由于反弹，一时上升突破移动平均线，只要移动平均线的运行趋势没有发生变化（继续下行），投资者只能将该信号视为下跌途中的反弹行情，仓位较重的投资者应当选择这个卖出时机进行减仓。

移动平均线指标是一项比较常用的技术信号，尽管移动平均线只是多项指标中的一个，但它对买进和卖出时机的选定仍具有一定的指导意义。总的来说，移动平均线处于上升趋势时，尤其是短、中、长期趋势线处于多头排列的初期，或者是股价在低位上穿移动平均线的时候，均可以成为多头建仓的时机，但投资者应当根据具体的情况，进行短、中、长线操作，力争获取最大的收益。另一方面，当移动平均线处于下降趋势时，尤其是短、中、长期趋势线处于空头排列的初期，或者是股价在高位下穿移动平均线的时候，都是空头获利了结的好时机。

移动平均线的优点在于，当市场明显处于上升或下降的趋势中时，能够自动发出买入或卖出的信号，根据移动平均线的趋势选择买卖时机，能够获取可观的利润；但在价格幅度变化不大的牛市行情中，不甚清晰的买卖信号会令投资者产生无所适从的感觉，因此，投资者一定要配合其他的技术指标，如 MACD、RSI、KDJ 指标等，决定最佳的买卖时机。

三、平滑异同平均线指标(*MACD*)

MACD 指标的技术分析方法是由美国专家 Gerald Apple 和 W. Fredrick Hitschler 提出的，是在平均线理论基础上建立的。其原理是根据收盘价，利用不同速度的移动平均线，来计算两者之间的差异状况，并以此判断买卖时机。与平均线分析方法相比，去除了虚假信号，可避免频繁的买卖。尽管如此，它仍未克服均线在盘整中失效及信号发出的滞后性等弱点。

（一）计算公式

MACD 指标的核心是正负差（*DIF*），同时再设定异同平均数（*DEA*）作为辅助考察。

正负差（*DIF*）是快速移动平均线与慢速移动平均线之差。快速线所设的参数较小，反映短期走向，而慢速线所设的参数较大，反映长期趋势。*DIF* 的计算公式为：

$$DIF = \text{快速移动平均线值} - \text{慢速移动平均线值} \tag{10.1}$$

得出 *DIF* 值之后，就可单独对行情做出预测。为使信号更正确，可将 *DIF* 做移动平均处理，其参数为用来平均化的 *DIF* 个数，即天数，参数大小可自设，得出的值为 *DEA*。

为形象观察买卖力量对比状况，还可计算 *BAR*（网状线）指标。该指标为负值时，标在坐标图零轴下方（为绿色）；为正值时标在零轴上方（为红色）。其计算公式为：

$$BAR = 2 \times (DIF - DEA) \tag{10.2}$$

（二）操作原理

(1)*DIF* 与 *DEA* 均为正值且 *DIF* 大于 *DEA* 时，若均线多头排列一样，表明市场处在多头市场；反之，两者均为负值时，属空头市场。

(2) 当 *DIF* 向上突破 *DEA* 时为买入信号，在 *DIF* 向下跌破 *DEA* 时为卖出信号。不过在买卖时要注意到：若 *DIF* 与 *DEA* 为正值时，卖出是暂时了结以回避回调，一旦向上仍要买回；而在 *DIF* 与 *DEA* 均为负值时，买入是暂时补空，为捕捉反弹而已，一旦再跌要及时卖出。

(3) 若 *DM* 走向与股价走势发生背离，应注意转折出现，顶背离时卖出，底背离时买入。

四、相对强弱指数(*RSI*)

相对强弱指数(*RSI*)是美国的 Wellws Wilder J. R. 1978 年提出的分析方法。它是计算在某一段时间内股价上涨总幅度平均值占总涨跌幅度平均值的百分比。该理论认为，在一个正常的股市中，只有多空双方的力量取得均衡时，股价才能趋于稳定。

相对强弱指数的计算，首先需要决定所采用的天数。采用较短天数计算的指数，其波动幅度较为明显，也很敏感；如果用较长的天数计算时，其波动幅度相对较浅，指数表现得较为缓慢。现行的方法一般采用 9 日作为计算的基础。

（一）*RSI* 指标的技术特点

1. 支撑线与阻力线

当相对强弱指数徘徊在 40 ～ 60 之间时，表示市场内部气势平稳。这种气势若持续一段时间，相对强弱指数必接近 50 这一平衡点。这种情况显示投资者持观望态度。此时相对强弱指数所表现的信号，如突破价位向上或向下的信号准确度极差，完全不足以显示市场上升或下降，往往在突破阻力位后应向上走反而出现回落，而跌破支撑位后应下挫反而反弹。因此当相对强弱指数在 40 ～ 60 之间徘徊时，价位的突破是较难辨别真伪的。

当市场的主要趋势已经确立后，*RSI* 指标的准确度也明显加强。比如市场呈上升趋势时，相对强弱指数突破阻力位后的升幅比跌破支撑位的跌幅要大。也就是说，升势一旦确立，指数跌破支撑位的下跌信号并不可靠，或者幅度较浅，或者容易判断错误；相反，当主要趋势为向下时，相对强弱指数突破支撑位后的跌幅肯定大于突破阻力位的波动幅度。因此在使用 *RSI* 指标时，必须首先辨别市场的主要趋势，不同的趋势在运用支撑位或阻力位进行分析时是有极大区别的。

2. 超买区与超卖区

相对强弱指数可以显示市场在何时为超买区，何时为超卖区。以9日*RSI*为例，当指数超过80时，市场出现超买气氛，预期的价格可能见顶回落；相反，当*RSI*跌到20以下时，市场处于超卖状态，价格可能见底反弹。我们一再使用“可能”这个词，是因为只有在一个按照正常规律运行，且价格波动并没有出现混乱的情况下才有效。当市场气氛步入极度混乱时，价格急剧上升，相对强弱指数往往在突破80后，还能超过90，甚至100。虽然这个阶段的实际价格升幅已经非常大，但任何在*RSI*超越80就出货的投资者都会感到后悔；反之亦然，在极度的弱势状态下，相对强弱指数在跌破20后，也许会做一个轻微的反弹，但*RSI*滑落至10甚至5以下也是不足为奇的。因此，同其他技术指标一样，单纯地研判*RSI*一个指标有时并不具有实际的意义。

3. 背驰现象

所谓背驰现象是指实际价格走势与相对强弱指数的升幅或跌幅出现背离，实际价格上升幅度大而*RSI*上升幅度开始递减，或实际价格下跌急速而*RSI*开始出现递减式的下跌。当价格稍微上升时，*RSI*急剧反弹，在图表上看即为股价一浪高（或低）过一浪而相对强弱指数却一浪低（或高）过一浪，表明股价走势即将反转。

（二）操作原理

1. 多头市场的买进时机

(1) 在空头市场转为多头市场时，进入多头市场的第一段上升行情的初期，即使股价再创新低，但是*RSI*的最低点已不再出现，甚至已经从20以下回升至30左右。股价的下跌并不影响*RSI*的数值，即仍在30附近，说明多空双方的力量已经发生变化，是买进时机。

(2) 如果单从*RSI*的图形来看，如果*RSI*值从高位滑落的角度很陡，说明下降速度极快，甚至跌到30以下，形成超卖现象。此时，*RSI*随时会向上弹升，重新回到30，甚至50。从多空双方的力量来看，跌得快，涨得慢，空头仍居主动。多头第一次反击失败，*RSI*指标随即回落，但在达到最低点前，再度向上跳动，此时多空力量发生改变，当相对强弱指数超越先前反弹的高点时，表示多头占据主动，是买进的时机。

(3) 股价盘旋向上，一峰比一峰高，一底比一底低，在相对强弱指数图上也是如此。当相对强弱指数创新高峰而回落，接近上次的底值附近时，是买进时机。

(4) 当次级或中级上升行情结束，股价出现回档，相对强弱指数随之滑落，在 40 ～ 50 之间进行整理；当股价出现微跌，而 RSI 又呈现一底比一底低的态势时，表示股价虽然进入整理，但多头仍居主动地位，后市再涨一段的可能性较大，是买进时机。

(5) 当 RSI 随股价回跌而从高价位滑落，接近先前回跌所形成的密集区域时，该密集区具有支撑股价的作用而使 RSI 具备弹升的条件，是买进时机。

(6) 在多头市场里，因突发事件而使股价暴跌，相对强弱指数从 70 以上直线下落，跌至 30 以下，接近先前由空头市场进入多头市场后所出现的最低值附近，在 RSI 图形上是多头的支撑点，具有一定的支持作用，是买进时机。

2. 多头市场的卖出时机

(1) 在多头市场的初期，股价上升特别迅速，角度也很陡，RSI 也相对向上跳动。此时，强势股第一次短线卖出时机是 $RSI > 90$，而其他股票在 RSI 超过 80 时，就应卖出。

(2) 在多头市场里，如果 RSI 的第一次高点在 85 以上，而当中级上升行情展开，相对强弱指数也随之向上跳动，并且达到前次高点值附近或以上时，则是另一次短线卖出的时机。

(3) 当股价从高价区域回落，经过整理后再度攀升，但上升速度已经趋于缓和，无力突破前期的高点。此时相对强弱指数的跳动更缓慢，距离先前的高点比较远，如果不能在短期内穿越前期高点，表示多头力量减弱，是卖出时机。

(4) 在一轮中级上升行情中，当股价持续上涨后，获利回吐的压力日益增加，无力再涨，出现回档，此时 RSI 也随之从高点滑落；股价再次回升，并创新高，RSI 又向上跳动，但未超过前次高点，是卖出时机。

(5) 多头市场临近尾声时，股价变动速度趋于缓慢。虽然仍屡创新高，但是从相对强弱指数图形上可以看出，RSI 的跳动已不如以前那样敏捷，幅度减缓，是卖出时机。

(6) 多头市场接近尾声时，空头压制力量转强，股价远离高价区域，在高位形成套牢盘，反转形态逐渐显现。此时，相对强弱指数快速下穿 30，反映空头占据主动地位。因此，当相对强弱指数快速穿越密集成交区而反弹或超越此支撑线时，就是卖出时机。

(7) 单从相对强弱指数的图形上看，由先前低点连接所形成的支撑线向上方延伸，当相对强弱指数跌破此支撑线时，空头由被动转向主动，是卖出时机。这一点只适合于多头市场结束前的相对强弱指数的变动情况。

3. 空头市场的买入时机

(1) 在空头市场，RSI 经常跌至 30 以下，买进的动机主要是为了抢反弹。只有当出现暴跌行情，使股价跌得过低时，此时 RSI 指标将快速回落至 20 以下，才具备抢反弹的条件。否则，成功的机会很低。由于处在一个空头市场中，因此 *RSI* 下跌的幅度越接近前次低点，抢反弹成功的机会就越大。

(2) 当次级或中级下跌行情展开时，由于跌得过深而出现反弹，相对强弱指数也将随之回升。其后可能展开又一轮下跌行情，再创新低，但 *RSI* 却没有出现新的低点。如果股价趋稳，且 *RSI* 又回到 30 以上，说明在短期内多空力量发生改变，是买进时机。

(3) 当股价长期下跌后，出现较大幅度的反弹，但空头的压制仍然很强，股价可能再度跌回至先前的低点附近，甚至再创新低，然后又进行反弹。此时，如果从图形上看，处于标准的双重底形态。但在相对强弱指数图上，第二次回落时，股价虽然接近或再创新低，但 *RSI* 未创新低，股价反弹的机会增大，是买进时机。

(4) 在空头市场里，当股价形成一波比一波低的走势，而在相对强弱指数图上，也出现一顶比一顶低的形状。若将顶与顶之间连接使形成一个压力线，日后当 *RSI* 向上穿越压力线时，就是买进时机。

(5) 当空头市场进入尾声，即将转为多头市场之前，虽然股价表现仍不突出，甚至股价连续创新低，但在 *RSI* 图形走势上，却已显示出一底比一底低的趋势。将前两次的低点相连，向右上方延伸，而相对强弱指数再度回落时，受到这条支撑线的支持，此时再度弹升时，是买进时机。

(6) 在空头市场结束前，所展开的次级下跌行情，仍不断创新低，而相对强弱指数的最低点却比上次下跌行情的最低点高，多次出现一底比一底高的情况。当这种趋势能够明显确立时，再次跌至该趋势线附近时，是买进时机。

4. 空头市场的卖出时机

(1) 在空头市场初期，相对强弱指数很快地回落至 30 以下，多头趁机制造反弹机会，向上拉抬，此时 *RSI* 迅速回升，甚至接近 70，但此时却是最好的卖出时机。

(2) 在空头市场里，相对强弱指数在 50～60 之间形成反压线，也就是说，每次展开的反弹行情，其相对强弱指数最高点接近 60 就容易出现回档，其后股价虽然能继续上涨，但 *RSI* 却不再回升，因此，当相对强弱指数重新接近先前形成的反压线附近时，是卖出时机。

(3) 在空头市场里，个股反弹行情有时会很可观。在相对强弱指数第一高点穿越 70 以上时，回调再上涨时，*RSI* 却未再穿越 70，多空的力量发生质的变化，空头占据主导地位，是卖出时机。

(4) 股价下跌一段时间后，进入盘整阶段，变动的幅度十分有限，相对强弱指数也在 30～50 之间徘徊。当股价突然重跌，甚至跌破盘整区的支撑线，而 *RSI*

也向下跌破正常区域时，往往表明另一个下跌行情的开始，应果断卖出。

(5) 在 RSI 图上，当反弹行情出现时，RSI 值迅速向上跳动，超越 70 以上。股价一旦回落，而多头再度反击的力度减弱，表现在 RSI 第二次的高点未穿越上一次的高点便再度滑落，而低点却比上次的低点还低，说明多头的力量非常弱，再次反弹时就是卖出时机。

(三) RSI 指标的优缺点

1. 相对强弱指数的优点

相对强弱指数的图形形态通常领先于股价的变化，也就是说，比股价提前到达高峰或谷底，投资者可以将其作为股价变动的先行指标。当相对强弱指数的走势与股价走势出现背驰现象时，说明行情即将反转。投资者还可以从相对强弱指数中了解到市场的气氛，判断是买方的天下还是一个卖方的市场。通过研判股价的急速变化，可以预先得知市场的发展趋势。当股价急剧上升时，据此判断升势何时结束、或者上升趋势是否会改变、或者短期内价格是否会出现获利回吐等；当股价急速下跌时，根据 RSI 指标可以判断何时能够出现反弹、或者反弹过程中是否会出现转势等。

2. 相对强弱指数的缺点

相对强弱指数在市场行情暴涨或暴跌时，一般反应迟缓，此时应配合其他的技术指标来判断买卖时机。同时由于相对强弱指数的计算只以收盘价作为依据，如果当日的股价波动幅度很大，RSI 则不能反映当日行情的真实波动情况。

五、威廉指标(*WMS*%)

这一指标是反映市场处于超买还是超卖状态的。当处在超买状态，价格波动进入高涨，表明市场将由涨至跌；反之，处在超卖状态，则预示市场将由跌至涨，波动低潮将过去。

(一) 计算公式

$$N\text{日}\ WMS=\frac{H_n-C_t}{H_n-L_n}\times 100 \tag{10.3}$$

其中：C_t 表示第 t 天收盘价；H_n 和 L_n 表示最近 N 天(包括当天)出现的最高价和最低价；N 表示选择的周期天数。

该指标要表明的是当天收盘价在过去一段时间内全部价格波动范围所处的相对位置。若数值处在极高位置，价格可能回落；若数值处在较低位置，则价格将回升；若数值处在 40 ～ 60 区域，价格涨跌的可能性都有。

该指标值波动区间在 0 ～ 100 之间。

（二）操作原理

该指标参数的设置通常取市场经常出现的循环周期的一半。至于循环周期，有长中短之分，可根据需要选择。

在运用这一指标时，可从指标值及其曲线形状两方面考察。

从数值看，指标值处在50以上，表明市场走势处在弱势或较弱走势；处在50以下，则显示强势或半强势。当指标值处在20或10以下，市场处在超买状态，走势短期将见顶，可考虑卖出；当处在80或90以上，市场处在超卖状态，走势短期将见底，应考虑卖出；若处在中间带，指标值不能作为买卖的依据，应借助其他分析工具作出判断。

从曲线形状看，当指标值曲线进入低位后翘头，而股价还在上涨，由此产生顶背离，这是卖出信号；当指标值曲线进入高位后回头，而股价还在下跌，则是买入信号。在指标值曲线连续多次触底（顶），形成双重或多重低（顶）时，此为重要的买卖信号。

由于威廉指标反应最为灵敏，因而更适用于短期分析。若做中期分析，应适当放大参数。

六、随机指标（*KDJ*）

随机指标的特征与威廉指标有相似之处，但其对股价变化的反应略慢些，参数选择依据与威廉指标相同。

（一）计算公式

$$今日 K 值 = 2/3 \times 昨日 K 值 + 1/3 \times 今日 RSV 值 \tag{10.4}$$

$$今日 D 值 = 2/3 \times 昨日 D 值 + 1/3 \times 今日 K 值$$

$$n 日 RSV = \frac{C_t - L_n}{H_n - L_n} \times 100$$

在计算之初，可设 K、D 的基值为50，代替前一天的 K、D 值。K 值的变化更为灵敏，称为快线值，D 值的变化稍慢，称为慢线值，后者较稳重可靠。

随机指标除 K、D 值外，还附带一个 J 指标，其实质是反映 D 与 K 之间的差值。其计算公式为：

$$J = 3D - 2K \tag{10.5}$$

或：

$$J = D + 2(D - K) \tag{10.6}$$

KD 波动区间在 $0 \sim 100$ 之间，J 值可超出这一区间。

（二）操作原理

从数值及曲线特征看，其运用原理与威廉指标相似，只是威廉指标考虑20

以下卖出，80 以上买入，而随机指标与之相反而已。

除了上述法则外，随机指标运用还有如下功能：

从 *KD* 值两线交叉情况看，*K* 线上穿 *D* 线为金叉，若在底部区域交叉数次，且 *K* 线在 *D* 线已抬头向上时与其交叉更为可靠，这是买入信号；反之，*K* 线下穿 *D* 线，为死叉，若在高位交叉数次且右侧相交，则是可靠的卖出信号。

此外，*J* 指标值又成为一个重要的辅助工具，*J* 值超过 100 或低于 0 分别表示超买或超卖，应大胆卖出或买入。

七、K 线组合分析

K 线图的使用十分普及。有关 K 线的画法如图 10-2 所示。

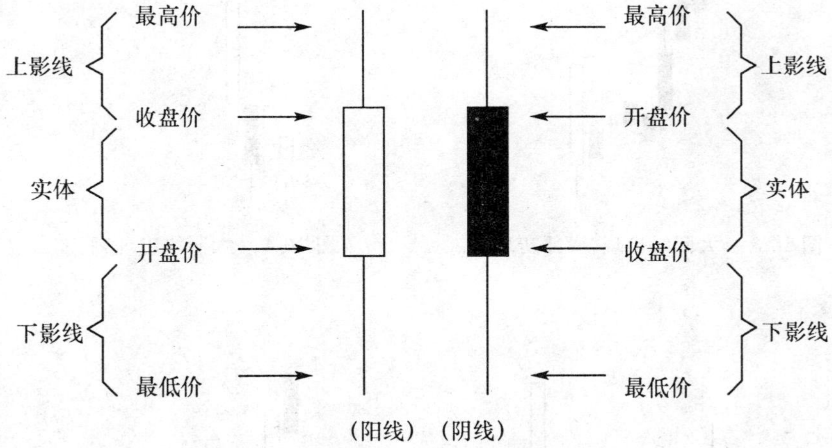

图 10-2 K 线结构图

K 线的时间长度划分为小时 K 线、日 K 线、周 K 线、月 K 线等。不同时间周期的 K 线分析意义相同，只是影响的时间跨度不一。

K 线形态组合错综复杂，若以 2 根、3 根、5 根 K 线联结起来看，可形成无数形态。因此一一分析几乎不可能。鉴此，我们主要掌握以下分析思路。

（一）阳线阴线实体大小的作用

首先，阳线实体越大，表明多方力量越大；反之，阴线实体越大，显示空方力量越大。在股价下跌一段时间后，大阳线突然出现，显示短期底部的到来。如出现在盘局之后，则表明市场走出盘局开始新一轮上涨。大阴线的情况相反，若在股价上涨一段时间后，突然出现一根大阴线，表明空方开始反攻，它往往预示着短期头部的到来。同样，股价盘整缩量，随后出现一根大阴线向下突破盘整区域，则显示新一轮跌势开始，如图 10-3、图 10-4、图 10-5、图 10-6 所示。其次，在股票价格上涨过程中，若阳线实体依次放大，表明上攻走势凌厉；反之，实体依次缩小则表明攻击力逐步减弱。在下跌过程中，情况正好相反。阴线实体依次放大，表明空方力量加强；反之，阴线实体逐步缩小，表明打压力度减弱。上述分析可见图 10-7 与图 10-8 所示。

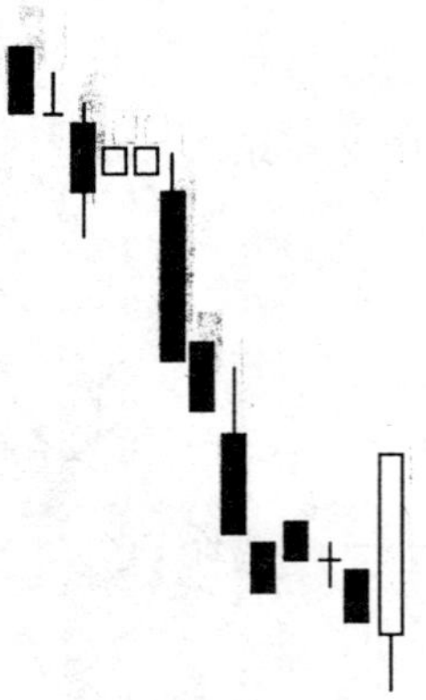

图 10-3 大阳线出现，底部初现

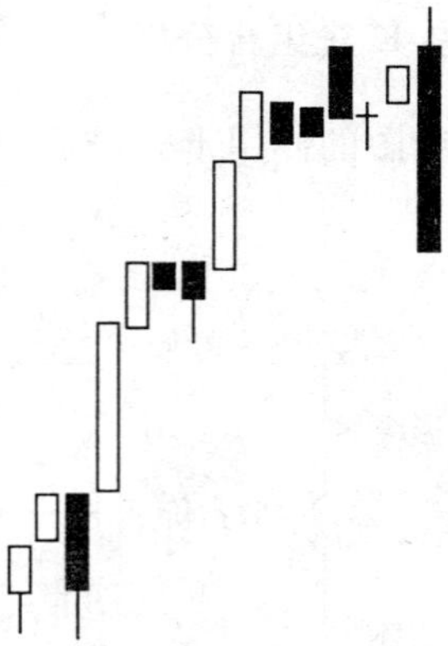

图 10-4 大阴线出现，底部出现

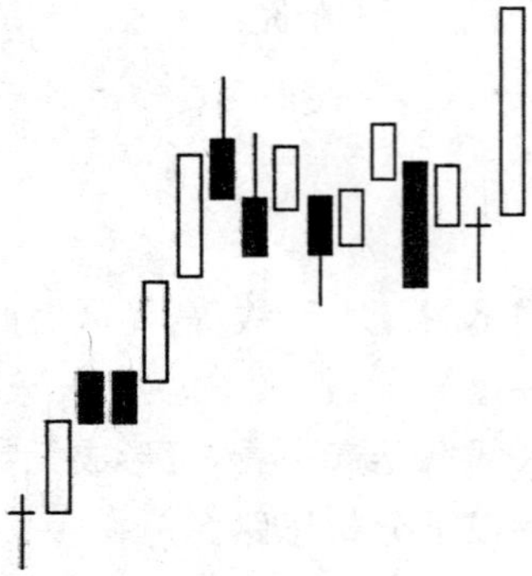

图 10-5 盘整后出现大阳线，形成上突破，升势再现

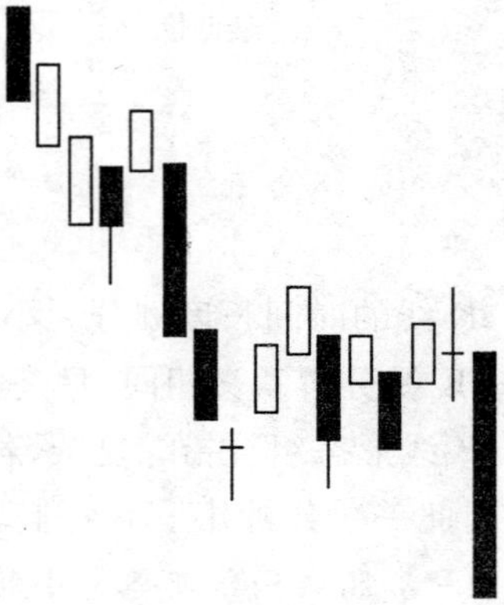

图 10-6 盘整后出现大阴线，形成下突破，跌势再现

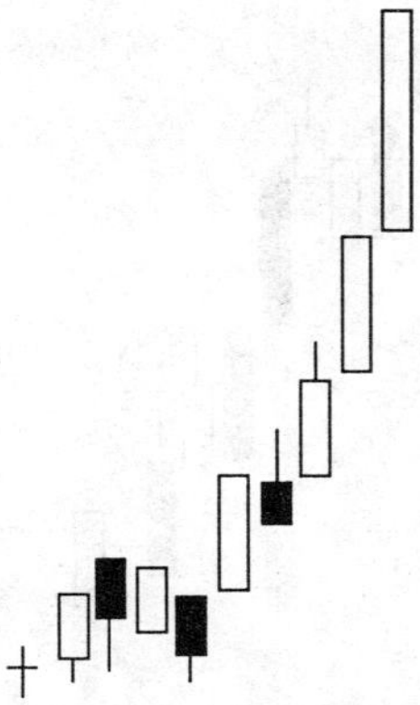

图 10-7　阳线实体逐步增大，预示上升势头凌厉

图 10-8　阴线实体逐步增大，预示下跌势头加大

（二）上下影线的功效

上影线长表明空方打压力度较大，即上影线代表了卖方的力量及股价上方抛售力。下影线越长表明多方的进攻力度较大，即下影线代表了买方的力量及股价下方的支撑力。当然，上述情况还要具体分析。通常，在上涨一段时间后，上影线的阻力作用较明显；反之，在下跌一段时间后，下影线的支撑作用较显著。如果股价下跌一段时间后，突然在下方出现较长的上影线的 K 线，这并不说明卖方力量加大；相反，表明多方已尝试反攻，虽然未告成功，但局势可能会发生变化。同理，在股价上涨一段时间后，突然在高位出现一根下影线较长的 K 线，也不说明买方力量增大，反过来它显示空方已开始反扑，之后局势未必对多方有利。

（三）十字星的意义

十字星是指实体较小或者没有实体且上下影线较长的 K 线。这种 K 线在技术分析上有重要意义。十字星实际上代表了多空双方力量暂时平衡，上影线长于下影线，空方力量略强；反之相反。在盘局中出现十字星，表明市场价格上下方向不明。在股价上涨持续一段时间后，即在高价区，十字星出现表明多方力量衰竭，有见顶之嫌，若十字星之后出现阴线，则可断定顶部形成；反之，在股价下跌一段时间后，即在低价区，十字星出现提示空方力量耗尽，有见底希望。若十字星后出现阳线，则进一步证明这一事实。上述分析见图 10-9 与图 10-10 所示。

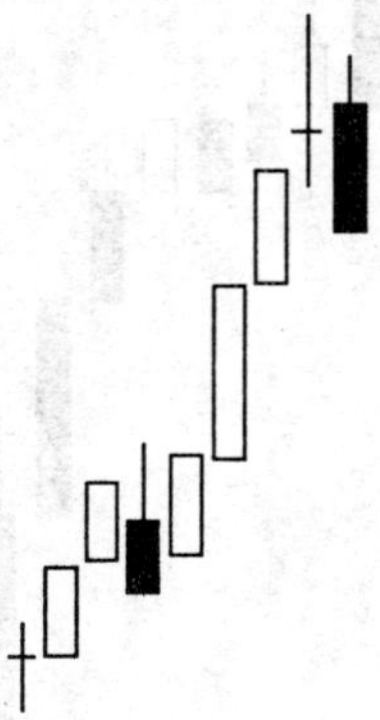

图 10-9 头部出现十字星,见顶

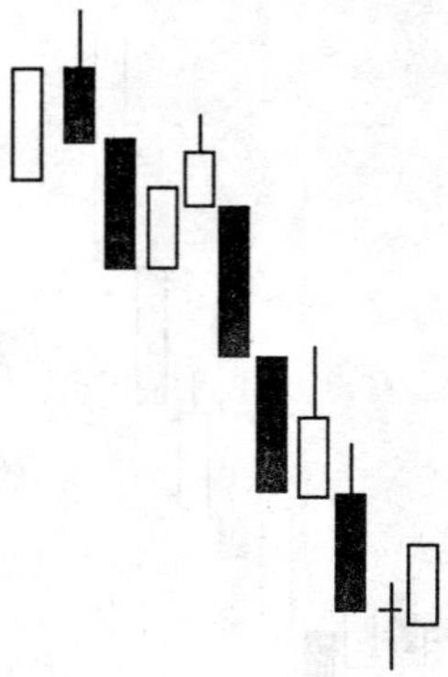

图 10-10 底部出现十字星,见底

（四）K线重叠、跳空与涨跌斜率的分析意义

K线涨跌不可能直线运行,总体看是曲折向上向下。在K线涨跌中,大多数时间会出现数根K线重叠状况。分析K线重叠特征,对判断股价短期走势十分重要。

(1) 股价上涨,K线之间的实体或影线出现部分重叠,上涨斜率近似于1,这表明股价上涨为稳健型,上涨维持时间可能稍长些(如图10-11所示);反之,股价下跌时出现这种重叠状况,则为匀速下跌型,持续的时间也较长(如图10-12所示)。

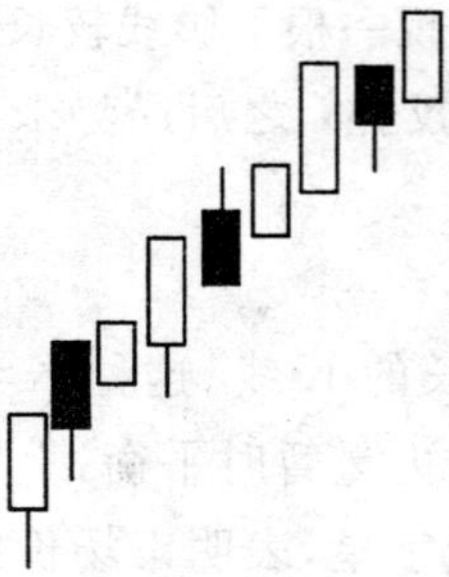

图 10-11 K线部分重叠,稳健上涨

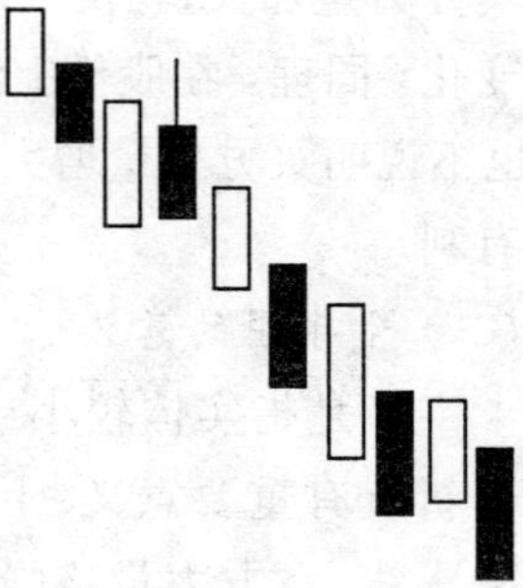

图 10-12 K线部分重叠,匀速下跌

(2)K线之间发生平行重叠,则要做具体分析。若一阳一阴,则要看后一根是阳还是阴,后一根K线收盘价高于还是低于前一日收盘价。若后一根为阳,不仅收盘价要高于前一天,而且至少已切入前一根阴线的一半以上,甚至把前一根阴

线全部吃净还有余，这样才表明买方力量增加。若先阳后阴则按相反思路去分析。若出现3根以上K线，则要看是阴线多还是阳线多，是阴包阳还是阳包阴，以及阴阳线的实体大小等。若阳线多，阳包阴及阳线实体大，则预示此后走势向好；反之相反（如图10-13与图10-14所示）。

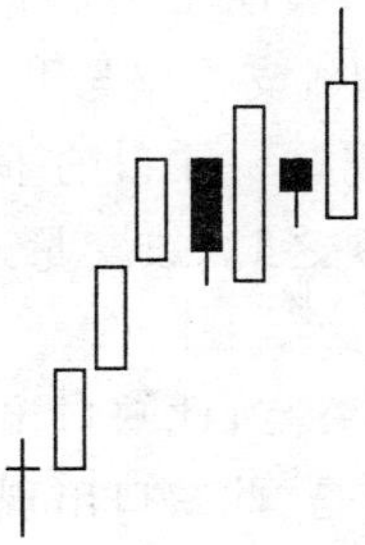

图10-13　阳包阴，预示上涨

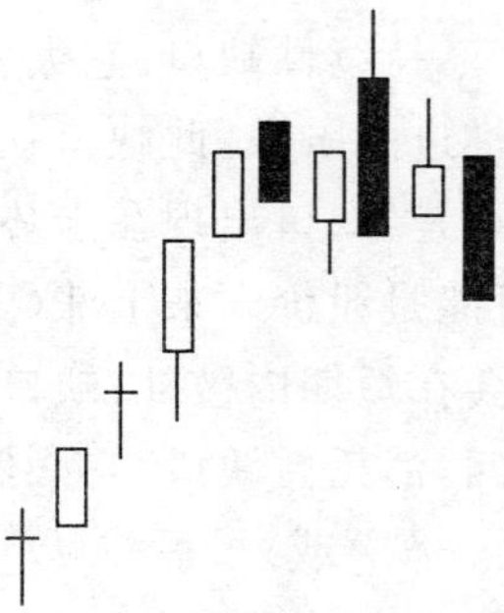

图10-14　阴包阳，预示下跌

（3）K线涨跌中还会出现缺口，即形成跳空缺口。缺口是指股价快速大幅移动中有一段价格没有任何交易。在K线图上为一真空区域。缺口有多种，如图10-15所示。以下逐一分析。

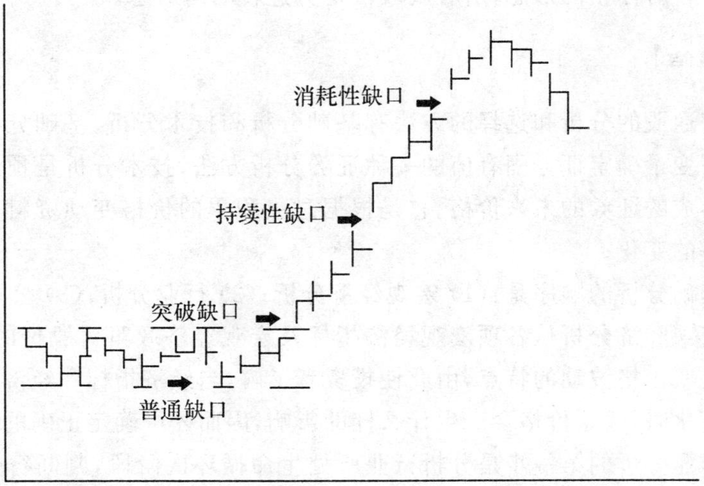

图10-15　跳空缺口

第一,普通缺口。它通常出现在股价横向整理走势中,这时成交量较小,从而容易形成缺口。这一缺口的特点是:空缺小且在后几个交易日中会被迅速填补,它对走势分析没有多大意义。

第二,突破缺口。它常出现在走势转折之初、股价以一个很大跳空缺口远离原有形态,出现加速运行态势。它的特点是:缺口出现伴随着重要阻力线或支撑线的突破;缺口大,有量的配合;通常缺口不会被迅速填补。

第三,持续性缺口。它大多出现在市场走势行进的中途,表明市场走势已进入顺利推进的阶段。此缺口在以后走势的回调反弹中分别构成支撑位与阻力位。它的特点是:缺口出现在走势行进的中途,从起涨(跌)点到这一缺口的垂直距离,很可能是股价未来上涨(下跌)会达到的幅度;缺口出现之时,成交量适度;缺口不会在短期内被补;缺口往往不止一个,有时会有几个。

第四,消耗性缺口。它必然发生在股价上升下跌趋势的终点,此缺口出现表明"最后一跌"或"最后一跃",有强弩之末的特征。它的特点是:此缺口出现预示原有走势将发生逆转;缺口会迅速填补;缺口出现后量价关系会严重背离。

在分析 K 线重叠及跳空特征的同时,还必须注意 K 线行进的斜率。通常,短期内股价升跌斜率过大,维持原有趋势时间不会很长。惟有斜率近似于 1 的升跌,才可维持略长的时间。

当 K 线出现许多根,这时就要借助大形态来分析,而不能拘泥于几根 K 线关系,要放到整个形态上来分析。

股价大形态主要包括整理与反转两种。前者是股价在维持原有运行方向基础上趋势暂时停止的形态,后者属股价走势逆转前的形态。

【本章小结】

1. 普通股的分析和选择的方法有基础分析和技术分析。基础分析是根据基本的经济变量确定证券固有值的一种证券分析方法。技术分析是预测由于供需变化而形成的证券的未来价格。它是根据过去积累的价格变动资料来预测未来市场价格的变化。

2. 基础分析的顺序是:(1) 宏观经济分析;(2) 行业分析;(3) 公司分析。

3. 宏观经济分析从各项宏观经济指标及宏观经济政策对股价的影响出发,阐述了股票价格波动的特点,由此使投资者了解,当经济指标和经济政策发生什么样的变化时,股票价格会产生什么样的影响,因而才可确定正确的投资决策。

4. 行业分析的第一步是分析行业所处生命循环的阶段,判断行业的一般状况和现在的位置。第二步判断与经济周期和宏观经济状态有关的位置。第三步涉及行业特征的定性分析。

5.公司分析首先根据公司的财务报表求出相关的财务比率，依此判断公司的经营状况。然后，使用价盈比模型和股息折现模型分析、预测公司的盈利和价盈比，得到固有值的估计值与股票现价进行比较，从而做出投资决策。

6.技术分析的目的是预测由于供需变化而形成的股票的未来价格。它是根据过去积累的价格变化资料来预测未来市场的变化。技术分析的各种方法往往是把过去的价格资料用图形表示，因为这样更直观，分析更方便，但技术分析仅能帮助投资者做中短期决策，对长期决策无能为力。

7.在技术分析理论的引导下，所发展出的技术分析方法可称得上包罗万象，琳琅满目。本章主要介绍了移动平均线、平滑异同平均线指标（*MACD*）、相对强弱指标（*RSI*）、威廉指标（*WMS%*）、随机指标（*KDJ*）以及K线组合分析等几种常用的方法。

【思考与练习】

1.简述证券分析的两种分析方法。
2.简述各项经济指标对股票价格变化的影响。
3.财政货币政策是如何对股票价格产生影响？
4.为什么需要行业分析？
5.如何对行业进行定性分析？
6.为何要对公司的财务报表进行分析？
7.如何解读资产负债表？
8.如何解读损益表？
9.财务报表分析有哪些局限性？
10.简述道氏理论的主要内容。
11.如何使用移动平均线确定买卖时机？
12.简述平滑异同平均线（*MACD*）的判断方法。
13.分析相对强弱指标（*RSI*）的技术特点。
14. 随机指标与威廉指标的运用原理有何异同？

第十一章　衍生金融工具

【学习目标】

本章介绍重要的衍生金融工具——期货、期权以及互换和互换的衍生品。衍生工具是英文 Derivatives 的中文意译，其原意是派生物、衍生物的意思。所谓衍生金融工具，是指从原生资产（Underlying Assets）派生出来的金融工具。这类工具的价值依赖其他金融产品的价值而定。通过本章的学习，可以了解期货合约的特点和期货市场的运行规则，初步掌握期货投资的策略；了解期权交易的特点、定价规则以及期权投资策略；掌握互换以及互换的各类衍生品的概念和交易特点。

第一节　期　　货

一手交钱、一手交货的现货交易尽管比较方便，但却不容易防范价格波动的风险。潜在的买家担心交易时价格上涨，潜在的卖家担心交易时价格下跌。两者的担心固然可以通过订立远期交易合约来化解（远期合约的特点是现在确定交易价格，将来交货，即现在"固定"将来的价格，因而价格变动的风险在一定程度上得到控制），然而，远期合约的交易方式有两个方面的不足，限制了其防范价格风险的机制：一是流动性不足，即甲和乙之间的远期合约很难转让给第三人；二是安全性不足，即存在着交易对手违约的风险。另外，远期合约交易在商品等级等非价格方面也容易造成买卖双方的争议。下面我们将要看到，期货合约作为标准化的远期合约，克服了上述不足，成为大宗现货交易中主要的防范价格风险的工具。当然，在期货发展的过程中，期货合约本身也成为投机的工具。

一、期货合约及其类型

（一）期货合约

期货合约是标准化的远期合约。所谓标准化的意思是说，合约中除了价格以外的所有的要素都已经被期货交易所事先做了规定。这些规定一般包括商品的等级、交货（期货术语是"交割"）地点和时间、买卖的数量以及价格的变动幅度限制。表 11-1 是我国上海期货交易所关于铝的标准期货合约。

表 11-1 上海期货交易所铝标准期货合约①

交易品种	铝
交易单位	5 吨/手
报价单位	元(人民币)/吨
最小变动价位	10 元/吨
每日价格最大波动限制	不超过上一交易日结算价的±3%
合约交割月份	1～12 月
交易时间	上午 9:00～11:00,下午 1:30～3:30
最后交易日	交割月份的第 15 日(遇法定假日顺延)
交割日期	交割月份的第 16～20 日(遇法定假日顺延)
交割等级	标准品:铝锭,符合国际 GB/T1169-93 标准中 AJ99.70 规定,其中铝含量不低于 99.70% 替代品:LME 注册铝锭,符合 P1020A 标准
交割地点	交易所指定交割仓库
交易保证金	合约价值的 5%
交易手续费	成交金额的万分之二
交割方式	实物交割
交易代码	AL

期货合约要求在确定的交割日按照确定的价格(期货价格)交割商品。合约严格规定了商品的规格、等级、交割地点与交割方式。农产品和金属的交割是经过批准的注册仓库所开出的收据实现的。对于金融期货来说,交割通过电子转账的方式完成。对于指数期货,需要通过现金结算完成(虽然从技术上讲,期货交易需要实物交割,但实际上很少发生实物交割。合约双方常常在合约到期前平仓,以实现现金结算)。

因为交易所已经对合约的条款做了规定,所以交易者关注的只剩下价格了。多头(Long Position)承诺在交割日购买合约规定的商品,空头(Short Position)

① 李一智主编.期货与期权教程.北京:清华大学出版社,1999:12

承诺在交割日卖出商品。所以，多头就是合约的买方，空头则是合约的卖方。买和卖在这里只是一种说法，它只是买卖双方之间的一个协议。在合约签订时，资金并没有易手，当然，买卖双方都要交纳期货保证金。

（二）期货合约的类型

期货合约所交易的商品分为四大类：农产品、金属与矿产品（包括能源）、外汇、金融期货（包括利率期货、股票指数期货等）。表 11-2 列示了世界上一部分主要的期货合约类型。

表 11-2　**期货合约的若干种类**①

外汇类	农产品	金属与能源	利率期货	股票指数
英镑	玉米	铜	长期国债	道·琼斯工业指数
加元	大豆	铝	国库券	标准普尔 500 指数
日元	燕麦	黄金	中期国债	价值线指数
法国法郎	大麦	白金	市政债券指数	主要市场指数
德国马克	小麦	白银	LIBOR	纳斯达克 100 指数
澳大利亚元	咖啡	原油	联邦基金利率	日经 225 指数
…	…	…	…	…

二、期货交易机制

投资期货必须通过期货经纪公司和期货交易所进行。当投资者找到经纪公司想建立期货头寸时（投资期货时），经纪公司将买卖指令传给期货交易所。历史上期货交易所内由一群厂内经纪人在交易池集中交易，以声音和手势表明他们的买卖意愿。一旦一方愿意接受另一方的报价，交易就被记录下来并通知投资者。

期货交易所内有清算所（Clearing House）负责买卖双方的结算。多头与空头互相持有对方的合约。对于多头，清算所是合约的卖方；对于空头，清算所是合约的买方。清算所有义务交割商品给多头并付钱给空头。这种机制使得清算所同时成为买卖双方的交易对手。双方任何一方的违约都会伤害到清算所。图 11-1 描述了清算所的作用。图 11-1(a)是在没有清算所的情况下，多头有义务支付期货价格给空头，而后者必须交割商品；图 11-1(b)表明，清算所是交易中

① [美]滋维·博迪，朱宝宪等译．投资学（第四版）．北京：机械工业出版社，2000：579

介，充当买卖双方的交易对手，清算所在每次交易中既是多头又是空头，它的净头寸为零。

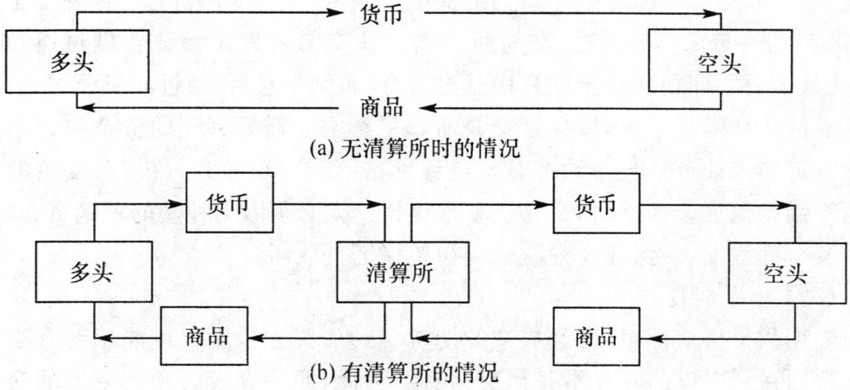

图 11-1　清算所的作用

期货交易所实行每日无负债制度，即每日计算投资者的盈亏，交易所不为投资者垫款。交易所本身不发生盈亏，所有盈利者的利润等于亏损者的损失，所以，人们常常说期货交易是"零和博弈"。期货交易主要通过以下的措施来进行。

（一）盯市与保证金

对交易者的盈亏进行累计的过程叫做"盯市"。最初建立一个交易部位时（开新仓），每个交易者都要建立一个保证金账户，存入现金或符合规定的有价证券，其作用是保证交易者履行合约义务。由于期货合约双方都有可能遭受损失，所以双方都要交纳保证金。保证金分为初始保证金与追加保证金。初始保证金（Initial Margin）是签约成交每一份新期货合约时，买卖双方向交易所交纳的相当于合约价值一定比率的保证金。初始保证金比率根据价格波动的幅度来确定，在一般价格波动幅度下为合约价值的 5%～10%。也就是说，一般认为，合约成交到下一交易日，价格波动幅度不会超过 5%～10%，所交纳的保证金足以抵偿价格不利变动所带来的账面亏损。另一方面，这样低的保证金比率意味着只要有 5 万～10 万元就可以买卖 100 万元的商品期货合约，也就是人们常说的"以小博大"，取得经济杠杆效应。如果盯市的结果是交易者出现连续亏损，其保证金账户资金余额跌至某关键值以下，这个关键值就是维持保证金（Maintenance Margin）。一旦保证金账户低于维持保证金，交易者就会收到保证金催付通知。

例如，美国玉米期货的一个期货合约是 5 000 蒲式耳，某日的单价 2.737 5

美元/蒲式耳，合约的价值就是：

$$5\,000\times2.737\,5=13\,687.5(\text{美元})$$

如果初始保证金比率是10%，则需要交纳13 687.5美元保证金。如果维持保证金比率是5%，则只有当10%的保证金跌至一半，即每份合约的保证金剩下1 368.75/2=684.375元时，交易所才向多头交易者发出保证金催付通知。这样，交易者要立即在保证金账户中补充资金，否则交易所(通过经纪公司)有权将交易者的头寸强行平仓，以保证交易所不受影响。需要补充的资金称为追加保证金。追加保证金是当合约持有者遇到价格不利变动导致亏损，已交纳的保证金低于维持保证金水平时，交易所要求该持仓人必须限期补交的一笔资金，以便弥补其全部亏损，使保证金存款达到初始保证金数额。

(二) 平仓制度

当期货价格变动时，已经成交的期货合约的买方或卖方可能感到有必要将持仓合约在到期以前转让给其他交易者。为此，原持仓人必须改变他的交易部位。比如，原来他是多头，他想要转让合约时，他应该做空头，注明用以抵消原有的多头头寸；反之，如果他原来是空头，他就要做多头，以抵消原有的空头头寸。这种做法就是合约的对冲。期货交易所允许交易者在持仓合约到期前进行期货合约的转让买卖，先买进的，后可卖出；先卖出的，后可买进，以了结交易者原有的交易部位。

当然，对冲只是平仓的方式之一。另一种方式是在期货合约到期后立即进行实物交割：买进合约者根据结算交付货款，提取商品；卖出合约者交出商品，收取货款。

(三) 交割

期货合约在到期日时必须平仓，结束其生命周期，即要么对冲，要么交割商品实物，比如特定等级的小麦或外汇等。对于农产品来说，由于质量差别大，交易所将质量的标准化作为合约的一部分。有时，合约还会因质量高低而分别处理，通过溢价或折价来调整质量差别。有的期货合约没有办法进行实物交割，只能现金交割，如股票指数期货。由于其标的物是股票指数，而交割构成指数成分各个股票又不现实，所以只能用现金交割，其金额等于合约到期当天股票指数达到的值。现金结算是实物交割的模拟，只是空头收到期货价格的同时，交割的是相当于资产值的现金而非资产本身。

(四) 期货的监管

期货市场是个秩序性非常强的市场，客观上要求要有严格的管理。期货管理一般分为三个层次：政府机构、交易所和行业协会。以美国为例，美国的商品期货交易委员会(Commodities Futures Trading Commission，CFTC)就是专门负责全美期货行业监管的联邦政府机构,管理着整个美国国内的期货行业,范围不限于交易所、交易所会员和期货经纪商,包括一切期货交易,同时管理在美国市场上市的国外期货公司。该委员会通过制定交易规则、批准或否定新的期货合约品种和交易所等手段管理期货交易。美国的各个期货交易所制定并实行其交易规则,如保证金制度和会员之间发生争议时的调解制度、对经纪公司的最低资金限额要求、交易记录、客户指令管理、内部奖惩程序等。第三个层次的监管是行业协会,如美国1981年成立的期货市场协会。该协会是期货业的行业协会,主要靠自律的规则来约束期货业参与者,凡加入行业协会的会员,都必须遵守该协会的业务和财务规则。行业协会还通过对从业人员的资格审查来发挥自律作用。

我国的期货政府管理机构是中国证券监督委员会。为了加强期货市场的监管,中国证监会期货部陆续发布了一系列文件并汇编成册《中国期货市场文件汇编》(一)(二)(三),对规范期货交易起到重要的作用。1999年国务院发布《期货交易管理暂行条例》,可以看做我国第一部全国统一的有关期货的行政性法规,其中包括:总则、期货交易所、期货经纪公司、交易基本规则、监督管理、罚则、附则7章共71条,对进一步整顿和规范期货市场起到重大作用。

三、期货市场策略

从期货投资的目的看,期货交易分为套期保值与投机交易。套期保值的目的是通过期货交易锁定现货价格的风险,把期货交易当做防范现货价格风险的手段。投机交易的目的是从期货合约本身的价格变化中获利。

(一)套期保值

套期保值就是买进(或卖出)与现货数量相等但交易方向相反的期货合约,以期在未来某一时间再通过平仓获利来抵偿因现货市场价格变化带来的风险的期货交易。先看一个商品期货的例子。

一个铜材加工厂认为目前铜材的价格28 500元/吨比较便宜,考虑购买一批铜材共2 500吨以备加工产品之需。但问题是现在就购买铜材需要占用库存和资金,而将来购买则要冒价格上升的风险,于是工厂在期货市场上购买了铜的期货合约,如表11-3所示。

表11-3 **铜厂套期保值分析(铜价上涨300元/吨的情况)**

现货市场	期货市场
现在 28 500元/吨(目标成本)	现在 以28 700元/吨买进2 500吨铜
将来 按照当前价格28 800元购买2 500吨铜	将来 按照29 000元/吨卖出铜期货2 500吨
损益 －300元/吨	＋300元/吨

一般情况下，期货价格与现货价格的变动方向是一致的，即现货价格与期货价格同涨同落。表 11-3 显示，在铜的市场价格(期货和现货)上涨 300 元/吨时，工厂通过做多期货合约，盈利 300 元/吨，正好弥补了将来现货市场价格上涨 300 元/吨的损失，把购货成本固定在 28 500 元/吨这个工厂认可的水平。

再看一下铜的市场价格下跌 300 元/吨的情况，如表 11-4 所示。

表 11-4 **铜厂套期保值分析(铜价下跌 300 元/吨的情况)**

现货市场	期货市场
现在 28 500 元/吨(目标成本)	现在 以 28 700 元/吨买进 2 500 吨铜
将来 按照当前价格 28 200 元购买 2 500 吨铜	将来 按照 28 400 元/吨卖出铜期货 2 500 吨
损益 +300 元/吨	−300 元/吨

表 11-4 的计算表明，当价格下跌时期货多头发生亏损 300 元/吨，但在现货市场上工厂有盈利 300 元/吨，相互抵消后工厂总的损益还是零，即购买铜材的成本依然固定在 28 500 元/吨，从而实现了保值的目的。

从投资的观点看，本例中工厂持有这样一个投资组合：一个铜期货的多头和一个铜现货的空头。无论铜的价格上升还是下降，该组合的价值不受其影响，也就是说，面对价格波动，组合处于无风险状态。

再看一个金融期货的例子。

例 1 一个美国国债的投资者手中持有 2 000 张国库券，每张国库券的面值是 1 000 美元。为了防止利率波动造成国库券贬值的可能，他需要现在在国库券期货市场上卖出两份期货合约(每份合约面值 100 000 美元)。目前期货价格和现货价格都是 123.19 美元，假设将来的期货价格有三种情况：122.19 美元、123.19 美元、124.19 美元。这个由债券的多头加上期货空头组成的投资组合的损益情况如表 11-5 所示。

表 11-5 **美元债券的多头加上期货空头组成的投资组合的损益**

项 目	将来的期货价格		
	122.19	123.19	124.19
持有国债的价值	244 380	246 380	248 380
期货的盈亏	2 000	0	−2 000
总计	246 380	246 380	246 380

例如，如果债券价格跌至 122.19 美元，则债券的现货损失恰好被期货的盈利所抵消。期货的盈利来源于当初期货价格 123.19 美元与到期时期货价格

122.19美元的价差1美元。对空头来说，债券价格下跌使得其每100美元面值就能够获利1美元，他共有200 000美元债券，共获利2 000美元。当然，他的现货损失也是2 000美元。类似地，当债券价格上涨到124.19美元时，现货市场上的获利2 000美元正好抵消期货市场上的损失2 000美元，两者抵消之后，总的组合价值不变。

与前面铜加工厂的例子稍有不同的是，本例中的投资组合特点是现货多头加期货空头，而前例中的特点是现货空头加期货多头。这恰好对应了套期保值的两个基本类型——买入套期保值（铜加工厂）和卖出套期保值（美元债券持有者）。无论是哪一种套期保值的类型，其共同的特点都是把期货交易当做改善投资组合的手段，其目标是整个投资组合的价值稳定，而并非期货交易本身的盈亏。这是同下面即将讲到的投机的主要区别。

（二）投机

前面套期保值的投资组合的构造特点是建立“双向头寸”，即现货与期货的头寸正好相反：要么是现货多头加期货空头，要么是现货空头加期货多头。而期货投资中的“投机”是建立“单向头寸”的投资行为，通过预测价格的未来走势，追求期货交易（或现货交易）本身的盈亏。我们仍然用前面的两个例子加以说明。

先看铜加工厂的例子。工厂由于担心铜材价格上涨而实施了买入套期保值，但当铜材价格下跌时，工厂却因为做了套期保值的期货交易而丧失了意外的收益300元/吨。这说明套期保值是有代价的，这一代价就是，当避免价格变动带来的风险的同时，也丧失了价格有利变动带来的收益。假如工厂对铜材的价格变化有了比较深的了解，预计未来铜材价格上升的可能性很小，下跌的可能性很大，它完全可以不做买入套期保值业务，冒一点风险等待以更低的价格买入将来的现货。如果工厂这么做，它就是一种投机行为（在现货市场上进行投机）。因为，工厂这时的投资组合是现货空头，这是单向的头寸，现货价格只有下跌这一组合才能盈利。

类似地，如果美元债券期货交易者手中没有美国国债，也不打算购买国债，而是完全试图通过期货交易从期货价格的变化中获利，则他就是一个投机者。如果投资者认为价格要下降，他就做空头；反之，就做多头。比如，当国债价格上升到124.19美元时，多头投机者获利2 000美元，空头投机者损失2 000美元；反之，则结果相反。期货市场一般比现货市场的投机性强，原因是期货市场交易费用低和存在杠杆效应。本例中如果投资200 000美元面值的国债现货，按照当前的国债价格123.19美元，就需要动用资金246 380美元，而投资期货不需要动用这么多的资金，只要很少的保证金就够了，比如，初始保证金为20 000美元。这样，当价格由123.19上涨到124.19时，盈利为2 000美元，所对应的回报率是 2 000/20 000＝10％，而债券价格仅仅上涨了 1/123.19＝0.8％，这就是杠杆效应。当然，这时空头的损失也是 10％，所以，杠杆效应是双向的。

（三）基差

基差是指在同一时间、同一地点、同一品种的现货价与期货价的差别，公式是：

基差＝现货价格－期货价格

现货价格与期货价格变动不同步，变动幅度不一样，会引起基差的不断变动，期货合约到期时，期货价格收敛于当时的现货价格，基差变为零。基差是套期保值中一个非常重要的概念，因为基差的变化将影响套期保值的效果。前面的套期保值例子隐含着一个重要假定——基差在套期保值期间保持不变，如图 11-2 所示。

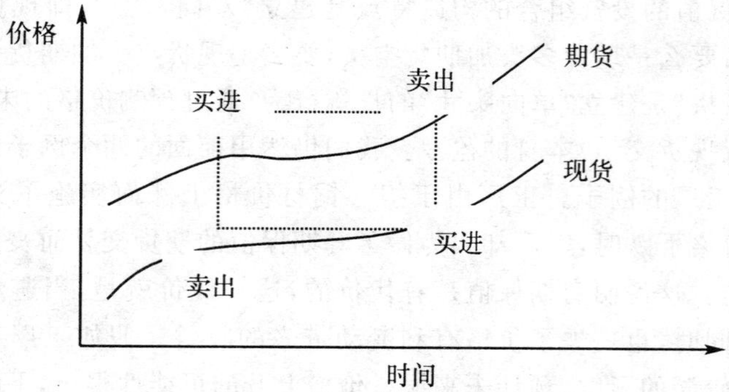

图 11-2　基差假设不变的情况下期货与现货价格变化图

图 11-2 中期货与现货的价格不仅变动方向一致，变动幅度也是相同，但实际情况是基差常常在不断变动，情况类似于图 11-3。

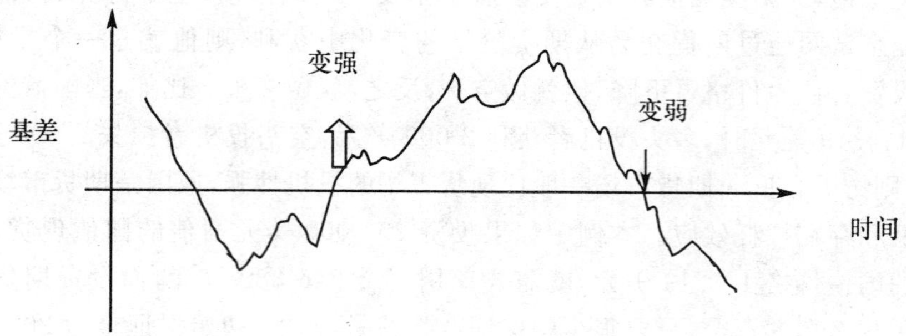

图 11-3　基差的变动

图 11-3 中的曲线就是基差随时间的变化轨迹。我们看到基差有时变强，有时变弱；有时基差为正数，有时基差为负数。这分别意味着现货价格与期货价格变动的幅度不一样，有时甚至变动的方向也不一样，极大地影响了套期保值的效果。比如，前例中铜加工厂购买期货合约以后，当现货价格上涨 300 元/吨时，期货价格也上涨，但仅仅上涨了 150 元/吨，期货的盈利并没有完全弥补现货市场的损失，套期保值的效果大打折扣。如果现货价格上涨的同时期货价格没有上涨，甚至跌落，套期保值的效果更差。

在期货合约到期日，期货价格向现货价格靠拢，基差也随之消失。当持有现货没有收益，或者已知现金收益较小，或者已知收益率小于无风险利率时，期货价格应高于现货价格，如图 11-4(a)所示；当持有现货已知现金收益较大，或者已知收益率大于无风险利率时，期货价格应小于现货价格，如图 11-4(b)所示。

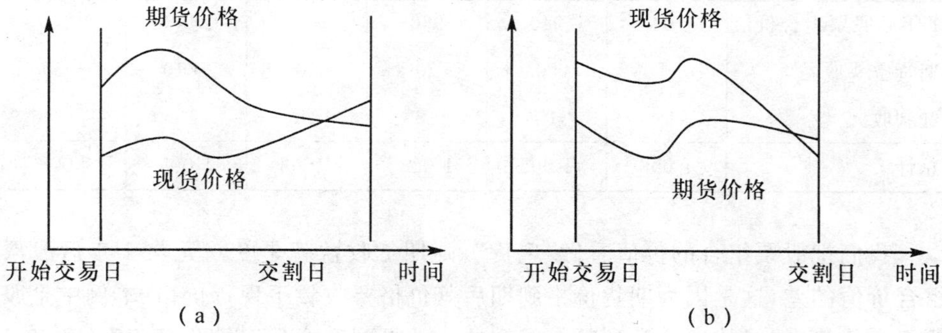

图 11-4　随交割期限的临近，期货价格与现货价格之间的关系

所以，期货价格可以从“上方”，也可以从“下方”收敛于现货价格。但期货价格收敛于现货价格的过程并非像图 11-4 中描绘的那样一帆风顺，因为基差会随着期货价格和现货价格变动幅度的差距而变化(图 11-3 已经说明了这一点)。期货价格收敛于现货价格是由套利行为决定的。假定交割期间期货价格高于现货价格，套利者就可以通过买入现货、卖出期货合约并进行交割来获利，从而促使现货价格上升，期货价格下跌。相反，如果交割期间现货价格高于期货价格，那么打算买入现货的人就会发现，买入期货合约等待空头交割比直接买入现货更合算，从而促使期货价格上升。

四、期货价格的决定

（一）现货-期货平价定理

前面我们看到，期货合约可以用来对现货的价格变化进行套期保值。保值的要求是组合头寸必须处于无风险状态，我们可以用这种观点推导出现货与期货价格的理论关系。我们虚构一个例子加以说明。

假设某个股票指数现在是 960 点，该股票指数所对应的股票指数期货合约是这样设计的：每一个点为 1 元，现在该指数的“现货”价值就是 960 元。假设 1 年后该指数的期货报价是 990 元（说明市场对股票指数看涨）。一个投资者以 960 元购买一个与指数完全相关的股票组合，同时以 990 元卖出一份股票指数期货合约。表 11-6 显示了 1 年后不同的股票价格情况下投资组合的价值变化。

表 11-6　　投资组合的价值情况

1 年后股票组合价值	1 040	940	960	980	1 000	1 020
期货空头收益	−50	50	30	10	−10	−30
红利收入	18	18	18	18	18	18
总计	1 008	1 008	1 008	1 008	1 008	1 008

我们把股票组合的价值看做“现货”，则期货收益就是 990 元与 1 年后股票组合价值的差，这是因为期货价格到期后其价格要收敛于现货价格（本例中是股票组合价格）的缘故。注意到整个组合的头寸得到完全的套期保值：因为无论 1 年后股票价格如何变化，套期保值后的组合的价值一定是 1 008 元，与股票的价格变动无关，因此 960 元到年底增值到 1 008 元，收益率是 5%，这就是无风险的收益率。一般地，设 r_f 为无风险收益率，D 是现货的红利收入，S_0 是期初投资额，F_0 是期初购买的期货价格，则有：

$$\frac{(F_0+D)-S_0}{S_0}=r_f \tag{11.1}$$

令 $d=D/S_0$，表示现货的红利率，则整理上式就得到：

$$F_0=S_0(1+r_f-d) \tag{11.2}$$

这个公式叫做股票的现货-期货平价定理公式，它给出了正常情况下或理论上的能够带来收益的现货（如股票）与期货价格之间的关系。这一关系也可以通过下列策略进一步来反映，如表 11-7 所示。

表 11-7 无风险的投资组合期初与期末的现金流

行为	期初现金流	1年后现金流
1. 借入 S_0	S_0	$-S_0(1+r_f)$
2. 购买股票	$-S_0$	S_T+D
3. 期货空头头寸	0	F_0-S_T
总计	0	$F_0-S_0(1+r_f)+D$

注意到组合期初的净现金流为零，而组合的一年后的净现金流 $F_0-S_0(1+r_f)+D$ 也必须是零，只有这样，才意味着组合得到的是无风险的收益率。

平价关系又称做持仓成本关系，因为期货价格是由在期货市场上延迟交割现货和在现货市场上购买现货并持有到将来的相对成本决定的。如果购买现货，就需要立刻支付现金，并且损失其时间价值，成本为 r_f；另一方面，会收到红利，红利率是 d，因此，相对于购买期货，购买现货的净持仓成本是 r_f-d，这部分成本会被期货的价格抵消。于是当 $F_0=S_0(1+r_f-d)$ 时，价差正好抵消了持仓成本。

平价公式当然可以推广到多个时期。设 T 是期货有效期，则平价关系就是：

$$F_0=S_0(1+r_f-d)^T \tag{11.3}$$

更进一步，设 $F(T_1)$ 为 T_1 时交割的期货价格，$F(T_2)$ 为 T_2 时交割的期货价格，红利率是 d，由式(11.3)可以得到：

$$F(T_1)=S_0(1+r_f-d)^{T_1}$$

$$F(T_2)=S_0(1+r_f-d)^{T_2}$$

即：

$$F(T_2)/F(T_1)=(1+r_f-d)^{T_2-T_1}$$

因此，不同时期的期货合约价差之间的基本关系是：

$$F(T_2)=F(T_1)(1+r_f-d)^{T_2-T_1} \tag{11.4}$$

注意到式(11.4)很像现货-期货平价关系，所不同的是原先的现货价格被 $F(T_1)$ 取代。对上式的直观理解是，假设原先的交割日是 T_1，现在被推迟到 T_2，推迟的结果相当于提供了一个现货的多头头寸，即相当于在时刻 T_1 买入了现货，但在到来之前不需要准备现金，因而节省了从 T_1 到 T_2 的总的持仓成本。推迟交割，带来了无风险收益，同时损失了现货收益（在现货是股票时就是股利），于是推迟交割所节省的净持仓成本是 r_f-d。

（二）商品期货的定价

商品期货（特别是农产品）持有成本一般较金融资产为高。除了利息以外，持有成本还包括储存费、保险费与存货毁损与折旧。为了确定商品期货的价格，我们再看一下前面提到的组合头寸的方法。这里 P_T 表示 T 时的商品价格，C 表示持仓成本(假设在合约到期后一次付清)，P_0 表示现货的初始价格，其他符号同表 11-7。组合的现金流情况见表 11-8 所示。

表 11-8　　商品期货与现货的无风险套利的投资组合

初始行动	初始现金流	T 时的行动	T 时的现金流
买入现货	P_0	支付持仓成本	P_T-C
借入 P_0	$-P_0$	还本付息	$-P_0(1+r)$
建立期货空头头寸	0	结清空头头寸	F_0-P_T
合计			$F_0-P_0(1+r)-C$

由于市场不存在无风险的套利机会，所以这种净投资为零的无风险的投资组合的最终现金流也是零，所以有 $F_0-P_0(1+r)-C=0$。如果令 $c=C/P_0$，即 c 是百分比形式的持仓成本，我们就可以写出：

$$F_0=P_0(1+r_f+c) \tag{11.5}$$

这就是包含储存成本的 1 年期的商品的现货-期货平价关系。将其与式(11.2)的股票的相关公式相比，我们发现两者几乎相同。在这里持仓成本可以看做“负红利”，这样，两个式子的意义就完全一样了。

五、外汇期货

“即期汇率”与“远期汇率”的含义实际上就是外汇这种商品的现货价格和远期价格。比如，国外的一些大银行在外汇交易报价时，是根据即期价格报出远期外汇的价格，以下报价是国外报刊常见到的英镑兑美元的报价：

即期汇率	1.847 0
30 天远期汇率	1.884 2
90 天远期汇率	1.838 1
180 天远期汇率	1.829 1

忽略佣金与交易成本，表中第一行表示在即期市场买卖英镑的价格是每 1 英镑 1.847 0 美元；第二行报价表示买卖 30 天交割的英镑的远期价格为每英镑 1.844 2 美元，等等。不过，外汇的远期市场一般是非正式市场，它只是一个允许客户以当前协议汇率买卖远期合约的经纪人与银行之间的交易网络。银行间的外汇市场是世界上最大的金融市场之一。当然，远期交易还不是期货交易，它与期货交易的不同之处是其合约是非标准化的：每一份合约都单独协商，没有盯

市机制，所以整个损益到期后才能实现。期货合约则是遵守每日结算制度，每天都实现盈利(或亏损)。表 11-9 是 1998 年 1 月 13 日《华尔街日报》刊登的外汇期货行情表(局部)，其内容是芝加哥交易所关于德国马克期货合约在前一天的交易情况，如表 11-9 所示。

表 11-9 **芝加哥交易所(CME)德国马克外汇期货合约报价表**①**(1998 年 1 月 13 日)**

DEUTSCHEMARK(CME)－125 000marks; $ per mark						
	Open	High	Low	Settle	Change	Open interest
Mar	.549 7	.554 2	.548 7	.551 4	＋.000 7	106 287
June	.555 3	.556 3	.553 3	.553 9	＋.000 7	3 321
Est Vol:13 712						

以 3 月份马克的期货合约为例，我们依次看到了一天中的开盘价为每马克 0.549 7 美元，一天中马克曾经上涨到最高的价格为 0.554 2 美元，曾经跌落到最低的价格是 0.548 7 美元，最后以 0.551 4 美元收盘。Change 是指今天的收盘价与前一天的收盘价的差额(为 0.007 美元，即马克今天的收盘价比昨天的收盘价上涨了 0.007 美元)。Open interest 是流通在外的合约数量，这些合约目前还没有平仓。Est Vol:13 712 是估计的成交量。

在完善的外汇市场上，即期汇率与远期汇率之间存在着平价关系，阐述这一关系的理论叫做“利率平价理论”。我们用两种货币——美元和英镑，来说明这种理论关系。

设 E_0 为买入 1 英镑所需要的美元数目(英镑的即期汇率)，F_0 表示远期汇率，r_{US}和 r_{UK}分别是美国和英国两国的无风险利率，根据利率平价理论，E_0 与 F_0 的关系应该为：

$$F_0=E_0\left(\frac{1+r_{US}}{1+r_{UK}}\right)^T \tag{11.6}$$

例 2 假设 $r_{US}=5\%$，$r_{UK}=6\%$，$E_0=1.6$ 美元/英镑。

一年期合约的合理期货价格：1.60×(1.05/1.06)＝1.585 美元/英镑。

如果利率平价遭到破坏，比如说期货价格不是 1.585 美元，而是 1.57 美元，设 E_1 是 1 年后的汇率，那么采取以下的方法可以获得套利盈利，如表 11-10 所示。

① [美]滋维·博迪，朱宝宪等译. 投资学(第四版). 北京：机械工业出版社. 2002:579

表 11-10 **套利的方法**

1年后的现金流/美元	行　　动	初始现金流/美元
1. 在伦敦借入1英镑并兑换成美元	1.60	$-E_1(1.06)$
2. 在美国贷出1.60美元	−1.60	+1.60(1.05)
3. 以 $F_0=1.57$ 美元的期货价格买入1.06英镑	0	$1.06(E_1-1.57)$
总计	0	0.015 8

套利的步骤是：

第一，在英国借入1英镑兑换成1.60美元。

第二，在美国贷出1.60美元。

第三，以 $F_0=1.57$ 美元的期货价格买入1.06英镑。

第四，1年后归还1.06英镑的借款，相当于 $E_1(1.06)$ 美元，抵消第一步的现金流入。

第五，1年后收到1.06(1.05)美元，可以抵消第二步的现金流入。

第六，1年后的期货赢利是 $1.06(E_1-1.57)$，与第四、第五步的现金流合计，多出了0.015 8美元的盈利。

这里的汇率风险正好被第一步的英镑借款与第三步的期货头寸抵消，所以，这个套利是无风险的，不需要任何净投资。

将此策略推而广之，见表11-11所示。

表 11-11 **无风险套利的过程**

行　　动	初始现金流/美元	1年后的现金流/美元
1. 在伦敦借入1英镑并兑换成美元	E_0	$-E_1(1+r_{UK})$
2. 在美国贷出从伦敦借来的款	$-E_0$	$-E_0(1+r_{US})$
3. 以 F_0 美元的价格建立 $(1+r_{UK})$ 个期货头寸	0	$(1+r_{UK})(E_1-E_0)$
总计	0	$E_0(1+r_{US})-F_0(1+r_{UK})$

该表显示，套利的净所得是无风险的，它等于 $E_0(1+r_{US})-F_0(1+r_{UK})$。如果这个值是正数，就按照上述步骤，在英国借款，在美国贷款，然后建立期货多头头寸消除汇率风险；如果这个值是负数，就采取相反的行动：在美国借款，在英国贷款，建立英镑的空头头寸。当价格正好相符没有套利机会时，该式一定等于零，而这个式子也就是式(11.6)在1年期的情况。

六、股票指数期货

股票指数是从一家交易所的所有上市公司中，选出一小部分代表性的公司的股票价格，通过一定的数学方法将其编制一个数字，使其能够反映整个股票市场价格状况的一种指数。股票指数期货就是买入或卖出股票指数面值的期货合约，而股票指数的面值就是股票指数乘以一个货币金额所得的值。例如，如果今天上海证券交易所的股票指数（沪综合指数）是488点，一个点的"价值"是500元人民币，则指数合约的面值就是244 000元人民币。表11-12是芝加哥期货交易所道·琼斯指数合约。

表11-12 **芝加哥期货交易所道·琼斯股票指数合约**①

交易单位	道·琼斯指数，每一点10美元
最小价格波动	1点(10美元)
交割月份	3、6、9、12月
最后交易日	最终结算日的前一天
最终结算日	交割月份第三个星期五
结算	最终结算日现金结算。结算价是10美元乘以开盘指数报价
日价格限制	连续的10%、20%和30%的价格限制，仅适用于价格下跌的情况
仓位限制	所有月份合起来的持仓量不超过5万份

股票指数期货为那些善于预测股票市场整体走势的投资者提供了良好的投资渠道。比如一个投资者认为道·琼斯指数短期内会上涨，于是以市价10 755购买了1份道·琼斯指数期货合约，几天后市价上涨到10 835后投资者卖掉合约，盈利为(10 835－10 755)×10＝800(美元)。当然，如果他预测有误，指数假如下跌了同样的点数，他将亏损同样的数额。

股票指数期货的优点是：第一，投资者不需要花费直接购买股票的费用和麻烦即可对股票市场进行投资。这是由于，购买股票一般需要完全的资金投入，而期货只是交纳少量保证金即可，能够利用财务杠杆。另外，股票投资要研究非系统性风险，花费一定的精力研究个股的投资价值，而股票指数期货避开研究单个股票，只要预测整个市场价格的趋势即可。第二，建立空头头寸非常容易。在国外，股票现货市场虽然允许卖空股票（借入股票卖掉，然后再买回归还），但通常需要安排股票借贷以便交割股票，另外，有些国外的法规在股票下跌时不允许卖

① [美]肯特·梅斯纳.超越道指——金融投资新战略.北京：百家出版社，2002:85

空股票,更增加了做空的难度。期货市场就没有这类问题。第三,投资者不需要卖出股票,即可运用期货的空头头寸对其进行保值。

股票指数期货能够“复制”整个股票市场的波动,并且方便交易。因此,它为证券组合管理人员提供了对投资组合进行重新调整的一个灵活而有效的工具。以下举例说明。

一位投资经理以6%的年利率把100万英镑存入货币市场不久,他就预计英国股票市场将上涨。但不幸的是,由于资金已经用于存款,存期半年,不能提前支取,不能用于购买股票。为了不错过股票市场机会,投资经理决定买入“金融时报100种”指数期货。

例3 假设英国股票市场一般的股息率是年3.5%,当前股票指数是2 669.8点,该期货6个月后的报价是2 696点,期货一个点的货币乘数是25英镑,于是一份合约的面值是25×2 696=67 400(英镑),投资经理需要买入1 000 000/67 400=15份合约。6个月后假如指数涨到2 879.7,上涨了7.862%,相应期货价格为2 880点,计算投资的损益情况(如表11-13所示)。

表11-13 **两种投资收益的比较(初始投资100万英镑)**

存入现金加期货多头	直接投资股票
存款获利:1 000 000×6%×142/365=23 342.47	股票资本利得:1 000 000×7.86%=78 600
期货获利:184点×25×15份合约=69 000	半年股息收入:1 000 000×3.5%/2=17 500
总计: 92 342.47	总计: 96 100

表中左栏是“现金加期货多头”的投资方式,右栏是直接投资股票的投资方式。我们看到两种方式的收益相差很小,不到0.01%。这说明股指期货较好地复制了股票投资的风险和收益。

七、利率期货

(一)概念

由于西方国家20世纪80年代利率波动频繁,使得投资者希望能够对固定收益证券收益进行保值,避免利率波动带来的损失,于是利率期货应运而生。利率期货也叫做债券期货,是以未来对一种特定债券的交割为基础的期货品种。表11-14是芝加哥商品交易所债券期货合约的有关规定。

表 11-14　　芝加哥商品交易所债券期货合约(1992 年 12 月)

交易单位:面值 100 000 美元,息票率 8%的美国国债

可交割等级:到期日或最早赎回日距离交割月第一日至少 15 年的美国国债

交割月:3、6、9、12 月

交割日:交割月任一营业日

最后交易日:交割月最后一个营业日之前第七个营业日的上午 12:00

报价:以面值的百分点以及一点的 1/32%为单位表示

最小变动价位:一个百分的 1/32

最小变动价值:31.25 美元

每日价格波动限制:96 个最小变动价位

债券期货的报价以美元的 1/32 报出,所报价格是 100 美元面值债券的价格,由于合约面值是 10 万美元,因此,90—25 的报价意味着面值 10 万美元的报价是 100 000×(90+25/32)=9 078 125(美元)。值得注意的是,报价与购买者所支付的现金价格不同,两者的关系是:

现金价格=报价+上一个付息日以来的累计利息

例如,1999 年 11 月 5 日,2016 年 8 月 15 日到期、息票率是 12%的长期债券的报价是 94—28(即 94.875)。由于美国国债半年付息一次,从到期日可以判断,上次付息日是 1999 年 8 月 15 日,下一次付息日是 2000 年 8 月 15 日。由于 1999 年 8 月 15 日到 11 月 5 日之间的天数是 82 天,1999 年 11 月 5 日到 2000 年 2 月 15 日之间的天数是 102 天,因此累计利息等于 6 美元×82/102=4.82 美元,该国债的现金价格为:94.875+4.82=99.695(美元)。

芝加哥商品交易所规定交割的标准债券是 8%票面利率、期限为 15 年的债券,空方可以选择其他债券要按照一定比率折换成标准债券交割,这个折算比率叫做转换因子,它等于面值 100 美元各债券的现金流按 8%的年利率(每半年计复利一次)贴现到交割月第一天的价值,再扣掉该债券累计利息后的余额。在计算转换因子时,债券的剩余期限只取 3 个月的整数倍,多余的月份舍掉。如果取整数后,债券的剩余期限为半年的倍数,就假定下一次付息是在 6 个月之后,否则就假定在 3 个月后付息,并从贴现值中扣掉累计利息,以免重复计算。转换因子由交易所计算并公布。

算出转换因子后,我们就可算出空方交割 100 美元面值的债券应收到的现金:

空方收到的现金=期货报价×交割债券的转换因子+交割债券的累计利息

(二) 国债期货价格的确定

运用前面的一些国债期货的知识,我们可以为债券期货定出理论价格。举例如下:

例 4 假定某国债期货合约的交割券是息票利率为 14%,转换因子为 1.365 0的国债,其现货报价为 118 美元,该国债期货的交割日为 270 天后。该交割券上一次付息是在 60 天前,下一次付息是在 122 天后,再下一次付息是在 305 天后,市场无风险利率为年利率 10%(连续复利)。根据上述条件求出国债期货的理论价格。

第一步,求出交割券的现金价格为:

$$118+\frac{60}{182}\times 7=120.308(\text{美元})$$

第二步,算出期货有效期内交割券支付利息的现值。由于期货有效期内只有一次付息,是在 122 天(0.334 2 年)后支付 7 美元的利息,因此利息的现值为:

$$7e^{-0.3342\times 0.1}=6.770(\text{美元})$$

第三步,由于该期货合约的有效期还有 270 天(即 0.739 7 年),我们知道,国债是"支付已知现金收益的资产",它的现货-远期平价公式是 $F=(S-I)e^{r(T-t)}$(I 是现金红利,这里是债券利息),据此算出交割债券期货理论上的现金价格为:

$$(120.308-6.770)\times e^{0.7397\times 0.1}=121.178(\text{美元})$$

第四步,我们要算出交割券期货的理论报价。由于交割时,交割券还有 148 天(即(270-122)天)的累计利息,而该次付息期总天数为 183 天(即(305-122)天),于是可求出交割券期货的理论报价为:

$$121.178-7\times\frac{148}{183}=115.5168\ (\text{美元})$$

最后,我们可以求出标准券的期货报价:

$$\frac{115.5168}{1.3650}=84.628\text{ 或 }84-20$$

第二节 期 权

期权既是一种投资工具,也可以看做一种理财的方法和技巧。比方说,你看中并预订了某一个款式的电脑,与经销商谈好了一周后购买,购买的价格是 5 000元,你按照要求交了 200 元的定金。这就可以看做一个包含着期权的交易活动。只要你想买进,即使电脑价格上涨,对方也要按照 5 000 元的价格卖给你;如果电脑价格下跌,你可以不买你预订的这台电脑,大不了200元的定金不要了。在以后我们将要介绍的期权中,5 000元就是“履约价格”,200元的定金叫做“权利金”,一周就是期权的“有效期”。你是“期权的买方”,最大的损失就是定金。你交了定金有了买进商品的权利(但不是义务),在期权中叫做“买进了看涨期权”。

期权是指某一标的物的买卖选择权,具有在某一限定时期内按照某一指定的价格买进或卖出某一特定商品或合约的权利,但不是义务。

一、期权的特征以及类型

(一) 期权的特点

期权的概念是站在买方的角度定义的,比如看涨期权、看跌期权、实值期权、虚值期权等。期权的特点是:第一,期权的买方(Option Buyer)要想获得权利必须向卖方支付一定的费用(指权利金)。期权的买方是买进期权合约的一方,是支付了一定数目的权利金而持有期权者,买进期权为期权的多头。第二,期权买方获得的权利是在特定的未来才能行使的权利。第三,期权买方在未来买卖的标的物是特定的,价格也是事先规定好的。第四,期权买方取得的是买卖的权利而不是义务。买方有执行的权利,也有不执行的权利,完全可以灵活选择。第五,期权卖方是指卖出期权合约、从期权买方那里收取权利金的那一方。期权卖方在期权的买方行使权利时承担相应的义务。期权卖方称为期权出售者(Option Writer)。卖出期权称为期权的空头(Short)。第六,权利金是期权买方向期权卖方支付的费用,对期权卖方来说,就是他出售期权的报酬。权利金的意义在于,期权的买方可以把可能遭受的最大损失控制在权利金的范围内;期权的卖方可以在出售期权时立即得到一笔权利金收入,而不需要马上进行标的物的交割。当然,卖方也面临着如下的风险:无论市场价格出现怎样的变化,卖方都要做好履约的准备(卖方也可以选择转让期权)。

(二) 期权的类型

期权按照不同的标准可以划分为如下的主要类别。

1. 按照买方权利的性质划分,分为看涨期权和看跌期权

看涨期权(Call Option):在到期日或到期日之前按照履约价格买进标的物(商品、股票、指数或期货合约的多头部位)的权利。期权的买方判断标的物的价格即将上涨时买进该权利。

看跌期权(Put Option):在到期日或到期日之前按照一定履约价格卖出标的物的权利。作为一种卖的权利,期权的买方对标的物的价格看跌时才买进这种权利。

2. 按照履约时间的灵活性划分，分为欧式期权和美式期权

欧式期权(European Option)：期权合约的买方只有在到期日才能执行期权的一种期权。

美式期权(American Option)：期权合约的买方在期权合约的有效期的任何一天都可以执行期权的一种期权。

欧式期权和美式期权与期权交易所的地理位置无关。美国境内可以进行欧式期权交易，欧洲境内也可以进行美式期权交易。

3. 按照履约价格与标的物价格的关系，分为实值期权、平值期权与虚值期权

实值期权(Option in the Money)：买方立即履约就可获利的期权。有两种情况：对于看涨期权，是指标的物任一时点的市场价格比履约价格高的情况；对于看跌期权，是指标的物任一时点的价格比履约价格低的情况。

平值期权(Option at the Money)：买方立即执行权利不盈不亏的期权，或指看涨期权(看跌期权)的履约价格等于或近似于标的物市场价格的情况。

虚值期权(Option out of the Money)：买方立即执行期权会亏损的一种期权，或看涨期权(看跌期权)的履约价格高于(低于)标的物价格的情况。

4. 其他期权

指数期权：以股票指数作为标的物的看涨或看跌期权。由于标的物比较特殊，所以指数期权不需要卖方在到期日交割“指数”，也不需要买方购买指数，而是采取现金结算的方式。在到期日计算期权的增值额，卖方将此额支付给买方即可。这里增值额即期权执行价格与指数价值差额。例如，执行价格(履约价格)为 1 040 点的标准普尔指数在到期日为 1 050 点，指数期权合约规定一个指数点的价值是 1 000 美元，则期权的买方就会收到(1 050－1 040)×1 000＝10 000美元的收益。

期货期权：期权持有者有以执行价格买入或卖出特定期货合约的权利的期权。在到期日，期权买方会收到目前期货价格与执行价格之间的差额。例如，如果期货价格是 23 美元，看涨期货期权的执行价格是 21 美元，则买方收到 2 美元的盈利。

外汇期权：持有者享有以特定数额的本国货币、按照协议的汇率买入或卖出一定数量外国货币的权利的期权。外汇期权于 1982 年在美国费城股票交易所开始交易，此后，芝加哥期权交易所和芝加哥商品交易所也经营外汇期权，外汇期权合约要求以确定金额的美元买入或者卖出外币，合约的报价单位是每单位外币的美分数。例如，假定瑞士法郎看涨期权的持有人有权在到期前以约定汇率买入 62 500 瑞士法郎。执行价格(即约定汇率)为 68 美分的看涨期权的价格

为0.99美分，也就是说，每份外汇期权合约的价值是0.009 9×62 500=618.75美元。

二、期权的交易特点与盈亏分布

（一）交易特点

期权交易不仅有正规的交易所，还有一个规模庞大的场外交易市场。交易所交易的是标准化的期权合约，场外交易的则是非标准化的期权合约。这一点与期货交易有所不同。

对于场内交易的期权来说，其合约有效期一般不超过9个月，以3个月和6个月最为常见。与期货交易一样，由于有效期（交割月份）不同，同一种标的资产可以有好几个期权品种。此外，同一标的资产还可以规定不同的协议价格而使期权有更多的品种，同一标的资产、相同期限、相同协议价格的期权还分为看涨期权和看跌期权两大类，因此期权品种远比期货品种多得多。

为了保证期权交易的高效、有序，交易所对期权合约的规模、期权价格的最小变动单位、期权价格的每日最高波动幅度、最后交易日、交割方式、标的资产的品质等做出明确规定。同时，期权清算公司（附属于期权交易所）也作为期权所有买者的卖者和所有卖者的买者，保证每份期权都没有违约风险。当期权持有者执行期权合同时，清算公司就会通知出售此期权并有履约义务的客户所在的会员公司，会员公司则找到客户让其履约。

由于清算公司要保证合约履行，所以要求期权卖方交纳保证金来确保他们履行合约。所需要的保证金数目主要取决于两个部分：一是跟期权的实值金额有关，二是跟期权卖方手中持有的标的物的价值有关。就前者而言，期权的实值金额代表了期权执行时卖方的潜在义务；就后者而论，期权卖方手里的标的物可作为履行义务的对象。比如，股票看涨期权的卖方持有标的股票，只要把这些股票存入经纪人账户，就可以满足保证金要求，保证看涨期权执行时用来交割。如果期权卖方没有这些标的股票，保证金的数量就要取决于刚才所说的期权的实值或虚值数额。

（二）期权到期的盈亏分布

1. 看涨期权的盈亏分布

如果你持有执行价格为40美元的股票看涨期权，而股票目前的价格比如说是60美元，那你就可以行使期权以40美元购入股票，以60美元抛售，净赚20美元（不考虑期权费）。可见看涨期权到期后的价值与标的资产（以股票为例）的价格成正比。看涨期权买者的回报和盈亏分布图如图11-5(a)所示。在图中有两条线：一是回报(Pay off)，二是盈亏(Gain or Loss)，前者未考虑期权费，后者则扣除了期权费。由于期权合约买者的盈亏和卖者的盈亏刚好相反，据此我们可以画出看涨期权卖者的回报和盈亏分布图如图 11-5(b)所示。从图中可以看出，看涨期权买者的亏损风险是有限的，其最大亏损限度是期权价格，而其盈利可能是无限的。相反，看涨期权卖者的亏损可能是无限的，而盈利是有限的，其最大盈利限度是期权价格。期权买者以较小的期权价格为代价换来了较大盈利的可能性，而期权卖者则为了赚取期权费而冒着大量亏损的风险。

从图中可以看出，如果不考虑时间因素，期权的价值(即盈亏)取决于标的资产市价与协议价格的差距。

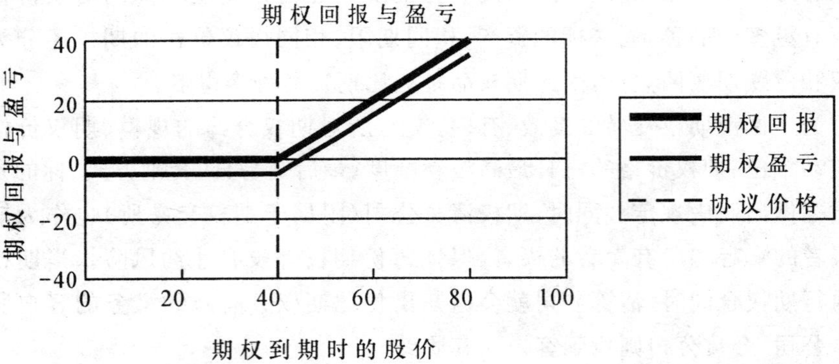

(a) 看涨期权多头

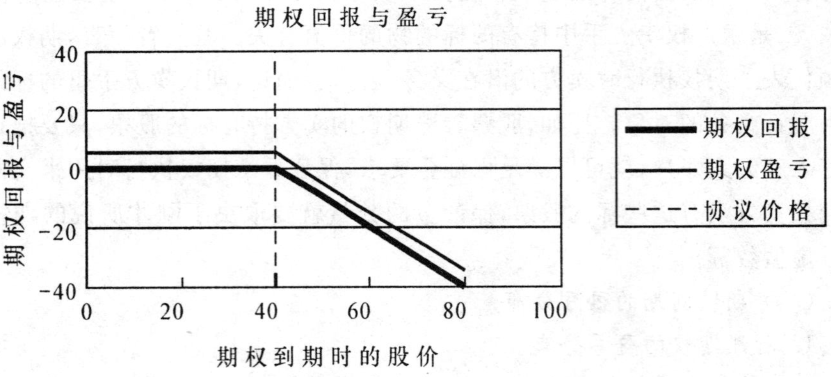

(b) 看涨期权空头

图 11-5　看涨期权盈亏分布图

2. 看跌期权的盈亏分布

其分布如图 11-6 所示。以 40 美元为界限,当标的股票的市价跌至 40 美元以下时看跌期权买者就可获利,股票跌得越深,盈利就越多。当标的股票的价格为零时,看跌期权买方的盈利为最大。如果标的股票市价高于协议价格,看跌期权买者就会亏损,其最大亏损是期权费总额。看跌期权卖者的盈亏状况则与买者刚好相反,即看跌期权卖者的盈利是有限的期权费,亏损也是有限的,其最大限度为协议价格与期权到期后的股票价格之差。

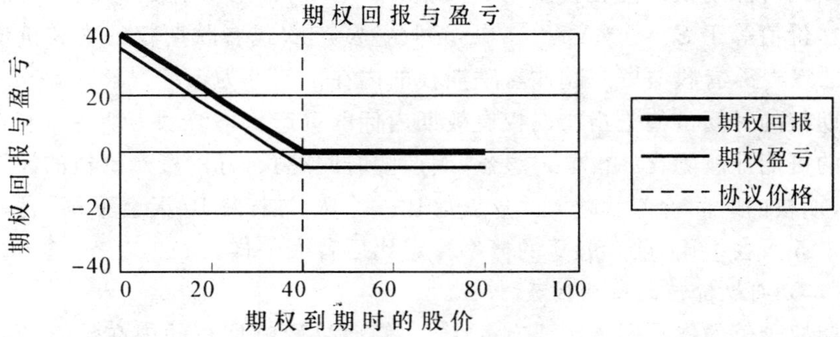

(a) 看跌期权多头

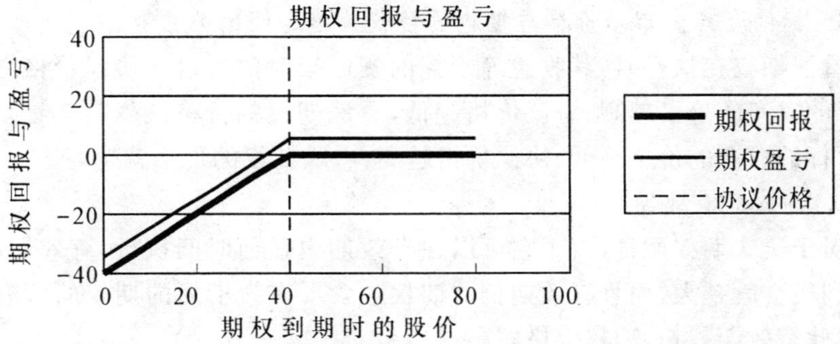

(b) 看跌期权空头

图 11-6 看跌期权盈亏分布图

三、期权的定价

(一) 期权价值的构成

期权的价值由内在价值与时间价值组成。考虑某时刻处于虚值状态的看涨期权,这时股票的价格低于执行价格,在这种情况下,并不意味着期权没有价值。

即使现在执行期权无利可图，但期权的价格依然是正值。因为客观上存在到期前股票价格上涨到超过执行价格的可能性，所以，没有内在价值的期权可能还有时间价值。

期权的内在价值(Intrinsic Value)是指买方行使期权时可以获得的收益的现值。对于欧式看涨期权来说，因多方只能在期权到期时行使，因此其内在价值为资产到期价格与期权协议价格之差(S_T-X)的现值。由于对于无收益资产而言，S_T 的现值就是当前的市价(S)，而对于支付现金收益的资产来说，S_T 的现值为 $S-D$，其中 D 表示在期权有效期内标的资产现金收益的现值。因此，无收益资产欧式看涨期权的内在价值等于 $S-Xe^{-r(T-t)}$，而有收益资产欧式看涨期权的内在价值等于 $S-D-Xe^{-r(T-t)}$。无收益资产欧式看跌期权的内在价值都为 $Xe^{-r(T-t)}-S$，有收益资产欧式看跌期权的内在价值都为 $Xe^{-r(T-t)}+D-S$。

期权的时间价值是指在期权有效期内标的资产价格波动为期权持有者带来收益的可能性所隐含的价值。显然，剩余的时间越长，标的资产价格的波动率就越高，期权的时间价值就越大。这就好比一个人说未来 10 天会下雨，另一个人说未来 5 天会下雨，前者胜算的概率肯定比后者大一样。

（二）期权价值的影响因素

期权价值的影响因素主要有 5 个，它们通过影响期权的内在价值和时间价值来影响期权的价格。

1. 标的资产的市场价格与期权的协议价格之间的关系

看涨期权在执行时，其收益等于标的资产当时的市价与协议价格之差。因此，标的资产的价格越高、协议价格越低，看涨期权的价格就越高。看跌期权则相反，标的资产的价格越低、协议价格越高，看跌期权的价格就越高。

2. 期权的有效期

对于美式期权而言，由于它可以在有效期内任何时间执行，有效期越长，多头获利机会就越大，而且有效期长的期权包含了有效期短的期权的所有执行机会，因此有效期越长，期权价格越高。

对于欧式期权而言，由于它只能在期末执行，有效期长的期权就不一定包含有效期短的期权的所有执行机会。这就使欧式期权的有效期与期权价格之间的关系显得较为复杂。但在一般情况下(即剔除标的资产支付大量收益这一特殊情况)，由于有效期越长，标的资产的风险就越大，空头亏损的风险也越大，因此即使是欧式期权，有效期越长，其期权价格也越高。

3. 标的资产价格的波动率

标的资产价格的波动率是指标的物价格波动的幅度，是用来衡量标的资产未来价格变动不确定性程度的指标。由于期权多头的最大亏损额仅限于期权价格,而最大盈利额则取决于执行期权时标的资产市场价格与协议价格的差额,因此波动率越大,期权多头盈利的可能性就越大,期权权利金也就越高。另外,某一特定期权在标的物价格变动剧烈时比在价格平稳时拥有较多的增值机会,因此,期权买方愿意为这类期权付出较高的权利金。

标的资产价格的波动率简称价格波动率,是期权定价模型中最重要的变量。如果我们改变价格波动率的假设,或市场对价格波动率的看法发生了变化,期权的价值就会发生显著的改变。

4. 无风险利率

无风险利率水平也会影响期权的到期价值。当利率提高时,期权的价值会减少;反之,当利率下降时,期权的价值会增加。不过,无风险利率对期权价值的影响比较模糊,也很有限,具体影响如表11-15所示。

表11-15 **无风险利率对期权价值的影响**

期权类型	利率	期权价值
看涨期权	上升 下降	下降 上升
看跌期权	上升 下降	上升 下降

5. 标的资产的收益

由于标的资产分红付息等将减少标的资产的价格,而协议价格并未进行相应调整,因此在期权有效期内标的资产产生收益将使看涨期权价格下降,而使看跌期权价格上升。

(三) 期权价值的边界

期权价值边界的确定最早由美国经济学家 Merton 在1973年完成。他运用随机优势的概念,提出了关于期权价值的基本理性条件。他得出期权价值非负的基本结论,即:无论是欧式期权还是美式期权,无论是看涨期权还是看跌期权,期权的价值一定大于零。以此为基础,我们具体讨论一下期权价值的边界问题。

1. 看涨期权价值的边界

首先分析看涨期权价值的上限。我们已经知道,对于买方来说,看涨期权的价值与标的资产的价格和距离到期日的时间呈正相关,与执行价格呈负相关。由此得出的结论是:第一,看涨期权的价值不可能大于标的物本身的价值;第二,执行价格越低,距离到期日越远,看涨期权的价值越大。极端地说,对于一个具有零执行价格、距离到期日无限远的看涨期权来说,其价值也就是相当于标的物本身的价格，这是看涨期权的价格上限。用式子表示就是：

$$c \leqslant S \text{ 和 } C \leqslant S \tag{11.7}$$

其中：c 表示欧式看涨期权价格；C 表示美式看涨期权价格；S 表示标的资产价格。

我们再看一下看涨期权的下限。我们知道在任意时刻 t，美式看涨期权都可以执行，且执行时的价值为内在价值 $\max(0, S-X)$，因此美式看涨期权的价值满足：

$$C \geqslant \max[S-X, 0] \tag{11.8}$$

上式是美式期权的价格下限，其理由是：第一，期权的价值不可能为负，即 $C \geqslant 0$；第二，假使 $S>X$，如果此时 $C<S-X$，则市场存在如下的套利机会：以 C 的价格买入上述美式看涨期权，然后立即执行，由此得出套利收益 $S-X-C>0$。因此，根据无套利原则，应该有 $C \geqslant S-X$。根据相同的道理，我们还可以得出欧式看涨期权的价值下限公式：

$$C \geqslant \max[S-Xe^{-r(T-t)}, 0] \tag{11.9}$$

2. 看跌期权价值的边界

首先，看一下看跌期权的下限。在到期日看跌期权的价值是 $p=\max(X-S,0)$。在到期日的任何时刻，对于美式看跌期权来说，由于可以提前执行，其价值应该不低于 $\max(X-S,0)$；否则，如果 $0<p<X-S$，就存在如下的套利机会：分别在期权市场和股票市场（这里以股票作为标的资产的例子）以 p 的价格买入看跌期权、以 S 的价格买入股票，然后立即执行期权，以 X 的价格卖出股票。这样，可获得套利收益 $X-S-p$。显然，套利行为将使这一利润趋向于零，于是我们得到美式看跌期权的下限是：

$$p \geqslant \max[X-S, 0] \tag{11.10}$$

考虑到欧式期权到期日才能执行，得出欧式看跌期权的下限是：

$$p \geqslant \max[Xe^{-r(T-t)}-S, 0] \tag{11.11}$$

其次，我们再看一下看跌期权的价值上限。由于看跌期权所有人在执行合同时要以执行价格出售标的资产，标的资产市场价格越低，看跌期权的价值越大。特别地，当标的资产价格为零时，看跌期权持有人通过执行获得最大的内在价值（即执行价格）。对于美式看跌期权来说，由于它可以在到期之前任意时刻 t 被执行，因此，一旦标的资产的价格等于零，则执行人马上就会执行期权，以实现最大价值 X。因此，X 就是美式看跌期权的价值上限；另一方面，对于欧式看跌期权来说，由于合同只有在到期日才能执行，上述的最大价值只有在到期日才能实现，所以，在任意时刻 $t(t<T)$，欧式看跌期权的价值上限等于执行价格的现值 $Xe^{-r(T-t)}$。综合以上结论，欧式看跌期权和美式看跌期权的价值上下限的公式

是：

$$Xe^{-(T-t)} \geqslant p \geqslant \max[Xe^{-r(T-t)}-S,0] \tag{11.12}$$

$$X \geqslant p \geqslant \max[X-S,0] \tag{11.13}$$

（四）看涨期权与看跌期权之间的平价关系

在标的资产没有收益的情况下，我们考虑如下两个组合（以欧式期权为例）：

组合 A：一份欧式看涨期权加上金额为 $Xe^{-r(T-t)}$ 的现金；

组合 B：一份有效期和协议价格与看涨期权相同的欧式看跌期权加上一单位标的资产。

在期权到期时，两个组合的价值均为 $\max(S_T,X)$。由于欧式期权不能提前执行，因此两组合在时刻 t 必须具有相等的价值，即：

$$c+Xe^{-r(T-t)}=p+S \tag{11.14}$$

这就是无收益资产欧式看涨期权与看跌期权之间的平价关系（Parity）。它表明欧式看涨期权的价值可根据相同协议价格和到期日的欧式看跌期权的价值推导出来，反之亦然。

（五）期权定价模型

以下介绍期权定价的两个基本模型——二叉树定价模型和布莱克-舒尔斯期权定价模型。

1. 期权定价的二叉树模型

为说明二叉树模型所运用的基本原理和技术，我们先举个简单的例子。

假设一种不支付红利股票目前的市价为 10 元，我们知道在 3 个月后，该股票价格要么是 11 元，要么是 9 元。假设现在的无风险年利率等于 10%，现在我们要找出一份 3 个月期协议价格为 10.5 元的该股票欧式看涨期权的价值。

由于欧式期权不会提前执行，其价值取决于 3 个月后股票的市价。若 3 个月后该股票价格等于 11 元，则该期权价值为 0.5 元；若 3 个月后该股票价格等于 9 元，则该期权价值为 0。

为了找出该期权的价值，可构建一个由一单位看涨期权空头和 Δ 单位的标的股票多头组成的组合。若 3 个月后该股票价格等于 11 元时，该组合价值等于 $(11\Delta-0.5)$ 元；若 3 个月后该股票价格等于 9 元时，该组合价值等于 9Δ 元。为了使该组合价值处于无风险状态，我们应选择适当的 Δ 值，使 3 个月后该组合的价值不变，这意味着：

$$11\Delta-0.5=9\Delta \qquad \Delta=0.25$$

因此，一个无风险组合应包括一份看涨期权空头和 0.25 股标的股票。无论 3 个月后股票价格等于 11 元还是 9 元，该组合价值都将等于 2.25 元。

在没有套利机会情况下，无风险组合只能获得无风险利率，则该组合的现值应为：

$$2.25e^{-0.1\times0.25}=2.19(\text{元})$$

由于该组合中有一单位看涨期权空头和0.25单位股票多头，而目前股票市场为10元，因此：

$$10\times0.25-f=2.19 \qquad f=0.31\text{元}$$

上例中我们运用的无风险套利原理和复制技术，在下面介绍的二叉树模型中经常要用到。下面我们正式介绍二叉树期权定价模型。

二叉树期权定价模型已经成为金融界最基本的期权定价方法之一。其优点在于比较简单直观，不需要太多的数学知识就可以加以应用。

我们主要介绍无收益资产期权二叉树模型的定价。

二叉树模型首先把期权的有效期分为很多很小的时间间隔 Δt，并假设在每一个时间间隔 Δt 内证券价格只有两种运动的可能：从开始的 S 上升到原先的 u 倍，即到达 Su；下降到原先的 d 倍，即 Sd。其中，$u>1$，$d<1$，如图 11-7 所示。价格上升的概率假设为 p，价格下降的概率假设为 $1-p$。

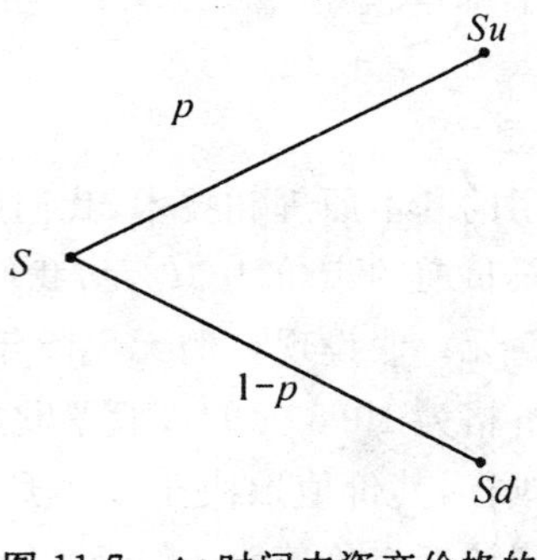

图 11-7　Δt 时间内资产价格的变动

相应地，期权价值也会有所不同，分别为 f_u 和 f_d，如图 11-8 所示。

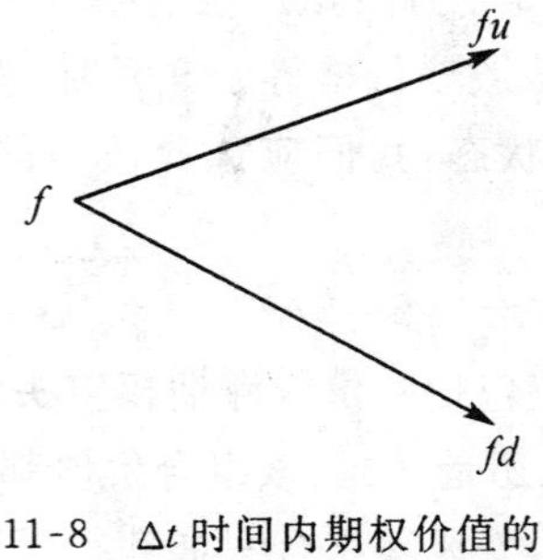

图 11-8　Δt 时间内期权价值的变动

注意，在较大的时间间隔内，这种二值运动的假设当然不符合实际，但是当时间间隔非常小的时候，比如在每个瞬间，资产价格只有这两个运动方向的假设是可以接受的。因此，二叉树模型实际上是在用大量离散的小幅度二值运动来模拟连续的资产价格运动。

(1)单步二叉树模型。

由于期权和标的资产的风险源是相同的，模仿前面的例子，我们可以构造一个证券组合，包括 Δ 股资产多头和一个看涨期权空头。如果我们取适当的 Δ 值，使：

$$Su\Delta - f_u = Sd\Delta - f_d$$

则无论资产价格是上升还是下跌，这个组合的价值都是相等的。也就是说，当 $\Delta = \dfrac{f_u - f_d}{Su - Sd}$ 时，无论股票价格上升还是下跌，该组合的价值都相等。显然，该组合为无风险组合，因此我们可以用无风险利率对 $Su\Delta - f_u$ 或 $Sd\Delta - f_d$ 贴现来求该组合的现值。在无套利机会的假设下，该组合的收益现值应等于构造该组合的成本，即：

$$S\Delta - f = (Su\Delta - f_u)e^{-r\Delta t}$$

将 $\Delta = \dfrac{f_u - f_d}{Su - Sd}$ 代入上式就可得到：

$$f = e^{-r\Delta t}[pf_u + (1-p)f_d] \tag{11.15}$$

其中：

$$p = \frac{e^{r\Delta t} - d}{u - d}$$

(2)多步二叉树模型。

应用多步二叉树模型来表示证券价格变化的完整树形结构如图 11-9 所示。

当时间为 0 时，证券价格为 S；时间为 Δt 时，证券价格要么上涨到 Su，要么下降到 Sd；时间为 $2\Delta t$ 时，证券价格就有三种可能：Su^2、Sud（等于 S）和 Sd^2，依此类推。一般而言，在 $i\Delta t$ 时刻，证券价格有 $i+1$ 种可能，它们可用符号表示为：$Su^j d^{i-j}$。其中：

$$j = 0, 1, \cdots, i$$

得到每个结点的资产价格之后，就可以在二叉树模型中采用“倒推定价法”，从树形结构图的末端 T 时刻开始往回倒推，为期权定价。由于在到期 T 时刻的预期期权价值是已知的，例如看涨期权价值为 $\max(S_T - X, 0)$，看跌期权价值为 $\max(X - S_T, 0)$，因此在求解 $T - \Delta t$ 时刻的每一结点上的期权价值时，都可通过将 T 时刻的期权价值的预期值在 Δt 时间长度内以无风险利率 r 贴现求出，同理，要求解 $T - 2\Delta t$ 时的每一结点的期权价值时，也可以将 $T - \Delta t$ 时的期权价值

预期值在时间 Δt 内以无风险利率 r 贴现求出，依此类推。采用这种倒推法，最终可以求出零时刻（当前时刻）的期权价值。

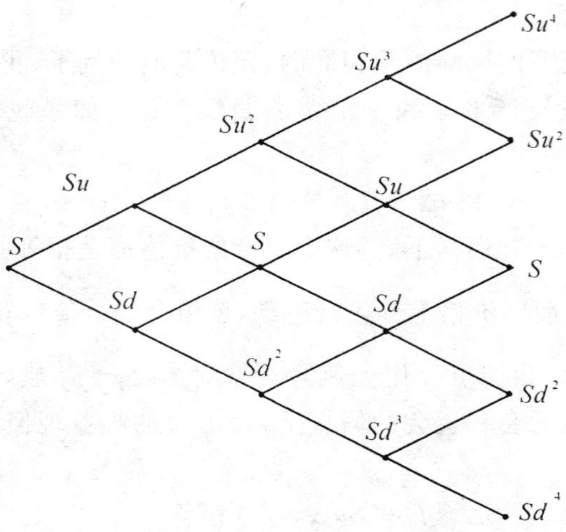

图 11-9 资产价格的树形结构

2. 布莱克-舒尔斯期权定价模型

尽管前面介绍的二叉树方法比较灵活，但是在实际应用中要用计算机完成计算步骤。而下面介绍的期权公式的应用相对简单些，不需要那么多复杂的步骤，只要两个假设公式就可以运用了。两个假设是：无风险利率和标的资产（股票）价格的标准差在期权有效期间保持不变。布莱克-舒尔斯期权定价公式（简称$B-S$公式）是已经被金融市场参与者广泛接受的公式，该公式如下：

$$c=SN(d_1)-Xe^{-r(T-t)}N(d_2) \qquad (11.16)$$

其中：

$$d_1=\frac{\ln(S/X)+(r+\sigma^2/2)(T-t)}{\sigma\sqrt{T-t}}$$

$$d_2=\frac{\ln(S/X)+(r-\sigma^2/2)(T-t)}{\sigma\sqrt{T-t}}=d_2-\sigma\sqrt{T-t}$$

这就是无收益资产欧式看涨期权的定价公式。

其中：c 表示看涨期权的价格；S 表示当前的股票价格；$N(d)$表示标准正态分布变量小于 d 的概率；X 表示执行价格；e 表示自然对数的底；r 表示无风险利率；$T-t$ 表示期权到期的时间；σ 表示股票连续复利的年收益率的标准差。

$B-S$ 公式看起来很复杂，但我们可以从直观上理解这个公式的金融含义。我们把 $N(d)$ 部分看做看涨期权到期时处于实值状态的风险调整概率。假设两个 $N(d)$ 都是 1，我们就看到看涨期权被执行的可能性很高，期权的价值就是 $S-Xe^{-r(T-t)}$；假设两个 $N(d)$ 都是 0，意味着期权不会被执行，该式说明看涨期权的价值是零。当 $N(d)$ 处于 0 与 1 之间时，$N(d_1)$ 和 $N(d_2)$ 代表期权到期时处于实值的概率。

$B-S$ 公式很容易应用。假设对一个欧式看涨期权定价，已知条件是：

$S=100, r=10\%, X=95$，期权期限 $T-t=0.25$（3 个月），$\sigma=0.5$（每年 50%）

计算如下：

$$d_1=\frac{\ln(100/95)+(0.1+0.5^2/2)\times 0.25}{0.5\times\sqrt{0.25}}=0.43$$

$$d_2=0.43-0.5\times\sqrt{0.25}=0.18$$

从统计书中可以查到正态分布表，查得 $N(0.43)=0.6664$，$N(0.18)=0.5714$，于是看涨期权的价值是：

$$c=100\times 0.6664-95e^{-0.1\times 0.25}\times 0.5714=13.70$$

我们已经讨论了看涨期权的定价。通过看涨期权与看跌期权的平价定理，只要我们得到看涨期权的价值，也就可以随之得到看跌期权的价值。

根据 $c+Xe^{-r(T-t)}=p+S$，得 $p=c+Xe^{-r(T-t)}-S$

应用前面看涨期权例子中的数据，$c=13.70$，$S=100$，$r=10\%$，$X=95$，期权期限 $T-t=0.25$（3 个月），$\sigma=0.5$。得到看跌期权 p 的价值：

$$p=13.70+95e^{-0.1\times 0.25}-100=6.35$$

四、期权交易策略

期权交易的精妙之处在于可以通过不同的期权品种、期权与证券构成众多具有不同盈亏分布特征的组合。投资者可以根据各自对未来标的资产现货价格概率分布的预期，以及各自的风险-收益偏好，选择最适合自己的期权组合。下面介绍几种常见的组合。

（一）模仿股票组合

金融工具的模仿是指通过构建一个金融工具组合使之与被模仿的金融工具具有相同或相似的盈亏状况。在这里股票是我们模仿的对象。我们可以通过买入一份看涨期权同时卖出一份看跌期权来模仿股票的盈亏。上述看涨期权和看跌期权应当具有相同的标的资产 S、到期日 T 和执行价格，而且必须是欧式期权。

假定在 t 时刻，上述看涨期权和看跌期权的价格分别是 c 和 p，则构造模仿股票的成本是 $c-p$。在期权的到期日 T，上述组合的价值 V 就是买入期权价值与卖出期权价值的差，即：

$$MS=\max(0,S_T-X)-\max(0,X-S_T)$$

如果到期日股票价格 S_T 大于执行价格 X，则看涨期权价值是 S_T-X，看跌期权价值是零；反之，如果 S_T 小于 X，则看涨期权价值是零，看跌期权价值是 $X-S_T$。因此，无论标的资产（股票）的价格怎么变化，模仿股票这个组合在期权到期日的价值总是 $MS=S_T-X$。如果只考虑模仿股票的构造成本而不考虑利息，则该组合到期盈亏是：

$$\max(0,S_T-X)-\max(0,X-S_T)-(c-p)=S_T-X-c+p$$

当 $S=X$ 时，$c>p$。由于投资股票的盈亏为 $S_T-S=S_T-X$，显然投资模仿股票的盈亏不如投资股票，如图 11-10 所示。

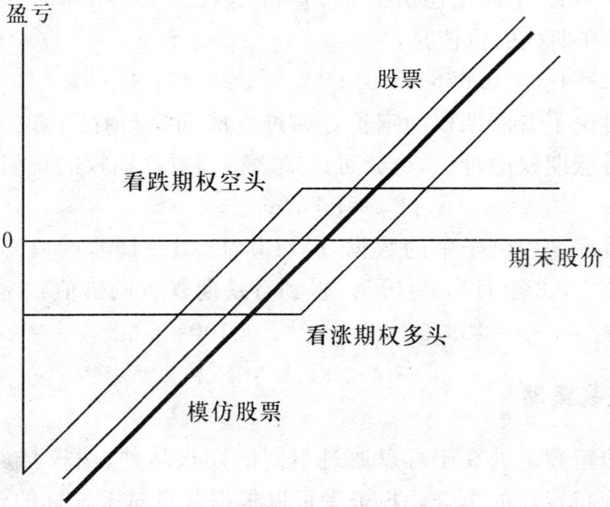

图 11-10 股票与模仿股票的盈亏

在图 11-10 的直线部分中，粗线表示模仿股票的盈亏，细线表示股票的盈亏。两条折线分别表示做空看跌期权和做多看涨期权的盈亏。两条直线是平行的关系，表示模仿股票与股票的盈亏走向相一致。不过粗线的位置要低于细线，表示持有模仿股票在盈亏方面总是比持有股票相差一个固定的金额，这当然是因为构造模仿股票需要花费一定成本的缘故。但考虑到购买模仿股票并不需要像购买真实股票那样需要期初资金投入，所以模仿股票的组合在充分运用财务杠杆和节约资金占用方面有着不可替代的优势。

（二）保护性看跌期权组合

当你想投资一只股票的时候，如果没有采取其他相应的对冲措施，就要承担一定的风险。从理论上说，当股票市场出现连续下跌时，你可能会损失大部分投资。如果既要得到一定的收益，又不愿意承担超过一定水平的风险，采取这里的“保护性看跌期权组合”不失为一种有效的方法。该策略的基本做法是一方面购买股票，另一方面购买该股票的看跌期权。这样不管股价如何变化，你肯定到期得到一笔等于期权执行价格的收益，因为如果股票低于执行价格时，你有权以执行价格出售股票。

例如，执行价格 $X=100$，到期时的股票价格为 97 元，那么该组合的总价值就是 100 元，其中股票 97 元，看跌期权的价值为 $X-S=100-97=3$(元)。当股票价格下跌时，你手中的看跌期权的价值在增长，而当股票价格在上涨时，你手中股票的价格在上涨，看跌期权变得没有价值。但由于看跌期权的价值损失有限（只是有限的期权费），所以，该策略主要是为防止股票暴跌时的一种防范性措施。作为一种保护性措施，它提供了防止股票贬值的保证。保护的成本是，一旦股票价格上涨，购买期权的费用就会在一定程度上减少投资者的利润（如图 11-11 所示）。

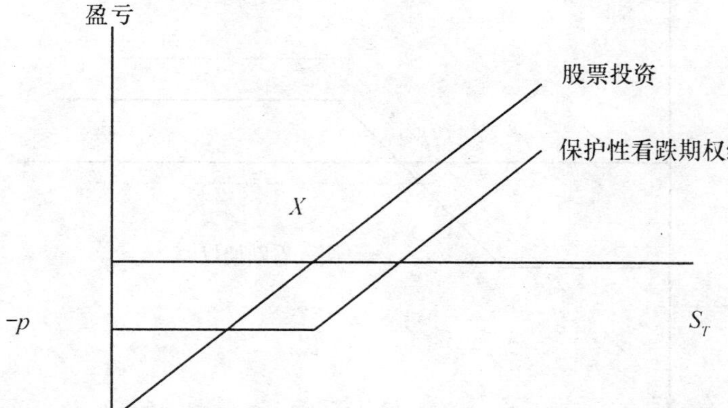

图 11-11　保护性看跌期权组合与股票投资组合之比较

图 11-11 中我们可以看到，如果投资股票，其收益完全取决于股价的变化，

其盈利完全随着股价的升降同幅度升降；但采取保护性看跌期权的策略后，对投资损益产生了两个方面的影响：首先，盈利曲线变为折线，表明最大的损失已经被控制住；第二，由于购买期权需要付出期权费，所以整个收益曲线下移到没有购买期权的股票投资策略之下。

（三）差价交易

同时买入和卖出两个不同的看涨期权或两个不同的看跌期权的做法叫做差价交易(Spread)。一个看涨期权差价的多头头寸是指，按照一个执行价格买入一个看涨期权，同时按照另一个（比第一个期权）更高（或更低）的执行价格卖出一个看涨期权，以和第一个头寸相冲抵。如果将来基础资产价格上涨，则这一做法限定了收益，但通过出售第二个期权所赚得的期权费可以与买入第一个期权时支付的期权费进行部分冲抵。如果期权买方认为价格上涨幅度有限，他可以采取"看涨期权差价"交易方式。同样，看跌期权差价交易是指，按照一个执行价格买入一个看跌期权后，随之卖出一个（与第一个期权相比）价格更高或更低的看跌期权。如果看跌期权的买方认为基础资产的价格下跌的幅度有限，他将采取该策略。当然，如果持有的是差价交易的空头头寸，则操作方法正好相反。我们以"看涨期权差价"交易为例加以说明（如图 11-12 与图 11-13 所示）。

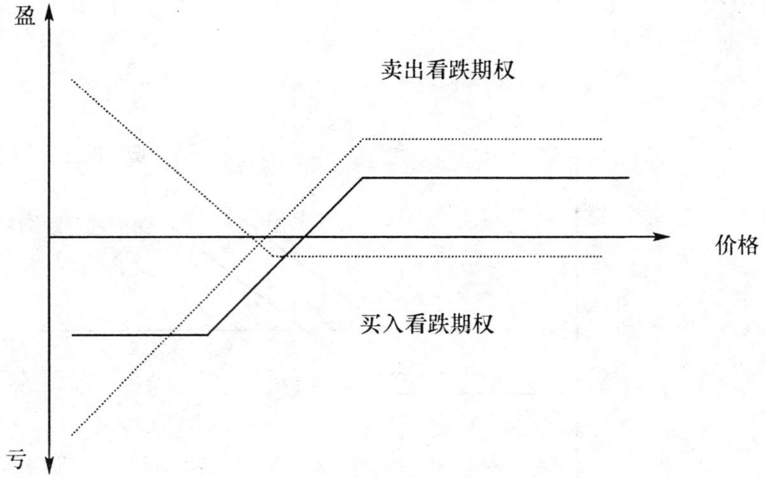

图 11-12　同时买卖两个看涨期权的看跌期权差价交易策略

图 11-12 指买入一个低执行价格的看涨期权并卖出一个高执行价格的看涨期权。两个期权除了执行价格不同，其他因素都一样。图中虚线是根据前面所

讲的期权的盈亏分布图做出的。由于低执行价格的看涨期权比高执行价格的看涨期权价值大，所以买第一个期权的费用大于出售第二个期权的收入，买卖期权相抵之后，该策略需要净投资。该策略适用于投资者预测基础资产价格将要上涨，但涨幅又不大的情况。如果预测发生错误，所受的损失也有限度。

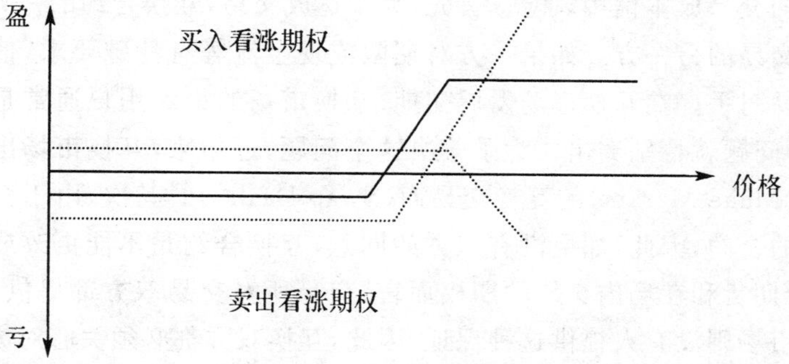

图 11-13 同时买卖两个看跌期权的看涨期权差价交易策略

图 11-13 指买入一个低执行价格的看跌期权并卖出一个高执行价格的看跌期权。两个期权除了执行价格不同，其他因素都一样。图中虚线是根据前面所讲的期权的盈亏分布图做出的。由于低执行价格的看跌期权比高执行价格的看涨期权价值小，所以买第一个期权的费用小于出售第二个期权的收入，买卖期权相抵之后，该策略不需要净投资。其余特征与图 11-12 策略相同。

第三节 互 换

互换市场起源于 20 世纪 70 年代末，当时的英国货币交易商为了逃避英国的外汇管制而开发了货币互换。1981 年 IBM 与世界银行之间签署的利率互换协议则是世界上第一份利率互换协议。从那以后，互换市场发展迅速。互换分为货币互换与利率互换。世界上两者合计的名义本金金额从 1987 年年底的 8 656 亿美元猛增到 2002 年中的 823 828.4 亿美元，15 年增长了近 100 倍。互换市场可以说是增长速度最快的金融产品市场。

一、基本概念

互换(Financial Swaps)是约定两个或两个以上当事人按照商定条件，在约定的时间内，相互交换等值现金流的合约。互换是李嘉图的比较优势理论在金融领域的运用。根据比较优势理论，只要满足以下两种条件就可进行互换：一是双方对对方的资产或负债均有需求；二是双方在两种资产或负债上存在比较优势。

互换并不在交易所交易，而是通过主要银行进行场外交易，所以互换市场存在一定的交易成本信用风险。首先，为了达成交易，互换合约的一方必须找到愿意与之交易的另一方。如果一方对期限或现金流等有特殊要求，他常常会难以找到交易对手。在互换市场发展初期，互换市场的最终用户通常是直接进行交易，这个问题就特别突出。为了解决这个问题，近年来，互换市场出现了专门进行做市(Make Market)的互换交易商(Swap Dealer)。其次，由于互换是两个对手之间的合约，因此，如果没有双方的同意，互换合约是不能更改或终止的。最后，对于期货和在场内交易的期权而言，交易所对交易双方都提供了履约保证，而互换市场则没有人提供这种保证，因此，互换双方都必须关心对方的信用。

以下介绍两种基本的互换类型——利率互换与货币互换。

二、利率互换

利率互换是指不包含本金交换的两组利息现金流之间的交换，我们举例说明。

下列两家公司都需要5年期融资，它们都可以分别在固定利率和浮动利率市场上融资，市场对两个公司的融资利率如表11-16所示。

表11-16 **两家公司的融资条件**

	固定利率	浮动利率
A公司	8.0%	LIBOR+0.1%
B公司	9.5%	LIBOR+0.8%

A公司能够按照LIBOR+0.1%得到浮动利率贷款，按照8.0%得到固定利率贷款，该公司希望得到浮动利率贷款。B公司能够按照LIBOR+0.8%得到浮动利率贷款，按照9.5%得到固定利率贷款，该公司希望得到固定利率贷款。

如果A公司按照浮动利率借入资金，B公司按照固定利率借入资金，则每家公司都能够达到目的。但是，通过利率互换不仅让它们达到自己的目的，而且还可以降低各自的筹资成本。具体做法是：A公司按照8%借入固定利率资金，

B公司按照 LIBOR+0.8%借入浮动利率资金，然后双方按照下列步骤进行 8.3%利率与 LIBOR 的互换，如图 11-14 所示。

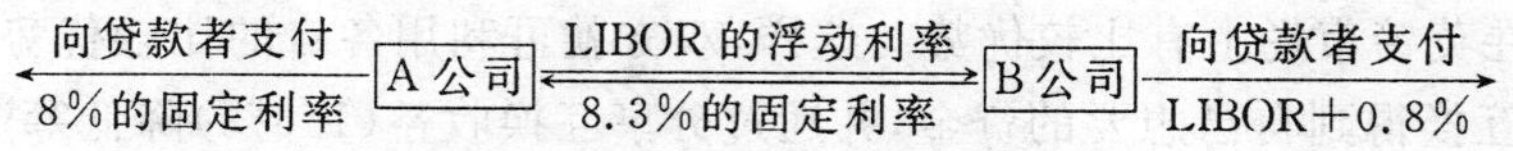

图 11-14 利率互换流程图

在上例中，无论是固定利率还是浮动利率，B的融资成本都高于A公司。但是，两者的固定利率融资成本差价(9.5%−8%=1.5%)大于浮动利率融资成本差价(LIBOR+0.8%− LIBOR−0.7%=0.1%)。正是由于有了上述差异，才使利率互换成为可能。无论在固定利率市场还是在浮动利率市场，相对于B公司而言，A公司都有绝对的优势；但是，B公司在浮动利率市场上有相对优势，而A公司在固定利率市场上有相对优势。因此，每一家公司在自己相对优势的市场上借入资金并进行互换，能够有效降低融资成本。比如经过互换以后，上例A公司的真实融资成本是 8.0%−8.3%+LIBOR=LIBOR−0.3%；B公司的融资成本是 LIBOR+0.8%+8.3%−LIBOR=9.1%。通过上述互换，每一家公司不仅达到了当初的目的，而且它们的融资成本比各自直接借款节省了0.4%。

三、货币互换

货币互换(Currency Swaps)是将一种货币的本金和利息与另一种货币的等价本金和利息进行交换。货币互换中涉及的现金流交换与利率互换中的基本相同，但它是以两种不同货币计值的。货币互换与利率互换不同的是，它是以借款或资产为基础的交换，互换中不仅包含利息支付的交换，也包含本金交换。另外，由于货币互换中到期本金的交换水平取决于汇率水平，所以需要事先敲定汇率。下面是货币互换的例子。

假设目前市场汇率为1英镑=1.500 0 美元。A公司想借入5年期的1 000万英镑借款，B公司想借入5年期的1 500万美元借款。但由于A公司的信用等级高于B公司，两国金融市场对A、B两公司的熟悉状况不同，因此市场向它们提供的固定利率也不同(如表 11-17 所示)。

表 11-17 **市场向A、B公司提供的借款年利率**

	美 元	英 镑
A公司	8.0%	11.6%
B公司	10.0%	12.0%

从表 11-17 中看出，A 公司的借款利率均比 B 公司低，即 A 公司在两个市场都具有绝对优势，但绝对优势大小不同。A 公司在美元市场上的绝对优势为 2%，在英镑市场上只有0.4%。这就是说，A 公司在美元市场上有比较优势，而 B 公司在英镑市场上有比较优势。这样，双方就可利用各自的比较优势借款，然后通过互换得到自己想要的资金，并通过分享互换收益(1.6%)降低筹资成本。

于是，A 公司以 8% 的利率借入五年期的 1 500 万美元借款，B 公司以 12.0%利率借入五年期的 1 000 万英镑借款。然后，双方先进行本金的交换，即 A 公司向 B 公司支付1 500万美元，B 公司向 A 公司支付 1 000 万英镑。

假定 A、B 公司商定双方平分互换收益，则 A、B 公司都将使筹资成本降低 0.8%，即双方最终实际筹资成本分别为：A 公司支付 10.8%的英镑利率，而 B 公司支付 9.2%的美元利率。

下一步，双方就可根据借款成本与实际筹资成本的差异计算各自向对方支付的现金流，进行利息互换。即：A 公司向 B 公司支付 10.8%的英镑借款的利息计 108 万英镑，B 公司向 A 公司支付 8.0%的美元借款的利息计 120 万美元。经过互换后，A 公司的最终实际筹资成本降为 10.8%英镑借款利息，而 B 公司的最终实际筹资成本变为8.0%美元借款利息加 1.2%英镑借款利息。若汇率水平不变的话，B 公司最终实际筹资成本相当于 9.2%美元借款利息。在贷款期满后，双方要再次进行借款本金的互换，即 A 公司向 B 公司支付 1 000 万英镑，B 公司向 A 公司支付 1 500 万美元，到此，货币互换结束。若不考虑本金问题，上述货币互换的流程图如图 11-15 所示。

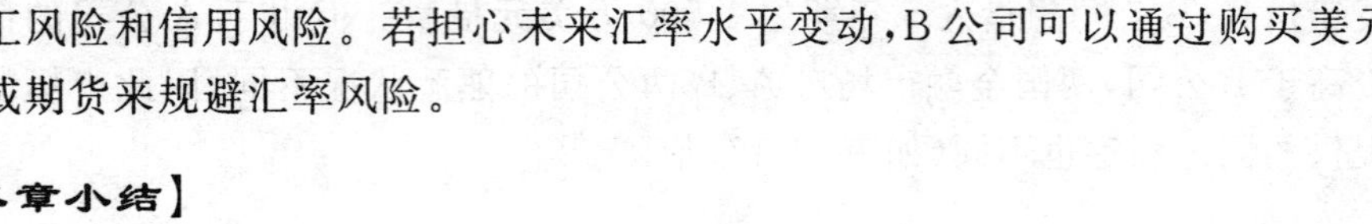

图 11-15　货币互换流程图

由于货币互换涉及本金互换，因此当汇率变动很大时，双方就将面临一定的外汇风险和信用风险。若担心未来汇率水平变动，B 公司可以通过购买美元远期或期货来规避汇率风险。

【本章小结】

1. 期货合约是指协议双方同意在约定的将来某个日期按约定的条件买入或卖出一定标准数量商品的标准化协议。合约双方都交纳保证金，并每天结算盈亏。合约双方均可单方通过平仓结束合约。

2. 随着交割月份的逼近，期货价格收敛于标的资产的现货价格。

3.期权是指赋予其买者在规定期限内按双方约定的价格买或卖一定数量某种金融资产的权利的合约,期权分看涨期权和看跌期权两大类,这两大类期权又有美式期权和欧式期权之分。

4.期权买者只有权利没有义务,期权卖者只有义务没有权利,因此买者要向卖者支付期权费。期权买者不要交纳保证金,期权卖者则可能需要交纳保证金,其做法与期货相似。期权价格的影响因素有:标的资产的市价、期权的协议价格、期权的有效期、标的资产价格的波动率、无风险利率、标的资产的收益。

5. 期权价值等于内在价值与时间价值之和。内在价值等于零与期权立即执行时所具有的价值这两者之中的较大值。期权时间价值在内在价值为零时最大,并随标的资产市价与协议价格之间差额的绝对值变大而递减。随着时间的延长,期权时间价值是递增的,但增幅是递减的。标的资产价格波动率越高,时间价值也越大。无风险利率对期权价格的影响较复杂,应具体问题具体分析。

6. 金融互换是约定两个或两个以上当事人按照商定条件,在约定的时间内,交换一系列现金流的合约。

7. 根据比较优势理论,只要满足以下两种条件,就可进行互换:双方对对方的资产或负债均有需求;双方在两种资产或负债上存在比较优势。

【思考与练习】

1.一位铝制品加工厂的财务主管说:“我们没有理由买卖铝期货,因为将来铝上升和下降的机会是均等的。”请对此说法加以评论。

2. 假设目前白银价格为每盎司 80 元,储存成本为每盎司每年 2 元,每 3 个月初预付一次,所有期限的无风险连续复利率均为 5%,求 9 个月后交割的白银期货的价格。

3. 假定标准普尔 500 指数的值是 950 点,如果 1 年期国库券利率是 6%,标准普尔 500 指数的预期红利率是 2%,1 年期的期货价格是多少?

4. 设某一无红利支付股票的现货价格为 30 元,连续复利无风险年利率为 6%,求该股息协议价格为 27 元,有效期 3 个月的看涨期权价格的下限。

5.某一协议价格为 25 元,有效期 6 个月的欧式看涨期权价格为 2 元,标的股票价格为 24 元,该股票预计在 2 个月和 5 个月后各支付 0.50 元股息,所有期限的无风险连续复利年利率均为 8%,请问该股票协议价格为 25 元,有效期 6 个月的欧式看跌期权价格等于多少?

6. 某股票目前价格为 40 元,假设该股票 1 个月后的价格要么为 42 元,要么为 38 元。连续复利无风险年利率为 8%。请问 1 个月期的协议价格等于 39 元欧式看涨期权价格等于多少?

7. A公司和B公司如果要在金融市场上借入5年期本金为2 000万美元的贷款，需支付的年利率分别为(如表11-18所示)：

表11-18

	固定利率	浮动利率
A公司	12.0%	LIBOR+0.1%
B公司	13.4%	LIBOR+0.6%

A公司需要的是浮动利率贷款，B公司需要的是固定利率贷款。请设计一个利率互换，其中银行作为中介获得的报酬是0.1%的利差，而且要求互换对双方具有同样的吸引力。

8. X公司希望以固定利率借入美元，而Y公司希望以固定利率借入日元，而且本金用即期汇率计算价值很接近。市场对这两个公司的报价如下(如表11-19所示)：

表11-19

	日元	美元
X公司	5.0%	9.6%
Y公司	6.5%	10.0%

请设计一个货币互换，银行作为中介获得的报酬是50个基点，而且要求互换对双方具有同样的吸引力，汇率风险由银行承担。

第十二章　投资管理及其业绩评价

【学习目标】

本章阐述投资管理的基本思想和步骤、投资绩效评价体系及评价指标、进行投资组合管理的效应分析并介绍组合管理实证检验的设计和方法。通过学习，要求了解投资及其组合管理的思想；掌握投资绩效评价的指标体系及指标计算方法；建立实证分析的基本思路并结合计量分析技术和统计分析方法解决实际问题。

基金公司和机构投资者进行资产经营的过程，就是资产的组合管理过程。本章将重点探讨基金资产组合运作的管理思想、管理方法、经营绩效的评价体系和对实际运行的考察和检验。

第一节　投资管理概述

投资管理有狭义的投资管理和广义的投资管理。投资的组合管理是狭义的投资管理，在组合管理的应用方面，基金管理最为典型。从广义上看，投资管理还包括风险管理，它不是在构造组合时的风险权衡，它是对公司投资的全方位的管理，包括构建投资组合、各种避险工具的运用、建立收益-风险评价-防控体系等。投资组合不仅仅是证券的投资组合，还包括非证券资产的组合；不仅仅是国内资产的组合，还包括海外投资品的组合。这一章着重研究基金投资组合的管理。

一、投资管理的基本思想

有效市场理论告诉我们，投资者应按照他们的风险偏好，将资本按比例投资于市场组合和无风险资产，以获取组合效率。投资者可获取的期望收益率用资本市场线(CML)来描述，投资者的预期收益率不可能超越资本市场线，即不可能超越市场标准。但是，许多投资基金经理充分相信，基于他们所掌握的超过一般投资者所能掌握和识别的信息以及分析技术,可以发现被市场低估了的股票和具有未来成长潜力的股票。此外,他们基于对宏观经济发展趋势的把握,可以基本判断证券的未来走势。他们得出的结论是,资产的组合管理十分有效。对基金资产进行积极投资组合管理的资产收益率超过了消极管理的资产收益率,优秀的资产管理使基金报酬率超越了市场标准。也有些实证分析结果表明,两种管理选择没有明确的收益率差异,所以,一部分人倾向于投资组合的积极管理,另一部分人基于他们对市场的看法选择消极管理。通常人们借助基金绩效评价的指标体系和方法,评价经营成果并考察经营差异。

二、投资管理的基本步骤

投资管理的步骤分为五个部分——投资策略、投资分析、建立投资组合、投资组合的修正和投资绩效评价。

1. 投资策略

投资策略的选择是进行投资管理的第一步,投资策略的确定基于以下一些准则:第一,对投资者风险承受能力的判断。第二,瞄准目标投资人群体,确定基金投资目标。不同的投资群体有不同的风险偏好。如果公司采取成长型投资策略,意味着投资者将承担较大的风险,但可获得较大的增长收益。如果公司采取收益型投资策略,意味着投资者追求较快的现金收益流,所承担的风险较小。第三,投资策略的选择还取决于国民经济景气程度和股票市场的状况。

2. 投资分析

投资分析涉及对个别证券或一个证券群体的考察和分析。证券分析的目的是选股,选股是构造投资组合的基础。

3. 建立投资组合

在个股分析的基础上择股,并确定投资相应证券的比例。投资组合的确定就是在既定投资目标的前提下,对投资品的收益和风险进行权衡。

4. 投资组合的修正

当市场发生变化和投资品个体品质发生变化后,就需要对原有投资组合产品进行挑拣或增补。同时,最初的投资组合经过市场检验后发现并不是最好的,也需要调整。麦哲伦基金的主管彼得·林奇主张投资机会需要无休止地去寻找,当一家企业推出新产品,或经营业绩比去年好,或某项政策对企业有利时,他就买进这家企业的股票。他常常在股市备受冷落时买入股票,在股市上涨时将好公司的股票保留下来,把其余股票卖掉。麦哲伦基金的多数公司只在投资组合里保留一两个月,而整个组合里的股票一年至少翻检一次。可见,投资组合应该是一个动态组合。

5. 投资绩效评价

组合资产或基金经营状况如何，需要借助基金绩效评价的指标去衡量。图12-1所示的是基金决策流程图。

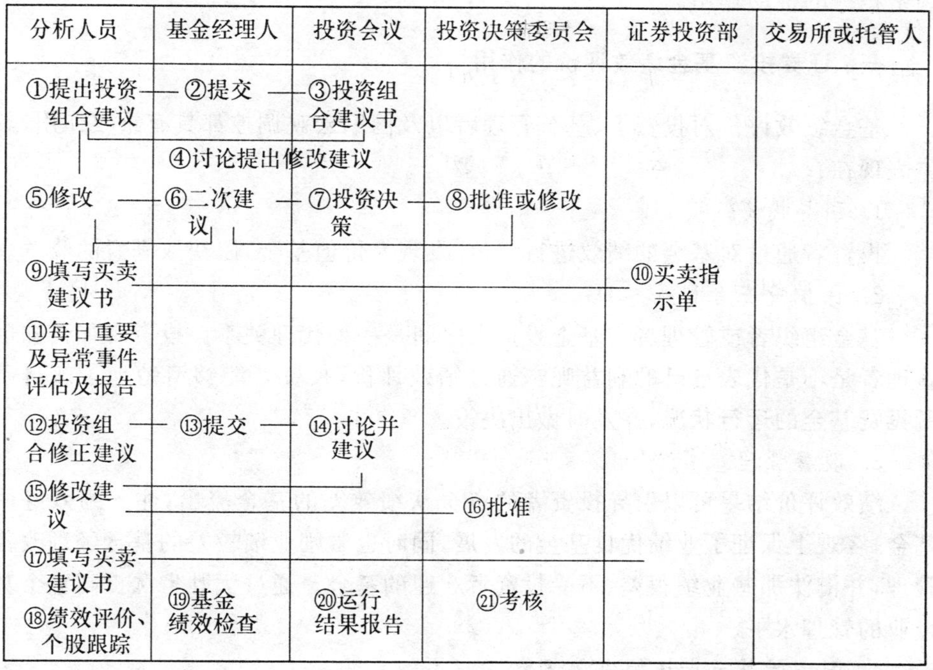

图 12-1 基金管理流程图

图12-1反映了投资管理的全过程，分析人员基于对经济和政策形势的判断、对行业和板块的分析，以及现有的研究结论作出预测；分析人员给被他们选中的投资品赋值，通常赋值1代表买进，赋值5代表卖出，中间2—4代表不同程度的偏爱指数；分析师将他们的判断写成建议报告，由基金经理和相关人员召开投资会议，进行进一步分析和确认；然后将报告提交高一级的投资管理部门——投资委员会，投资委员会的成员由机构高级管理人员组成；最后委员会形成一份候选证券名单或称授权名单。有时，委员会会提出意见，基金经理和分析员会对最初提交的报告进行修改。

第二节 投资基金业绩测度和评价的分析体系

基金绩效评价是学术界和投资者关注的一个问题。证券投资基金的业绩评价是利用公开信息和数据，借助一系列评价指标和模型综合分析基金投资绩效的历史表现。作为证券投资基金评价体系的核心内容，基金业绩评价的发展，对金融理论的发展有巨大的贡献，同时在实践中对证券投资基金行业的发展也起到了积极的推动作用。

一、证券投资基金绩效评价的作用

基金绩效评价对投资者、基金管理者以及国家宏观调控都具有重要作用，具体表现在：

1. 引导投资

投资者通过对基金的绩效进行评价，发现有价值基金，以获取满意的收益。

2. 保护投资者利益

基金组织者或管理者与基金投资者之间是一种代理关系。投资者如何知道管理者是不是代表自己的利益呢？通过绩效评价，投资者能够清楚地了解自己所投资基金的运行状况，并及时做出决策。

3. 改善管理

绩效评价结果可以引导投资者的资金从绩效差的基金流出，注入绩效好的基金，客观上保证了业绩优良基金的发展，同时也激励业绩较差的基金经理改善管理，并淘汰那些业绩很差、不受投资者欢迎的基金。通过优胜劣汰提高整个基金业的管理水平。

4. 国家对基金市场的宏观调控

对证券投资基金绩效进行综合、全面而准确的评价，对于有关部门引导、调控基金市场是非常重要的。

二、证券投资基金评价体系的含义

证券投资基金评价体系是从不同角度对基金加以分析、比较的一系列方法。对基金业绩的评价是基金评价的核心内容，但并不是全部内容。证券投资基金评价体系应该包括两个方面的内容：第一，对基金业绩的评价；第二，对基金治理的评价。

投资基金的业绩评价是利用公开的信息（一般是历史的收益率数据），通过一系列评价指标和模型，综合分析基金投资绩效的历史表现。投资基金的治理评价，是通过对基金所处的外部环境和基金自身在公司治理方面的实际考察，评判基金的公司治理水平，是一种制度上的评价。本章主要分析基金业绩考察的指标体系。

三、证券投资基金绩效评价分析的指标体系及其方法

1965年，Jack L. Treynor在《哈佛商业评论》（*Harvard Business Review*）上发表"*How to Rate Management of Investment Fund*"一文，首次提出一种评价基金业绩的综合指标，即"Treynor"指标。之后，Sharpe（1966）在《商业学刊》（*Journal of Business*）上发表"*Mutual Fund Performance*"一文，提出Sharpe指标；Michael C. Jensen（1968）在《金融学刊》（*Journal of Finance*）上发表"*The Performance of Mutual Funds in the Period* 1945～1964"一文，提出Jensen指标。以上这三个应用最为广泛的评价基金投资业绩的经典指标都是以CAPM模型为基础的。

还有很多学者也对基金业绩的评价做出了各种各样的研究，如Eugene F. Fama、Kay Mazuy、Roy D. Henriksson和Robert C. Merton、Franco Modigliani和Leah Modigliani等。

（一）Jensen指标

1. Jensen指标的基本含义

标准资本市场理论认为，任何资产的期望报酬率都不可能超越市场准则，但实际上，资本市场并不那么有效率，具有选股选时能力的基金经理人可能会获得超越市场标准的收益率。Jensen（1968）修改了证券市场线，用以评价具有优良绩效的基金或投资组合。用公式表示如下：

$$E(R_p)=\alpha_p+R_f+\beta_p[E(R_m)-R_f] \tag{12.1}$$

这里，α_p是指投资组合期望收益率与均衡市场条件下CAPM对该投资组合的定价之差，称为非常规收益率或超额收益率。由CAPM定价的收益率称为常规收益率或均衡市场期望收益率。若$\alpha_p>0$，则基金组合p具有超越市场收益标准的优良绩效；若$\alpha_p<0$，则基金p的绩效低于市场收益标准；若$\alpha_p=0$，则基金p具有与市场收益标准相当的收益水平，$|\alpha_p|$越大越好。这种评鉴方法称为Jensen评鉴法。

$$J_p=E(R_p)-[R_f+(E(R_m)-R_f)\beta_p] \tag{12.2}$$

J_p被称为J指标。

从上式看，Jensen指标是一种非常规收益率，其值可能是正的，也可能是负的。根据Jensen指标可以对各个投资组合的业绩进行评价，绩效好的投资组合非常规收益率应该高，绩效差的投资组合非常规收益率应该低。

2. 对Jensen指标的T检验

用上述指标时，应对其进行统计显著性检验，用以确定α_p不是随机发生的，它代表基金经理人的经营能力。检验α_p的t统计值为：

$$t=\frac{\alpha_p}{\sigma_{\epsilon p}/\sqrt{N}} \tag{12.3}$$

其中：$\sigma_{\epsilon p}$ 表示基金残余报酬率的标准差；N 表示构成基金的个股的数目。

在 $N=60$，统计显著水平为5%的条件下，若 t 统计值大于2，表明该基金 p 的绩效确实超越了市场准则；若 t 统计值小于－2，表明基金平均收益率低于市场准则；若 t 在±2之间，表明该基金 p 的绩效与市场准则相当。

3. 对Jensen指标的评价

Jensen模型是至今为止使用最广泛的模型之一，但是，用Jensen指标评估基金整体绩效时隐含了这样一个假设，即基金的非系统风险已被彻底地分散掉，因此，该指标只反映了收益率和系统风险因子之间的关系。如果基金并没有完全消除非系统风险，则Jensen指标可能给出错误信息。Jensen指标仅对投资基金的风险溢价能力做了考察，并没有对基金的风险分散能力进行估计。

另外，在使用Jensen指标时，要求在样本期间内每一个不同的时间间隔期采用不同的无风险利率。比如，为了分析一个10年期间的投资基金的业绩，以每年为一个间隔期，分析该基金的年收益与每年的无风险收益之差，并将其与市场组合的收益和相同的无风险收益的差额相比较。

（二）Treynor指标

1. Treynor指标的定义

Treynor指标（用 Tp 表示）以均衡市场假定下的资本资产定价模型(CAPM)或证券市场线(SML)为基础，并假定投资风险由两部分组成：一是由整个市场波动而产生的风险；二是由组合中单个证券的波动而产生的风险。对基金绩效的考核应以经风险调整后的报酬率为准。

Treynor(1966年)认为，基金应是风险分散良好的组合，应不包括非系统性风险。以基金的系统性风险 β_i 作为评鉴。Treynor指标指承担每单位系统性风险所能获得的超额平均报酬率$(E(R_i)-R_f)$，用公式表示如下：

$$\frac{E(R_i)-R_f}{\beta_i}=\frac{\alpha_i}{\beta_i}+[E(R_m)-R_f] \tag{12.4}$$

$\frac{E(R_i)-R_f}{\beta_i}$被称为Treynor评鉴值。Treynor数值越大，代表基金 p 的绩效越好，即承担每单位风险所获得的超额收益率越大。

Treynor还引入了一种无风险资产，该资产可与不同的投资组合结合形成一条平直的投资组合可行线。他指出，理性的风险规避型投资者总是倾向于那些具有较大斜率的投资组合可行线，因为具有较高斜率的可行线能够使投资者位于较高的无差异曲线上，这一投资组合可行线的斜率就是Treynor指标。

2. 对 Treynor 指标的说明

Treynor 指标作为一种相对绩效的评价方法，是用系统风险而不是用总风险对投资收益进行评价，而系统风险一般只是总风险的一部分，并且变量 β 是测量风险的，不能反映一个投资组合的风险分散水平，即 Treynor 指标隐含地假设了一个完全分散的投资组合，这意味着系统风险是相关的风险衡量尺度，非系统风险被完全分散掉了。因而 Treynor 指标反映的是单位系统风险所获得的收益，它能反映投资基金的市场调整能力，但不能反映其分散和降低非系统风险的能力。

3. Jensen 指标与 Treynor 指标的比较

Treynor 指标是 Jensen 评鉴值(α_i)除以 β_i，加上一常数$[E(R_m)-R_f]$，说明 Treynor 法与 Jensen 评鉴法的结果直接相关。假设三只基金 A、B 和 C，B 和 C 具有相同的 Treynor 评鉴值，即相同的斜率$\left[\frac{E(R_B)-R_f}{\beta_B}=\frac{E(R_C)-R_f}{\beta_C}\right]$，故两者绩效相同，但基金 B 和 C 的绩效均优于基金 A，因为后者的 Treynor 和 Jensen评鉴值小于前者，如图 12-2 所示。

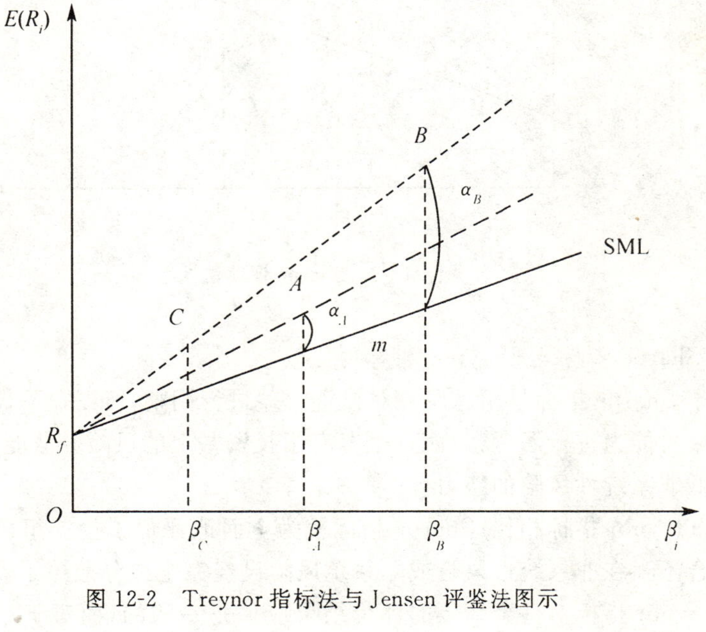

图 12-2　Treynor 指标法与 Jensen 评鉴法图示

（三）Sharpe 指标

1. Sharpe 指标的基本含义

Sharpe 指标就是以均衡市场条件下的资本市场线(Capital Market Line,

CML)为基准的一种风险调整的绩效评价指标，是资本市场线表达式中的斜率项，用 S_p 表示，表达式如下：

$$S_p = [E(R_p) - R_f]/\sigma_p \tag{12.5}$$

其中：σ_p 表示投资组合的总风险。

可以看出，Sharpe 指标是用投资组合（包括只有一项资产的组合）的总风险（即收益标准差）去除投资组合的风险溢价，反映的是该投资组合每单位总风险所带来的收益。Sharpe 指标值越大，表明基金绩效越好（如图 12-3 所示）。

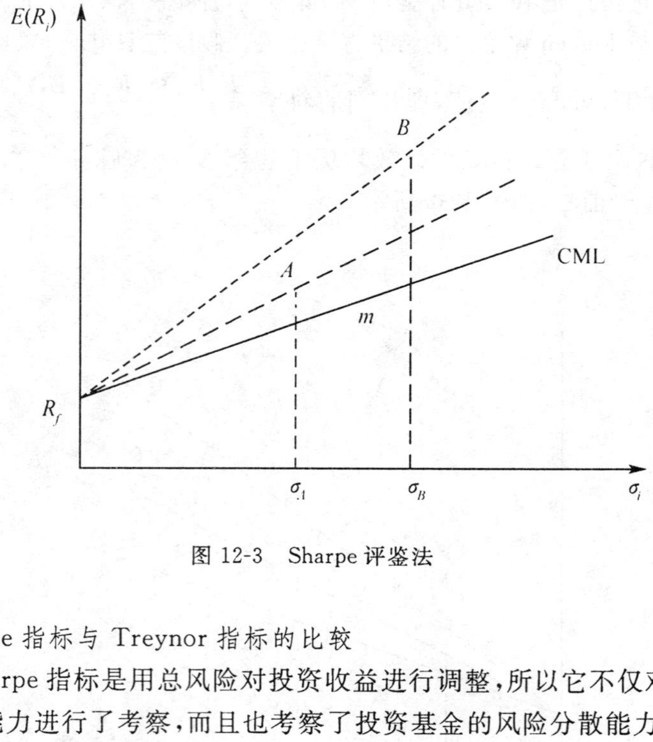

图 12-3 Sharpe 评鉴法

2. Sharpe 指标与 Treynor 指标的比较

由于 Sharpe 指标是用总风险对投资收益进行调整，所以它不仅对投资基金的风险溢价能力进行了考察，而且也考察了投资基金的风险分散能力，即基金分散和降低非系统性风险的能力。

与 Treynor 指标相比，Sharpe 指标较为全面地评价了投资组合业绩。如果投资组合不存在非系统性风险或非系统风险已经完全被分散掉了，用 Sharpe 指标和 Treynor 指标对基金绩效的评价结果应该是一致的，而对于一个分散水平较低的投资组合，采用 Treynor 指标的评价值比较高，采用 Sharpe 指标的评价值则比较低。这两种基金业绩衡量尺度在评价结果上的差别，是由于基金的投资组合分散水平不同造成的。因此，Treynor 指标和 Sharpe 指标提供了关于基金业绩的相互补充但却不同的信息，应该同时使用这两种衡量尺度进行基金的业绩评价。

例 1 业绩指标计算——市场模拟。假设 V-500 基金是充分模拟 S&P500 的指数基金，下表列出了 V、D 和 F 基金的连续 5 年的收益率水平（如表 12-1 所示）。

表 12-1 **三种基金的收益率(%)**①

年份	D-基金收益率	F-基金收益率	V-基金收益率
1	16.3	15.4	18.3
2	8.6	3.1	4.7
3	8.7	17.9	16.2
4	23.6	28.7	31.4
5	−3.3	−5.0	−3.3

以上表数据为基础计算收益率的均值、标准差和 β 系数，计算结果如表12-2所示。

表 12-2 **基金收益率的均值、标准差和 β 系数**

指标	D-基金	F-基金	V-基金
均值	10.78	12.02	13.46
标准差	10.03	13.17	13.33
β系数	0.64	0.85	1.00

假设短期国库券利率为 5%，哪一只基金表现更好呢？

Sharpe 指标计算如下：

$$S_p=[E(R_p)-R_f]/\sigma_p$$

$$S_{p,\mathrm{D}}=\frac{10.78\%-5\%}{10.03\%}=0.576$$

$$S_{p,\mathrm{F}}=\frac{12.02\%-5\%}{13.17\%}=0.533$$

$$S_{p,\mathrm{V}}=\frac{13.46\%-5\%}{13.33\%}=0.635$$

从 Sharpe 指标的计算结果中，我们看到 V-基金经营业绩最好，D-基金次之，F-基金最差（如图 12-4、图 12-5、图 12-6、图 12-7 所示）。

① [美]H. Levy 著，任淮秀等译. 投资学. 北京：北京大学出版社，2000：454

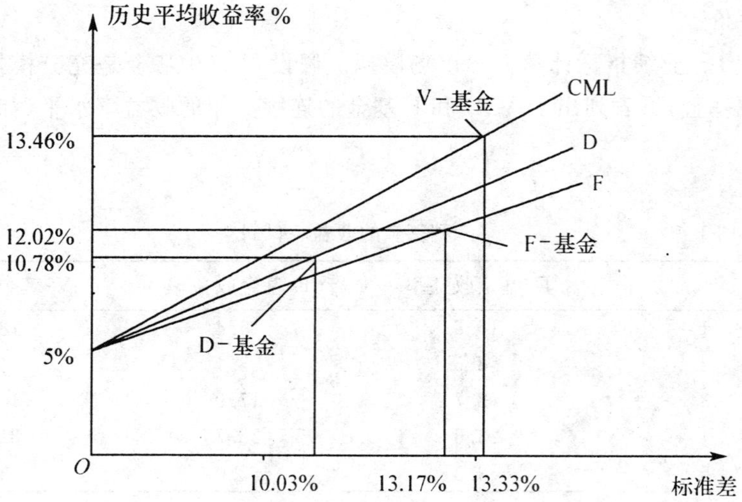

图 12-4 资本市场线与三只基金

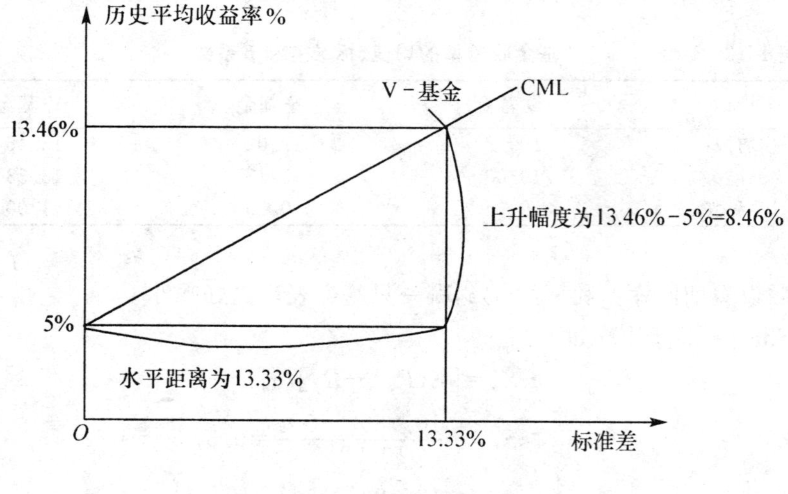

图 12-5 Sharpe 指标计算关系

Treynor 指标计算如下：

用 CAPM 模型确定 β 系数：

$$\beta_i=\frac{E(R_i)-R_f}{E(R_m)-R_f} \qquad \beta_{i,\mathrm{V}}=\frac{13.46\%-5\%}{13.46\%-5\%}=1$$

$$\beta_{i,\mathrm{D}}=\frac{10.78\%-5\%}{13.46\%-5\%}=0.68 \qquad \beta_{i,\mathrm{F}}=\frac{12.02\%-5\%}{13.46\%-5\%}=0.83$$

$$T_{p,V}=\frac{13.46\%-5\%}{1}=8.46\% \qquad T_{p,D}=\frac{10.78\%-5\%}{0.68}=8.5\%$$

$$T_{p,F}=\frac{12.02\%-5\%}{0.83}=8.457\%$$

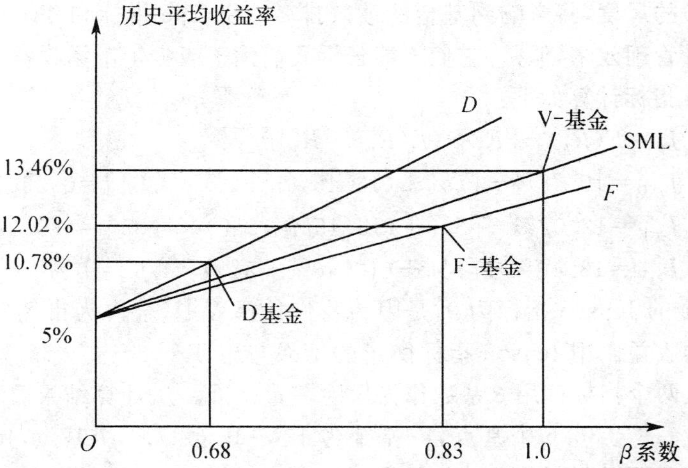

图 12-6　证券市场线与三只基金

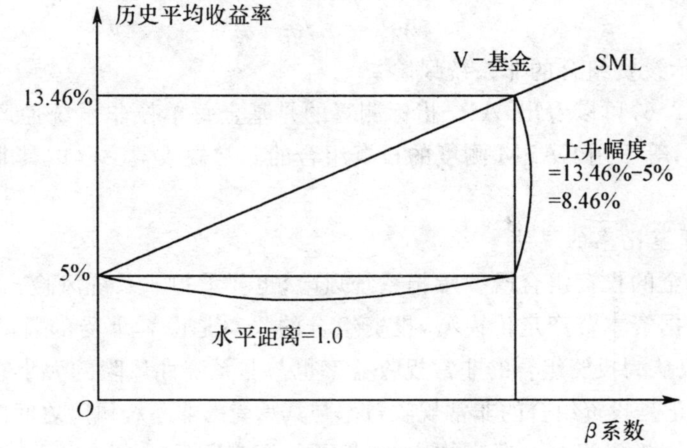

图 12-7　Treynor 指标的计算关系

V-基金的斜率为8.46%，正好是SML的斜率，所以，V-基金的收益率恰好是市场收益率。D-基金的斜率大于V-基金的斜率，说明它的表现优于市场或优于非管理投资组合下的收益率。F-基金的斜率小于V-基金的斜率，它的收益低于市场平均收益。

从上述Sharpe指标和Treynor指标的计算结果发现，用标准差或β系数作为衡量风险的尺度，将影响到基金的绩效排名。Sharpe指标和Treynor指标虽然可以衡量管理效率，但是，它们不能告诉我们优于或劣于市场收益的程度。

Jensen指标计算如下：

$$J_p = E(R_p) - [R_f + (E(R_m) - R_f)\beta_p]$$

$$J_{p,D} = 10.78\% - [5\% + (13.46\% - 5\%) \times 0.64] = 0.366\%$$

$$J_{p,F} = 12.02\% - [5\% + (13.46\% - 5\%) \times 0.85] = -0.171\%$$

$$J_{p,V} = 13.46\% - [5\% + (13.46\% - 5\%) \times 1.0] = 0\%$$

V-基金的Jenson指标为0，是因为我们选择V-基金作为市场组合，所以，它没有超额收益。用Jenson指标衡量的结果与用Treynor指标衡量的结果一致，因为，这两个指标都用β系数作为风险衡量标准。从计算结果看，D-基金的表现优于V-基金36.6个基点，F-基金劣于V-基金17.1个基点，Jenson指数的优势就在于可以判断基金绩效优劣的程度。

（四）评鉴比率和M^2指标

1. 评鉴比率的基本含义

评鉴比率建立在CAPM基础上，是一种与Jensen指标密切相关的评价投资组合绩效的指标，用AP_p表示，其表达式为：

$$AP_p = \alpha_p / \sigma_{\varepsilon p} \tag{12.6}$$

其中：$\sigma_{\varepsilon p}$表示投资组合的非系统风险。

从式(12.6)可以看出，AP_p指标测算的是基金每单位非系统性风险所带来的超额收益，等于用CAPM测度的投资组合的非常规收益率除以其非系统性风险$\sigma_{\varepsilon p}$。

2. 对评鉴比率的说明

由于基金的投资组合既要承担系统风险，也要承担非系统风险，尽管可能性比较小。根据资本资产定价模型，投资组合的收益是由其承受的风险大小定价的，因而可以认为投资组合的非常规收益率也与非系统性风险的大小有关。评鉴比率衡量的正是投资组合的非常规收益率与其承受的非系统风险之间的关系。

由于不同投资组合的资产构成数目不同，资产项目越多的组合，其非系统性风险就越小。对于很分散的投资组合来说，$\sigma_{\varepsilon p}$应该比较小，其评鉴比率应该较大。

3. 关于 M^2 指标

Leah Modigliani 和诺贝尔经济学奖得主 Franco Modigliani 引入了经过改进的 Sharpe 指标，对基金的业绩进行评价。这种方法被称做 M^2 指标，即 Modigliani 的平方测度。M^2 指标等于经风险调整的投资组合 P^* 的期望收益率 $E(R_{p^*})$ 与市场投资组合的期望收益率 $E(R_m)$ 的差额，其表达式为：

$$M^2 = E(R_{p^*}) - E(R_m) \tag{12.7}$$

与 Sharpe 指标类似，M^2 指标也以总风险对基金的投资收益进行调整。采用 M^2 评价指标对基金的投资收益进行排序时，每一种基金都能对自身业绩进行技术上的风险调整，方法就是把高风险的基金稀释成一个经过风险分散的低风险投资组合。

M^2 指标的设计思想是，假定有一个投资组合，加入一定量的无风险资产头寸，使这个经过调整的投资组合的风险等于市场组合风险。操作过程是：如果被评价基金的组合 P 的标准差是市场指数标准差的 m/n 倍，若 $m/n<1$，卖出无风险资产；若 $m/n>1$，买入无风险资产，那么经调整的投资组合 P^* 应包含 n/m 的投资组合 P 和 $(1-n/m)$ 的无风险资产，以使该投资组合的风险与市场投资组合的风险相等。

M^2 指标与上述的其他基金业绩评价指标相比，M^2 对基金绩效的评价更加全面。

（五）多因素业绩评估模型

以 CAPM 模型为基础的单一指标绩效评价方法，无法解释按股票特征，如市盈率（P/E）、股票市值、账面市价比和历史收益等进行分类的基金收益之间的差异，所以我们希望用多因素模型分析法代替单一指标法评价基金绩效，以增强解释能力。下面介绍两种比较有代表性的多因素绩效评价模型。

1. 套利定价绩效评估模型

根据 Ross（1976 年）套利定价理论（Arbitrage Pricing Theory，APT），可以建立多因素的基金绩效评价指标——套利定价绩效评估指标，用 A_p 表示。该指标与单因素绩效评价指标的不同之处在于，它考察的是均衡市场模型下，系统风险为 β 的非常规收益。它等于被评价基金的投资组合的期望收益率，减去以 APT 模型估计得到的期望收益率的差额，以系统性风险对收益进行调整，数学表达式如下：

$$A_p = E(R_p) - (\lambda_0 + \beta_{1p}\lambda_1 + \beta_{2p}\lambda_2 + \cdots + \beta_{mp}\lambda_m) \tag{12.8}$$

其中：λ_0 表示无风险资产利率；λ_i 表示独立因子 i 的风险溢价；β_{ip} 表示被评价的投资组合对独立因子 i 的敏感性因素（$i=1,2,\cdots,m$），也就是 APT 模型中的系统风险因子。

套利定价测度，表示投资组合收益与均衡市场条件下的多因素定价模型的模拟收益率之差。

2. 多因素绩效评估模型

Lehman，Modest（1987 年）和 Fama（1993 年），French（1996 年），对多因素的投资基金业绩评价方法进行了研究，综合他们的评价方法，可以得到多因素业绩评估模型的一般表达式：

$$R_i = \alpha_i + b_{i1}I_1 + b_{i2}I_2 + \cdots + b_{ij}I_j + \varepsilon_i \tag{12.9}$$

其中：α_i 表示证券收益率中独立于各因素变化的部分；$I_1, I_2, \cdots, I_i$ 分别表示影响证券 i 的收益的各因素值；$b_{i1}, b_{i2}, \cdots, b_{ij}$ 分别表示各因素对证券收益变化的影响程度。

该模型有两个基本假设：任意两种证券的剩余收益 $\varepsilon_i, \varepsilon_j$ 之间均不相关；任意两个因素 I_i, I_j 之间及任意因素 I_i 和剩余收益 ε_i 之间均不相关。

Lehman 和 Modest（1987 年）认为，影响证券收益的因素为市场平均指数收益、股票规模、公司的账面市价比（BE/ME）、市盈率（P/E）和公司前期的销售增长等。

Fama 和 French（1996，1993）认为，影响证券收益的因素除了上述因素外，还应包括按照行业特征分类的普通股组合收益、小盘股收益与大盘股收益之差，以及高 BE/ME 比下的收益与低 BE/ME 比下的收益之差等因素。

Carhart（1997 年）则在以上因素的基础上，引入了基金所持股票收益的韧性因素，即前期最好的股票与最差的股票的收益之差。

3. 对多因素绩效评估方法的评价

从形式上看，套利定价评估指标与 Jensen 指标相似，但二者有很大不同。虽然二者都采用系统风险对基金的投资收益进行调整，都假定非系统风险已被完全分散了，但是套利定价评估指标不仅考虑了市场组合的系统风险，还考虑了其他因素，如利率和 GNP 的增长率等因素变动的系统风险因子 β_i。以 APT 理论为基础的多因素模型，在解释效力上远高于以 CAPM 为基础的单因素绩效评价指标，从理论上可以认为多因素的绩效评价指标比单因素评价指标更为准确。

多因素的绩效评估模型虽然部分解决了单因素模型存在的问题，模型的解释力也有所增强，在实证研究中，多因素评估模型要求能识别所有的相关因素，绩效的评估结果对因素的选取十分敏感。但投资定价理论并没有明确给出对风险资产定价所需要的所有因素或因素的个数。在进行实证分析时，对相关影响因素的选择会受到研究者个人主观判断的影响。此外，多因素绩效评估模型的缺点还在于模型本身的估计比较困难。

第三节 证券投资基金管理效应分析

在有效市场条件下，投资者的投资绩效被限制在资本市场线以内，但是，当基金经理具有选择优良股票和选择买卖股票时机的能力时，他们的投资业绩会超过被动投资管理的业绩。管理绩效的取得来自三个方面：一是投资品选择；二是资产分配；三是时机选择。下面从这三个方面分析投资基金管理效应。

一、择股效应

如果市场中所有股票都得到市场的合理评价，那么，任何股票的期望收益率都可以用CAPM模型来确定。但是，市场中的股票不可能永远都能得到市场的真实估价，总有暂时的低估或高估。被低估的股票期望收益可用下式表示：

$$E(R_i)=\alpha_i+R_f+\beta_i[E(R_m)-R_f] \tag{12.10}$$

α_i 代表在未来时期，股票 i 的额外期望收益。

$$\alpha_i=[E(R_i)-R_f]-\beta_i[E(R_m)-R_f] \tag{12.11}$$

当 $\alpha_i>0$ 时，此种股票价值被低估了，所以应购入该股票作为组合的成分；当 $\alpha_i<0$ 时，此种股票价值被高估了，如果这种股票是投资组合中的成分，应卖出该股票。

如何挖掘被高估和被低估了的股票呢？

步骤一：估计每一种股票的期望报酬率；

步骤二：估计每一种股票的 β 系数；

步骤三：用回归分析法求出证券市场线（SML）如下：

$$\hat{E}(R_i)=\gamma_0+\gamma_1\hat{\beta}_i \tag{12.12}$$

步骤四：将每一种股票与证券市场线标示于收益-风险坐标内。被标示高于证券市场线的股票是价值股，可选择买入；被标示低于证券市场线的股票是拙劣股，可选择卖出；被标示在证券市场线上的股票是被市场合理评估了的股票，没有投资价值。

二、择时效应

择时效应是指，基金可以通过预期证券市场的高峰和低谷来调整其投资组合的构成，以适应预期的市场趋势，即在一个呈上升趋势的市场中，通过分散持有高 β 值的证券组合获取较高的收益；而在呈下降趋势的市场中，通过分散持有低 β 值的证券组合以避免较大的损失。股市与债市之间有密切的资金运动关系，具有选时能力的基金经理人，在预测股市价格和债市价格变动趋势的基础上，寻找在债市和股市之间转移投资的机会，从而获利。

Sharpe（1975 年）对“基金经理是否可以利用选时能力实现超越市场的收益率”做了实证分析，结果表明：除非基金经理可精准地预测股市和债市的变动趋势，否则无法长期超越市场报酬率；如果对时机作出错误的判断，反而造成组合业绩的下降。这一实证检验结果告诉我们，消极管理不失为一种可选择的基金管理策略。

Dorm（1989 年）做了两个方面的实证研究，第一，“完全或不完全选时能力是否比购-持策略①有更高的收益率表现？”他假设在每月初，若股市预期看好，组合经理将资金全部投资于股市；若股市预期为熊市，则将资金全部投资于债市。然后比较选时经理人的报酬率与股指报酬率。研究结果表明：具有完全选时能力的经理人可以获得超过市场的收益率；具有不充分选时能力的经理人，对市场预测的精确度达到 45%及其以上才能获得超过市场的收益率，否则，采取消极管理更有效。第二，“在牛市与熊市行情下确定基金经理人必须具有什么程度的预测准确度才能超越市场？”研究结果表明：对牛市预测的准确度比对熊市预测的准确度更重要，若对牛市预测的正确度低于 60%，即使对熊市的预测完全正确，选时策略收益率将会低于购-持策略。

三、择时能力与选股能力的模型分析

如果基金经理具有市场择时能力，他就会主动地改变组合的风险以适应市场的变化，并谋求高额收益；资本资产价值本身也可能随时间的变化而变化，这些原因都会使 β 值呈现时变性。对此，Treynor 和 Mazuy（1966 年），Chang 和 Lewellen（1984 年）等采用 CAPM 形式描述基金经理择时能力和选股能力。

1. Treynor 和 Mazuy 的传统二次项回归模型（T-M 模型）

Treynor 和 Mazuy 的传统二次项回归模型（T-M 模型）也称为 UD 模型。UD 模型的主要含义是将市场分为多头（Up）与空头（Down）两种形态，并假设基金经理在预期未来市场看好时，会多买入一些波动幅度较高的风险资产；反之，当基金经理预期未来市场看坏时，会多买进波动幅度较低的风险资产，而卖出波动幅度较高的风险资产。多头时期与空头时期的 β 系数应有所不同，因此将投资组合的 β 系数视为二项式变量；另一类则视投资组合的 β 为随机变量，其值随时间的变动而变动。

在证券市场回归模型中，Treynor 和 Mazuy（1966 年）加入一个二次项来评

---

① 购-持策略（Buy-and-Hold Strategy），用 S&P500 报酬率代表购-持策略的收益率。

估证券投资基金经理的择时与选股能力。他们认为，具备择时能力的基金经理应能预测市场走势，在多头时，通过提高投资组合的风险水平以获得较高的收益；在空头时则降低风险，因此，特征线不再是具有固定斜率的直线，而是一条斜率会随市场状况改变的曲线，回归模型为：

$$R_{p,t}-R_{f,t}=\alpha_p+\beta_1(R_{m,t}-R_{f,t})+\beta_2(R_{m,t}-R_{f,t})^2+\varepsilon_{p,t} \quad (12.13)$$

其中：$R_{p,t}$表示基金在t时期的收益率；$R_{f,t}$表示t时期的无风险收益率；$R_{m,t}$表示t时期的市场收益率；α_p表示选股能力指标；β_1表示基金投资组合所承担的系统风险；β_2表示择时能力指标；$\varepsilon_{p,t}$表示误差项。

Treynor和Mazuy认为，如果β_2大于零，当市场为多头走势，市场收益率大于无风险收益率，即$R_{m,t}-R_{f,t}>0$，证券投资基金的风险溢酬$(R_{p,t}-R_{f,t})$大于市场投资组合的风险溢酬$(R_{m,t}-R_{f,t})$；反之，当市场呈现空头走势时，即$(R_{m,t}-R_{f,t})\leqslant 0$，证券投资基金风险溢酬的下跌幅度小于市场投资组合风险溢酬的下跌幅度。但是，基金的风险溢酬$(R_{p,t}-R_{f,t})$仍会大于市场投资组合风险溢酬$(R_{m,t}-R_{f,t})$，因此，β_2可用于判断基金经理的择时能力。

α_p与市场走势无关，它代表基金收益与系统风险相等的投资组合收益率的差异，α_p可以用来判断基金经理的选股能力。如果α_p大于零，表明基金经理具备选股能力，α_p值越大，表明基金经理的选股能力越强。

2. Heriksson和Merton的二项式随机变量模型(H-M模型)

UD理论将β看成二项随机变量，它在多头市场与空头市场上的值是不同的。Heriksson与Merton(1981)将择时能力定义为基金经理预测市场收益与无风险收益之间差异大小的能力。根据这种差异，对资金在证券市场进行有效分配。具备择时能力的基金经理人可以预先调整资金配置，以减少市场收益小于无风险收益时的损失，其回归模型为：

$$R_{p,t}-R_{f,t}=\alpha_p+\beta_1(R_{m,t}-R_{f,t})+\beta_2\max(0,R_{f,t}-R_{m,t})+\varepsilon_{p,t} \quad (12.14)$$

其中：$\max(0,R_{f,t}-R_{m,t})$代表选取0与$R_{f,t}-R_{m,t}$二者的最大值。

在该模型的运用上，可根据市场状况做出不同的变形，当市场状况良好时，则$R_{m,t}\geqslant R_{f,t}$，$\max(0,R_{f,t}-R_{m,t})=0$，模型变为：

$$R_{p,t}-R_{f,t}=\alpha_p+\beta_1(R_{m,t}-R_{f,t})+\varepsilon_{p,t} \quad (12.15)$$

当市场状况不佳时，则$R_{m,t}\leqslant R_{f,t}$，模型变为：

$$R_{p,t}-R_{f,t}=\alpha_p+(\beta_1-\beta_2)(R_{m,t}-R_{f,t})+\varepsilon_{p,t} \quad (12.16)$$

当$\beta_2>0$时，表示基金经理掌握了市场下跌的趋势，这时需要及时调整资产组合；如果$(\beta_1-\beta_2)>0$，表示市场空头时，基金经理反而能够逆势获利。

3. Chang和Lewellen的改进模型

Chang和Lewellen(1984)对Heriksson和Merton的基金整体绩效评估模

型进行了改进，改进模型为：

$$R_{p,t}-R_{f,t}=\alpha_p+\beta_1\min(0,R_{m,t}-R_{f,t})+\beta_2\max(0,R_{m,t}-R_{f,t})+\varepsilon_{p,t} \tag{12.17}$$

其中：β_1 表示空头市场时的 β；β_2 表示多头市场时的 β；$\min(0,R_{m,t}-R_{f,t})$表示选取零与$(R_{m,t}-R_{f,t})$二者之中的最小值。

通过$(\beta_2-\beta_1)$的验定，可以判断基金经理的择时能力，如果$(\beta_2-\beta_1)>0$，表示基金经理具备择时能力。

关于上述基金经理择时能力和选股能力的评估模型，主要针对开放式证券投资基金。例如，Heriksson 和 Merton 针对 1968～1980 年间，美国 116 只开放式基金月收益率进行绩效实证研究，结果发现有 59 只基金的 β_2 大于零，其中有 11 只基金明显大于零，而对 α_p 进行验定，仅有 3 只基金明显大于零。显示这些基金经理并不具备市场择时能力与选股能力。

四、证券投资基金业绩的构成分析

Fama 提出一个较好的业绩构成分析模型。该模型假定可以根据具有相同风险水平，且随意选择的投资组合来评价积极管理型基金的业绩。

1. 预期市场线

Fama 首先假设市场是完全的，然后采用单时期的双参数模型推导预期市场线，用关系式表示如下：

$$E(R_j)=R_f+\left[\frac{E(R_m)-R_f}{\sigma(R_m)}\right]\frac{\mathrm{Cov}(R_j,R_m)}{\sigma(R_m)} \tag{12.18}$$

其中：$E(R_j)$表示任意证券 j 的预期收益；R_f 为无风险收益；$\frac{E(R_m)-R_j}{\sigma(R_m)}$表示风险溢价；$\frac{\mathrm{Cov}(R_j,R_m)}{\sigma(R_m)}$表示证券 j 的风险。

预期市场线假设市场是完全有效的，即资产的价格能充分反映所有可以获得的信息，其关系不仅适用于基金的投资组合，也适用于单只证券。

2. 证券选择的评价

用下面的表达式衡量积极管理型基金的“超额”业绩：

$$\text{证券选择收益}=R_a-R_x(\beta_a) \tag{12.19}$$

其中：R_a 表示被评价基金的投资收益；$R_x(\beta_a)$表示由无风险资产与风险等于 β_a（被评价基金的风险）的市场投资组合相结合后产生的收益。

证券选择收益衡量了被评价基金的业绩好于市场投资组合的业绩的程度。基金的全部投资业绩可以分为证券选择收益和由承担风险而来的收益两部分，即：

$$[R_a - R_f] = [R_a - R_x(\beta_a)] + [R_x(\beta_a) - R_f] \quad (12.20)$$

其中：$R_a - R_f$ 表示基金的全部业绩；$R_a - R_x(\beta_a)$ 表示基金的证券选择收益；$R_x(\beta_a) - R_f$ 表示基金由于承担风险而带来的业绩。

式(12.20)中，$R_x(\beta_a) - R_f$ 为基金由于承担风险 β_a 所预期的收益，任何超过这个预期收益以上的部分都属于证券选择收益。

3. 基金的投资分散水平评价

基金业绩中的总证券选择收益等于净证券选择收益加上分散水平的收益，即：

$$[R_a - R_x(\beta_a)] = 净证券选择收益 + [R_x(\sigma(R_a)) - R_x(\beta_a)] \quad (12.21)$$

其中：$R_a - R_x(\beta_a)$ 表示总的证券选择收益；$R_x(\sigma(R_a)) - R_x(\beta_a)$ 表示基金的收益分散水平；$R_x(\sigma(R_a))$ 表示由无风险资产和与被评价基金有相同风险的市场组合相结合后的收益。

上式经整理得到：

$$净证券选择收益 = [R_a - R_x(\sigma(R_a))] \quad (12.22)$$

分散水平的衡量指标表明了因被评价基金的分散水平而获取的额外收益。分散投资是一种减少非系统风险的一种途径。如果基金能够进行完全的分散投资，使得投资的总风险 σ 等于系统风险 β，那么，分散水平收益就等于零。

4. 投资风险评价

假设基金有一个目标风险水平 β_T，则基金来自于风险的全部业绩(超过无风险收益以上的总收益)可以用下式来表示：

$$[R_x(\beta_a) - R_f] = [R_x|\beta_a| - R_x(\beta_T)] + [R_x(\beta_T) - R_f] \quad (12.23)$$

其中：$R_x(\beta_a) - R_f$ 表示基金的风险收益；$R_x|\beta_a| - R_x(\beta_T)$ 表示基金管理人的风险收益；$R_x(\beta_T) - R_f$ 表示基金投资人的风险收益；$R_x(\beta_T)$ 表示具有与基金的目标风险 β_T 相同风险的市场投资组合的收益。

如果该市场投资组合的风险等于基金的目标风险，即 $\beta_a = \beta_T$，那么基金管理人的风险收益就为零，因此，基金管理人风险收益就是基金接受风险 β_a 所必须赚取的收益。基金所接受的风险 β_a 与基金投资者愿意承担的风险 β_T 是不同的，对基金业绩的风险评价只有在投资者愿意承担市场风险时才有意义。

第四节 证券投资基金评价实例——晨星公司的评级方法

目前在美国，基金评级公司对基金业的影响越来越大，几乎没有一家基金管理公司敢忽视基金评级公司的评级。晨星公司(Morningstar)是最具影响力的基金评级机构,其定位是为基金投资者提供服务,主要侧重于对基金的评价。它创立的一套基金评级方法很有代表性,下面是晨星公司对投资基金进行评级的方法和内容。

一、对证券投资基金分类

进行基金评价设计,首先遇到的问题就是如何对基金进行分类。每个基金的投资目标和投资策略不尽相同,相应的风险收益特征也不同,所以不同类型的基金缺乏可比性。对所要评价的基金的合理分类是基金评价设计的首要环节,合理的分类才能使基金的评价结果具有说服力,才能得到投资者的认同。

晨星公司在确定基金类型时,首先将基金分为股票基金和债券基金。对于股票基金,按投资方向分为美国本地证券市场和国外证券市场;然后将美国股票基金和国外股票基金分别按股票的平均市值和基金的投资风格进行分类。对于股票基金,按基金所投资的股票的平均市值,分为大盘股、中盘股和小盘股;按基金的投资风格分为价值型、混合型和成长型,股票基金可以被分为 9 类,如表 12-3所示。

表 12-3 **晨星公司对股票基金的分类一览表**

	价值型	混合型	成长型
大盘股	大盘价值型	大盘混合型	大盘成长型
中盘股	中盘价值型	中盘混合型	中盘成长型
小盘股	小盘价值型	小盘混合型	小盘成长型

对于债券型基金,晨星公司按债券的投资期限和信用等级进行分类。按基金所投资债券的平均期限,分为短期、中期和长期债券;按债券的信用等级,分为高、中、低三类,如表 12-4 所示。

表 12-4 **晨星公司对债券基金的分类一览表**

	短期	中期	长期
高信用等级	短期高信用	中期高信用	长期高信用
中信用等级	短期中信用	中期中信用	长期中信用
低信用等级	短期低信用	中期低信用	长期低信用

美国关于基金的投资风格、规模、期限和信用等级的分类有一套标准，如表12-5所示。

表12-5 美国对证券投资基金分类的标准

债券基金			股票基金		
期限	短期	平均期限小于4年	风险收益	价值型	$A+B<1.75$
	中期	4～10年		混合型	$1.75<A+B<2.25$
	长期	10年以上		成长型	$A+B>2.25$
信用等级	高	平均等级至少AA级	市值	大盘股	$C>50$亿美元
	中	BBB～AA级		中盘股	$10<C<50$亿美元
	低	BBB级以下		小盘股	$C<10$亿美元

注：在股票基金项中，A表示股票的市盈率（P/E比率）相对于标准普尔指数组合市盈率的相对值；B表示股票的市净率（P/B比率，即股票价格与面值之比）相对于标准普尔指数组合市净率的相对值；C表示股票的市值。

二、证券投资基金评级的内容和步骤

1. 业绩表现（Performance）

计算基金各年分季度的收益率情况，如计算收益率均值（Mean），结果折算成年收益率；再对基金费用和税收进行校正，与市场指数或同类型基金进行比较并排名。

2. 风险分析（Risk Analysis）

晨星公司对风险的衡量采用自己特有的相对风险分析方法，具体做法如下：

第一步：将基金每月净值增长率减去90天国库券收益率，得到基金每月相对于国库券的超额收益率，然后对考察期间数值为负的超额收益率求取平均值。该指标称为基金的下行风险指标（Downside Risk）或称平均亏损指标（Mean Shortfall）。

基金的平均亏损率，是指基金在考察期间月收益率低于90天国债收益率的月份，90天国债收益率与基金收益率之差的月平均值。例如，1～5月某基金收益率和90天国债的收益率如表12-6所示。

表 12-6 **某基金收益率与90天国债收益率**

月份	基金收益率(%)	90天国债收益率(%)
1	3.4	0.4
2	0.2	0.3
3	1.0	0.4
4	−2.0	0.4
5	2.5	0.4

从表12-6可以看出，该基金在2月和4月的收益率低于90天国债的收益率，这两个月90天国债收益率与基金收益率之差分别为0.1%和2.4%，则这5个月期间该基金的月平均损失率为0.5%[(0.1%+2.4%)/5]。

第二步：对所有同类基金进行同样的处理，求取所有同类基金的下行风险指标的平均值。

第三步：将单个基金的下行风险指标除以同类基金下行风险指标的平均值，得到单个基金的相对风险指标。如果该指标高于1.00，表明该基金的风险比同类基金风险高，低于1.00则相反。

基金的风险系数＝基金的月平均损失率/所属类别的基金月平均损失率

前面的例子中，如果该类基金的月平均损失率为0.455%，则该基金的风险系数＝0.5%/0.455%＝1.1。

第四步：对单个基金的相对风险指标与同类其他基金进行比较，得出百分位排名。

第五步：对市场上所有的基金进行同样的处理，可以得到单个基金相对于所有基金的相对风险指标排名。

3. 风险校正评级(Morningstar Risk-adjust Rating)

晨星公司采用风险校正评级方法，同时将基金业绩与风险统一起来，根据指标高低将基金评为五个级别，称为星级评定。具体做法如下：

第一步：针对考察期(一般为1年，3年，5年，10年)，计算基金每月的超额收益率，然后求取考察期间平均超额收益率。

第二步：针对考察期，计算同类基金平均超额收益率的均值。

第三步：选定除数。将考察期同类基金平均超额收益率的均值与90天国库券的收益率进行比较，选数值大的为除数。

第四步：将单个基金考察期间平均超额收益率与除数相除，得到单个基金的相对收益评分。

第五步:将单个基金相对收益评分与上面所得到的单个基金风险相对指标相减,得到单个基金评级指标。

基金评级系数=基金的收益系数-基金的风险系数

第六步:对所有同类基金进行上述处理,然后将所有同类基金根据评级指标进行百分比排名,确定单个基金的星级(如表12-7所示)。

表 12-7 **晨星公司星级划分标准**

星级	单个基金评级指标所处百分比区间	收益的同类比较	风险的同类比较
* * * * *	1～10	最高或高	最低或低
* * * *	10～32.5	中高	中低
* * *	32.5～67.5	中	中
* *	67.5～90	中低	中高
*	90～100	最低或低	最高或高

需要注意的是,晨星评估只评估至少已经营3年的基金,一般都评价持续时间较长的5年或10年的基金业绩。方法是,先计算基金3年、5年、10年的评级,然后将三者综合,得到一个综合评级。对于经营超过3年但不到5年的基金,其3年评估结果就可视为晨星的综合评级;对于经营超过5年但不到10年的基金,在计算晨星综合评级时,要使用加权平均的方法,即5年业绩评估的权数为60%,3年业绩评估的权数为40%;对于经营超过10年的基金,也要通过加权计算综合评级,10年业绩评估的权数为50%,5年业绩评估的权数为30%,3年业绩评估的权数为20%。

4. Alpha 系数

根据现代证券组合理论,应用资本资产定价模型,计算基金在考察期间,实际收益与相应系统风险水平下(以β系数衡量)预期收益率之差。该系数大于零,表明基金实际收益高于该风险水平下应得的收益水平;该系数小于零,则反之。

5. β系数

基金收益率相对于标准市场指数(Benchmark Index 股票以 S&P500 为参照,债券以 Lehman Brothers Aggregate Bond 指数为参照)波动的敏感度,该指标是现代证券组合理论中的重要指标,用以衡量基金投资组合的系统性风险水平。

6. 标准差(Standard Deviation)

表明基金收益率波动的幅度,该指标越高,表明其波动性越大。晨星计算的标准差是以过去36个月基金收益率数据为基准计算的,计算结果折算成年收益率。假定基金收益率呈正态分布,可以预期,基金收益率在其收益率均值上下1个标准差范围内波动的概率大约为68%。晨星公司根据标准差将基金的风险特性(Risk Profile)分为低、中、高三档。

7. 决定系数(Determination Coefficient)或R方(R-Squared)

R方的取值范围为0～100,它反映基金收益率变动与参考市场指数(Benchmark Index)变动的关联度,实际上是基金收益率与参考市场指数收益率相关系数的平方,也反映基金风险中,系统性风险所占的比例。一只基金的R方为100,则表明该基金收益率的变化可以完全归结于市场指数的波动,纯指数基金的R方一般非常接近100。一只基金的R方为35,则表明基金收益率的变化只有35%可以用市场指数的波动来解释。

8. 夏普指标(Sharpe Ratio)

9. 其他指标

晨星基金评价体系中,还有其他项目,例如,基金在现金、股票、债券及其他资产类别上的资产分布情况;基金投资组合中最近可获得的前25名股票持股情况;基金投资组合行业分布情况等,供投资者决策参考。

三、晨星公司的其他评价产品

1. 基金评价报告

晨星公司的基金评价报告一般包括对基金的具体分析及一些个别项目的简短评述。对基金的具体分析一般包括:基金的收益情况、与相应的基准指数以及同类基金平均收益率的对比分析、基金投资组合分析、投资策略、债券的期限分布、信用等级、基金资产的结构及投资量最大的10只股票的投资情况等。简短评述部分,主要是对基金总体状况、风险状况、投资策略和基金经理等内容的概述。

2.熊市评级

所谓熊市评级是指,对基金在证券市场整体状况处于熊市时的业绩进行评价。晨星公司判定熊市月份的标准是:股市中标准普尔500指数下降3%以上的月份为熊市月份,债市中雷曼兄弟公司的综合债券指数下降1%以上的月份为熊市月份。具体进行评级时,首先选定某一段时间,找出该段时间内的熊市月份,然后再评价基金在这些熊市月份中的业绩表现,最后根据各基金在熊市月份中的评价结果对它们进行排序。按照基金的排名顺序将它们分为10级,在熊市中表现最好的10%为第一级,其次的10%为第二级,依此类推。

【本章小结】

1. 投资管理的核心内容是证券投资组合管理,基金公司和机构投资者进行资产经营的过程,就是资产的组合管理过程。

2. 在有效市场理论基础上,将资本按比例投资于市场组合和无风险资产,以获取组合效率。投资者的预期收益率不可能超越资本市场线。

3. 如果市场不充分有效,对基金资产进行积极管理的资产收益率可能超过消极管理的资产收益率,优秀的资产管理使基金报酬率超越了市场标准。

4. 投资管理分为五个部分:投资策略、投资分析、建立投资组合、投资组合的修正和投资绩效评价。

5. 基金绩效评价对投资者、基金管理者和国家宏观调控都有重要的意义。证券投资基金评价体系包括两方面的内容:对基金业绩的评价和对基金治理的评价。

6. 基金业绩评价的重要指标有Jensen指标、Treynor指标、Sharpe指标、评鉴比率和M^2指标。Sharpe指标和Treynor指标可以衡量管理的效率,但是,它不能告诉我们优于或劣于市场收益的程度。Jensen指标的优势在于可以判断基金绩效优劣的程度。评鉴比率与Jensen指标密切相关,某种意义上是对Jensen指标的复制。M^2指标与上述的其他基金业绩评价指标相比,对基金绩效的评价更加全面。

7. 套利定价评估指标与Jensen指标很相似,但二者的不同在于,套利定价评估指标不仅考虑了市场组合的系统风险,还考虑了其他因素,理论上比单因素评价指标更准确。但是在应用上,对相关影响因素的选择会受研究者个人主观判断的影响,而且,多因素绩效评估模型估计起来比较困难。

8. 管理绩效的取得来自三个方面,择股效应、资产分配效应和选时效应。

9. Treynor和Mazuy(1966年)等人采用CAPM理论发展了二次项回归模型来模拟基金经理择时能力和选股能力。Chang和Lewellen(1984年)对上述模型进行了修正。

10. 在进行基金绩效分析时,还要对基金业绩的构成进行分析,以确认基金绩效的取得是来自证券的选择、投资分散程度或投资风险的差异。

11. 本章列举了美国晨星公司的证券投资基金评价方法。

【思考与练习】

1. 分析积极管理与消极管理的异同。

2. 分析市场有效性理论与投资管理策略选择之间的关系。

3. 假如你是基金经理人，根据你对目前中国证券市场的判断，你将选择什么样的管理策略？

4. 假设资产组合A与资产组合B的期望收益率分别为12%和15%。A的β值为0.6，B的β值为1.2，现行国库券利率为5%，标准普尔500指数的期望收益率为13%。A的标准差为0.12，B的标准差为0.31，标准普尔500指数的标准差为0.18。如果投资者拥有市场指数组合，在上述条件下，投资者可能在他的投资组合中加入哪一个组合？

5. 表12-8是股票A、股票B的超额收益指数模型回归结果。

表12-8

	股票A	股票B
指数回归模型估计	$1\%+1.4(R_m-R_f)$	$2\%+0.9(R_m-R_f)$
R_2	0.657	0.543
残值的标准差σ_e	11.5%	19.0%
超额收益标准差	20.3%	25.1%

假设无风险利率为6%，市场收益率为14%。计算：

(1)α值；

(2)β值；

(3)Sharpe指标、Treynor指标和Jensen指标，并分析三个指标间的关系。

6. 表12-9是某投资组合P、市场组合和国库券在过去5年的平均年收益情况。

表12-9

项目	年平均收益率(%)	收益的标准差(%)	β值
资产组合P	10	16	0.6
标准普尔500	12	14	1.0
国库券	5	—	—

(1)计算资产组合P和标准普尔500的Sharpe指标和Treynor指标，并评价测度结果。

(2)简要说明根据Sharpe指标和Treynor指标测度结果差异的原因。

7. 利用晨星公司的绩效评价模式，借助书中所给的资料做一份晨星公司评价报告。

参考文献

1. 宋逢明.金融工程原理——无套利均衡分析.北京:清华大学出版社,1999

2. 张亦春.金融市场学(第一版).北京:高等教育出版社,1999

3. 程希骏,庄国强.现代投资理论分析.合肥:安徽教育出版社,1994

4. 陈雨露,赵锡军.金融投资学.北京:中国人民大学出版社,1996

5. 王一鸣.数理金融经济学.北京:北京大学出版社,2000

6. 毛二万.金融经济学(第一版).辽宁:辽宁教育出版社,2002

7. 杨海明,王燕.投资学(第一版).上海:上海人民出版社,1998

8. 丁圣元.国债投资指要.北京:企业管理出版社,2002

9. 中国人民大学金融与证券研究所编.证券、基金从业人员资格考试应试指引.北京:中国金融出版社,2002

10. 林义相.金融资产管理.北京:北京大学出版社,1996

11. 门明.高级投资分析.北京:对外经济贸易大学出版社,2002

12. 戴晓风.现代投资学——组合投资分析与管理.长沙:湖南人民出版社,2003

13. 徐跃.基金大趋势——战略投资开放式基金.上海:上海财经大学出版社,2002

14. 朱宝宪.投资学.北京:清华大学出版社,2002

15. 葛正良.证券投资学.上海:立信会计出版社,2001

16. 贺强.证券投资教程.北京:中国经济出版社,1998

17. 茅宁.期权分析——理论与应用.南京:南京大学出版社,2000

18. 李一智.期货与期权教程.北京:清华大学出版社,1999

19. 魏振祥.期权投资.北京:中国财政经济出版社.2003

20. [美]滋维·博迪,亚力克斯·凯恩,艾伦·J·马库斯著,朱宝宪等译.投资学(第四版).北京:机械工业出版社,2000

21. [美]威廉·F·夏普,戈登·J·亚历山大,杰弗里·V·贝利著.投资学(第五版).北京:中国人民大学出版社,1998

22.[美]罗伯特·A·哈根著. 现代投资学. 北京:中国财政经济出版社,1992

23. [美]威廉·夏普著. 证券投资理论与资本市场. 北京:中国经济出版社,1992

24. [美]汉姆·列维著,任淮秀等译. 投资学(第十一版). 北京:北京大学出版社,2000

25. [美]弗兰克·法博兹,袁东译. 债券市场分析和策略(第四版). 上海:百家出版社,2002

26. [美]安东尼·科因,唐旭等译. 利率风险的控制与管理. 北京:经济科学出版社,1999

27. [英]洛伦兹·格利兹,唐旭等译. 金融工程学(修订版). 北京. 经济科学出版社,1998

28. [英]Robert Steiner 著,于研等译. 金融计算. 上海:上海财经大学出版社,2002

29. [美]肯特·梅斯纳著,海通证券研究所译. 超越道指——金融投资新战略. 上海:百家出版社,2002

30. Sharpe William F.. Mutual Fund Performance. *Journal of Business*. 39,1966

31. Treynor J.. How to Rate Management of Investment Funds. *Harvard Business Review*. 44,1965

32. Jensen Michael C. The Performance of Mutual Funds in the Period 1945~1964. *Journal of Finance*. 23(2),1968

33. Franco Modigliani and Leah Modigliani. Risk-Adjusted Performance. *Journal of Portfolio Management*. Winter,1997

34. Chen, Nai-Fu, R. Roll, and S. Ross. Economic Force and the Stock Market: Testing the APT and Alternative Asset Pricing Theories. *Journal of Bussiness*. July, 1986

35. Elton, Edwin. J and Martin. J Gruber. Estimating the Dependence Structure of Share Price —Implications for Portfolio Selection. *Journal of Finance*, Dec., 1973

36. Fama, Eugene F., Kenneth R. French. Multifactor Explanations of Asset Pricing Anomalies. *Journal of Finance*, 1996

37. Farrell, James. Analyzing Covariation of Return to Determine Homogeneous Stock Grouping. *Journal of Business*,1974

38. Fertuck, Leonard. A Test of Industry Indices Based on SIC Codes. *Journal of Financial and Quantitative Analysis*, Dec. , 1975

39. Roll R. , and S. Ross. Empirical Investigation of the APT. *Journal of Finance*, 1980

40. Berry, Michael A. , Edwin Burmeister, and Marjorie B. McElroy. Sorting Out Risks Using Known APT Factors. *Financial Analysts Journal*, March/April, 1988.

41. Ross, Stephen A.. The Arbitrage Theory of Capital Asset Pricing. *Journal of Economic Theory*, Vol13, 1976

42. William F. Sharpe, Gordon J. Alexander, Jeffery V. Bailey. Investment (5th Edition). Prentice Hall International , Inc. , 1999

43. M. J. Gordon, Dividends, Earnings, and Stock Prices. Review of Economics and Statistics, 1995

44. Campbell, J. Y. and R. J. Shiller. Stock Prices, Earnings, and Expected Dividends. *Journal of Finance*, 1988

45. Bodie, Z. , A. Kane, and A. Marcus. Investment. (5th Edition) Irwin/ McGraw-Hill, 2002

21世纪金融学系列教材

21st Century Financial Science Coursebook Series

货币金融学

国际金融

金融市场学

投资银行学

银行管理学

※ 银行信贷管理

国际结算

固定收益证券

衍生产品

※ 金融工程概论

投资学

公司理财

※ 金融经济学

※ 即将出版图书